FANGZHIXUE SHI

方志学史

（修订版）

吕志毅 著

河北大学出版社
·保定·

出 版 人：耿金龙
责任编辑：王红梅
装帧设计：王占梅
责任校对：刘景坤
责任印制：靳云飞

图书在版编目（CIP）数据

方志学史 / 吕志毅著 . -- 修订本 . -- 保定：河北大学出版社，2018.12
ISBN 978-7-5666-1411-7

Ⅰ . ①方… Ⅱ . ①吕… Ⅲ . ①方志学 Ⅳ . ① K290

中国版本图书馆 CIP 数据核字（2018）第 208862 号

出版发行：河北大学出版社
地址：河北省保定市七一东路 2666 号 邮编：071000
电话：0312-5073033 0312-5073029
邮箱：hbdxcbs818@163.com 网址：www.hbdxcbs.com
经 销：全国新华书店
印 刷：保定市北方胶印有限公司
幅面尺寸：175 mm × 245 mm
印 张：27.5
字 数：460 千字
版 次：2018 年 12 月第 1 版
印 次：2018 年 12 月第 1 次印刷
书 号：ISBN 978-7-5666-1411-7
定 价：58.00 元

⊙河北大学历史学强势特色学科学术出版基金资助
⊙河北大学中国史学科“双一流”建设经费资助

序

吕志毅君，擅长文史。创建并主持河北大学方志学专业多年，培育了大批修志人才，在河北志界很有影响，成绩斐然。为社会及教学之需，撰成《方志学史》四十余万言。自方志发轫、发展、定型、鼎盛诸历史时期，依年叙述总志和地方志，兼及边疆、域外图籍等内容以至方志理论，愈近而愈详，尤详于清代及民国。作者爬梳剔抉，取精用宏。胪举古今志、图，凡重要者，不论存佚，均作载述，间以论断，推陈出新，多具新意。诚为当今修志之要籍，不愧治史之宝筏。作者博闻广识，治学谨严。深信其书必能传诸百代而有功于志林也。

傅振伦

一九九三年夏序于北京

自　　序

方志学史，是研究中国地方志的编纂及其理论的产生、发展和演变规律的一门历史科学。

地方志或称方志，是中华民族文化宝库中的宝贵财富，也是中华文化结晶之一。早在春秋时代就已出现。可谓源远流长，历史悠久。方志之名源于《周礼》，方志是一方诸侯国历史的原始记录。秦统一中国，郡县取代侯国，以记载一地的地理情况为主要内容的早期地方志开始出现。地方志在漫长历史发展过程中，内容逐渐丰富，体例亦日臻完善。地方志是以行政区划为单位，把一地的自然、地理、经济、军事、文化、人物等诸多方面的历史和现状，荟萃于一书，其内涵已远远超出原始的、单一的历史和地理范畴。它已经形成一种综合性的地方百科全书。由于地方志书具有“经世致用”（如资治、存史、教育等）的功能，因此，深为历代统治阶级及学人所重视，故历代累修不止，成为中国传统文化有机组成部分。

我国历代所纂修的志书，由于多种原因，损失很大。然而流传下来的方志仍达 8700 余种，110 000 余卷，数量仍相当可观。如此纷繁连续的地方资料，是我国 2000 余年里陆续编纂而成的。它是从地方微观角度研究我国社会历史不可缺少的资料。虽然纂修者大多出自历代统治者及其文人，但为了总结历史经验，维护其统治，也直接或间接地记录了人民大众遭受统治阶级及帝国主义侵略者的政治压迫和经济剥削，记载了人民的反抗斗争，包括各地农民起义等。这些都是我们研究不同历史时期社会基本矛盾的重要史料。至于各地的自然、地理等情况，则是地方志传统性的内容。政治、经济、文化、社会等方面的内容，除散见于人物传者外，许多志书设有专篇集中载述。有些志书，除了记载边疆风情之外，还记载了其他国家的一些情况。所有这些，不但是研究各地历史文化的基本资料，同时，对于研究亚洲和世界有关国家的历史和地理情况也具有重要意义。

中世纪以前，在其他国家很难找到与中国地方志相似或相同的文献。其后，特别是近现代，欧洲、美国、日本的区域性研究虽然与中国地方志有某些方面的类似，但并非完全相同。英国汉学家伟烈亚力认为，在中国出现的一系列地方志，无论从其广度，还是从它们有系统的全面性来看，都是任何国家同类文献所不能比拟的。英国李约瑟博士，在同西方有关古文献进行比较研究之后认为，希腊和希腊化的古代文化没有留下与此相似的文献，而且从中世纪初期以来，这类著作似乎也不多，一直到了公元13世纪，才出现了一部法文的《耶路撒冷城志》，另外还有《希伯来地方志》。在近代初期英国出现了《大不列颠志》。

中国地方性志书从其产生到形成一种特定体裁的著作，经历了漫长复杂的演变过程。它既受全国总志的影响，如《禹贡》《周官》《山海经》《汉书·地理志》等，同时，又经历了地记、图经到地方志等几个主要历史发展阶段。讨论地方志（含地记、图经等）离不开全国性地理总志。北宋以前，方志内容以记地理为主，方志记事的分类性又多受早期全国性地理总志记事方式之影响；早期全国性地理总志一般是有图有文的，后世方志一般有图有文当是古地理总志之遗法。此外，元、明、清以来编修全国一统志，其资料大多源于各省级地方志书，各省级志书源于其所属各府、州、县志，其互相依存关系甚为明显。其实，有些全国性地理总志如《禹贡》《周官》《山海经》等，其内容和体例本身就和地方志有着渊源关系。将它们视为方志的源头是有道理的。

地记或称地志，为早期方志形态。其主要记一地之山川、风土、物产、人物等内容，门类尚不完备，有的侧重地理，有的侧重历史，有的侧重人物，有些是地理、人物兼记，或地理、历史、人物三者兼记，说明地记内容比较简单，缺乏综合。从文献上考察，地记起于汉代，《隋书·经籍志·地理序论》称："（汉）武帝时，计书既上太史，郡国地志，固亦在焉。"其中"郡国地志"，即早期方志形态，属于地记之类，如西汉司马相如撰《蜀本纪》、扬雄撰《蜀王本纪》等。历经三国、魏晋，终于南北朝。这是地记产生和发展的主流期，是地方志初始阶段的主要形态。地记产生与发展，与地方豪族势力崛起及地方经济发展不平衡等因素有密切关系。加之国土变改，民人迁徙，人们对各地基本情况的了解已成为时代需要。此外，汉代以至魏晋南北朝时期选官用人制度，其大权基本操纵在世家大族手中，于是标榜门第、夸耀世族风气愈演愈烈。反映在方志文献上，就必然导致注重褒贬人物风气的地记出现。"后汉光武，始诏南阳，撰作风俗，故沛、三辅有耆旧节士之序，鲁、庐江有名德先贤之赞。郡国之书，由是而作。"郡国之书，主要是记载郡国一地人物的地方文献。此后，各地有关先贤、节士、耆旧等人物之作，蔚然成风。郡书人物传，实为后世方志源头之一。地记至隋唐仍有编纂，但不为主流。隋唐，特别是北宋，以图文兼备的图经为主体。这是地记向图经发展的必然趋势。

图经，或名图志、图记等，出现稍晚于地记。它主要是图像和文字相结合，生动形象地反映所记事物状态的一种文献形式。图经、图志是志书发展过程中重要形态之一。图经（志、记）有全国性的，也有地方性的。考于文献，图经之名，以东汉顺帝时王逸《广陵郡图经》为最早（《文选·芜城赋注》引之），而东汉桓帝时《巴郡图经》所记门类甚详。我国大规模图经、图志的编纂，实始于隋炀帝大业（605—618）年间。隋、唐和北宋时期是我国家图书馆经、图志大发展时期。宋徽宗大观元年（1107），中央设立九域图志局，命令所在州郡编纂图经，这对图经的编纂起到了重要推进作用。

北宋元丰三年（1080）王存撰《元丰九域志》10卷，这是参照王曾、李宗谔所修《九域图》重修而成。此书不绘地形图，故改称志。这是图经向志书转化的明显例证。到了南宋，人文历史内容大增，艺文、人物等内容尤重，志书体例日趋完备、规范。这是方志定型于南宋的标志。有人统计，宋代享国320年，凡修志书1016种。元、明、清三代方志事业继续稳定发展。自南宋灭亡起，元代享国90年，凡修志书190种，以年均计，元代已远远超过两宋。明代是我国方志兴盛时期，明代享国270余年，凡修志书2892种，数量已甚为可观。志书体例完备，种类增多，这是明代方志的特点。清代是中国封建时代方志事业发展鼎盛时期，成绩巨大。康、雍、乾等几个皇帝都非常重视各级志书的编纂及全国舆图的绘制。各地督抚守令，也相当重视志书的编修，为数众多的著名学者积极参与修志。这样，清代志书不仅数量大，而且质量上也可以得到保证。从中国现存8700余种地方志看，清代就占有5000余种。"方志之学"一词，虽始见于北宋朱长文《吴郡图经续记·序》，然堪称中国封建时代方志学之创立者，当推清代乾嘉之际著名学者章学诚，其方志理论已形成一套较为完整的体系。特别应指出的是，章氏关于方志立"三书"的主张，对后世撰志影响深远。

民国时期，方志事业所取得的成就不可低估。在这38年间，编纂各种志书总数达1705种。年均接近45种，年均数量之多是任何封建王朝不能比拟的。志书内容比较充实，体例完备，图表科学性强，时代特征比较突出，具有较高史料价值。这与当局不断推行志务，多次颁布有关修志文件等有一定关系。此期，方志学的研究较前代更有长足进步，方志论文和方志理论专著数量大，研究更加深入系统，切于实际，成绩斐然可观。不少著名学者参与修志并撰述方志理论，呈现欣欣向荣景象。值得注意的是1929年国立浙江大学校长蒋梦麟在省政府提议省志新体例及推行办法一案，称省志问题宜解散方志旧体，分编年鉴、专门调查及省史三书，远见卓识，具有开拓意义。

是书之作，将志书、舆图熔于一炉。志书是图学（主要是地图及其他各种图像）和文字互补的。图学在志书中占有重要地位。甚至最初的地理知识的表达，很可能是用图而非文字。因为图先于文字而出现，且最为直观。图学之中，特别是地图与志书不能截分两途。一个时代的制图成就，应该反映于同一时代的图经、图志和各种志书之中。这也是符合客观实际的。前人之述略备。如北宋李宗谔谓："夏载弼成于五服，职方周知于数要，其后地志起于史官，郡记出于风土。昔汉萧何先收图籍，赵充国家图书馆上方略，光武按《司空舆地图》封诸子，李恂使幽州图山川，并燮定封域，章施丹采。今闰年诸州上地图，亦其比也。图则作绘之名，经则载言之别……"（《玉海》十四《祥符州县图经》条引）此为方志、地图熔于一炉之证。又，北宋王存，曾提出记载地理的"图"与记载史事的"志"及记载户口的"籍"，三者"会为一书"，而成方志，其论为："臣闻先王建国，所以周知九州封域与其人民之数者，诏地事则有图，诏观事则有志，比生齿则有籍，近世撮其大要，会为一书，趣时施宜，文约事备，则唐之《十道图》、本朝之《九域图》是也。"（王存《元丰九域志序》）此又为志、图一体之证。他如嘉庆重修《大清一统志》绘制的清代疆域图就是图文相辅的。各通志，府、州、县志更不待言。因此，是书之作，于志史纵述及举要横陈时，志、图论述并举，不可偏废，此为中国方志之源以及方志发展演变之关键所在。这是本书的特点。

是书之作，其时间断限，上自春秋，下终民国。凡重要志书，不论存佚，皆在网罗论列之内。分析论断，多出前人，间有己见。于每个历史时期，首叙全国总志（含舆图）。析之为"导语"和"举要"二部分。总志导语，纵陈历史，然后举要，以横为主，纵横结合，有点有面，以揭示其发展特点和趋势。其次为地方性志、图，所论形式同于总志。再次为方志理论，阐述每个历史时期方志理论主要成就，基本上以人为主。复次为域外边疆地志。最后为小结。此仅就全书大体而言，至于个别章节，根据情况，其内容或有所增减，或另辟节目。清代及民国方志鼎盛，编纂与理论既多且富，特各析为两章载述。

是书于明清及民国时期特辟有关节目，分别叙述边镇志图、边疆志图及关于蒙、藏、台方志的编纂等内容，以期反映当时边疆状况及时代特征，进而说明边镇志图和边疆志图的编制与时政的密切关系以及志图对维系国家统一的重要作用。

是书之作，胪举有代表性的各类志图著作400余部，修志理论家120余人。旨在为大学方志学专业学生以及从事编纂地方志工作者、理论研究者提供比较翔实系统的资料。为此，凡所胪举志书的主要编纂者以及方志学家，文中均写一简要小传，以明其人生平及主要业绩。凡重出者，文中已有注明，不再重复。于每部志书，除载述纂修者生平业绩之外，还述及纂修年代、版本、存佚情况、体例内容特点、优劣得失、社会价值等，并注意于历代学者对志书的评价。对每一位方志学家的理论要点，均摘其主要者予以载述，并明其出处，以备索查。

是书凡析为十二章，即第一章先秦时期；第二章秦汉时期；第三章三国时期；第四章两晋南北朝时期；第五章隋唐五代时期；第六章两宋时期；第七章金元时期；第八章明朝时期；第九章清代志书的编纂；第十章清代方志学的建立；第十一章民国时期的方志编纂；第十二章民国时期的方志理论。

是书之作，元代以前，除涉猎有关史籍、志书外，还参考了张国淦《中国古方志考》及各种公私目录、有关地志辑佚之书，“正史”艺文、经籍志以及诸家对有关史书中艺文、经籍等考补之成果。元以后至民国，主要是现存志书及其影印本、整理本、有关史籍及公私目录等。此外，还有中国地方志指导小组办公室编《中国方志通鉴》，王庸《中国地理学史》，中科院自然科学史所地学史组主编《中国古代地理学史》，吉林省地方志编纂委员会、吉林省图书馆学会合编《中国地方志详论丛书》《吉林省图书馆学会丛书》，王晓岩《分类选注历代名人论方志》，黄德馨、傅登舟《中国方志学家研究》以及各种有关工具书，《章学诚遗书》《戴东原集》等多家文集，各种有关志书序、跋，方志理论专著、论文、专集等。为行文简便，对一些反复重出的书名或人名多做简称，如《太平寰宇记》简称《寰宇记》；王谟《汉唐地理书钞》辑本，简称“王谟辑本”；《旧唐书·经籍志》《新唐书·艺文志》简称“两唐志”；章学诚简称“章氏”等。纪年一般以历史纪年和公元纪年相对照，如崇祯元年（1628）等。

本书承蒙我国著名方志学家傅振伦先生作序，河北大学出版社大力支持；河北大学历史系1989级文博专业张雪燕同学誊钞文稿，谨在此一并致谢。限于水平，稿中不妥之处在所难免，诚恳希望读者指正。

吕志毅

2017年修订

修订版前言

拙著《方志学史》（河北大学出版社，1993 年）一书面世，迄今已有二十多年了。二十多年来，人们对民国及其以前的旧志编纂以及修志理论等方面的研究出现了一些新成果，本书修订本予以适当采纳吸收。需要说明的是，修订本框架设计及对志图发展演变的基本思路未变，特点是志书、舆图及修志理论并重，尤对历代边疆志图以及有关中外志图给予了一定篇幅的阐述。本书选入的各个不同历史时期的志图及修志观点，大多具有典型性、代表性，也是志图及其理论发展史上的重要节点，从而可以窥见志图编纂及其理论发展演变的基本轨迹。修订本按照详近略远、力避重复的原则，对一些曾经入选的志图及某些修志理论进行了重新梳理和整合。为方便读者起见，特于有关志书中增入《中国地方志联合目录》著录情况及原刻本藏书地等内容，以便检寻。

该书已被国内外一些大学、科研机构、地方志编研机构等选定为教材或专业用书。

该书修订本的出版，承蒙河北大学历史学院领导鼎力支持，在此，深致谢意。

最后，还要感谢河北大学出版社责编王红梅女士，是她为本书做出了大量卓有成效的工作，使本书能够顺利出版。

限于水平，书中不足之处在所难免，敬请方家、读者不吝指正。

撰者

2017 年夏

目　　录

第一章　先秦时期

第一节　方志起源

我国地方志起源很早，可以追溯到春秋时期。方志名称最早见于成书于战国时代的《周礼》一书。

《周礼·春官·外史》："外史掌书外令，掌四方之志。"郑玄注："志，记也，谓若鲁之《春秋》，晋之《乘》，楚之《梼杌》。"① 可见郑玄的观点，方志即如古国史。

《周礼·地官·诵训篇》："诵训，掌道方志，以诏观事。"郑玄注云："说四方所识久远之事，以告王观博古所识。"意即诵训官将外史所掌四方之志内所记久远之事，报告国王，便能观博（广泛了解）各种情况，以便治理国家。

从以上所引两条可知，（一）方志之名出现很早，不晚于战国（实记春秋之事，因此更早可追溯至春秋时期)。（二）方志是一方诸侯国历史的原始记录。国王治理王畿以外的诸侯国以及四方少数民族、部落时，须由诵训官将外史所掌四方之志内所记之事报告国王，以便施政。

今按，郑玄注所云"鲁之《春秋》，晋之《乘》，楚之《梼杌》"，其中《春秋》《乘》《梼杌》等，都是各诸侯国史的不同名称。燕、齐、宋等国的史书，亦

---

① 《十三经注疏》第三十四册，《周礼注疏》卷第二十六，北京图书馆出版社，2006年。

称《春秋》①，孔子当时得见的百二十国宝书②，也就是《史通·六家篇》中所说墨子所见的百国春秋。这些诸侯王国的历史，乃是我国最古老的地方性史书，也是我国最古老的方志。清代方志学家章学诚认为春秋时代各国国史乃是方志的本源。他说，“郡县志乘，即封建时列国史官之遗”③ 是有一定道理的。他把封建列国史官所记的各国史，视为我国方志的渊源，同时，确论地志起于史官。

春秋时代诸侯列国史可以作为备征天下之史的基本资料。因为各列国史的内容多限于各国君王政治军事等大事，尽管所记极为原始简略，其内容如同历代所修的“正史”。因此，孔子当时得以据鲁国国史为蓝本，并参阅当时其他各诸侯国（包括周王室）的大量文献，删、削、整、比，按年、时、月、日重加编次，撰成《春秋》一书，成为春秋时代一部划时代的历史文献。这就是所谓“夫子作《春秋》，而必征百国宝书”④ 之义。

既然各诸侯国史可以作为备征天下之史的材料，那么，作为封建列国史官之遗的郡县志书，应是国史（一朝之史）的“具体而微”者。

章学诚认为，方志即是地方性史书，“志乘为一县之书，即古者一国之史也”⑤。地方志所载的内容则应全面：“方州虽小，其所承奉而施布者，吏、户、礼、兵、刑、工无所不备，是则所谓具体而微矣。国史于时取裁，方将如《春秋》藉资于百国宝书也。”⑥

方志属史虽早已有人提出，如东汉郑玄及宋人郑兴裔（“郡之有志，犹国之有史”）等，但属一方之全史则为章氏首创，并使“属史观”居于主导地位。⑦把史学理论引入方志学中，从而建立了“三书”这一志书体裁，这是章氏方志理论的基础。

从郑玄等人所说地方史即地方志这一观点，到章氏“方志乃一方全史”理论的提出，已经成为指导后世编修方志的一个准则。这就是地方志即地方史的

---

① 《诸子集成》第四册《墨子间诂》卷之八《明鬼下》，中华书局，1954 年。
② 《十三经注疏》第八十七册，《春秋公羊注疏隐公》卷一，北京图书馆出版社，2006 年。
③ 《章学诚遗书》卷十四《为张吉甫司马撰大名县志序》，文物出版社，1985 年。
④ 《章学诚遗书》卷十四《为张吉甫司马撰大名县志序》，文物出版社，1985 年。
⑤ 《章学诚遗书》外编卷十二《永清县志前志列传序例》，文物出版社，1985 年。
⑥ 《章学诚遗书》卷十四《方志立三书议》，文物出版社，1985 年。
⑦ 《章学诚遗书》卷二十八《丁巳岁暮书怀投赠宾谷转运因以志别》提出“方志乃一方全史也”的论点，文物出版社，1985 年。

观点。

然而事实上，此后的郡县志书的内容和体例，并没有按照春秋各国史那样的体例去写，而多是按照《尚书·禹贡》篇、《山海经》及《周礼》等有关篇章所志之山川、风俗、物产、交通、古迹等内容和体例去写，这就必然把《禹贡》篇、《山海经》及《周礼》等这些全国性的地理书当作了方志的源头。这就是方志源于地理书的观点。

至此，我们可以得出如下结论：（一）古代各诸侯国史本是我国地方志的大源，但其内容和体例并没有为历代方志所沿用，恰恰相反，春秋时代的国史，由于它主要记录君王大事，因而事实上却开了历代纪传“正史”的大源。①（二）从众多古代方志内容和体例考察，多用《禹贡》《山海经》以及《周礼·职方》例，将舆图亦作为方志的一个有机组成部分，即用古代地理书例。正如《四库全书总目》所云：“古之地志，载方域、山川、风俗、物产而已，其书今不可见。然《禹贡》《周礼·职方氏》其大较矣，《元和郡县志》颇涉古迹，盖用《山海经》例。”②《隋书·经籍志》《四库全书总目》《宋史·艺文志》等目录书，都把地方志归入地理类，是有一定道理的。

在《禹贡》《山海经》及《周礼》等书的影响下，历代方志多与图经等地理书混杂相兼，且不断增加历史文献等内容。如“《太平寰宇纪》，增以人物，又偶及艺文，于是为州县志书之滥觞”③，其体例成式不变，这就逐渐形成地方志的新格局，地方志成为史地合体，也就是人们理想中的方志。

地方志发展到了今天，其性质既不属于历史范畴，也不属于地理范畴，而是两者互相渗透，融合并且得到完备充实的新体，成了独立于历史、地理以外的专门学问。今天地方志所要求的内容，大体上可以分成自然和社会两大类别，从目前志书内容看，它至少涵盖自然、政治、军事、经济、文教、科技、社会、人物等各方面内容，已成为综记一地的百科全书式的地情文献。

---

① “纪传正史，春秋之流别也。”《章学诚遗书》卷十四《方志立三书议》，文物出版社，1985年。

② 《钦定四库全书总目》，中华书局，1997年。

③ 《钦定四库全书总目》，中华书局，1997年。

第二节 志、图举要

这个时期的地理总志以《山海经》《尚书·禹贡》篇以及《周礼·职方氏》的出现为最早，其内容和体例对此后志书的编写影响极大，因此可以作为我国地方志的源头。

值得注意的是，此期以“志”名书的还可见于《左传》，如《周志》《郑志》《军志》等，这些“志”在意义上是相同的，都是记载历史的意思。

《山海经》

《山海经》之名始见于《史记·大宛列传》。今存十八篇。全书由“山经”“海经”“大荒经”组成。近代学者多数人认为各篇成书时代非一时亦非出一人之手。其中“山经”成书最早，约在战国时。“海经”和“大荒经”为后人增补，约在西汉初年形成。

“山经”不仅成书时间早，且地理价值最高。这表现在它对远及黄河和长江流域之外广大地区的自然条件进行了带有综合性的记述。其记述特点是以山为纲进行的。①

“山经”载有四百多座山，按方位分成五区叙写，即“南山经”“西山经”“北山经”“东山经”和“中山经”，每区又分为若干山系。每一山系都以方向道里把每个山岳串联起来，初具山脉概念。其所叙河流，初具水系概念。

“海经”和“大荒经”包括“海外南经”“海外西经”“海外北经”“海外东经”，“海内南经”“海内西经”“海内北经”“海内东经”，“大荒东经”“大荒南经”“大荒西经”“大荒北经”及“海内经”。

《山海经》全书 31 000 多字，内容庞杂，包含关于古代地理、历史、文化、中外交通、民族、动物、植物、巫医、祭祀、矿产、民俗、神话传说等内容。其中关于矿物的记录，是世界文献中之最早者。该书有晋郭璞作注，清毕沅《山海经新校正》，清郝懿行《山海经笺疏》，今人袁珂《山海经集释》《山海经校

---

① 略本《中国古代地理学史》，中科院自然科学史研究所地学史组主编，科学出版社，1984 年。

注》等。

《山海经》原有图。最早以图为主，经文为注脚。今按，图学早于文字出现。迄今可考之图籍，以《山海经》图为最古。明代杨慎《山海经补注序》已考之甚明，其言，《山海经》图渊源于夏之九鼎，毕沅同意此说，且谓《五藏山经》为土地之图。[①] 沈钦韩《补注》云："今《山海经》所说形状物色，殆鼎之所象也。"洪亮吉《诂》亦云："今《山海经·海内》《大荒》等篇，即后人录夏鼎之文也。"王庸以为："至于此类图绘之中，其此山与彼水，此族与彼族之距离远近，并不能以正确之比例表之于图，一如近代之地图然，所能表示者，仅恃文字或符号耳。《五藏山经》中所记又某方若干里，某山至于某泽等文字，疑即图所不能表示而记于二山二地之间者。以是九鼎与《山海经图》，虽有地图之意，而所绘者仍系山川、民族等事物之图，与近世地图之抽象绘法，迥不相侔；惟与中国旧式地图所绘比例不确之山川、道路，而以文字记其里数、方位，以及户口、军实之类者，仍属古今一辙；所不同者，人民风俗等实物之图，大抵当较减少耳。由是观之，则《山海经》之原始状态，殆以图为主体，而文字不过其'附庸'，所以补图绘之不及者；及后世图失其传，而文字始反客为主。是又与中古时图经之沿革趋同一途径者也。"[②] 此段文字为研究有关我国家图书馆籍起源及演变的重要文献。由此可知，《山海经图》与夏鼎有着密切的渊源关系，并且也说明了如下事实：一、《山海经》原以图为主，文字为图之注脚，后世图失不传，文字反客为主，甚至造成只有文字而无图像的史籍了；二、原始图籍如九鼎与《山海经图》同我国比例不确的旧式地图相类，而与近世地图之抽象绘法截然不同。

《山海经图》开了中国志书体例有图有文的大源。此后，我国志书在不同历史阶段内大多为有图有文之作，这乃是不同于一般史书的重要特点之一。

该书中所述黑齿国、雕题国，当指南方一带部族。钉灵之国，疑指贝加尔湖的丁灵。墩端玺唤国可能就是敦煌。[③] 进而说明该书涉及地理范围之广，也反映了先民们的世界观念，这显然同域外交通发展有关。

---

① ［清］毕沅：《山海经新校正序》；禹铸九鼎，也见于《左传》宣公三年，楚子问鼎。

② 王庸：《中国地理学史》，商务印书馆，1984 年。

③ 童书业：《中国古代地理考证论文集·汉代以前中国人的世界概念或域外交通的故事》，中华书局，1962 年。

《尚书·禹贡》

此篇成书于战国、秦汉间[1]，是我国现存最早的全国性地理总志。其内容是追记夏代文化历史的。传说中的夏，是一个统一的王朝，而且又是一个洪灾相当严重的王朝。夏禹治水的意义在于他领导人们在全国范围内进行广泛的治理和施政。[2]《禹贡》篇的出现，也反映了当时我国各族人民在政治、经济上取得统一的要求和愿望。全书1200字左右。由“九州”“导山”“导水”和“五服”四部分连缀成篇。

“九州”是作者以山川的分区界限，划全国为九大区域，即冀州、兖州、青州、徐州、扬州、荆州、豫州、梁州、雍州。每州是以四至、水利治理情况、土质、赋税等级、贡物、贡道路线为顺序记叙的，其中还记叙了各州的山川、湖泊、草木、物产等情况，对土壤的记载尤为详尽。除记载各州土壤的分布以外，还对土壤做了分类，划出了等级（土壤颜色、质地）。

“导山”部分，列举山岳20余座，并归纳成几条自西向东的脉络。所谓“导山”就是开凿大山之意，凿山目的完全是为了疏通河道，宣泄洪水。

“导水”部分，以九条水系的河流为主线。导水的目的同样是为了疏通河道。

“导山”“导水”文字不多，重点记载黄河流域的山川。因为大禹治水，最主要的活动范围是文化发达的黄河流域。

“五服”部分，反映了作者在政治上的大一统思想，它是把全国各地区作为一个整体进行了研究，不受诸侯割据的局限。无疑是进步的。[3] 它以王城为中心，王城以外的五百里为甸服，甸服以外的五百里为侯服，侯服以外五百里为绥服。绥服以外五百里为要服，要服以外五百里为荒服、每服又各以百里、二百里、三百里、四百里、五百里不等，规定了贡物、赋税标准和各种具体政策。

总之，《尚书·禹贡》篇是我国古代最早的沿革地理专篇，从记载的门类内容看，它又兼具了全国总志性质。

关于《尚书·禹贡》注释，有唐孔颖达《尚书正义》、清孙星衍《尚书今古文注疏》、近人曾运乾《尚书正读》、杨筠如《尚书覈诂》、于省吾《尚书新

---

① 张西堂：《尚书引论》，陕西人民出版社，1958年。

② 范文澜：《中国通史简编》（修订本），人民出版社，1965年。

③ 略本《中国古代地理学史》，中科院自然科学史研究所地学史组主编，科学出版社，1984年。

证》等。

《周礼》（一名《周官》，又名《周官经》）

成书于战国时代的《周礼》一书中某些篇章也是反映此期志书内容体例的重要文献。如《夏官·司险》："掌九州之图，以周知其山林、川泽之阻，而达其道路。"这里所称"九州之图"可能是全国道路交通图。其上绘有天下山林、川泽之所在，以明道路之所阻及所通行之曲线。这是司险官之职责。《地官·诵训》："掌道方志，以诏观事，以知地俗。"诵训官将外史所掌四方之志内所记久远之事报告国王，国王便能广泛了解各方面不同风俗情况，以便治理国家。这里侧重了知地俗。这大约是西汉朱赣《地理书》志风俗之缘起，也是方志风俗之起始之作。《春官·保章》："以星土辨九州之地，所封之域，以观祆祥。"这大约是西汉刘向的"域分"之作的缘起。《汉书·地理志》第三部分主要转录了刘向所论的"域分"和朱赣所著的"风俗"，其内容主要讲分野和历史情况，这几乎规定了以后历代方志地理部分（含地理书）的某些具体内容。《夏官·职方》："掌天下之图以掌天下之地，辨其邦国都鄙、四夷八蛮、七闽九貉、五戎六狄之人民与其财用，九谷六畜之数要，周知其利害乃辨九州之国，使其同贯。"其中"天下之图"大约即全国行政区域图，图上可能绘有国界、政区界、四邻各族人民以及财务、谷类、牲畜数量分布，从而得知各地的利益和害处之所在，辨清九州上各诸侯的都邑，使他们统一在周王的管理之下。《周礼·夏官·职方氏》所掌的内容几乎规定了后世方志、地理书的体例和内容。《汉书·地理志》的第一部分主要是转录《周礼·职方》及《尚书·禹贡》的全文。班固是把它作为政区发展沿革看待的。而《职方氏》的内容，如邦国都鄙、财用、九谷六畜、民族，又是班固《地理志》中最重要的内容。

《地官·大司徒》："掌建邦之土地之图与其人民之数，以佐王安扰邦国。以天下土地之图，周知九州之地域广轮之数，辨其山林、川泽、丘陵、坟衍、原隰之名物。而辨其邦国都鄙之数……"这段文字叙述了当时设有专门保管地图之官职，而所掌地图的主要内容，包括了地域之大小，山林、川泽的分布，邦国都鄙之所在数量，这大概是一幅初具数理基础的全国地形及政区分布图。最值得重视的是"人民之数"和"邦国都鄙之数"，这是方志和地理书中不可缺载的项目，又是班固《地理志》第二部分所记的主要内容。

《天官·小宰》："……三曰，听闾里以版图。"版：户籍；图：地图。这是小宰掌握地方上的户籍图。同样是志书、地理书所记的重要内容之一。

《天官·司会》："掌国之官府、郊野、县都之百物财用。"

《天官·司书》："掌邦之六典、八法、八则、九职、九正、九事、邦中之版、土地之图，以周知入出百物，以叙其财，受其币……"

以上两条则重在经济，也是志书、地理书所记内容之一。

《地官·矿人》："掌金玉锡石之地，而为之厉禁以守之，若以时取之，则物其地，图而授之。"这是掌矿产分布的地图官，也是志书、地理书所记内容之一。

《春官·墓大夫》："掌凡邦墓之地域，为之图。"《春官·冢人》："掌公墓之地，辨其兆域而为之图。"这两条是墓域地图，按，墓域在古代一直甚为重要，是志书、地理书不可缺少的内容之一。

上述诸条，我们把它们综合起来进行分析研究，可以得到如下结论：一、《周礼》一书所载掌各种图籍之官吏，其职权范围不下十种之多，其所掌之事大体与后世志书、地理书内容范围相类。二、《周礼》一书，所言诸图，绝非单纯的符号所能表示明白的，必须附之以文字加以说明，这与以后志书、地理书有图有文的特点不无渊源关系。关于这一点，还可以从战国时期成书的其他著作如《管子·地图》《孙子兵法·地形》《战国策·赵策》等有关记述中进一步得到印证。

关于用比例尺绘图，1978年在河北省平山县中山国中山王嚳墓出土的《兆域图》，证实在战国时确能按比例尺绘制地图了。按该图是迄今为止在我国发现的第一幅墓域建筑规划平面图，比例尺为1∶500。①

为《周礼》作注的通行注本，有东汉郑玄《周礼注》、唐贾公彦《周礼正义》、清孙诒让《周礼正义》等。

---

① 孙仲明：《战国中山王嚳墓"兆域图"的初步探讨》，《地理研究》1982年1卷1期。该图于1978年河北平山县三汲公社出土。图刻于铜版之上，铜版长94厘米，宽48厘米。埋葬时间约在公元前310年左右。迄今2300多年。

第三节　小结

从《尚书·禹贡》篇、《山海经》及《周礼》有关篇章考察我国方志起源，我们可以看到这样一种现象：

一、它们记载的内容和体例基本上是一致的，即志书体、分类记载、内容上侧重地理方面。

二、迄今可考之图籍，当以《山海经》图为最早。《周礼·夏官·职方氏》所掌天下之图，其内容几乎规定了后世方志、地理书的体例和内容，影响深远。（尽管这些图的绘法极为原始，有似于山水画式的地图，不成比例，方位、道里亦多不准确，详略亦不均，但比较直观，所以能流传，对后世方志绘图颇具影响。直至清代，虽非主流，流传范围颇广，数量亦可观，自成一体，不容忽视。）《尚书·禹贡》篇原无图，至西晋裴秀绘制《禹贡九州地域图》十八篇，宋代又有《禹迹图》之绘，是为后人补绘。亦可见《禹贡》篇影响之深远。从这些情况看，方志起源于原始地理图籍这一看法是合乎客观实际的。

第二章　秦汉时期

第一节　总志、图

一、导语

秦汉时期随着政治、经济、文化的发展和需要，全国性的地图、地理书、地理志多有编纂成书。地方上的郡书、地理书、都邑簿等开始出现，为后世方志单一门类的发展开了端绪。

秦时，有秦地图，图文并存，从中可知秦时全国各地户口、厄塞、强弱虚实处及民所疾苦等情况。此图籍于汉高祖元年（前 206）为萧何所获。后佚。

汉武帝建元元年（前 140）至后元二年（前 87），诏天下郡国地志与计书同上太史。[①] 汉虽得秦图籍，而政治区域的名称有变，宜绘新图以敷实用，其封建诸王不仅按图定区域，又必例奏舆地图，于是两汉皆有舆地图之作，这在一定程度上促进了地图的发展。

建始元年（前 32）至绥和二年（前 7），汉成帝时，刘向略言天下地域之分，丞相张禹委其属朱赣条记风俗，撰成《地理书》，内容多记汉代风俗、户口、经星、山川、风气、区域等地理内容，此为后世风俗之始作，班固因之作《地理志》。

---

① 《隋书》“经籍志·地理类叙论”，中华书局，1973 年。

王莽时，因其改制，遂有《地理图簿》之作，其内容主要叙封建井田之制及天下州郡县地理及郡县改名，此书亦为班固《地理志》所依据材料之一。

后汉有《司空郡国舆地图》之作，其内容与《周官·地官·大司徒》所掌“土地之图”相类，即地域广轮之数及山林、川泽、丘陵、坟衍、原隰之名物。

此外，后汉有《括地图》。据《晋书·裴秀传》云：“今秘府既无古之地图，又无萧何所得，惟有汉氏舆地及括地诸杂图，皆不精审，不可依据。”说明裴秀所见汉代全国性总图绘制水平不高。

后汉应劭纂《十三州记》及《地理风俗记》（或二者即为一书），其内容多为县名由来、县邑、方位、河流、风俗等事。

后汉著名的全国总志当推班固《汉书·地理志》。此志是在后汉封建政权确立之后，在全国设立行政区划的基础上，为适应封建地主阶级的政治需要，在“正史”中首创这一总志的。它以平帝时已有的103个郡国及所属1314个县、邑、道、侯国为主体，分别在郡国、县、邑、道、侯国条下，记载有建置沿革、户籍人口、山岳陂泽、水道源流、水利设施、各种特产、聚落要塞、名胜古迹以及矿产等，比较全面地反映了当时全国地理情况及经济状况。

二、志、图举要

《秦地图》

绘制者无考。当为秦始皇在位时所绘制。秦王朝统一中国，享国日浅，方志地理之书，诸家绝少著录。张国淦《中国古方志考》以《秦地图》一书首开其端，已说明图籍在志书中实不可或缺。《秦地图》为汉萧何所得。“沛公至咸阳……（萧）何独先入收秦丞相御史律令图书藏之……汉王所以具知天下厄塞，户口多少，强弱之处，民所疾苦者，以何具得秦图书也。”（《史记·萧相国世家》）该图至晋之前已亡佚，据《晋书·裴秀传》：“今秘书既无古之地图，又无萧何所得。”说明晋世官府已无《秦地图》。该图虽亡佚，清王谟《汉唐地理书钞》辑本辑出三条：《史记·萧相国世家》一条，已见上引；《汉书·地理志》二条“琅琊郡长广”云：“长广，有莱山莱王祠，奚养泽在西，《秦地图》曰：剧清地（池）幽州薮，有盐官。”又引“代郡班氏县”云：“班氏，《秦地图》书班氏，莽曰班副。”

据辑文可知，《秦地图》特点是有图有文，从图上可知秦时全国各地户口、厄塞、强弱虚实之处、民所疾苦等情况。门类虽简却初具规模，为后世总志所记奠定了基础。该图为世人所重，说明志图资治、存史作用重大。

《汉舆地图》

绘制者无考。[①]

关于《汉舆地图》情况，王庸《中国地理学史》论之甚详。较姚振宗《汉书·艺文志拾补》所考略为全面，兹引述之。

汉代虽得秦图籍，而政治区域与名称有变更，宜必另绘新图，以应新政之用。其封建诸王，不仅按图而定区域，又必例奏《舆地图》。

《史记·三王世家》："臣请令史官择吉日，具礼仪，上御史，奏舆地图，皆如前故事。制曰，可。四月丙申，奏未央宫，太仆臣贺行御史大夫事，昧死言，太常臣充言卜入四月二十八日乙巳可立诸侯王，臣昧死奏舆地图，请所立国名。"今按，此引与姚氏引为同篇，引文略同稍异。

《后汉书·光武帝纪》："建武十五年，初，巴蜀既平，大司马吴汉上书请封王子。不许。……大司空融……奏议曰……臣请大司空上舆地图，太常择吉日具礼仪。"今按，此姚氏未引之。

又《明德马皇后纪》："帝按地图，将封皇子，悉半诸国。"今按，此姚氏未引之。

《东观汉纪·明帝纪》："皇子之封，皆减旧制，尝按舆地图。"今按，此姚氏未引之。

且西汉王国，不仅有本邦之图，又备有天下之舆地图。

《汉书·淮南王传》："日夜与左吴等按舆地图，部署兵所从入。"今按，此姚氏引之。

又《江都易王传》："具天下之舆地及军阵图。"今按，此姚氏未引之。

此殆由中央地图抄录之副本也。王莽时，锐意于礼乐地理之改制，故更定图籍。[②] 是则秦汉之制，亦必按图籍规定，可以逆推而知也。至于东汉之世，中央之有一统舆图，似有记载可据。

《后汉书·马援传》："援又为书与嚣将杨广，使晓劝于嚣曰……前披舆地图，

① 据《史记·淮南衡山列传》《索隐》按：《志林》云："舆地图，汉家所画。"中华书局，1975 年。

② 《汉书·王莽传》，中华书局，1962 年。

见天下郡国百有六所，奈何欲以区区二邦，以当诸夏百有四乎。”今按，此姚氏未引。

又《邓禹传》：“光武舍城楼上，披舆地图，指示禹日：天下郡国如是，今始乃得其一。”今按，此姚氏未引。

至此项地图之来历，大抵如后世职方地图，由各地方政府进呈之图籍合绘而成。班孟坚《东都赋》所谓“天子受四海之图籍”者是也。

汉代舆图，流传至魏晋之世。

《汉书·武帝本纪》注：“臣瓒曰：‘浮沮，井名，在匈奴中，去九原二千里，见《汉舆地图》。’”按此与姚氏引《匈奴传注》略同。

又据裴秀之说，则其制作殊欠精当。

《晋书·裴秀传》引《禹贡地域图序》：“今秘书既无古之地图，又无萧何所得，惟有汉氏舆地及括地诸杂图，各不设分率，又不考正准望，亦不备载名山大川，虽有粗形，皆不精审，不可依据；或荒外迂诞之言，不合事实，于义无取。”今按姚氏引之。

裴氏观察所得之评语，所言当为可靠。其文字上所谓“荒外迂诞之言不合事实”固不离《山海经》之遗风，而其不备载名山大川，则似较先秦地图之注意地形者，反退步矣。盖此等图籍，大抵为设官行政查考之用，重在户口政区等分配，而山川之关系较小，故遂因疏略也。① 可参。

《地理书》

西汉·朱赣纂。佚。

朱赣，颍川人。汉成帝时为丞相张禹官属。

涉及朱赣《地理书》较早文献主要有《汉书·地理志》《隋书·经籍志》等。

《汉书·地理志》云：“汉承百王之末，国土变改，民人迁徙，成帝时刘向略言其地分，丞相张禹使属颍川朱赣条其风俗，犹未宣究，故辑而论之，终其本末著于篇。”

《隋书·经籍志·地理类叙论》云：“武帝时，计书既上太史，郡国地志，固亦在焉，而史迁所记，但述河渠而已。其后刘向略言地域，丞相张禹使属朱赣条记风俗，班固因之作《地理志》。”

---

① 王庸：《中国地理学史》，商务印书馆，1984 年。

《史通·杂述篇》评其书云："地理书者，若朱赣所采，浃于九州，言皆雅正，事无偏党。"

《地理书》内容主要为汉代风俗，与刘向《域分》共同作为《汉书·地理志》的一个组成部分，主要讲分野和历史情况的，地理意义不大，后世方志有地理风俗诸篇，朱氏之书当为发轫之作。

《地理图簿》

汉·王莽纂。佚。

王莽（前45—23），字巨君，西汉末年，以外戚掌权，建新朝，在位十五年被戮。莽在位期间，改变旧制，此书即为改制而作。

《汉书·王莽传》云："天凤二年，莽意以为制定，则天下自平，故锐思于地理。"王莽对编制地理图簿颇为重视，于汉平帝元始中，曾奏改全国十三州为十二州。篡位后，又改为九州，于天凤四年（17）撰成《地理图簿》（《汉书·王莽传》）。班固《汉书·地理志》引用此书颇多，内容一则叙封建井田之制，一则叙天下州、郡、县地理及郡县改名。

《司空郡国舆地图》

东汉。佚。

《周礼·地官·大司徒》："大司徒之职，掌建邦之土地之图与其人民之数，以佐王安扰邦国。以天下土地之图，周知九州之地域广轮之数，辨其山林、川泽、丘陵、坟衍、原隰之名物。"东汉郑玄注谓："土地之图，若今《司空郡国舆地图》。"唐贾公彦疏之曰："汉萧何收秦图籍，以知天下阸塞广远。至后汉乃有《司空郡国舆地图》。"

《后汉书·光武帝纪》：建武十五年"初，巴蜀既平，大司马吴汉上书，请封皇子，不许，重奏连岁，三月乃诏群臣议，大司空融……等奏曰，'宜因盛夏吉时定位号，以广藩辅……臣请大司空上舆地图'"。顾櫰三《补后汉书艺文志》《玉海》"汉司空舆地图"条皆有引证。

由此可得出如下结论：

（一）后汉确有《司空郡国舆地图》；

（二）后汉《司空郡国舆地图》其内容，史虽无载，但从郑玄注谓"土地之图，若今《司空郡国舆地图》"一语可知，《司空郡国舆地图》郑氏已睹，说明《周礼·地官·大司徒》所掌"土地之图"与东汉《司空郡国舆地图》内容相类，即地域广轮之数、山林、川泽、丘陵、坟衍、原隰之名物等。

《十三州记》（一名《地理风俗记》）

东汉·应劭纂。今佚。

应劭，字仲远，东汉汝南南顿人。汉灵帝时，举孝廉，任泰山太守。撰《风俗通》以辨物类名号，又撰《汉官仪》等书，凡所著一百三十六篇。此外，又集解《汉书》。《地理风俗记》大抵皆在一百三十六篇内。未有专书行世。

西汉元封五年（前106）设部刺史，除近畿七郡外，分全国为十三部，亦称十三州，即豫州、兖州、青州、徐州、冀州、幽州、并州、凉州、益州、荆州、扬州与交趾、朔方十三区，各设刺史一人。应劭此书盖沿用旧名。

侯康《补后汉书艺文志》、姚振宗《后汉艺文志》著录。有清王谟《汉唐地理书钞》辑本。《水经注》《太平寰宇记》《史记索隐》《初学记》引之。据辑文所载为县名由来、县邑方位、河流、风俗等内容。记东汉时敦煌郡史事尤详。

三、汉书·地理志

《汉书·地理志》

东汉·班固撰。

班固（32—92），字孟坚。扶风安陵（今陕西咸阳东北）人。东汉史学家、文学家。建初七年（82）撰成《汉书》，历时达二十五年（58—82）。建初四年（79），编成《白虎通德论》。班固所著诗文，后人辑有《班兰台集》。

此书为当时著名地理总志。如果说成书于战国时期的《山经》和稍后成书的《禹贡》分别具有原始性质和平正切实等特色①，皆不同程度地反映了当时人们在政治经济上求得统一的愿望和要求，那么，《汉书·地理志》的出现，则是汉代封建政权建立以后，在全国设立行政区划的基础上，为适应封建地主阶级政治统一的需要，而在正史中创立的一种崭新体裁。它以丰富的内容较为全面系统地反映了西汉王朝的地理情况和经济情况。

《汉书·地理志》由三个部分构成。

第一部分，照录《尚书·禹贡》和《周礼·职方》全文。这是作者把它作为汉代以前政区发展沿革看待的。第二部分是地理志的重点，它是以记载汉平帝元

---

① 略本王庸《中国地理学史·原始地图志及其流变》，商务印书馆，1984年。

始二年（2）时已有的103个郡（国）及其所辖的1587个县（道、邑、侯国）的建置沿革为主，以及与域外交通情况，分别在郡国、县、邑、道、侯国条下，记有户口、山岳、陂泽、水道、水利设施、特产、重要聚落、要塞、名胜古迹等情况。这一部分在全志中占整个篇幅的65%左右。第三部分转录刘向的“域分”和朱赣的“风俗”，其内容主要讲分野和历史情况①，作者已颇能分析地理环境对于民俗的影响。从今天的观点看，风俗仍是志书的重要内容之一。至于“域分”，实际上没有任何科学意义。古人是把天上的星宿和地上的州域（郡国）联系起来对待的。所谓“天则有列宿，地则有州域”②，这种观点早在春秋战国时代就出现了。人们根据地上的区域来划分天上的星宿，把天上的星宿分别指配于地上的州国，使之互相对应，说某星是某国的分星，某某星宿是某某州国的分野。而《汉书·地理志》则反过来说某地是某某星宿的分野，如“齐地，虚危之分野也”。今按，虚危，星宿名；齐地，郡国名。古人所以建立星宿的分野，主要为了观察所谓“机祥”的天象，以占卜地上所配州国的吉凶，人们在崇拜天帝的思想基础上，把天象的变化和人间的祸福联系起来，认为天象的变化预示着人事的吉凶，这就是我国古代的占星术。“域分”的观念一经形成，并且在《汉书·地理志》中被记录下来，后世言地理者，则循循相因，甚至在旧志中，仍然保存着“域分”记录。

《汉书·地理志》记录有关地理内容占比例不大，记录山134座、水258条、湖泊20处、池7个、其他水体29处，并记录全国盐、铁、铜等矿物产地112处，所记甚简。相对于政区沿革以及人文等内容不可同日而语。

《汉书·地理志》是我国第一部疆域政区沿革总志。它规定了后世地理志的格局，成为以后撰写纪传体史《地理志》的典范。唐以后编修的历代总志，如《元和郡县志》《元丰九域志》《太平寰宇记》以及元、明、清三朝的一统志，与《汉书·地理志》一样，同为地理总志性质。

由于《汉书·地理志》对地理沿革的考订和社会历史记述并重，为以后方志学的发展从理论上奠定了基础，这是值得肯定的。然而，作者首次称志，并以地理名之，这就使我国地理学局限于沿革地理的狭隘圈子里，“忽视了对于地理环

① 略本《中国古代地理学史》，中科院自然科学史研究所学史组主编，科学出版社，1984年。

② 《史记·天官书》，中华书局，1959年。

境本身形态及其变化规律的探索”，影响了地理学的发展，同时为人们留下了这样一个至今悬而未决的问题：中国古代地理学不仅是沿革地理学，而且是历代全国总志和地方志的代名词。由此可见，《汉书·地理志》的影响至为深远。

第二节　地方性志、图

一、导语

秦汉时期地图，大多数类似汉代舆地图，不设分率，不考准望，颇不精确。但是有些汉代地图则非如此，如 1973 年湖南长沙马王堆三号汉墓出土的三幅西汉地图，如“地形图”和“驻军图”，其测绘技术已具有相当水平，特别是“地形图”中的潇水流域地形复杂，很有可能是采用“重差法”测绘的。

据《隋书·经籍志·地理记》载：“（汉）武帝时，计书既上太史。郡国地志，固亦在焉，而史迁所记，但述河渠而已。”一则说明郡国地志产生于西汉之世；一则说明司马迁作《史记》时，只记载了地理中的河渠部分，至于“郡国地志”所包含的其他门类，如州国郡县山川夷险、时俗之异、经星之分、风气所生、区域之广、户口之数等则未在记述之列。这实际上是后人对司马迁忽视“郡国地志”的批评。

汉代地方性志书多为专记一地人物、风物的郡书、地理书和都邑簿等，肇始之作大多属于地记之类。如西汉辛氏《三秦记》，西汉司马相如、严君平、扬雄，东汉阳成子玄、李尤、郑廑及尹贡等各自编成的《蜀本纪》七种，东汉郑廑、赵谦、祝龟、王商等各自编成的《巴蜀耆旧传》四种及不著撰人的《沛国耆旧传》《京兆耆旧传》、祝龟《汉中耆旧传》、不著撰人《庐江七贤传》等为后世人物传肇始之作。虽皆为佚书，从诸家补汉志或补后汉志中可以考见当时巴蜀及关中等地诸多方面的情况。

建武元年（25）至建武中元二年（57）东汉光武帝诏令南阳地区编写《风俗

传》，自此之后，沛、鲁、三辅、庐江等地郡书大作。[①] 此为东汉光武帝首倡，这是中国最高统治者倡修地方志书见于文献之最早者。

东汉袁汤、圈称分别有《陈留耆旧传》之作，圈称又有《陈留风俗传》，仲长统著《济北先贤传》。

建武四年（28)，袁康撰成《越绝书》，书中人物、地理兼载，有人称之为后世方志发轫之作。

汉明帝时，杨终纂《哀牢传》为云南方志肇始之作。

汉章帝时，杨孚纂《交州异物志》为岭南地区早期志书，其所撰《南裔异物志》为最早见于文献著录的异物志。

从地记过渡到图经，在东汉时已经完成。图经之名，见于文献之最早者，当为东汉顺帝时王逸撰《广陵郡图经》(《文选·芜城赋注》引之)，而东汉桓帝时《巴郡图经》所记内容甚详。东晋常璩撰《华阳国志》中，记载了东汉桓帝时，巴郡守但望根据《巴郡图经》了解巴郡的境界、道里、户口及官吏情况。《巴郡图经》在中国地方志编纂史上具有重要地位。

此外，东汉朱玚有《九江寿春记》，此为安徽地区最早方志。[②] 卢植撰《冀州风土记》，李恂撰《幽州山川屯田聚落百余卷》，为今河北、北京及辽宁省最早志书。记都邑的地志，有《三辅黄图》《三辅宫殿名》《长安图》《西京黄图》《西京图》等。

二、志、图举要

地记产生于汉代，此与地方豪强势力崛起以及地方经济发展不平衡等因素有关。加之国土变改，民人迁徙，当时人们对全国各地情况的了解已成为时代所必需，地记比较系统地记载了一地基本情况，客观上顺应了这一要求。地记所记内容比较单一，如记一地风土、物产、山川、人物、史事、异物等，为地方志初始阶段形态。

《幽州山川屯田聚落百余卷》

东汉·李恂纂。

---

① 《隋书·经籍志》卷三十三，中华书局，1973年。

② 汉九江郡，治寿春，即今安徽寿县。

李恂，字叔英，安定临泾人。曾拜侍御史、持节领西域副校尉、武威太守等职。

东汉幽州，今河北省北部以及辽宁省大部。

书佚。顾櫰三《补后汉书艺文志》，姚振宗《后汉艺文志》，《玉海》十四著录。据《后汉书》本传云：“（李恂）持节使幽州，宣布恩泽，慰抚北狄，所过皆图写《山川屯田聚落百余卷》，悉封奏上，肃宗嘉之。”这是作者图写该书之缘由。内容记幽州山川、屯田、聚落，并以图绘之。此为地记中图文结合之较早文献之一，地记与地图相结合，实具图经性质。此书颇具代表性。①

该书为今河北、北京及辽宁省最早志书。

《冀州风土记》

东汉·卢植纂。

卢植（？—192），字子干。涿郡涿县人。熹平中九江太守，征为议郎，迁尚书。有《礼记注》《卢植集》等。

东汉冀州，今河北省中南部及河南省北部。

其书佚，今存王谟《汉唐地理书钞》辑本、刘纬毅《汉唐方志辑佚》本。

侯康《补后汉书艺文志》、姚振宗《后汉艺文志》、顾櫰三《补后汉书艺文志》、曾朴《补后汉书艺文志考》、章宗源《隋经籍志考证》《太平御览·经史图书纲目》等著录。

《太平寰宇记》《太平御览》等书引之。如《寰宇记》卷六三冀州引卢植此书曰：“黄帝以前，未可备闻，唐虞以来，冀州乃圣贤之泉薮，帝王之旧地。”可知此书记冀州风土及历史。顾炎武《日知录·惟彼陶唐有此冀方》云：“古之天子常居冀州，后人因之遂以冀州为中国之号。”② 冀州历史底蕴之厚重，自不待言。

此书为今河北省早期地记之一。

《三秦记》

汉·辛氏纂。

汉代辛氏为陇西望族，惜失其名。

三秦为秦故地关中所在，项氏灭秦，分其地为雍、塞、翟三国，谓之三秦，

① ［南宋］王应麟：《玉海》十四，李宗谔序，江苏古籍出版社（影印本），1987年。
② ［清］顾炎武著，黄汝成集释：《日知录集释》“惟彼陶唐有此冀方”条，上海古籍出版社，2014年。

今陕西中北部及甘肃东部地。

书佚。隋唐志俱不著录此书。有清王谟《汉唐地理书钞》辑本、张澍辑本、张国淦辑本及刘纬毅《汉唐方志辑佚》本等。

本书记载了地理、沿革、风俗、民情等内容，其中又以地名、关塞等情况解释详尽可靠。

秦荣光《补晋书艺文志》、章宗源《隋志考证》等皆著录并有考证。

王谟辑本称：“自《三辅黄图》及刘昭《后汉书志注》、郦道元《水经注》、贾思勰《齐民要术》、宗懔《荆楚岁时记》凡六朝人著，已相承采用。且所记山川、都邑、宫室，皆秦、汉时地理故事，并不及魏晋，此书必汉人所著。”所言成理。

《三辅黄图》

撰人姓名不详。

撰著年代历有争论。晁公武《读书志》认为梁陈间人撰，程大昌《雍录》认为唐肃宗以后人撰。《汉书》如淳注曾引此书。如淳为曹魏时人，原书应成于东汉末或三国初。其后多有补充，约至中唐时成为今书。其内容掺入后世地名及杂说。

三辅，汉景帝二年（前155），内史为左右内史，与主爵中尉（后改都尉）同治长安城中，所辖皆京畿之地，故合称三辅。汉武帝太初元年（前104）改左右内史，主爵都尉为京兆尹、左冯翊、右扶风，辖境相当于今陕西中部地区。至唐，惯称此地为“三辅”。

《隋书·经籍志》、新旧两唐志、《宋史·艺文志》著录为一卷，《四库全书总目》著录为六卷。

此图原为一卷，有图有文，后图亡佚，仅存文字，后人改编为六卷或两卷，对书的内容也有所增删。本书主要记载秦汉时期长安城池、宫观、陵庙、明堂①、辟雍②、郊畤、苑囿、池沼、台榭、街市、楼馆、陵墓、风俗等，间涉周代旧迹，书中各项建筑皆指出所在方位。条分缕析，甚为详备。

此书有清毕沅校辑本、孙星衍校辑本、蒲圻张氏大典辑本、陈直校本。

---

① 明堂：古天子宣明政教之地，凡朝令及祭祀、庆赏选士、养老、教学等大典均于其中举行。

② 辟雍：本为西周天子所设大学，《礼记·王制》“大学在郊，天子曰辟雍，诸侯曰泮宫”。据蔡邕《明堂月令论》称，乃“取其四面周水，圜如璧”。东汉以后沿置，多为祭祀之所。

《关辅古语》

东汉·杨震纂。

杨震，字伯起，弘农华阴人。自幼好学多才，学识渊博，为东汉著名学者。官荆州刺史、涿郡太守、司徒、太尉等职，著述颇多，多不存世。

关辅，古代以长安为中心的关中之地，东有函谷关，南有武关，西有散关，北有萧关夹辅，故名。

《关辅古语》已佚，今有王谟《汉唐地理书钞》辑本。

清顾櫰三《补后汉书艺文志》对此书有考证。

《三辅黄图》《天中记》引之。

书的内容多志古迹、风俗。如自《三辅黄图》所辑一条，甘泉谷北岸古槐，即所谓生长三二百年的玉树，其云："耆老相传，咸谓此树。即扬雄《甘泉赋》所谓玉树青葱者也。"

《云阳记》

东汉·王褒纂。

王褒，字子渊，蜀人。益州刺史王襄荐征入都，上《圣主得贤臣颂》，后为谏大夫。

汉云阳宫，即甘泉宫，故址在今陕西淳化西北甘泉山。本秦林光宫，汉武帝增筑扩建，武帝常在此避暑，接见诸侯王，郡国上计吏及外国客。扬雄有《甘泉赋》之作。汉置云阳县，因有云阳宫，故以名县。

书已佚，今存王谟辑本、刘纬毅辑本。

《太平寰宇记》《太平御览》等引之。据辑本，其书所记为境内山、水、古木、泉、铁矿、传说等内容。

《广陵郡图经》

东汉·王逸纂。

王逸，字叔师。南郡宜城人。元初中为校书郎，顺帝时为侍中。著《楚辞章句》等。

广陵郡，西汉元狩三年（前120）改江都国置广陵国，治所在广陵（今扬州市）。东汉建武中改为郡，辖境相当今江苏、安徽交界的洪泽湖和六合以东，泗阳、宝应、灌南以南，串场河以西，长江以北地区。

书佚。侯康《补后汉书艺文志》、顾櫰三《补后汉书艺文志》、姚振宗《后汉艺文志》等著录。今有刘纬毅辑本。

《文选·芜城赋》注，王逸《广陵郡图经》曰："郡城，吴王濞所筑。"仅此一语。此图经是当今见于文献记载之最早者。成书时间约在东汉安、顺之时。

《九江寿春记》

东汉·朱玚纂。卷数不详。

九江郡，东汉治寿春（今安徽寿县）。

本书已佚，今有王谟《汉唐地理书钞》辑本、刘纬毅《汉唐方志辑佚》辑本等。曾朴《补后汉书艺文志》著录。《路史·国名志》《太平寰宇记》等书引之。本书内容以述郡内城邑、方位、距离、古迹为主。为今安徽地记。

《陈留耆旧传》

陈留，本春秋郑之留邑，后为陈所并，故云陈留，秦置陈留县，即今开封东南。陈留为古中州之地，先秦、秦汉及魏晋之后，文化向称发达，学人宦者层出，故耆旧先贤、风俗之传相继撰修。

东汉有袁汤纂及圈称纂两部。皆佚，有刘纬毅《汉唐方志辑佚》辑本。

一、袁汤，字仲河。汝南汝阳人，桓帝初为司空，累迁司徒太尉。

此书为袁汤初为陈留太守时，为"褒善叙旧，以劝风俗"而作。作者以为仲尼，伯夷、叔齐西山饿夫，东国黜臣柳下惠等在野贤人，所以"致声名不泯者，篇籍使然也"。为此，令户曹吏追录旧闻，纂成为《陈留耆旧传》一书。内容记陈留人物。

姚振宗《后汉艺文志》著录此书。为杂传记类。书久佚，卷数无考。

二、圈称，字伯举，又字幼举，陈留人。历任户曹、议郎等职。

《隋书·经籍志》著录为二卷。久佚。佚文散见于《艺文类聚》《太平御览》等类书中。唐刘知幾谓此书为郡书。① 书的内容为陈留先贤故事。

袁氏、圈氏二书，为志人物地记类，实开后世方志人物一门。

《陈留风俗传》

东汉·圈称②纂。

书凡三卷。《隋书·经籍志》列入地理类。书久佚，有清代王谟《汉唐地理

---

① ［唐］刘知幾：《史通·杂述篇》，《史通通释　文史通义（合一册）》，国学整理社，1935年。

② 圈称小传见本书《陈留耆旧传》。

书钞》辑本及刘纬毅《汉唐方志辑佚》辑本。

《隋书·经籍志》《旧唐书·经籍志》著录为三卷。

《初学记》《元和郡县志》《水经注》《史记·正义》《文选注》《太平寰宇记》《北堂书钞》《太平御览》《艺文类聚》《汉书注》《路史·国名记》《资治通鉴》等书引之。

依辑文，所记为地名、古迹、祠祀、史事、传说、风俗、城邑、姓氏、行宫、冢墓、官宦、儒者等。

《异物志》（一名《南裔异物志》）

东汉·杨孚纂。

杨孚，字孝元，南海人。汉章帝时，举贤良，对策上第，拜议郎。后为临海太守。① 纂《交州异物志》《异物志》及《临海水土记》等。

《异物志》书久佚。《隋志》、姚振宗《后汉艺文志》、章宗源《隋书经籍志考证》等著录。有刘纬毅《汉唐方志辑佚》辑本。

《后汉书·贾琮传注》《后汉书·马融传注》《水经·叶榆河注》《水经·温水注》《续汉书注》《文选注》诸书多引《异物志》。内容记今广东地方特产翠鸟、鸬、文草、大蛇等异物。

杨孚《南裔异物志》是最早见于古籍著录的异物志著作。

《交州异物志》

东汉·杨孚②纂。一卷。

交州，后汉时领南海、苍梧、郁林、合浦、交趾、九真、日南、珠崖、儋耳九郡（见《后汉书·郡国志》），其中南海、苍梧、合浦、珠崖、儋耳等在今广东省境内。

本书以记交州特有物产为主，是岭南地区早期著名志书。《隋志》《唐志》等皆有著录。曾钊认为此志为广东最早志书，“粤人著作见于史志，以议郎（杨孚）为始”③。有王谟《汉唐地理书钞》辑本、曾钊《兖州异物志》辑本及刘纬毅《汉唐方志辑佚》辑本。

刘纬毅认为杨孚“《交州异物志》《杨孚异物志》《南裔异物志》《交趾异物

---

① ［明］区大任：《百越先贤志》，见姚振宗《隋书经籍志考证》，上海古籍出版社，1995 年。

② 杨孚小传见本书《异物志》。

③ ［清］曾钊：《交州异物志辑本考论》，《岭南遗书》，清同治二年（1863）。

志》当为异名同书”，“今观佚文，均为交州之异物”。[①] 所论允当。

《蜀王本纪》

西汉·扬雄纂。

扬雄（前53—18），字子云。蜀郡成都人，侍郎给事黄门。著《法言》《太玄》《方言》等，其赋咸收入《全上古三代秦汉三国六朝文》。

《隋书·经籍志》、两唐志、《通志·艺文略》等俱有著录。

书久佚，有王谟《汉唐地理书钞》辑本、严可均《全汉文》辑本、洪颐煊辑本。

据姚振宗《隋书经籍志考证》云：“《蜀王本纪》一卷，扬雄撰。按蜀在周时，称王称帝，故记其事者，相承称为本纪。”这当是书名的由来。

本书内容，载蚕丛以前洪荒之事，下迄两汉，有本纪有传。常璩、李膺多引用之。其内容多为神话传说故事，唐代诗人李白《蜀道难》“蚕丛及鱼凫，开国何茫然”等句取于此。此为四川志人物地记类之书。

《南阳风俗传》

光武帝诏撰，东汉郡书，原书佚。作者卷数无考。

南阳，汉置南阳郡，郡治在今河南南阳市。

汉光武刘秀为南阳人。东汉建立后，刘秀“始诏南阳撰作风俗，故沛、三辅有耆旧节士之序，鲁、庐江有名德先贤之赞。郡国之书，由是而作”[②]。郡国之书即郡书，该传为志南阳人物的地记，属于早期方志。

侯康《补后汉书艺文志》、顾櫰三《补后汉书艺文志》、姚振宗《后汉艺文志》、曾朴《补后汉书艺文志考》皆著录此书。

《荆州文学记官志》

东汉·王粲纂。

王粲（177—217），字仲宣，山阳高平（今山东邹县）人，以博洽著称。魏军谋祭酒。魏国既建，拜侍中，辞赋家。有《王侍中集》。

荆州，约为今湖北、湖南诸地。

书佚，顾櫰三《补后汉书艺文志》、姚振宗《后汉艺文志》著录。

---

① 刘纬毅：《汉唐方志辑佚》“交州异物志”条按语，北京图书馆出版社，1997年。

② 《隋书·经籍志·杂传序论》，中华书局，1973年。

今有严可均《全后汉文》辑本。

此书内容主要记载荆州耆德故老故事，并“备载文学祭酒从事，及学官弟子姓名爵里，王粲称三百余人是也”①。

此书为我国古代地方学术史著作之始，也是荆州一方人物专志。

《巴郡图经》

东汉之书。纂者无考。

东汉巴郡，今四川东部重庆一带。

书佚。顾櫰三《补后汉书艺文志》、姚振宗《后汉艺文志》著录。今有刘纬毅《汉唐方志辑佚》辑本。

《玉海》十四“祥符州县条”谓：“图则作绘之名，经则载言之别。”图经是既有舆图，又有文字，二者兼具的早期志书形式。

常璩《华阳国志·巴志》曾涉及此书，其文为：“孝桓帝以并州刺史泰山但望伯阖为巴郡太守。……永兴二年三月甲午，望上疏曰，谨案《巴郡图经》境界南北四千，东西五千，周万余里，属县十四，盐铁五官，各有丞史，户四十六万四千七百八十，口百八十七万五千五百三十五，远县去郡千二百至千五百里，乡亭去城或三四百或及千里。”《巴郡图经》内容不少于建置、疆域、属县、企业、职官、户口、道里等类目，内容体例较地记更加完备。

《越绝书》（一名《越绝记》）

越，为浙江省古名。

本书今存十五卷。据《崇文总目》称，此书原本二十五篇，后散佚六篇，存十九篇。

《隋志》、新旧两唐志、陈振孙《直斋书录解题》、姚振宗《隋书经籍志考证》《宋史·艺文志》、周中孚《郑堂读书记》及《四库全书总目》皆著录。唯所称卷数不一，或作十六卷，或作十五卷。

本书撰者历来说法亦不一，或言子贡，或言子胥等。明杨慎等定为汉会稽袁康撰，会稽吴平同定。可见此书非成于一时一人之手。

本书内容，首篇为序文，末篇为跋语，其他诸篇分列人物、地理、建置、都邑、冢墓等门类，间采传闻异说。所记之事上起吴太伯，下至光武帝建武二十八

---

① ［清］姚振宗：《后汉艺文志》，《丛书集成续编·史部》，上海书店出版社，1994 年。

年（52）。采摘资料较为广博、翔实，体例较为完备严谨，特别侧重记历史人物，如伍员、子贡、范蠡、文种、计倪、西施等事迹。大有上继《春秋》之遗风，实开《华阳国志》内容体例之先河。清洪北江谓其书：“一方之志，始于《越绝》。”① 以此书为我国方志之本始。

《吴越春秋》

东汉·赵晔纂。

《隋书·经籍志》《新唐书·艺文志》作十二卷，至《宋史·艺文志》《郡斋读书志》《四库全书总目》作十卷。已知缺佚二卷。今通行本有六卷本与十卷本二种。

本书内容记吴越两国兴亡始末。只记人物，不记地理。叙吴国，自太伯至夫差，叙越国，自无余至勾践等。内容多来自《越绝书》，并增加许多民间传说，记吴越掌故颇详，然体例远不及《越绝书》。由于具有撰述一方人物志的作用，故范文澜谓：“东汉会稽人赵晔著《吴越春秋》，又有无名氏著《越绝书》，两书专记本地掌故，开方志先例。”②

《哀牢传》

东汉·杨终纂。

杨终，字子山，蜀郡成都人。显宗时校书郎。杨终时为该郡上计吏，经实地考察而作此书。《后汉书》本传中未载作《哀牢传》事，仅见于王充《论衡·佚文》篇及《史通·史官》篇，并言作于汉明帝时。

哀牢，今云南省西部。此地世居哀牢夷（古族）。西汉在该地设不韦、嶲唐两县；东汉建武二十七年（51），其王贤栗受汉封为君长，永平十二年（69）哀牢王内属，汉于其地设哀牢、博南两县。按，哀牢即今云南省保山市地。

本书久佚。侯康《补后汉书艺文志》、顾櫰三《补后汉书艺文志》、姚振宗《后汉艺文志》、曾朴《补后汉书艺文志考》著录此书。而隋唐志皆未著录，卷帙无考。今有清王谟《汉唐地理书钞》辑本及今人王叔武《云南古佚书钞》辑本。据辑文可知，内容以记哀牢族历史为主，其中又以《九隆世系》的资料价值为最高。顾櫰三《补后汉书艺文志》五谓“九隆代代相传，名号不可得而数，至于禁

① ［清］洪亮吉：《澄城县志序》，清乾隆四十九年（1784）刻本。

② 范文澜：《中国通史简编》（修订本），人民出版社，1965年。

高乃可知。禁高死，子吸代，吸死，子建非代，建非死，子哀牢代，哀牢死，子桑万代”。晋常璩《华阳国志·南中志》载述哀牢国历史甚详，清姚振宗《三国艺文志》有关诸葛亮《哀牢国谱》之文即源于《华阳国志·南中志》。此传为云南方志之始作。哀牢人主要从事农耕、纺织等业，并与交阯、大秦有贸易往来。

《巴蜀耆旧传》

巴蜀，为巴郡、蜀郡合称。东汉巴郡，为今四川东部及重庆之地；蜀郡，为今四川西部地区。

书久佚。侯康《补后汉书艺文志》、顾櫰三《补后汉书艺文志》、姚振宗《后汉艺文志》著录。

《华阳国志·后贤传·陈寿传》云：“益部自建武后，蜀郡郑伯邑①，太尉赵彦信②及汉中陈申伯③、祝元灵④，广汉王文表⑤，皆以博学洽闻，作《巴蜀耆旧传》。”可见，汉代撰《巴蜀耆旧传》者甚众。内容多记巴蜀耆旧人物故事。

《蜀本纪》

汉蜀郡，为益州刺史部属郡。辖境相当今四川松潘以南，北川、彭州、洪雅以西，峨边、石棉以北，邛崃山、大渡河以东，以及大渡河与雅砻江之间康定以南，冕宁以北地。

《华阳国志·序志》云：“司马相如、严君平、扬子云、阳成子玄、郑伯邑、尹彭城（尹贡）、谯常侍（周）、任给事（任熙）等，各集传记，以作本纪，略举其隅。”可见汉代撰《蜀本纪》者颇多，书皆佚。内容记先秦时期在蜀称王称帝史事。

---

① 郑伯邑，名廑，临邛人，汉中太守。

② 赵彦信，名谦，成都人，初平元年（190年）太尉。附《后汉书·赵典传》。

③ 陈申伯，名术，汉献帝时人。历新城、魏兴、上庸三郡太守，博学多闻，著《益部耆旧杂传记》。

④ 祝元灵，名龟，南郑人，葭萌长。

⑤ 王文表，名商，广汉市人，蜀郡太守。附《后汉书·王堂传》。

第三节　修志理论

任何理论都是实践的产物。修志理论首先来自志书的编纂实践。

秦汉时期，具有方志雏形的地记编纂日多，对修志理论的研究已呈现萌芽状态。当时对志书的概念、属性解释比较权威者，当推郑玄。

郑玄（127—200），字康成。东汉著名经学家。北海高密（今山东高密）人，注释《诗经》《尚书》《周易》《三礼》等。郑玄注《周礼·外史》所掌“四方之志”时谓：“志，记也。谓若鲁之《春秋》，晋之《乘》，楚之《梼杌》。”（《周礼注疏》卷二十六）由此可见，郑玄把方志视如古国史。方志属史论首先由郑玄提出，对后世影响颇大。此外，郑玄在注释《周礼》中，对《周礼》中涉及的“方志”“四方之志”“天下之图”等概念做了具体阐释，这是关于方志名称、内容的最早记录。其后，凡主张方志起源于《周礼》者，多受郑玄影响。

郑玄在《周礼·诵训》注疏中阐发了外史将所掌四方之志内诸事报告国王，国王便能广泛了解各种情况，以便治理国家，从而可以看出方志的资治作用。

刘秀（前 6—57），东汉光武帝，始诏南阳撰作风俗。郡国之书，由是而作。这是中国封建帝王下诏修志见于文献之最早者，对后世统治者影响至深。其后，各种志书大量出现，与历代封建统治者的提倡不无关系。

《后汉书·西域传论》

关于两汉方志内容、门类的早期论述，可以间接地从南朝宋范晔《后汉书·西域传论》中得到反映。范晔（398—445），字蔚宗，顺阳（今河南淅川东）人。南朝宋史学家，主要著作有《后汉书》。

范晔在论述甘英赴西域时说：“其后甘英乃抵条支而历安息，临西海以望大秦，拒玉门、阳关者四万余里，靡不周尽焉。若其境俗性智之优薄，产载物类之区品，川河领障之基源，气节凉暑之通隔，梯山栈谷绳行沙度之道，身热首痛风灾鬼难之域，莫不备写情形，审求根实。至于佛道神化，兴自身毒，而二汉方志莫有称焉。”由此可见，两汉方志，除佛道神化内容以外，它如风俗、物产、山川、气候、交通、险阻等门类皆齐备。可见两汉方志内容相当充实，体例已初具规模。

第四节　小结

《汉书·地理志》是以分区记叙法来记录全国各地情况的，内容丰实，是秦汉时期全国总志之巨制。其规制影响深远，成为“正史”《地理志》以及历代总志的典范。它还载录了远及印度南部和斯里兰卡的航线和路线，这些都是值得注意的事。

约汉安帝、顺帝时，王逸撰《广陵郡图经》。此图经为迄今见于文献记载之最早者。东汉桓帝时巴郡太守但望根据《巴郡图经》了解巴郡情况。《巴郡图经》虽不传，但其价值在于该图经内容及门类为后世图经所沿用。

西汉之后，出现的地记之作乃是记载风物、人物志的雏形，为以后的地记发展奠定了基础。

此期修志理论呈现萌芽状态，东汉郑玄对方志名称、内容、性质及作用做了论述，对后世影响很大。汉光武刘秀下诏修志，开了帝王倡导修志之先河。对中国方志的发展，有相当促进作用。范晔《后汉书》论及二汉方志内容、门类，颇可考见二汉方志之规制。

西汉王朝派遣张骞两次出使西域，开辟了从甘肃、新疆通往阿富汗、印度、巴基斯坦、伊朗等国的道路，史称“丝绸之路”。在沟通我国与西亚、南亚及欧洲的相互联系、促进科技文化和经济交流等方面都具有极为重要的意义，影响深远。《史记·大宛列传》《汉书·西域传》等详载其情。东汉班超、班勇父子及甘英等出使西域，班勇撰《西域记》① 是记载东汉建武以后有关西域地情的重要著作，为《后汉书·西域传》所取资。

---

①　见《后汉书·西域传》卷八十八，中华书局，1965年。

第三章　三国时期

第一节　总志

一、导语

三国时期，三足鼎立，客观上难以出现全国总志。据史料载，魏张晏纂《地理记》，又有署名张氏纂《土地记》及未署名的《吴蜀地图》，或包含两国内容或囊括三国全疆，相当于总志性质。

二、志书举要

《地理记》

魏·张晏纂。

张晏，字子博，中山人，曾注《汉书》。

书已佚。姚振宗《三国艺文志》著录此书，并转引洪亮吉《晓读书斋初录》曰："张晏《汉书注》，于地理最详。郭璞注《尔雅》，引张氏《地理记》云云，《水经注》即作张晏，是张晏所著又有《地理记》，惜不传。"①

《后汉志注》《尔雅注》《禹贡正义》引张氏《地理记》。

此书所载多为山川、道里、方位及异事等内容。为古代地理总志。

---

① 转引自张国淦《中国古方志考》，中华书局，1962 年。

第二节　地方性志、图

一、导语

这一时期的地记著作继续发展，继东汉之后，三国时出现了相当数量的异物志著作，如谯周《巴蜀异物志》、万震《南州异物志》、沈莹《临海水土物志》、薛莹《荆扬已南异物志》、朱应《扶南异物志》等。这些著作多志长江以南地方事物，内容多属草木、禽兽、矿物。亦间有记北方边塞异物者，如未著撰人的《凉州异物志》等。这些均属地记之作。南方众多地记著作之出现，与当时北方人民南移有关。东汉末，由于政局混乱和北方匈奴入侵，汉民族开始向南方做较大的迁移。南方比较先进的农业生产条件，也具有一定的吸引力。南方水土、气温、水利建设成效高于北方，其河川遍布，交通便利，对于经济开发和文化进展都有重大的作用。三国时期，南方出现吴蜀两个政权，为扩充实力，加强武备，大量收容南移的北方人士。其中包括不少知识分子和劳动力，客观上促进了南方土地大规模开发和经济发展。南方大量地记的出现，顺应了这种经济发展的要求。①

志地著作有魏人卢毓、何晏《冀州论》二部，魏人阮籍《秦记》，吴人顾启期《娄地记》，吴人韦昭《三吴郡国志》《吴兴录》、朱育《会稽土地记》，魏人杨元凤《桂阳记》，吴人徐整《豫章旧志》，蜀人谯周《益州志》《三巴记》，蜀人诸葛亮《哀牢国谱》及无名氏《永昌郡记》等。

志人物的地记如吴人陆胤《广州先贤传》，是广州最早的人物传。吴人士燮《交州人物志》、吴人徐整《豫章烈士传》（此为江西地区最早人物传记）、吴人张胜《桂阳先贤画赞》、魏人周斐《汝南先贤传》、魏人陈长文及苏林《陈留耆旧传》、吴人谢承《会稽先贤传》、吴人陆凯《吴先贤传》《吴国先贤传赞》等。以上诸书具有浓厚的地方色彩，或志地，或志人物，内容比较单一，是方志的早期

① 略本陈正祥《中国文化中心的迁移》，载《中国文化地理》，生活·读书·新知三联书店，1983年。

形态。

此期地图制作鲜少。据文献载，《三国志·孙礼传》《三国志·先主传》《拾遗记》等书分别记有魏、蜀、吴绘制地图事。

二、志、图举要

《冀州论》

魏时《冀州论》有二书，内容皆记冀州史事。魏时冀州，辖境相当于今河北中南部、山东西端及河南北端。治所信都（今河北冀州市）。

1. 魏·卢毓纂

卢毓，字子家，涿郡涿人，卢植子。仕魏至吏部尚书，司空。

此书久佚。《太平御览·经史图书纲目》著录。

今存王谟《汉唐地理书钞》辑本以及张国淦《〈永乐大典〉方志辑本》和刘纬毅《汉唐方志辑佚》辑本。

2. 魏·何晏纂

何晏（？—249），字平叔，南阳人。历官散骑侍郎、侍中、尚书。著《道德论》《论语集解》等。

书久佚，《太平御览·经史图书纲目》著录。

今存王谟《汉唐地理书钞》辑本、刘纬毅《汉唐方志辑佚》辑本。

《凉州异物志》

撰者及成书年代均不详。

魏时凉州为今甘肃省西北部。治姑臧（今甘肃武威）。

《隋书·经籍志》、姚振宗《隋书经籍志考证》均著录为一卷。

《唐书·艺文志》、文廷式《补晋书艺文志》、章宗源《隋书经籍志考证》均著录为二卷。

书久佚，今存王谟《汉唐地理书钞》辑本及张澍《〈二酉堂〉丛书》辑本。

此书《博物志》《水经·河水注》等注引。

张澍考证此书疑即为宋膺《异物志》，其理由为：“宋膺《异物》，隐匿鲜章，史注所引，多说西方，且月氏羊尾，文与《凉州异物志》全同。《太平广记》引《凉州异物志》，羊子生土中，亦与宋膺《异物志》同，疑《凉州异物志》，即宋膺所纂。”① 所言成理。

此书所载，多为凉州山川、祠寺、异事、神话等内容。

《魏平原图》

三国，魏。不著撰人。

魏时平原，今山东平原县。

陈寿《三国志·魏书·孙礼传》：“迁冀州牧，太傅司马宣王谓礼曰：‘今清河、平原争界八年，更二刺史，靡能决之。’……礼曰：‘……当以烈祖初封平原时图决之……今图藏在天府，便可于坐上断也。’……礼到案图，宜属平原。”由此可见，舆图具有资治、存史及教化作用同样是不可忽视的。今按，《魏平原图》为地方性舆图，属方志地图类。

《娄地记》

吴·顾启期纂。

作者始末未详。

《隋书·经籍志》著录为“《娄地记》一卷，吴顾启期撰”。知顾氏为三国吴人。姚振宗《三国艺文志》谓“吴之顾氏，世为大族，自丞相雍而下，不少知名之士，启期又似其字，非其名”。

娄地，今江苏省昆山市一带。

《文选注》、谢灵运《游赤石诗》注、《艺文类聚》草部、《太平御览》地部，并引顾氏《娄地记》。

书的内容，据所引为地理、植物、土著风俗等情况。此为以记为名的早期方志，属地记类。

《三吴郡国志》

吴·韦昭纂。

韦昭，字弘嗣，吴郡云阳人。太史令，中书仆射，注《国语》，撰《吴书》。撰有多种志书，如《吴兴录》。

书佚，今有王谟《汉唐地理书钞》辑本、刘纬毅《汉唐方志辑佚》辑本。

三吴，汉分会稽为吴郡，与吴兴、丹阳为三吴。从《三国志》《晋书》有关记载看，当从《水经注》的吴郡、吴兴、会稽为三吴；《通典》《元和郡县志》以

① 转引自张国淦《中国古方志考》本条引张澍辑本，中华书局，1962 年。

吴郡、吴兴、丹阳为三吴；唐梁载言《十道四藩志》以吴郡、吴兴、义兴为三吴。按义兴始置于晋。宋税安礼《历代地理指掌图》以苏、常、湖三州为三吴，明周祁《名义考》以苏州为东吴，润州为中吴，湖州为西吴，此更为后起三说。据姚振宗《三国艺文志》谓，吴兴立郡，始于孙皓宝鼎二年（267），见《孙皓传》。

《太平寰宇记》《舆地纪胜》、蒲圻张氏《〈永乐大典〉方志辑本》俱引此书。

据辑本，此书以记地理和人物为主，属于地记类。

《临海水土物志》

吴·沈莹纂。

沈莹，吴兴武康人，丹阳太守。

吴临海郡，治所在今浙江临海，旋即移至章安（今临海东南），辖境相当今浙江象山港以南，天台、缙云、丽水、龙泉以东地区。

书已佚，今存王谟《汉唐地理书钞》辑本、洪颐煊辑本、刘纬毅《汉唐方志辑佚》辑本。

《隋书·经籍志》、姚振宗《三国艺文志》、章宗源《隋经籍志考证》、丁国钧《补晋书艺文志》、秦荣光《补晋书艺文志》、吴士鉴《补晋书经籍志》等著录为《临海水土物志》一卷。两唐志及《通志·艺文略》著录为《临海水土异物志》一卷。《太平御览·经史图书纲目》著录为《临海水土志》。

内容记风土、谷果、虫禽等物产及海产，并杂以神异传说。

《后汉书·东南夷传注》引此志曰："夷州在临海东南，去郡二千里。"按夷州，即今中国台湾。此志为首次记台湾文献。亦为临海郡第一部志书。

此书多家称引，名目较多，如《临海异物志》《临海水土记》《临海水土志》等，实为一书。

《扶南异物志》

吴·朱应纂。

朱应，三国吴人。中国早期海外旅行家之一。三国吴黄武五年（226），交州刺史吕岱受吴主之命，派朱应和、康泰赴扶南等国从事外交活动。经历和传闻的国家有一百数十个。归国后，撰《扶南异物志》。

扶南，指今柬埔寨及老挝南部、越南南端和泰国东南部一带。

原书一卷，已佚。内容记扶南诸国风物、地理、历史等，兼及传说异闻。

《水经注》《艺文类聚》《通典》《太平御览》引之。《隋志》、两唐志著录。

康泰，三国吴人，中国早期海外旅行家，归国后撰《吴时外国传》，佚。亦散见《水经注》等书。记其与朱应赴扶南等国的经历和传闻。近人许云樵撰《吴时外国传辑注》。

《会稽土地记》

吴·朱育纂。

朱育字嗣卿，山阴人，孙亮时仕郡门下书佐，后为东观令。

吴会稽郡，辖境相当于今江苏长江以南，浙江仙霞岭、牛头山、天台山以北和安徽水阳江流域以东及新安江、率水流域地。治所在吴县（今苏州市）。

《隋书·经籍志》、侯康《补三国艺文志》、秦荣光《补晋书艺文志》《通志·艺文略》等著录，称《会稽土地记》并作一卷。两唐志及姚振宗《三国艺文志》等著录为《会稽记》并作四卷。书久佚。今存王谟《汉唐地理书钞》辑本及鲁迅《会稽郡故书杂集》辑本。

姚振宗《三国艺文志》于此书按语云："《隋志》《土地记》一卷，两唐志似合人物、土地为一书，故四卷。又以其书人物为多，故入传记类。"

鲁迅谓此书："《隋书·经籍志》史部地理篇，《会稽土地记》一卷，朱育撰。《旧唐书·经籍志》《新唐书·艺文志》并作四卷。又削土地二字，入杂传记类。《世说新语注》，引《土地志》二条，不题撰人，盖即育记，所言皆涉地理，意唐志以为传记者失之。"① 鲁迅驳两唐志将是书归入传记类之失，得出"皆涉地理"的结论，是正确的。

《会稽先贤传》

吴·谢承纂。

谢承，字伟平，会稽山阴人。长沙东部都尉，武陵太守。撰《后汉书》。

书久佚，今有王谟《汉唐地理书钞》辑本、鲁迅《会稽郡故书杂集》辑本及蒲圻张氏《〈永乐大典〉方志辑本》。

《初学记·人事部》《设官部》《太平御览·职官部》《人事部》《服用部》并引《会稽先贤传》。鲁迅谓此书："《隋书经籍志》，《会稽先贤传》七卷，谢承撰。《新唐书·艺文志》同，《旧唐书·经籍志》作五卷。侯康《补三国艺文志》云，

---

① 鲁迅：《会稽郡故书杂集》（辑本），文物出版社（手稿影印本），1985 年。

《御览》屡引之。所记诸人事，多失传之佚文，严遵二条，足补《后汉书》本传之阙，陈业二条，足以证《吴志·虞翻传注》，吉光片羽，皆可宝也。”① 由此可见本书的价值所在。

《汝南先贤传》

魏·周斐纂。

周斐曾官汝南中正。

此为郡书。汉、魏汝南郡，辖境相当今河南颍河、淮河之间，安徽茨河、西淝河以西，淮河以北地区。治所屡迁。

此书久佚，今存王谟《汉唐地理书钞》辑本、刘纬毅《汉唐方志辑佚》辑本。

《隋志》《新唐书·艺文志》、姚振宗《三国艺文志》、章宗源《隋志考证》著录为五卷。《旧唐书·经籍志》著录为三卷。

据诸家辑佚，《世说新语注》《艺文类聚》《太平御览》《北堂书钞》《太平广记》《初学记》《水经注》《后汉书》《广传物志》等书俱引之，以汝南人物为主，兼记外地人物。“史传皆佚其事，且有不知姓名者，胥赖此书以传”，可知此书是以先贤人物为主的地记之作。

刘知幾《史通·杂述篇》中此书作《汝南先贤行状》，并以此书作为当时郡书代表。此书对于后世志书人物志编写具有深刻影响。

《荆扬已南异物志》

吴·薛莹纂。

薛莹，字道言，沛郡竹邑人。孙皓时为左执法选曹尚书，入晋为散骑常待。撰《后汉纪》《荆扬已南异物志》等。

荆扬，地名，为荆州扬州合称，泛指长江以南地。②

书久佚，今有王谟《汉唐地理书钞》辑本、刘纬毅《汉唐方志辑佚》辑本。

侯康《补三国艺文志》、姚振宗《三国艺文志》、丁国钧《补晋书艺文志》、文廷式《补晋书艺文志》、秦荣光《补晋书艺文志》、黄逢元《补晋书艺文志》、吴士鉴《补晋书经籍志》著录。《文选·吴都赋注》《太平御览·果部》并引此书。

---

① 鲁迅：《会稽郡故书杂集》（辑本），文物出版社（手稿影印本），1985 年。

② 刘纬毅：《汉唐方志辑佚》本条按语，北京图书馆出版社，1997 年。

据所引，其内容多为荆扬地区特有果树等。

《桂阳先贤画赞》（一名《桂阳先贤传》）

吴·张胜纂。一卷。

张胜，吴左中郎。

桂阳郡，今湖南省衡州南部地。

书久佚，今有王谟《汉唐地理书钞》辑本、严可均《全三国文编》辑本、刘纬毅《汉唐方志辑佚》辑本。

《隋志》、两唐志、侯康《补三国艺文志》、姚振宗《三国艺文志》、章宗源《隋经籍志考证》著录为《桂阳先贤书赞》，唯卷数不同，或云一卷，或云五卷。

据姚振宗《隋书经籍志考证》谓："书当作画……案，隋时仅存其所集《画赞》一卷，至唐而全书复出，故唐、宋人类书，亦并引其传文。"

该书有图有文。

《水经·汝水注》《北堂书钞·酒食部》《艺文类聚·百谷部》《太平御览·兵部》《人事部》《药部》并引《桂阳先贤传》。涉及人物如张熹、程曾、成武丁、罗陵、胡滕、苏纨等桂阳先贤佚事。

《豫章旧志》

吴·徐整纂。

徐整，字文操，豫章人，吴太常卿。撰《豫章旧志》《豫章烈士传》。

吴国豫章郡，辖境相当今江西省南昌、南康、九江、临江等地。

书久佚，今存王谟《汉唐地理书钞》辑本、刘纬毅《汉唐方志辑佚》辑本。两唐志、侯康《补三国艺文志》著录为八卷。

顾櫰三《补后汉书艺文志》著录于书名之后多一"传"字。

《世说新语·规箴篇注》《水经·庐江水注》俱引此书，而不系人名。

据辑本，该书载庐俗、周生丰、李仪、孔竺、夏侯嵩等，皆"县邑官守诸事"，确非人物传记之文，当属地理。

《豫章烈士传》

吴·徐整①纂。

书久佚，今存王谟《汉唐地理书钞》辑本、刘纬毅《汉唐方志辑佚》辑本。

---

① 徐整小传见本书《豫章旧志》。

《隋书·经籍志》《新唐书·艺文志》、侯康《补三国艺文志》《通志·艺文略》、姚振宗《三国艺文志》著录为三卷。

《太平御览》《初学记》等书引之。内容记吴时豫章人物佚事，如周腾、孔恂、华茂、施阳、羊茂等佚事。可补史传之缺。

此书为江西最早地方人物传记。

《南州异物志》

吴·万震纂。

万震，丹阳太守。

南州，今广西钦州地区、广东雷州半岛以及越南中部、北部之泛称，即三国吴时交州之地。

《隋志》、两唐志、侯康《补三国艺文志》、姚振宗《三国艺文志》等皆著录为一卷。书久佚，今有王谟《汉唐地理书钞》辑本、刘纬毅《汉唐方志辑佚》辑本。此为两广通志类异物志。

《艺文类聚》《御览》《世说》《春秋左传正义》《汉书·武帝纪注》《文选·江赋注》并引万震《南州异物志》。

所引内容多为南州异物，如玄犀、象、能言鸟、鹦鹉以及奇木异草、珍禽异兽等性状，还有习水善游的合浦之人。

《交州人物志》

吴·士燮纂。

士燮，字威彦，苍梧广信人，交趾太守。后拜安远将军，封龙编侯。

交州，治所在龙编县（今越南河北省仙游东）。辖境相当今广西钦州地区、广东雷州半岛及越南北部、中部地区。

《史通·杂说篇》下云："交趾远居南裔，越裳之俗也，敦煌僻处西域，昆戎之乡也，求诸人物，自古阙载，盖由地居下国，路绝上京，史官注记所不能及也，既而士燮著录，刘昞裁书，则磊落英才，粲然盈瞩者矣，向使两贤不出，二郡无记，彼边隅之君子，何以取闻于后世乎！是知著述之功，其力大矣，岂与夫诗赋小技校其优劣者哉？"士燮、刘昞皆生长边陲。而人因文显，足见著述家之功用宏长。

书久佚，姚振宗《三国艺文志》著录，并有考证。

《广州先贤传》

吴・陆胤纂。

陆胤，字敬宗，吴人，交州刺史，安南校尉。

广州，三国吴黄武五年（226）分交州置，治所在广信县（今广西梧州市），旋废。永安七年（264）复置，治所为番禺县。辖境约当今两广省区，除广东廉江以西、海南岛、广西桂江中上游、容县北流以南、宜州西北以外大部地区。

书久佚。今有王谟《汉唐地理书钞》辑本、刘纬毅《汉唐方志辑佚》辑本。

《唐书・经籍志》、侯康《补三国艺文志》、文廷式《补晋书艺文志》、章宗源《隋经籍志考证》等均著录为七卷。唯《唐书・艺文志》称："陆胤志《广州先贤传》七卷。"

《续汉书五行志注》《初学记》《艺文类聚》《太平御览》等书引此书，其所记如养奋、丁密、顿琦、丁茂、黄毫、邓盛、徐征、董正、罗威、尹牙、疏源、申朔、唐颂等人孝贤佚事。

此书可作为广州人物传之最早者，属地记类。

《本蜀论》

蜀・来敏纂。

来敏，字敬达，义阳新野人。来歙之后，初为刘璋宾客，注《左氏春秋》，尤精于《尔雅》训诂。历官蜀典学校尉、虎贲中郎将、辅军将军、光禄大夫、执慎将军等职。

书久佚，今有王谟《汉唐地理书钞》辑本。

侯康《补三国艺文志》著录。《水经注》《太平寰宇记》等俱引其书。内容记秦惠王伐蜀时之石牛道、蜀国开国故事、望帝使鳖令凿巫峡通水及禅国等事。

此书为早期蜀国地记之书，以记史事尤多。

《益州耆旧杂传记》

三国・陈术纂。二卷。

陈术，字申伯，汉中人。历新城、魏兴、上庸三郡太守。博学多闻，著《释问》《益州耆旧杂传记》及《益州志》。

按，张国淦《中国古方志考》以陈术为汉时人，姚振宗《后汉艺文志》考之为三国时人。

益州，汉武帝置十三刺史部之一。辖今四川省及陕西、甘肃、云南、贵州、湖北一部分地。东汉以后辖境缩小。

此书已佚，今存王谟《汉唐地理书钞》辑本。

《唐书·艺文志》、侯康《补三国艺文志》、文廷式《补晋书艺文志》、黄逢元《补晋书艺文志》、章宗源《隋志考证》、沈家本《三国志注所引书目》、姚振宗《三国艺文志》等著录。

此书唯名称有异，或称《益部耆旧杂记》《益部耆旧传杂记》《益部杂记》等，见裴松之注《三国志》及《初学记》所引。《三国志·蜀书》刘焉传注、先主传注、杨洪传注、杨戏传注等并引此书。

本书内容载有王嗣、常播、卫继等人事迹。记蜀汉时益部忠笃、信厚节士之郡书，为四川人物志早期之作。属地记类。

《蜀本纪》

蜀·谯周[①]纂。

谯周（约201—270），字允南，巴西充国（今四川阆中西南）人。建兴中为劝学从事，典学从事，太子家令，光禄大夫。入晋，任骑都尉，散骑常侍。著有《古史考》《法训》《蜀本纪》《五经论》《仇国论》等。

顾櫰三《补后汉书艺文志》、侯康《补三国艺文志》、丁国钧《补晋书艺文志》、文廷式《补晋书艺文志》、黄逢元《补晋书艺文志》著录。

《文选注》《史记正义》《三国志·蜀书注》俱引此书。该书以志人物为主，兼及神话传说。

书久佚，今有王谟《汉唐地理书钞》辑本。

《三巴记》

蜀·谯周纂。

三巴，旧巴郡。东汉末，刘璋分巴郡为永宁、固陵、巴三郡，后又改为巴、巴东、巴西三郡，是为“三巴”。所辖约为今嘉陵江和綦江流域以东大部。

书久佚，今有王谟《汉唐地理书钞》辑本、刘纬毅《汉唐方志辑佚》辑本。

《隋志》、两唐志、顾櫰三《补后汉书艺文志》、侯康《补三国艺文志》、姚振宗《三国艺文志》、丁国钧《补晋书艺文志》、文廷式《补晋书艺文志》、秦荣光《补晋书艺文志》、黄逢元《补晋书艺文志》、章宗源《隋志考证》及《通志·艺

① 谯周小传见本书《蜀本纪》。

文略》俱著录一卷。

《通鉴》《类聚》《御览》《寰宇记》《宋书·州郡志》《后汉书·郡国志》注，引谯周《三巴记》。

据此可知，《三巴记》所记为疆域沿革、地名由来、山川地理、史事、人物、賨民巴渝舞、风俗等内容。此记综记三郡，具有“合志”性质。

《巴蜀异物志》

蜀·谯周纂。

顾氏、侯氏、姚氏著录。并谓《文选·鹏鸟赋注》《史记·周勃世家集解》《史记·屈贾列传索隐》《汉书·周勃传注》《贾谊传注》并引《巴蜀异物志》。

丁国钧《补晋书艺文志》著录为十卷。

《文选注》《史记·索隐》《史记·集鲜》《通鉴》等书引之。据辑本，该书内容载巴蜀地方所产龟、鹏诸物，并有地理、风俗等内容。

书久佚。今有王谟《汉唐地理书钞》辑本、刘纬毅《汉唐方志辑佚》辑本。

《永昌郡记》（一名《永昌郡传》）

撰者、卷数失考。

永昌郡，东汉永平十二年（69），以新置哀牢人居地二县，并割益州郡西部六县置。辖境相当今云南大理白族自治州及哀牢山以西地区。东晋成帝时废。

据张国淦《中国古方志考》按语云：“是书《御览》引有云南郡、建宁郡、朱提郡、越隽郡、兴古郡，其永昌、越隽汉置，云南、建宁、朱提、兴古蜀置，当是蜀时书。”今姑从之。

书久佚。今有王谟《汉唐地理书钞》辑本、方国瑜辑本①、王权武《云南古佚书钞》辑本、刘纬毅《汉唐方志辑佚》辑本。《太平御览·经史图书纲目》著录此书，称《永昌郡记》卷内引《永昌郡传》又《永昌记》。王谟辑本从《御览》《事类赋注》钞出《永昌郡传》十一条，并引《哀牢传》一条……《初学记》引作《永昌记》。

据以上辑本所引可知，所记以该郡为主，兼及云南诸郡社会风物、民族、气候、民俗、异物、交通等内容，是研究云南各族历史、地理的重要郡书。

① 收入《云南史料丛刊》第一辑。

《哀牢国谱》

蜀·诸葛亮撰。

诸葛亮（181—234），字孔明。琅邪阳都（今山东沂南南）人。三国蜀汉政治家、军事家，任丞相。著有《诸葛亮集》。

哀牢国，古国名，辖境约当今云南保山，永平县地。

书久佚。顾櫰三《补后汉书艺文志》、姚振宗《三国艺文志》著录。常璩《华阳国志·南中志》载："永昌郡，古哀牢国。哀牢，山名也。其先有一妇人，名曰沙壶，依哀牢山下居，以捕鱼自给……产子男十人……小子……名曰元隆，长大才武，九兄……共推以为王……元隆死，世世相继，分置小王，往往邑居，散在溪谷、绝域、荒外、山川阻深……南中昆明祖之，故诸葛亮为其国谱也。"据此可知，此谱所记为哀牢先祖及其嗣序、官制、地理、风俗等情况。

顾櫰三《补后汉书艺文志》五著录，又《南夷国谱》亦诸葛亮撰。《华阳国志·南中志》述诸葛亮为南夷作国谱之由，"南人轻为祸变……其俗征巫鬼，好诅盟……官常以盟诅要之，诸葛亮乃为'夷'作图谱"。其谱以画为主，以文为辅。"先画天地日月君长城府，次画神龙，龙生'夷'及牛马羊，后画部主吏乘马幡盖巡行安恤，又画牵牛负酒赍金宝诣之之象，以赐'夷'。'夷'甚重之。许致生口，直又与瑞锦铁券，今皆存，每刺史校尉至，赍以呈诣，动亦如之。"诸葛亮为南夷作国谱，南夷甚为重视，此为诸葛亮汉化南夷措施之一。

第三节　小结

三国时期，三足鼎立，总志出现无多，而南方及巴蜀地记大兴。这些地记，客观地介绍了南方及巴蜀诸州郡的地理、历史和人物等情况，成了北人南迁的向导和动力。同时，也是促成南方及巴蜀经济较大发展的主要因素。

值得注意的是，三国时代，东吴对海上交通事业的发展做出了重要贡献。东吴黄龙二年（230），孙权遣卫温、诸葛直率一万人的舰队，航行至夷州——台湾。《后汉书·东夷传》注引沈莹《临海水土志》云："夷州在临海东南，去郡二千里，土地无霜雪，草木不死。四面是山谷……土地饶沃，既生五谷，又多鱼肉。”该志记述了夷州的气候、地形、土壤、植被、农渔等情况，反映了卫温等到达夷州以后，中国大陆对台湾的地理认识。①

东吴黄武五年至黄龙三年（226—231），交州刺史吕岱受孙权之命，遣朱应、康泰等航海至林邑（今越南中南部）、扶南（今柬埔寨和老挝南部、越南南端及泰国东南部一带）。朱应撰《扶南异物志》，康泰撰《吴时外国传》，二书皆佚。康氏之书在《水经注》等书中尚保留若干条内容，是研究东南亚诸国古代史地的珍贵材料。②

① 略本《中国古代地理学史》，中科院自然科学史研究所地学史组主编，科学出版社，1984年。

② 略本《中国古代地理学史》，中科院自然科学史研究所地学史组主编，科学出版社，1984年。

第四章　两晋南北朝时期

第一节　总志、图

一、导语

继《汉书·地理志》之后，全国性总志随着统一的封建政权的巩固而进一步得到新的发展。西晋挚虞约在晋泰始元年（265）至建兴四年（316）依《禹贡》《周官》体例纂成《畿服经》一百七十卷。从全书内容看，此书关于人文方面的门类占有一定比例，非往昔之书可比，具有方志雏形。从卷帙看，数量相当可观。

约晋泰始元年（265）至太熙元年（290），裴秀编成《禹贡九州地域图》十八篇，是迄今为止“世界上见诸文字记载的最早的历史地图集”①。裴氏在《禹贡九州地域图》序中提出“制图六体”② 等地图绘制原则，至明末，一直为我国制图者所遵循，在世界地图史上也占有重要地位。

晋皇甫谧纂有《地理书》《郡国记》等，晋泰始间有未著撰人的《郡国家图书馆》之作。晋太康三年（282），《地记》五卷成书。太康年间成书者尚有《太康地道记》《太康土地记》《太康郡国志》《太康州郡县名》。元康间有《元康三年

---

① 《中国古代地理学史》，中科院自然科学史研究所地学史组主编，科学出版社，1984 年。

② 裴秀制图六体，即分率、准望、道里、高下、方邪、迂直。

地记》及《元康地道记》。永宁间有《永宁地志》。此外，晋世尚有《晋地记》《晋地道记》《地记》《九州记》《九州志》《九州郡县名》《九州要记》。晋・黄恭纂《十四州记》，晋・张勃纂《吴录地理志》。

宋・刘澄之纂《永初山川古今记》，另有《元嘉六年地记》及《州郡志》（二部）。

齐有《永明郡国志》及永元元年、二年、三年地志。陆澄合《山海经》以来一百六十家方志地记之作，纂成《地理记》一百四十九卷，又有《地理书钞》二十卷。

梁・吴均纂《十二州记》十六卷。

梁・任昉又增陆澄之书八十四家，谓之《地记》二百五十二卷。此书不仅为方志丛书之祖，亦为我国图书丛书之祖。① 并有《地理书钞》九卷。

梁・庾仲容有《抄众家地理书》二十卷。

刘黄门有《地理书抄》十卷。

陈时顾野王抄撰众家之言，成《舆地志》三十卷。

北魏・郦道元《水经注》为"集六朝地志之大成"之作。

后魏有《大魏诸州记》二十一卷。

后魏・阚骃纂《十三州志》十卷。

后魏・李义徽编成《舆地图》。

后魏・陆恭之成《舆地图风土记》。

后周有《周地图记》一百零九卷。

以上皆两晋南北朝全国性总志类。

二、志、图举要

《禹贡九州地域图》

晋・裴秀纂。

裴秀（224—271），字季彦，晋河东闻喜（今属山西）人，武帝时官至司空。专擅地图的研究与绘制。在《禹贡九州地域图》序中提出分率（比例）、准望（方位）、道里（距离）、高下（地势起伏）、方邪（路线角度）、迂直（河流道路

---

① ［清］李调元：《童山文集》卷三《函海后序》，商务印书馆，1936 年。

的曲直）等地图绘制原则，至明末，一直为我国制图者所遵循，在世界地图史上占有重要地位。绘有《禹贡九州地域图》《地形方丈图》。撰有《冀州记》《春秋土地名》等。

此图久佚。丁国钧《补晋书艺文志》著录，唯称为《禹贡地域图》十八篇。此外，文廷式、秦荣光、黄逢元诸《补晋书艺文志》著录之。

据《晋书·裴秀传》："（裴秀）儒学洽闻……又以职在地官，以《禹贡》山川地名，从来久远，多有变易，后世说者或强牵引，渐以暗昧。于是甄擿旧文，疑者则阙，古有名而今无者，皆随事注列，作《禹贡地域图》十八篇，奏之，藏于秘府。"此乃裴秀作此图之由。

此十八篇地图为中国历史地图集，也是世界上见诸文字记载的最早的历史地图集。然此图很少为后人称引，可能是很早就散佚了的缘故。

《地理书》

晋·皇甫谧纂。

皇甫谧（215—282），魏晋间人。幼名静，字士安，自号玄晏先生。安定朝那（今甘肃平凉西北）人。医学家，史地学家。撰有《甲乙经》《帝王世纪》《高士传》《烈女传》《玄晏春秋》《地理书》《郡国记》《国都城记》等。

书久佚。丁国钧、文廷式、秦荣光、黄逢元、吴士鉴等诸《补晋书艺文志》著录，唯称《地书》。

《隋书·崔赜传》："诏问赜曰：'何处有羊肠坂？'颐对曰：'臣按《汉书·地理志》，上党壶关县有羊肠坂。'帝曰：'不是。'又答曰：'臣按皇甫士安撰《地理书》云，太原北九十里有羊肠坂。'帝曰：'是也。'"该书记晋代全国地理。

《畿服经》

晋·挚虞纂。

挚虞，字仲洽，京兆长安人，历秘书监光禄勋，太常卿。约于晋泰始元年至建兴四年，撰《畿服经》。

畿服：畿，指京畿，即京城所辖之地；服，王畿以外之地。畿服概指全国之地。

其书佚。今存王谟《汉唐地理书钞》辑本。

丁国钧、文廷式、秦荣光、黄逢元、吴士鉴诸《补晋书艺文志》著录。

《玉海》十五亦著录。

《水经·洛水注》《续汉书郡国志注》《文选·南都赋注》等引用此书。

《隋书·经籍志·地理记》云："晋世挚虞，依《禹贡》《周官》作《畿服经》，其州郡及县分野、封略事业、国邑、山陵、水泉、乡亭城道里、土田、民物、风俗、先贤旧好，靡不具悉。凡一百七十卷，今亡。"由此可知《畿服经》体例之大略。

从全书体例看，关于人文方面的门类占有一定比例，往昔不可比。从卷帙看，数量相当可观。

谢启昆撰《广西通志·叙例》谓，我国方志雏形于《畿服经》，并称"晋世挚虞依《禹贡》《周官》作《畿服经》，此书实后世方志之祖"。

《太康三年地记》

不著撰人。

太康，晋武帝司马炎年号。

其书佚。《唐书·经籍志》，文廷式、秦荣光、黄逢元等《补晋书艺文志》著录为五卷，《太平御览·经史图书纲目》《通志·艺文略》等著录为六卷。

此书或称之为《地志》《地记》《地理记》《土地记》。有王谟《汉唐地理书钞》本、毕沅《经训堂丛书》本、黄奭《汉学堂丛书本》、张澍《二酉堂丛书》本、张氏《〈永乐大典〉方志辑本》等。

"《艺文类聚》《初学记》《史记注》《文选注》《太平御览》《太平寰宇记》《长安志》皆所征引，而《崇文总目》、晁陈书目、《通考》《宋志》俱不之载，则其亡已久矣。"①

据所引书可知，该书时间断限上起虞舜，下至晋武帝，所记内容多涉地理、地名、建置、疆界等，此外，也兼及古迹、物产及神话传说等。体例略具志体雏形。

按《太康三年地记》外，晋世尚有《太康地道记》②《太康土地记》③《太康

① ［清］周中孚：《跋晋太康三年地记》，见《郑堂读书记补逸十一》，商务印书馆，1940年。

② ［南宋］王应麟：《玉海》十五，《晋地道记》条著录。

③ 《新唐书·艺文志》，丁国钧、文廷式、秦荣光等诸《补晋书艺文志》，吴士鉴《补晋书经籍志》，《通志·艺文略》等著录。

郡国志》[①]《太康州郡县名》[②] 等。

《晋地道记》

晋·王隐纂。

王隐，字处叔，晋初陈郡人，大兴初征为著作郎。撰《晋书》《晋地道记》《交广记》《删补蜀记》等书。

《隋书·经籍志》著录，玉隐《晋书》八十六卷，两唐志为八十九卷。

其书佚。《太平御览·经史图书纲目》《玉海》十五著录。今有王谟《汉唐地理书钞》辑本、毕沅《经训堂丛书》辑本、黄奭《汉学堂丛书》辑本。

王谟谓此书即为王隐《晋书》中篇目。与诸家专记地理书不同，故隋唐志俱不著录。并抄自《史记注》11条、《后汉书注》84条、《宋书·州郡志》6条、《水经注》54条、《文选注》3条、《初学记》7条、《太平御览》4条、《太平寰宇记》12条、《路史》2条。可知，唐以前引此书甚多，盖唐官修新《晋书》出，十八家《晋书》遂废之故。故周中孚《郑堂读书记补逸》跋是书云："处叔当东晋之初，纪西晋之事，见闻最为切近。故所作《晋书》，诸家多见称述，而《水经注》征引此记尤繁，视若准的。"

据诸家所引内容可知，该书与《太康地记》同为西晋时价值较高的全国性地理总志。

按，除《晋地道记》外，晋世尚有《晋地记》[③]《地记》[④] 等书。

《永初山川古今记》

南朝宋·刘澄之纂。

刘澄之，宋南豫州刺史，入齐为都官尚书。撰《武陵图经》《永初山川古今记》等。

书已佚，今存王谟《汉唐地理书钞》辑本。

《隋志》《新唐志》著录为二十卷。章宗源《隋志考证》六称一卷。姚振宗

① ［清］文廷式：《补晋书艺文志》著录。

② 《新唐书·艺文志》，《旧唐书经籍志》，丁国钧、文廷式、秦荣光、黄逢元等诸《补晋书艺文志》，吴士鉴《补晋书经籍志》，《通志艺文略》，《玉海》十五等著录。

③ 丁国钧、秦荣光：《补晋书艺文志》，吴士鉴《补晋书经籍志》著录。

④ 《地记》，晋伏滔纂。伏滔，字玄度，平昌安丘人，太元中著作郎。丁国钧、秦荣光、黄逢元诸《补晋书艺文志》著录。

《隋志考证》二十一称二十卷。

《初学记·文部》《太平御览·地部》《水经·夏水注》《文选·苦热行注》《初学记·天部》《御览·州郡部》《水经·河水注》《水经·获水注》《水经·汾水注》《水经·谷水注》并引之。据诸书所引，可知主要记宋永初时山川地理、历史等内容。如记兴平石穴、鼓山形状、沧浪水、宁州障气、毒草、宜都郡石、黎阳国、魏武殿听政门、弥黎城、洛城阳渠、永初郡国等。

《地理书》

齐·陆澄纂。

陆澄，字彦渊，吴郡吴人，宋御史中丞，入齐累迁国子祭酒。撰《地理书》等。

书佚，今存王谟《汉唐地理书钞》辑本。

《隋志》著录一百四十九卷，录一卷。《旧唐志》著录一百五十卷。《新唐志》著录为邓基、陆澄《地理志》一百五十卷。按，两唐志言一百五十卷，乃合目录总言之。

《水经·济水注》《文选·赭白马赋注》《类聚》《北堂书钞》等并引之。

按，《隋书·经籍志》“地理书”注云：“陆澄合《山海经》已来一百六十家，以为此书。澄本之外，其旧事并多零失，见存别部自行者，唯四十二家。”又按，章宗源、姚振宗考证云，志中所列止三十九家名，则已佚脱三家，无考。尚有一百二十一家，其书名撰人皆在陆书，今不可见。又澄合百六十家之书，而编卷止于百四十有九，知其中零杂小部，不盈一卷者多矣。①《史通·书志篇》云：“是以地理为书，陆澄集而难尽。”

《地记》

梁·任昉纂。

任昉（460—508），字彦升，乐安博昌人，齐太学博士，武帝时为义兴新安太守。撰《地记》《地理书钞》等。

书佚，今存王谟《汉唐地理书钞》辑本。

《隋志》、两唐志著录二百五十二卷，又称任昉增陆澄之书八十四家，以为此

---

① 参［清］章宗源《隋经籍志考证》六，湖北崇文书局刻本，清光绪三年（1877）；［清］姚振宗《隋书经籍志考证》二十一，上海古籍出版社，1995年。

记，其所增旧书亦多零失，见存别部行者，唯十二家。

章宗源《隋经籍志考证》六云："昉所增诸家旧书，别部存者惟十二家，今志所列自《三辅故事》以下，《湘州记》《吴郡记》《日南传》《江记》《汉水记》《居名山志》《西征记》《庐山南陵云精舍记》《永初山川古今记》《元康三年地记》并《帖省置诸郡旧事》《司州记》共十三家，志增一家。"① 此书为方志丛书之祖，亦为我国图书丛书之祖。

《舆地志》

陈·顾野王纂。

顾野王（519—581），字希冯，吴郡吴人，陈天嘉中补撰史学士，太建中领大著作，掌国史。撰《舆地志》。

书佚，今存王谟《汉唐地理书钞》辑本、蒲圻张氏《〈永乐大典〉方志辑本》。

《隋志》、两唐志著录为三十卷。

据王谟《顾野王舆地志辑本》云："按《隋志》顾氏此书，实监省陆、任（陆澄、任昉）二家书钞，集汉魏以来二百四十家地理书大成。宋初尚有传本，故《太平御览》及乐史《寰宇记》率多采摭，而不著录于《文献通考》，则其时已无传矣。"

《史记注》《后汉书注》《文选注》《初学记》《御览》《寰宇记》《元和郡县志》《路史》《岳阳风土记》等引之。

《十三州志》

后魏·阚骃撰。

阚骃，字玄阴，敦煌人。博通经传，聪明过人，官至尚书。注王郎《易传》，勘定诸子三千余卷。撰《十三州志》十卷，一说十三卷或十四卷。

汉元封五年（前106），始设部刺史，除近畿七郡外，分全国一百多个郡国为十三部，即豫州、兖州、青州、徐州、冀州、幽州、并州、凉州、益州、荆州、扬州与交趾、朔方十三区，各置刺史一人，称十三刺史部，亦称十三州，骃以十三州旧名名书。

书已佚，今存王谟《汉唐地理书钞》辑本、张澍《二酉堂丛书》辑本等。

---

① 其所列诸书，详见《隋书·经籍志》，中华书局，1973年。

《隋志》著录十卷，《旧唐志》著录十三卷，《新唐志》著录十四卷。

《史通·杂述篇》云："地理书者，若朱赣所采，浃于九州，阚骃所书，殚于四国，斯则言皆雅正，事无偏党。"

《尚书·禹贡正义》，漆水出漆县西北岐山，东入渭，沮则不知所出。《初学记·州郡部》镮辕道凡十二曲也，并引阚骃《十三州志》。此外，《水经注》《史记注》《汉书注》[1]《寰宇记》《后汉书注》《书钞》《御览》《路史》《通鉴注》俱引之。此为全国总志，实属当时名著。

三、郦道元与《水经注》

郦道元（约 470—527），字善长，范阳涿鹿（今河北涿州）人。著名地理学家，杰出散文家。曾官尚书主客郎，治书侍御史，累迁辅国将军，东荆州刺史。以执法威猛而免官。后历任河南尹、御史中尉等职。北魏末，雍州刺史萧宝寅谋反，朝内权贵借机派遣郦道元出使关右大使，行至阴盘亭时，为萧宝寅所害。据史载，郦道元好学，历览奇书，撰注《水经》四十卷，还著有《本志》十三篇及《七聘》等，今仅存《水经注》。从世界范围看，"郦道元是中世纪时代世界上最伟大的地理学家"[2]。

《水经注》四十卷（原书至宋代已佚五卷，今本仍作四十卷，系经后人改编而成），是北魏郦道元为《水经》一书所作的注。

郦道元为《水经》一书作注的动机，在《水经注》一书中可以反映出来："昔大禹记著山海，周而不备；《地理志》其所录，简而不周；《尚书》《本纪》与《职方》俱略；都赋所述，裁不宣意；《水经》虽粗缀津绪，又阙旁通，所谓各言其志而罕能备其宣导者矣。"这就是说，郦道元对于历代诸如《山海经》《禹贡》《禹本纪》《周礼·职方》《汉书·地理志》等地理书以及描述各地的著名都赋都不满意，认为它们过于简略，对《水经》这样一部古代较为完整的地理学著作也觉得缺乏旁通之功。为此他"辄述《水经》，布广前文"，决心为《水经》作注。他身体力行，跋山涉水，穷本溯源，勇于觅索，"脉其枝流之吐纳，诊其沿路之所躔，访渎搜渠，辑而缀之，《经》有谬误者，考以附正文所不载，非《经》水

① ［唐］颜师古注《汉书·地理志》尤多引之。

② ［日］米仓二郎语，陈桥驿《郦道元的家乡》引，《史志文丛》1989 年第 3 期。

常源者，不在记注之限……”[①] 充分表现了郦道元勇于实践的求索精神和刻苦严谨的治学态度。

《隋书·经籍志》、两唐书著录为四十卷。《崇文总目》著录为三十五卷。《宋史·艺文志》《四库总目》著录为四十卷。《初学记》《元和郡县图志》《太平御览》《太平广记》《太平寰宇记》多引《水经注》。

《水经》原书所记河流水道共计一百三十七条，而郦道元所补充记述的多达一千二百五十二条。注文较原书多出二十倍。全书约三十万字。它是因山记水，因地记事，将作者所经历的地区、山陵、原隰、城邑、关津等地理情况、建置沿革及有关历史事件、人物、谚语、民歌、方言和神话传说等，无不网罗其中。他还记录了许多汉魏间的碑文、刻石。他繁征博引，钩索文籍，用力极勤，所引用之书，多达四百三十七种，其中包括了大量的地方志书，特别是六朝的地志，更是大量征引，大大丰富了原著。郦道元《水经注》堪称综合利用方志著书的典范。明朱谋玮《水经注序》称《水经注》为“异书”。清陈运溶称：“郦注精博，集六朝地志之大成。”[②] 郦道元所征引的大量地志、诸书及碑刻，今多失传，幸而依赖《水经注》才得以保存下来。由此可见，《水经注》的史料价值又是极为重要的。《水经注》为我们研究古代地方志，特别是已散佚了的方志，具有特殊贡献。明朱谋玮《水经注笺》是为《水经注》作注的首部著作。其后，清赵一清撰有《水经注释》，近人杨守敬、熊会贞合撰有《水经注疏》《水经注图》，今人陈桥驿撰有《水经注疏》《水经注研究》等。

第二节　地方性志、图

一、导语

两晋南北朝时期，由于封建割据倾向加剧和依地域区划而设的九品中正制的

① 《水经注·原序》，世界书局，1936年。

② 《麓山精舍丛书·荆州记序》，岳麓书社，2008年。

推行，地记著作明显增多。各重要地区几乎都有人物传和风土、风俗记的编纂。边远地区则有异物志出现。此外，山水记、水道记编纂数量也日有增加。这一时期的地记，就其内容而论，仍多属风土、风俗记性质，或侧重史传，或侧重地理、物产；就地域而论，以长江流域及南方各州郡为多，这显然与永嘉之乱和晋室南迁有关。这种由于战乱而引起的北人大规模南移，使南方劳动力和士人不断增加，对经济和文化发展都产生深刻影响。东晋在南方统治达百余年，东南地区在东晋末年，已是天下艾安，“谷帛殷阜，几乎家给人足矣”[①]。经济的发展促使文化繁荣昌盛，这是地记在南方大量出现的原因。北方自北魏统一之后，特别是“均田制”的推行，使北方经济恢复较快。北方在地记编纂方面，以《洛阳伽蓝记》为代表。

两晋南北朝时期，以记地理为主的地记如晋世裴渊、顾微各撰《广州记》，王隐、黄恭各撰《交广记》，周处《风土记》，盖泓《珠崖传》，张玄之《吴兴山墟名》，顾夷《吴郡记》，贺循《会稽记》，顾长生《三吴土地记》，不著撰人《分吴会丹阳三郡记》《吴郡缘海四县记》《会稽郡十城地志》，陶夔《闽中记》，刘欣期《交州记》，范旺《荆州记》，张僧监《浔阳记》，嵇含《南方草木状》，徐衷《南方草物状》，罗含《湘中山水记》；记巴蜀地区的，如袁休明《巴蜀记》、任预《益州记》、宋时邓德明《南康记》、齐时黄闵《武陵记》、梁时鲍至《南雍州记》、伍安贫《武陵记》（图志）、宗懔《荆楚岁时记》（风俗）、肖绎《荆南地志》。此外，北方地记如记关中一带的有晋潘岳《关中记》、裴秀《雍州记》、不著撰人《关中图》《雍州图》等。志齐地的有晋晏谟《齐地记》、伏深《齐记》、解道康《齐地记》、不著撰人《三齐记》。志洛阳的有晋陆机《洛阳记》、杨佺期《洛阳图》、晋张曜撰《中山记》。北朝不著撰人《幽州图经》为记录顺天事之书。[②] 后魏刘昞撰《敦煌实录》，亦为地记性质。[③]

此期以志人为主要内容之书主要有晋王范《交广二州记》、陈寿《益部耆旧传》、常宽《续益部耆旧传》、不著撰人《青州先贤传》、白褒《鲁国先贤传》、荀

---

① 《晋书·食货志》卷二十六，中华书局，1974年。

② 见光绪《顺天府志·艺文志》，光绪十二年（1886）刻本。

③ 《敦煌实录》，后魏刘昞撰。《隋书·经籍志》著录为十卷，《旧唐书·经籍志》《新唐书·艺文志》著录为二十卷。书佚。今存王谟辑本及汤球辑本。唐刘知幾《史通·杂述》将此书与《华阳国志》《陈留耆旧传》等列归同类，视同地记性质的郡书。张国淦《中国古方志考》著录。余嘉锡撰《四库提要辩证》卷二十视此书“体同地志”，是“著书以序耆旧”。今按，该地志以“实录”名书，为见之文献最早者。

绰《兖州记》、华峤《广陵烈士传》、虞豫《会稽典录》、虞溥《江表传》、钟离岫《会稽后贤传》、江敞《陈留志》、高范《荆州先贤传》、熊默《豫章旧志》、张方《楚国先贤传赞》。葛洪撰《西京杂记》，记人物逸事。此外晋世裴秀、荀绰、乔潭各撰《冀州记》皆以记人为名。北齐阳休之撰《幽州古今人物志》为志人之书。习凿齿《襄阳耆旧记》等则是兼记人物、地理之作。

东晋时，常璩撰《华阳国志》，此为汇地理、历史、人物于一书的首作，是现存的早期综合性地方志书。

二、志、图举要

《风土记》（一名《阳羡风土记》）

晋·周处纂。

周处，字子隐，晋义兴阳羡人。少孤，不修细行，后励志好学，仕吴东观右丞，入晋为新平太守、广汉太守、散骑常侍、御史中丞、建威将军。著有《默语》三十篇，又有《风土记》《吴书》等地记。《吴书》《风土记》皆佚。《吴书》无考，唯《风土记》辑本颇多，今存《说郛》本、王谟《汉唐地理书钞》辑本、严氏《周处风土记》辑本、蒲圻张氏《〈永乐大典〉方志辑本》等，采得二百三十余事。

阳羡，秦置县，西晋永兴元年（304）为义兴郡治，即今江苏宜兴县。

《隋志》著录为三卷，《新唐志》为十卷。

丁国钧、文廷式、秦荣光、黄逢元诸《补晋志》，吴士鉴《补晋书经籍志》，《通志·艺文略》，《玉海》十五，《太平御览·经史图书纲目》等著录。

刘知幾《史通·补注篇》称："周处之阳羡风土，文言美词，列于章句，委曲叙事，存于细书。"评价甚高。

姚鼐《江宁府志》卷五十五云，此书"皆概言吴越风光，非专志阳羡也"。

《初学记》《左传正义》《水经注》《文选注》《一切经音义》《艺文类聚》《北堂书钞》《御览》等引此书。①

此外，《景定建康志》《至正金陵新志》《洪武苏州府志》《嘉靖吴邑志》等山川志多引此书。

---

① ［清］章宗源：《隋经籍志考证》六，湖北崇文书局刻本，清光绪三年（1877）。

据所引可知，书的内容为吴越地名、亭邑、古迹、山水、风俗、舟车、器服、物产、果实、草木、鸟兽等。此书为地记类之作。

《吴郡记》

晋・顾夷纂。

顾夷，字君齐，吴郡人。州主簿。撰《吴郡记》。

书已佚，今存王谟《汉唐地理书钞》辑本、张氏《〈永乐大典〉方志辑本》、刘纬毅《汉唐方志辑佚》辑本。

《隋志》载：《吴郡记》一卷，顾夷撰；又《吴郡记》二卷，晋本州主簿顾夷纂。

丁氏、文氏、秦氏、黄氏、吴氏诸补晋志著录。《后汉书注》《史记集解》《北堂书钞》《初学记》《舆地纪胜》《绍定吴郡志》、嘉靖《吴邑志》等俱引此书。

内容多为地名、建置、特产、景物、山川、湖塘、城池、坊市等。

《会稽记》

晋・贺循纂。

贺循，字彦先，会稽山阴人。举秀才，为阳羡武康令，召拜太常，行太子太傅。撰《会稽记》。

晋会稽郡，即今浙江绍兴、宁波所辖之地。

《隋志》著录为一卷。

丁国钧、文廷式、秦荣光诸《补晋书艺文志》，吴士鉴《补晋书经籍志》《通志・艺文略》《国史・经籍志》、沈家本《世说注所引书目》著录。

书佚。今存王谟《汉唐地理书钞》辑本、《绍兴周氏会稽郡故书杂集》辑本（鲁迅辑本）、刘纬毅《汉唐方志辑佚》辑本。

据章宗源、姚振宗《隋志考证》，《史记》《太平御览》《宋书》等引此书。如《史记・越世家正义》，少康其少子号曰于越，越国之称始此。此书记会稽郡地理及人物。为地记之属。

《吴兴山墟名》

晋・张玄之纂。

张玄之，字希祖，吴郡人。自吏部尚书出为冠军将军，吴兴太守。撰《吴兴山墟名》等。

吴兴，郡名，三国时置。治所在乌程（今浙江吴兴南，晋时移今吴兴）。辖境相当今浙江临安、余杭、德清一线西北及江苏宜兴县地。

该书不著录于隋唐志。书久佚，今有王谟《汉唐地理书钞》辑本、江阴缪氏辑本（缪荃孙辑本）、《〈永乐大典〉方志辑本》、刘纬毅《汉唐方志辑佚》辑本。

本书作者之名诸家说法不一，或张玄之，或沈充士居，或沈充之，或沈玄之，或张充之，或张玄之，或张元之，或王韶之等。

据辑本，《太平御览》《太平寰宇记》《舆地纪胜》、嘉泰《吴兴志》等书引用此书。

从辑佚文字看，此书所记为城池、山、岭、岘、湖、潭、溪、涧、水、漾、渚、塘、物产以及诸山名物，如汉海昏侯葬于金鹅山；石城山，乌程豪族严白虎，于山下垒石为城，与吕蒙战所等。

《闽中记》

晋·陶夔纂。

陶夔以晋太元十九年（394）任晋安郡太守。

该书已佚，今存王谟《汉唐地理书钞》辑本。

“淳熙《三山志》梁克家自序，晋太康既置郡之一百一十三年，太守陶夔始有撰记，又四百五十六年，至唐，郡人林谞复增为之，皆散逸无存者。”①

此书实为福建方志之始。

《宜都山川记》（一名《宜都记》）

晋·袁山松纂。

袁山松（？—401），东晋陈郡阳夏扶乐人，官吴郡太守。著有《后汉书》《汉晋国志》《宜都山川记》等。

宜都，今湖北宜昌市。

书已佚，今存陶宗仪辑《说郛》本、王谟《汉唐地理书钞》辑本、刘纬毅《汉唐方志辑佚》辑本。

据丁国钧《补晋志》考此书云：“盖山松曾守宜都（本传失载），此其在郡所著。”《艺文类聚·啸类》载桓玄与《袁宜都书》，即山松。

文廷式、秦荣光、黄逢元诸《补晋书艺文志》及吴士鉴《补晋书经籍志》著录。

---

① 张国淦：《中国古方志考》本条按语，中华书局，1962年。

据辑本，本书所载为地理、风俗、疆域、地名、神话传说故事等。山松文辞甚佳，读之有身临其境之感。如“峡中猿鸣至清，诸山谷传其响，泠泠不绝。行者歌之曰：‘巴东三峡猿鸣悲，猿鸣三声泪沾衣’”。（《类聚》卷九五猿、《御览》卷九一〇猿、《事类赋》卷十一歌）此实开郦道元《水经·江水注》“每至晴初霜旦，林寒涧肃，常有高猿长啸，属引凄异，空谷传响，哀转久绝，故渔者歌曰：巴东三峡巫峡长，猿鸣三声泪沾裳”之先声。

《湘中山水记》（一名《湘中记》）

晋·罗含纂。

罗含，字君章，桂阳耒阳人。尚书郎，宜都太守、散骑常侍。撰《湘中山水记》等。

湘中，即今湖南省，境内有湘水得名。

书已佚，今存《说郛》本、王谟《汉唐地理书钞》辑本及善化陈氏荆湘地记辑本、刘纬毅《汉唐方志辑佚》辑本。

《宋史·艺文志》著录三卷。

《水经注》《白孔六帖》《御览》均引作《湘中记》。其书涉及隋唐以后事，盖后人有所附益。①

文廷式、秦荣光、黄逢元、吴士鉴《补晋志》著录。

据辑本，《水经·湘水注》《后汉书郡国志注》《艺文类聚·山部》《初学记·地理部》《太平寰宇记》《史记·屈原贾生列传》《北堂书钞》《太平御览》《舆地广记》《方舆胜览》等书，并引此书。如“南阳刘遗民，尝游衡山，行数十里，有绝谷不得前，遥望见三石囷，二囷闭，一囷开”②；又如“衡山九疑，皆有舜庙，太守至宫，常遣户曹致敬修祀，则如有弦歌之声”③。

书以记山川、地理、神话、古迹等内容。为湖南早期志书。

《交州记》

晋·刘欣期纂。撰者生平无考。

晋时交州，治龙编，辖境为今越南部分及广西钦州地区、广东雷州半岛。

书佚，今有王谟《汉唐地理书钞》辑本、南海曾氏岭南遗书辑本、刘纬毅

---

① 丁国钧：《补晋书艺文志》二，商务印书馆，1939年。

② 《艺文类聚·山部》引，上海古籍出版社，1982年。

③ 《初学记·地理部》引，卷第五，中华书局，1962年。

《汉唐方志辑佚》辑本。

丁国钧、文廷式、秦荣光、黄逢元、吴士鉴《补晋志》著录。

据辑本，《水经·叶榆河注》《左传·宣公正义》《文选·吴都赋注》《太平御览·刑法部》《广韵注》《异物志》《北堂书钞》《太平寰宇记》《艺文类聚》《齐民要术》《广博物志》等书，并引刘欣期《交州记》。

本书内容以记神话故事、风物、地名、交州特产等为主。

《南方草木状》

晋·稽含纂。

稽含，字君道，自号豪邱子。惠帝时历官平越中郎将、广州太守、襄城太守。撰《南方草木状》等。

稽含序其书云："南越交趾植物，有四裔最为奇，周秦以前无称焉，自汉武帝开拓封疆，搜求珍异，取尤者充贡，中州之人，或昧其状，乃以所闻铨叙，有裨子弟云尔。"这乃是作书旨趣。

今存《百川学海》本、《汉魏丛书》本、《格致丛书》本、《龙威秘书》本。

《宋史·艺文志》《四库总目》著录为三卷。丁国钧、秦荣光、黄逢元诸《补晋书艺文志》，吴士鉴《补晋书经籍志》及《直斋书录解题》等著录为一卷。

其书"凡分草、木、果、竹四类，共八十种，叙述典雅……其本亦最完整，盖宋以后花谱地志，援引者多"①。"所记皆南越交趾植物，乃其为广州太守时所作，凡草类三十种，木类二十八种，果类十六种，竹类六种，文笔古雅……而卷帙完整，尤可珍之古籍矣"②。可见当是一部完书。

《珠崖传》（一名《朱崖传》《朱崖故事》）

晋·盖泓纂。

盖泓，始末未详。书佚。今存王谟《汉唐地理书钞》辑本、刘纬毅《汉唐方志辑佚》辑本。

珠崖郡，汉置。辖境约当今海南岛东北部之地。入晋，属交州。

《隋书·经籍志》《通志·艺文略》，丁国钧、文廷式、秦荣光、黄逢元诸《补晋书艺文志》，吴士鉴《补晋志》著录为一卷。

---

① 《钦定四库全书总目》卷七十，中华书局，1997年。

② ［清］周中孚：《郑堂读书记补逸》十八，本书跋语，商务印书馆，1940年。

珠崖（一名珠厓），郡名。据《汉书・武帝纪》元鼎六年（前111）置珠崖郡，治所瞫都（今海南省海口市琼山区东南）。《晋书・地理志》交州：汉元帝初元三年（前46）废。三国吴赤乌五年（242）复置，平吴后，省珠崖并入合浦。又据《汉书・武帝纪》注："应劭曰：'二郡（珠崖、儋耳）在大海中崖岸之边，出真珠，故曰珠厓。'"

据辑本，《太平御览・果部》《初学记》等书引之。此书记当时珠崖郡风俗、商贾及特产珍珠、龙眼等。

《会稽典录》

晋・虞预纂。

虞预，字叔宁，本名茂。余姚人。散骑常侍，领著作郎。撰《晋书》《诸虞传》及《会稽典录》等。

会稽，即今浙江绍兴市。

书久佚，今存王谟《汉唐地理书钞》辑本、陶宗仪辑《说郛》本、王文濡辑《古今说部丛书》第一集本、鲁迅《绍兴周氏会稽郡故书杂集》辑本、张寿镛《四明丛书》第七集本及冯贞群校勘记一卷。

《隋志》，两唐志，丁国钧、文廷式、秦荣光、黄逢元诸《补晋书艺文志》，吴士鉴《补晋书经籍志》著录为二十四卷。《晋书》本传云为二十篇。《史通・杂述篇》称此为郡书。

据鲁迅辑本称："《典录》《宋史・艺文志》已不载，而宋人撰述时见称引，又非出于转录。疑民间尚有其书，后遂湮昧，今搜缉逸文，尚得七十二人，略依时代次第，析为二卷。有虑非本书者，别为存疑一篇，附于末。"

本书远起春秋，下终三国，所记历史人物如范蠡、计倪、朱育等七十余人。是早期浙江人物地志。

《广陵烈士传》

晋・华鬲纂。

华融，字德蕤，江都（今江苏仪征东）人，官至左将军。

广陵，郡国名。西汉改江都国置广陵国。东汉建武中改为郡。辖境相当今苏皖交界的洪泽湖和六和以东泗阳、宝应、灌南以南，串场河以西，长江以北地区。治广陵（今扬州市），晋因之。

书佚，今存王谟《汉唐地理书钞》辑本、刘纬毅《汉唐方志辑佚》辑本。[1]两唐志著录一卷。

《北堂书钞·设官部》："刘儁为郡主簿，郡将为贼所得，儁乞代人。"《太平御览·人事部》："刘瑜举方正，人呼为长须方正。又吴武笃学好古，师事陈仲考，并引《广陵烈士传》。"[2] 该书记晋广陵郡有功业及重义轻生人物。

《鲁国先贤传》（一名《鲁国先贤志》）

晋·白褒纂。

白褒，晋大司农。

鲁国，西汉初置。治所在鲁县（今曲阜）。辖境相当今山东曲阜、滕州、泗水等地。晋改为郡，治曲阜。

其书佚，今存王谟《汉唐地理书钞》辑本。

《隋志》，丁国钧、文廷式、秦荣光、黄逢元诸《补晋志》，吴士鉴《补晋书经籍志》著录二卷。两唐志为十四卷。

《艺文类聚》《御览》《初学记》《北堂书钞》《太平寰宇记》《史记·正义》等书俱引之。如《初学记·人事部》云："鲁有恭士，名汜，行年七十一，其恭益甚。"又如《御览·人事部》："东门奂贪浊，谣曰：'东门奂，取吴半。'"内容大类如此。该书以记晋鲁郡先贤人物为主，亦记如吴郡济阴太守东门奂贪浊者。

《陈留志》

晋·江敞纂。

江敞，剡令。

陈留，郡国名。西汉元狩元年（前122）置郡。辖境相当今河南东至民权、宁陵，西至开封、尉氏，北至延津、长垣，南至杞县、睢县地。两晋改为陈留国。

书佚，今存王谟《汉唐地理书钞》辑本。

《隋书·经籍志》著录为十五卷，江敞撰。《旧唐志》著录为十五卷，江征撰。《新唐志》称江敞《陈留人物志》十五卷。丁国钧、文廷式、秦荣光、黄逢元、吴士鉴诸《补晋志》皆著录。

---

① 王谟辑本"华鬲"作"华融"。

② 俱见［清］章宗源《隋经籍志考证》十三，湖北崇文书局刻本，清光绪三年（1877）。

据辑本，《水经注》《太平御览》《世说新语注》《艺文类聚》《文选注》《后汉书·郡国志》《初学记》等书并引《陈留志》。据此，是书主要记晋世陈留人物如阮简、范乔、韩卓、阮武、阮共、娄望、李铨、阮略、园庾等，兼记名物。

《襄阳耆旧记》

晋·习凿齿纂。

习凿齿（？—384），字彦威，襄阳人，荥阳太守，史学家。著《汉晋春秋》《襄阳耆旧记》《逸人高士传》等。

襄阳郡，东汉建安十三年（208）置。西晋时辖境相当今湖北襄樊、襄阳、宜城、远安等地。

书已佚，今存任兆麟《心斋》十种辑本。

《隋志》著录，称《耆旧记》，《宋志》，丁国钧、文廷式、秦荣光、黄逢元诸《补晋志》，吴士鉴《补晋书经籍志》著录五卷。新唐志作“传”，为五卷。《崇文总目》作“传”，为三卷。《郡斋读书后志》为五卷。《直斋书录解题》作“传”。此书内容不限人物，且兼及地理，称《襄阳耆旧记》为是。

《交广二州记》（一名《交广春秋》《交广二州春秋》）

晋·王范纂。

王范，西晋人，广州大中正。撰《交广二州记》。

交、广二州，古地名。其辖境相当今两广大部、越南承天以北诸省地。三国吴黄武五年（226）分为交、广二州。交州辖今广西钦州地区，广东雷州半岛，越南北部、中部之地；广州辖今两广大部地区（广东廉江以西、广西桂江中上游、容县、北流以南、宜州北部除外）。

书佚，今存王谟《汉唐地理书钞》辑本、刘纬毅《汉唐方志辑佚》辑本。

《新唐志》《通志·艺文略》，丁国钧、文廷式、秦荣光、黄逢元诸《补晋书艺文志》，吴士鉴《补晋书经籍志》著录为一卷。

据辑本，《水经注》《后汉书·郡国志》《三国志·吴志》《初学记》等书引用此书。内容记晋世交广历史、地理及人物故事。

此外，又有晋王隐《交广记》及黄恭《交广记》。按，此有王谟辑本。

《益部耆旧传》

晋·陈寿纂。

陈寿（233—297），字承祚，巴西安汉人，仕蜀为观阁令史，入晋除著作郎。

著有《三国志》《古国志》《益部耆旧传》《蜀相诸葛亮集》。

益部，古地区名。汉武帝设十三刺史部，益州其一。郡名，亦为部名。辖川、甘、陕、鄂、滇、贵部分地。

书佚，有王谟《汉唐地理书钞》辑本。

《隋书·经籍志》、两唐志著录为十四卷，《隋书·经籍志》著者为陈长寿。顾櫰三《补后汉志》著录为十卷。丁国钧《补晋志》著录为十四卷，陈长寿撰，但称“长”字当衍。寿本传作《益部耆旧传》十卷。文廷式《补晋志》亦著为十四卷，并称：“《汉书·张骞传注》亦引之，《隋志》题陈长寿，按陈寿《魏名臣奏事》《隋志》总集类亦题陈长寿，或承祚固有两名欤?”黄逢元《补晋书艺文志》、吴士鉴《补晋书经籍志》著录。

据章宗源《隋经籍志考证》称：“常璩《西州后贤志》曰，益部自建武后，蜀郡郑伯邑、太尉赵彦信及汉中陈申伯、祝元灵，广汉王文表，皆以博学洽闻，作《巴蜀耆旧传》，陈寿以为不足经远，乃并巴汉撰为《益部耆归传》十篇……武帝善之。又《序志后语》曰，陈君承祚，别为耆旧，始汉及魏，焕乎可观。《梓潼士女志》曰，依《汉书·郡国志》，陈君所载，凡士女二百四十八人。……其书所载列女，《水经·江水注》僰道张真妻黄氏女，《初学记·服食部》杨子拒妻刘懿公女，《太平御览·地部》犍为符和氏女，名光雄，《人事部》蜀郡史贤妻张昭仪，广汉德阳王上妻袁氏女，犍为王凤珪妻陈氏女，犍为南安周缮纪妻曹氏女，广汉新都使敬妻王氏女，蜀郡广都公乘士会妻张氏女，广汉廖伯妻殷氏女，及阆中三贞，共引十二事，余所载多汉魏耆旧，不能具录。”[①] 可见陈寿是在网罗多部《巴蜀耆旧传》基础上撰成此书的。书成于晋武帝世，内容始汉及魏，除汉魏耆旧外，多载士女事。此书载述四川地区各种历史人物凡二百四十八人，对后世产生较大影响，其后常宽纂《续益部耆旧传》二卷，即仿此书而作。常璩《华阳国志》十二卷，亦多取资于陈寿此书。该书特点，志人物不限于耆旧类，而多载士女，已较秦汉专载人物郡书有明显进步，梁启超视此书为自汉以降方志人物门之发端者是有道理的。[②]

陈寿此书，除《华阳国志》《水经注》《初学记》《太平御览》等书征引外，

---

① 略本张国淦《中国古方志考》本条，中华书局，1962 年。

② 梁启超：《中国近三百年学术史》“清代学者整理旧学之总成绩——方志学”，中华书局，1936 年。

尚有裴松之注《三国志》、颜师古注《汉书》等。

《华阳国志》

晋·常璩纂。

常璩（约291—361），字道将，东晋蜀郡江原人。十六国成汉李势时，官散骑常侍。撰《汉之书》。入东晋，官至参事，撰《华阳国志》十二卷，附录一卷。作者为蜀人，对蜀事见闻亲切。所述蜀汉事迹及蜀中晋代史事较详。尤记蜀汉事略胜《三国志》一筹。蜀中后汉史事亦多为范晔《后汉书》所取资。是现存研究中国西南少数民族的重要资料。作者博参各种史书，诸如《史记》《汉书》《三国志》等，尤其参考陈寿《益部耆旧传》以及《南裔志》等地记类史料，还参考了常宽撰《蜀后志》《后贤传》和《梁益篇》等，并参阅成汉时期大量官府档案，以及采访获得许多重要口碑资料等。取材审慎，内容赅博，于史事多横排叙事，是我国四川最早的通志，又是我国现存最早的以“志”为名的方志。

《华阳国志》所记范围为晋世梁、益、宁三州所辖，约当今陕西秦岭以南及川、滇、黔一带。

书以《禹贡》“华阳黑水惟梁州”一语，摘前二字为名。华阳，华山之南；黑水，怒江上源哈拉乌苏河。

本书内容，包括巴志，汉中志，蜀志，南中志，公孙述、刘二牧志，刘先主志，刘后主志，大同志，李特、雄、期、寿、势志，先贤士女总赞论，后贤志，序志，及梁、益、宁三州先汉以来士女目录。“首述巴蜀、汉中、南中之风土。”①以述地理内容；然后介绍自西汉至东晋四百余年间踞蜀各朝代的兴替，以述历史内容；最后介绍三州人物，以述人物内容。本书记事特点于地理、历史、人物三者结合，集于一编，这在方志编纂史上是一大进步。其记事之法，横排门类，纵写事实，又以编年体为交织，实具综合性方志雏形。由于该志范围涉及川、云、鄂三省，故后世编修四川、云南、湖北省志皆以此为发轫之作。

此书至宋时已有残缺，南宋李坙据《汉书》《后汉书》及陈寿《益部耆旧传》等书补足，惜其书已佚，而其序尚存。本书断限上及远古，下止于永和三年（347），凡一千余年。

《隋书·经籍志》二：霸史，著录为十二卷。《唐书·经籍志》上：杂伪国

① ［南宋］李坙《重刊华阳国志》叙，《华阳国志》，商务印书馆，1938年。

史，著录为三卷，此脱“十”字。《新唐志》：伪史，著录为十三卷。《宋史·艺文志》三：别史，著录为十一卷；又四，霸史，著录十二卷，案此系重出。丁国钧、文廷式、秦荣光、黄逢元、吴士鉴诸《补晋志》著为十二卷。《崇文总目》二：伪史，著录为十五卷。《郡斋读书志》七：伪史，称为十二卷。《通志·艺文略》四：霸史，十五卷。《直斋书录解题》五：杂史，十二卷。《中兴馆阁书目辑考》三：霸史，十卷。《玉海》：晋《华阳国志》条，书目十卷。

该书流传版本很多，如汉魏丛书本、嘉靖张佳胤刻本、古今逸史本、嘉庆廖寅刻本、龙溪精舍丛书本、四部丛刊本、《华阳国志珍本汇刊》本、《华阳国志珍本汇刊续编》本等。

北宋元丰间吕大防曾刻此书于成都，此刻本已不传，其序尚存，其略为：“晋常璩作《华阳国志》，于一方人物，丁宁反覆，如恐有遗，虽蛮髦之民，井臼之妇，苟有可纪，皆著于书。……自先汉至晋初逾四百岁，士女可书者四百人，亦可谓众矣……此书虽繁富，不及承祚（陈寿）之精微，然议论忠笃，乐道人之善，蜀记之可观，未有过于此者。”此评论对本书得失论说客观。“乐道人之善”亦开地方志书善不书恶之始，影响莫大。唐刘知幾《史通·杂述篇》云：“郡书者……其有如常璩之详审，刘昺之赅博，而能传诸不朽，见美来裔者，盖无几焉。”这是对常璩《华阳国志》和刘昞《敦煌实录》二书的评价，其说甚是。

《冀州记》

晋时冀州，今河北省中部。

《冀州记》晋代凡三纂。一为裴秀纂，一为荀绰纂，一为乔潭纂。皆佚。此三书不见于《隋书·经籍志》等书著录。裴、荀二记有王谟《汉唐地理书钞》辑本、刘纬毅《汉唐方志辑佚》辑本。乔记仅有王谟辑本。

关于裴记，《史记·封禅书索隐》引此书云：“顾氏（即顾野王）按裴秀《冀州记》曰，缑山仙人庙者，昔有王乔，犍为武阳人，为柏人令，于此得仙，非王子乔也。”关于荀记，《三国志·魏书》注，《御览》《新语注》等多引此书。关于乔记，《书钞》引乔潭《冀州记》有关裴康、裴楷等名士，与《御览》引荀绰《冀州记》文字相同。疑有误。今仍别存其目。据辑本，以上三记皆以记晋世冀州人物为主。

《中山记》

晋·张曜纂。撰者始末未详。

汉晋中山国，治卢奴（今河北定州），辖境相当今河北狼牙山以南，保定市安国以西，唐县、新乐以东和滹沱河以北地区。十六国后燕慕容垂都此。

其书佚，今存王谟《汉唐地理书钞》辑本、刘纬毅《汉唐方志辑佚》辑本。

文廷式《补晋书艺文志》《太平御览·经史图书纲目》著录。

据辑本，《水经注》《太平寰宇记》《后汉书·光武帝纪》注、《通典注》《太平御览》《通典》等书多引此书。如“城中有山，故曰中山”。此见于《后汉书·光武帝纪注》《通典·州郡典》定州等书。此书以记晋世中山国地理为主。

《关中记》

晋·潘岳纂。

潘岳（247—300），字安仁，荥阳中牟人。历任河阳令、长阴令、著作郎、散骑侍郎、给事黄门侍郎等职，撰《关中记》《广州记》等。其所撰皆亡佚。明人辑本有《潘黄门集》。

关中，古地区名。所指范围历史上大小不同。秦汉时以函谷关以西之地为关中。是书所称关中“东自函关，西至陇关”，两关之中为关中。

书佚。今存王谟《汉唐地理书钞》辑本、刘纬毅《汉唐方志辑佚》辑本。

两唐志，丁国钧、文廷式、秦荣光、黄逢元《补晋书艺文志》，吴士鉴《补晋书经籍志》《太平御览·经史图书纲目》《崇文总目》《通志艺文略》《遂初堂书目》，汪师韩《文选·理学权舆·注引群书目录》上，沈家本《续汉书志注所引书目》著录。

《水经注》《文选注》《初学记》《太平御览》《太平寰宇记》、宋《长安志》《史记·索隐》《北堂书钞》《广博物志》《史记·集解》《史记·正义》、元《类编长安志》《通鉴注》等多引此书。据佚文，所引多为关中地名、山、水、道里等地理内容以及城池、苑、宫、观、门、阙、殿、帝陵等建筑时间、位置、规模等。

《宋史·艺文志》称此书为晋葛洪撰。疑其所载为误。沈家本《续汉书志注所引书目》称：“考《晋书》，葛洪足迹未至关中，何缘作记，本传总叙洪所著，亦无此记，自当以《唐志》为是。此注及《文选注》，并称潘岳。”所言成理。

《会稽后贤传记》

晋·钟离岫纂。其生平未详。

书久佚。今有鲁迅辑本。

《隋志》著录为二卷，两唐志著录为三卷。今按，吴人谢承撰《会稽先贤传》，其后又有贺氏撰《会稽太守像赞》及《会稽先贤像赞》，遂有钟离岫《会稽后贤传记》之撰。此皆为会稽历史人物传记。

据章宗源《隋经籍志考证》十三云：“《会稽后贤传记》二卷，钟离岫撰。《元和郡县志》，钟离岫撰《会稽后贤传》。《通志・氏族略》曰，钟离岫，楚人。”《世说・方正篇注》《品藻篇注》《初学记・职官部》《艺文类聚・鳞介部》《太平御览・人事部》及《服用部》并引《会稽后贤传》。该书主要记会稽人物故事。

又据鲁迅辑本谓：“汉代以来，钟离为会稽望族，特达者众，疑岫亦郡人，故为邦贤作传矣。”

《晋中州记》

中州，为今河南省通称。

书佚。今存王谟《汉唐地理书钞》辑本、刘纬毅《汉唐方志辑佚》辑本。

文廷式《补晋志》著录此书。据辑本，《水经・谷水注》引之曰：“惠帝为太子，出闻虾蟆声，问人为是官虾蟆、私虾蟆？侍臣贾胤对曰，在官地为官虾蟆，在私地为私虾蟆。令曰，若官虾蟆，可给廪。先是有谶云：‘虾蟆当贵。’”

黄逢元《补晋志》、吴士鉴《补晋志》等著录。

《洛阳记》

晋・陆机纂。

陆机（261—303），字士衡，吴郡华亭人，官平原内史。后将军，河北大都督。撰《文赋》《洛阳记》等。后人辑有《陆士衡集》。《晋书・陆机传》，唐太宗为之赞论。

书佚，今存王谟《汉唐地理书钞》辑本、刘纬毅《汉唐方志辑佚》辑本。

《隋志》、两唐志俱著录为一卷。

《资治通鉴注》《艺文类聚》《太平御览》《文选注》《后汉书注》《寰宇记》《广博物志》《水经注》等俱引此书。据辑本，该书记有洛阳城制：四关、诸门、里居、街市、宫观、太学、辟雍、灵台、军营、冰室名山等。如《寰宇记》卷三洛阳县、《御览》卷一九五道路引陆机《洛阳记》曰：“洛阳十二门，南北九里。城内宫殿、台观有合阒。左右出入城内皆三道。公卿尚书从中道，凡人左右。出入不得相逢。夹道中植榆柳，以荫行人。”又《后汉书・光武纪注》，太学在洛阳城故开阳门外，去宫八里。讲堂长十丈，广三丈。

除陆机《洛阳记》外，晋世尚有华延儁《洛阳记》[1]、戴延之《洛阳记》[2]。

《洛阳图》

晋·杨佺期纂。

杨佺期，弘农华阴人。咸康中拜广威将军，河南太守，进号龙骧将军，雍州刺史。撰《洛阳图》。

该书或称《洛城图》《洛阳记》《洛阳京城图》等。

书久佚，今存王谟《汉唐地理书钞》辑本、刘纬毅《汉唐方志辑佚》辑本。

《隋志》、两唐志、《通志·艺文略》《玉海》等书著录为一卷。

《御览》《文选·闲居赋注》《文选东京赋注》《类聚·居处部》《通鉴注》《通考·经籍考》《寰宇记·河南县》《后汉书·郡国志注》等引用此书。

内容以记宫殿、山川、城池、古迹、园室为多，且图文并举，具有方志雏形。

《豫章记》

南朝宋·雷次宗纂。

雷次宗，字仲伦，豫章南昌人。少入庐山。事沙门释慧远，与慧远等十七人同修净土之法，号“莲社十八贤”。

豫章，东晋南朝时豫章郡，治今南昌市。此为郡书。

书佚，今存王谟《汉唐地理书钞》本、《〈永乐大典〉方志辑本》、刘纬毅《汉唐方志辑佚》辑本。《隋书·经籍志》《新唐书·艺文志》著录为一卷。

《太平寰宇记》《舆地纪胜》《大明一统志》《文选注》《北堂书钞》《类聚》《后汉书注》《太平广记》《太平御览》多引此书。

从所见辑本可知其内容有古迹、山川、形胜、景物、地理沿革、风俗、旧事、传说、建置、物产、人物等，所载门类尤多。如《寰宇记》卷一〇六南昌县云：“建安四年，孙策起兵破刘勋于寻阳，军谋取豫章，太守华歆筑城以御之。”明人胡俨《正德南昌府志·序》称：“豫章之有志，始于雷次宗。”此书从体例到内容都初具地方志雏形。

东晋及南朝时，除雷氏《豫章记》外，尚有张僧监撰及无名氏撰《豫章记》

---

① 今存王谟辑本、张氏大典辑本、刘纬毅辑本。

② 《新唐书·艺文志》著录，中华书局，1975年。

二部。

《南越志》

南朝宋・沈怀远纂。

沈怀远，吴兴武康人，曾官武康令。长于著述。此志为怀远徙广州时作。

南越，今广东省地。

书佚。今存陶宗仪辑《说郛》本、王《汉唐地理书钞》辑本、刘纬毅《汉唐方志辑佚》本。

《隋志》著录为八卷，两唐志等著为五卷。

《初学记》《通鉴注》《寰宇记》《御览》《书钞》《胜览》《文选注》《类聚》《广记》《北户录》《广博物志》等书引用之。

从辑本可知，本书时间断限上起三代，下至东晋，所辖范围为当时南越疆域。内容所载，多记鳝鱼、鵁䴔、潜牛、江豚、巢蛣、石蚨、鳖类等异物，也记沿革、地理、古迹、旧闻等。所载内容皆足与正史相佐证。陈振孙《直斋书录解题》称"此五岭诸书之最在前者也"。此志为广东早期有影响的方志。另有邓德明《南越志》、五代人撰《续南越志》。

《南徐州记》

南朝宋・山谦之纂。

山谦之，史学学士，籍贯无考。受诏续撰《宋书》纪传及《天文》《律历》二志，又撰《丹阳记》《吴兴统记》《寻阳记》《南徐州记》等地方志书。

南徐州，今江苏镇江市。吴孙权镇丹徒，谓之京城，后徙建业，于此置京口镇。晋侨置徐州，刘宋改南徐州。①

书佚。今存王谟《汉唐地理书钞》本、《〈永乐大典〉方志辑本》、刘纬毅《汉唐方志辑佚》本。

《隋志》、两唐志著录为二卷。

《文选注》《艺文类聚》《太平御览》《世说注》《史记正义》《舆地纪胜》《寰宇记》《纪胜》《初学记》《书钞》《六朝事迹类编》《景定建康志》《咸淳毗陵志》《至正金陵新志》等引之。

其所载，记该地景物、山川、江湖、洲浦、城阙、祠庙、古迹、疆域、地理

---

① 见张国淦《中国古方志考》，中华书局，1962年。

等内容。门类条分缕析，为镇江地区早期重要志书。

《南康记》

南朝宋·邓德明纂。

邓德明，南昌人。

南康郡，刘宋治今江西赣州市。

书佚，今存陶宗仪辑《说郛》本、王谟《汉唐地理书钞》辑本。

秦荣光《补晋志》、章宗源《隋志考证》《太平御览·经史图书纲目》等著录。

《水经·泿水注》《汉书·张耳传注》《后汉书·吴祐传注》《刘表传注》《初学记·政理部》《寰宇记·江南西道》等俱引之。

内容记武陵境内疆域、沿革、景物、古迹、风俗、人物、神异等。记人记物，分门别类，是赣州地区早期有影响的方志。此外，尚有刘宋王韶之《南康记》。

《武陵记》

南朝齐梁时武陵，郡治今湖南常德市。为地区志书。当时撰《武陵记》凡三部。

一、黄闵纂

黄闵，齐武陵人。博学有词艺，曾撰《沅川记》《神壤记》等地方志书。

书佚。今存王谟《汉唐地理书钞》本、陈氏荆湘地记本、刘纬毅《汉唐方志辑佚》本。

《隋书·经籍志》未著录。

《后汉书注》《太平御览》《舆地记胜》《太平寰宇记》《方舆胜览》《太平广记书目》《史记正义》《资治通鉴注》《初学记》《北堂书钞》等俱引之。

内容记武陵山水、景物、城池、古迹、池潭、陂田等。

二、伍安贫纂

伍安贫，字子素。梁武陵汉寿人。博雅嗜学，梁屡降元勋之礼，皆以疾辞。曾撰《武陵图志》《晋黄门沅川记》等。

书佚，今存陈运溶《荆湘地记》辑本及王谟《汉唐地理书钞》辑本、刘纬毅《汉唐方志辑佚》辑本。《舆地纪胜》《北户录》《酉阳杂俎》《大明一统志》引之。

内容记武陵地区风俗、形胜、景物、花草、古迹等。是一部体例较备的早期方志。

三、鲍坚纂

鲍坚，南朝梁人。

清光绪《湖南通志》二百四十九：“《武陵记》鲍坚撰，《太平广记》引。”①

书佚。今存陶宗仪辑《说郛》本。

《洛阳伽蓝记》

北魏·杨衒之纂。

杨衒之，一作羊衒之。北平（今河北满城）人。曾官北魏抚军司马、期城郡太守。死于北齐天保（550—559）年间。

本书今存。为记载关于洛阳佛寺专志。“伽蓝”是梵语音译，即佛寺。

北魏统治者是鲜卑族，魏孝文帝494年迁都洛阳。宣武帝信佛，王公大夫多舍私宅作佛寺，一时洛阳佛寺极盛，“京城表里，凡有一千余寺”②。经永熙（532—534）中尔朱荣之乱，城郭残破，诸寺尽废。作者于东魏武定五年（547）重过洛阳，追寻故迹，摭拾旧闻，写成此书。“铺扬佛宇，而因及人文，著撰园林、歌舞、鬼神、异怪、兴亡之事，以寓其褒讥，又非徒以记伽蓝也。”书中主要记载战乱前洛阳寺观庙塔的弘壮侈丽，反映了当时富人侵夺百姓财物用于奉佛求福的情况。书中叙尔朱荣变乱事尤详，可补正史之不足。此外，书中保存了宋云、惠生西行求法至印度的史料。是研究北魏政治、宗教、建筑及内外关系的重要书籍。

全书分为五篇，即城内及四门之外。首记立寺者、寺所在方位、建筑规模，然后记人物、事件、旧说、佚闻。此书保存了陆机《洛阳记》等内容，并纠正刘澄之《山川古今记》、戴延之《西征记》等书中之讹误。

此书“体例绝为明晰，其文秾丽秀逸，烦而不厌，可与郦道元《水经注》肩随”③。是著名的早期方志之书。

《荆南地志》（一名《荆南志》）

南朝梁·萧绎撰。

萧绎（508—554），字世诚，小字七符，即南朝梁元帝。南朝梁南兰陵人，任会稽太守、丹阳尹、荆州刺史、江州刺史等。撰著史志之书达二十余种，如

① 略据张国淦《中国古方志考》本条，中华书局，1962年。

② 《洛阳伽蓝记》原书序，商务印书馆（石印本），1930年。

③ 《钦定四库全书总目》卷七十，中华书局，1997年。

《孝德传》《忠臣传》《丹阳尹传》《汉书注》《江州记》《贡职图》《怀旧志》等。

荆南，约当今湖南洞庭以北、湖北南部。

书佚。今存王谟《汉唐地理书钞》辑本。

《隋书·经籍志》二著录为一卷，萧世诚撰（按，《南史》，世诚，元帝字）。《新唐书·艺文志》著录为梁元帝《荆南地志》二卷。徐崇《补南北史艺文志》著录为一卷，元帝撰。

《太平御览·地部》《寰宇记·山南东道》等引之。

内容记荆南疆域、地理、民情、风物等事，分门别类，已具方志雏形。

《荆楚岁时记》

南朝梁·宗懔撰。

宗懔，字元懔，江陵（今湖北）人。

荆楚，今湖南、湖北一带。

唐宋志、《四库总目》皆著录为一卷。今存。内容皆记荆楚岁时节令风物故事，自元旦至除夕，凡二十余条，兼收古代神话传说。

传为隋杜公瞻为该书作注。该书为首部专记一地岁时风俗之书，据余嘉锡云："此书原本久亡，今本乃明人自类书中辑出，而检阅未周，罅漏百出。……"[①] 其言可参。

第三节　修志理论

常璩

此期修志理论主要集中于东晋常璩关于方志宗旨及社会作用等论述及其对《华阳国志》编纂体例方面的讨论。

关于志书宗旨及社会作用，常璩将东汉史学家荀悦关于撰史目的和作用的论述[②]略为改变，移植于撰著志书方面来，常璩认为："夫书契有五善：达道义，章

① 《钦定四库全书总目》卷七十本条注释。中华书局，1997 年。

② 见［东汉］荀悦《汉纪·高帝纪》，台湾商务印书馆，1986 年。

法戒，通古今，表功勋，而后旌贤能。”[①] 常璩还认为志书职责应该是“宪章成败，旌昭仁贤，抑绌虚妄，纠正缪言，显善惩恶，以杜未然”[②]。常璩进一步强调志书具有“永鉴”、褒贬奖劝之功用：“天人之际，存亡之术，可以为永鉴也……所以防狂狡，杜奸萌，以崇《春秋》贬绝之道也，而显贤能，著治乱，亦以为奖劝也。”[③] 可见常璩撰述《华阳国志》的宗旨与撰述国史无异。他极力推崇《春秋》贬绝之道，用以维护封建统治阶级的统治。他效法司马迁“究天人之际，通古今之变”[④]，探究公孙述，刘焉、刘璋父子，蜀汉、成汉四个割据政权以及两晋统一时期的历史变革，把这些王朝的治乱兴衰，归结于“天命”“历数”，以此为历代封建王朝统治进行辩护，这是由常璩唯心主义历史观所决定的。上述所谓“道义”“法戒”属于封建统治阶级意识形态、道德准则和行为规范，是封建时代立国之本，是维系封建统治阶级的精神支柱。所谓“功勋”“贤能”“仁贤”是指那些为封建王朝效忠效力的“善人”，对此，必须表彰、显荣。对那些所谓“狂狡”“奸萌”（主要指统治阶级异己势力和农民起义等），要立足于“防”“杜”“惩”。特别是对那些“虚妄”者，要“抑绌”，对他们的“缪言”要“纠正”，以巩固封建政权。因此，常璩的历史观越不出封建士大夫的圈子，是封建统治阶级的辩护士。但是，常璩在方志理论上的贡献，在于他把史学的宗旨和作用移植到志书中来，这在修志史上尚属首次。

此外，常璩《华阳国志》汇地理、历史、人物于一书，较为完整全面地展示出该地方的历史概貌，一改以往历史、地理、人物分记的单一成式，成为一种较为完整系统的方志新体例。这是常璩在方志编纂学上的一大创见，为此后综合性志书的出现开了先河。

---

① 《华阳国志》卷十二《序志》，商务印书馆，1938 年。
② 《华阳国志》卷十二《序志》，商务印书馆，1938 年。
③ 《华阳国志》卷十二《序志》，商务印书馆，1938 年。
④ 《史记·自序》，中华书局，1975 年。

第四节　小结

魏晋南北朝时期，西晋裴秀地图理论及绘制水平在我国地图史上占有重要地位，具有划时代意义。与裴秀时代相差不远的希腊地图学家托勒密（99—168）采用单圆锥投影所编制的世界地图，在西方地图学史上亦具有划时代意义。因此，我们可以把裴秀与托勒密视为东西方地图学史上互相辉映的两颗明星。①

西晋挚虞《畿服经》，其体例较备，内容较充实，卷帙浩繁，非昔日同类书可比。南北朝时期，陆澄《地理书》、任昉《地记》、顾野王《舆地志》、阚骃《十三州志》、后周《周地图记》，其规制颇为可观。特别是郦道元《水经注》，作者利用大量方志，亲历考察撰成此书，为千古不朽之作。“郦学”已成为专门之学，受到世界各国学者的重视。西晋文学家左思《吴都赋》云：“方志所辨，中州所羡。”在其所撰《三都赋》序中又云：“其山川城邑，则稽之地图，其鸟兽草木，则验之方志。”说明方志之书已被学者所熟悉，并被广泛利用。

两晋南北朝时期是我国雏形志书大发展大繁荣的历史阶段，为以后定型方志的出现奠定了雄厚基础。从地域角度考察，南方和巴蜀地记数量仍较北方为多。东晋常璩《华阳国志》，是留存至今的重要地方志书，是研究我国西南少数民族历史最早的著作。常璩的修志理论影响颇深。北魏杨衒之《洛阳伽蓝记》也是留存至今的重要地方志书。其中保存了北魏宋云、惠生奉使西行求法，自青海，经鄯善、左末、于阗，由汉盘陀逾葱岭至印度等史料。因此，它又是研究西域史地的重要史料。

---

① 《中国古代地理学史》，中国科学院自然科学史研究所地学史组主编，科学出版社，1984年。

第五章　隋唐五代时期

第一节　总志、图

一、导语

隋唐时期，志书发展的主要表现形式是图经。图经是由图和经两个部分构成。图主要是指舆地图以及各种图像，经是记载事物的文字。因此，从地记演变到图经，在形式和内容上均发生了很大变化。图经比地记在内容上更加充实完备。图经之名，虽早见于东汉，但自汉以来图经形态并未形成主流。

大规模图经、图志的编纂，实始于隋炀帝大业年间。大业元年至十四年(605—618)，隋炀帝普诏天下诸郡，条其风俗、物产、地图上于尚书。这是我国官方下令编修图经、图志以及各种志书著作之始。官修志书大量出现，始于隋。隋唐以前志书著作基本上属于私修，由官方组织很少。无论是官修还是私修，其体例内容大体相同。隋唐等封建王朝的统治者，为了加强中央集权，深刻意识到掌握全国各地情况的重要意义，从而在中央设置了专门修志机构，颁令和组织各地撰修方志著作并上达中央。因此，官修总志才能大量出现。故隋郎蔚之编有《隋诸州图经集》一百卷（大业四年至十四年），而《区宇图志》最后定本为一千二百卷，规模颇为可观。[①]

据《隋志》二著录，隋还官修《隋诸郡物产土俗记》一百五十一卷。其书已佚。

以上诸书，为后世郡县与一统志之权舆。

以外，又见于《隋志》二著录的总志著作，如隋许善心纂《方物志》二十卷（佚），无名氏撰《州郡县簿》七卷，以及见于《唐书·艺文志》二所著录的隋李播《方志图》二卷等。

唐代重视志书的编纂，对地图制作尤重。"凡地图委州府三年一造，与版籍皆上省。"[②] 武后长安四年（704）和玄宗开元三年（715），皆曾制有《十道图》。元和八年（813），李吉甫有《元和十道图》，"这些十道图大体都有山川、户口、赋税、行政区域界线、州县总数、文武官员数字、薪俸，以及各州郡疆域、政治纲领等内容，完全是适应政治上需要绘制的，以为中央实施各种政令做依据"[③]。甚至到五代时，十道图仍是考定俸给、刑法、户口、赋役之类的根据之一。唐朝中央机构设有专司地图和图经的官员，并规定地方编制地图和图经的期限。如建中元年（780），唐德宗诏令诸州郡每三年（后改为五年）编送图经至尚书省兵部职方。[④] 各州郡图经上呈中央，已成为国家的一种制度。唐贞观三年至十年（629—636），魏徵主修《隋书》，其中《经籍志·地理类》序论，总结了隋唐以前志书发展的基本梗概，为研究我国志书的起源和发展提供了重要历史文献依据。其文为："昔者先王之化民也，以五方土地，风气所生，刚柔轻重，饮食衣服，各有其性，不可迁变，是故疆理天下，物其土宜，知其利害，达其志而通其欲，齐其政而修其教。故曰广谷大川异制，人居其间异俗。《书》录禹别九州，定其山川，分其圻界，条其物产，辨其贡赋，斯之谓也。周则《夏官·司险》，

① 《隋书·崔赜传》："（大业）五年（609），受诏与诸儒撰《区宇图志》二百五十卷，奏之，帝不善之，更令虞世基、许善心衍为六百卷。"又《太平御览》（卷六〇二）引《大业拾遗记》："大业初，敕内史舍人豆卢威等三十余人，撰《区宇图志》五百余卷，又敕虞世基等续成八百卷，帝仍以部帙太少，重修为一千二百卷。"今按，《隋书经籍志》著录《隋区宇图志》一百二十九卷，当是一千二百卷本中之残本。

② 《唐六典·兵部》，中华书局，1992 年。

③ 《中国古代地理学史》，中科院自然科学史研究所地学史组主编，科学出版社，1984 年。

④ 《唐会要》卷五九，尚书省诸司下职方员外郎条："建中元年十一月二十九日，诸州图每三年一送职方，今改至五年一造送。如州县有创造及山河改移，即不在五年之限，后复改。"又《新唐书·百官志》卷四六，兵部条："职方郎中，员外郎，各一人，掌地图、城隍、镇戍、烽候、防人道路之远近及四夷归化之事。凡图经，非州县增废，五年乃修，岁与版籍偕上。"

掌建九州之图，周知山林川泽之阻，达其道路。《地官・诵训》，掌道方志以诏观事，以知地俗。《春官・保章》，以星土辨九州之地，所封之域，以观祆祥。《夏官・职方》，掌天下之地图，辨四夷、八蛮、九貉、五戎、六狄之人，与其财用九谷六畜之数，周知利害，辨九州之国，使同共贯。……汉初，萧何得秦图书，故知天下要害；后又得《山海经》，相传以为夏禹所记。武帝时，计书既上太史，郡国地志，固亦在焉，而史迁所记，但述河渠而已。其后刘向略言地域，丞相张禹使属朱贡条记风俗，班固因之作《地理志》。其州国郡县、山川夷险、时俗之异、经星之分、风气所生、区域之广、户口之数，各有攸叙，与古《禹贡》《周官》所记相埒。是后载笔之士，管窥末学，不能及远，但记州郡之名而已。晋世挚虞依《禹贡》《周官》，作《畿服经》，其州郡及县分野、封略、事业、国邑、山陵、水泉、乡亭、城、道里、土田、民物风俗、先贤旧好，靡不具悉，凡一百七十卷，今亡。而学者因其经历，并有记载，然不能成一家之体。齐时陆澄聚一百六十家之说，依其前后远近，编而为部，谓之《地理书》。任昉又增陆澄之书八十四家，谓之《地记》。陈时顾野王抄撰众家之言，作《舆地志》。隋大业中，普诏天下诸郡，条其风俗、物产、地图，上于尚书。故隋代有《诸郡物产土俗记》一百五十一卷、《区宇图志》一百二十九卷、《诸州图经集》一百卷。其余记注甚众。……"

《隋书・经籍志》的作者将我国志书产生以来直至隋代大业间的历史发展轮廓勾勒了出来，这已是很大的贡献。其中已经涉及《尚书・禹贡》《周官》《山海经》《汉书・地理志》《畿服经》《地理书》《地记》《舆地志》《诸郡物产土俗记》《区宇图志》《诸州图经集》等书。这些书不仅与方志关系密切，而且大多是不同历史时期具有代表性的重要地理总志。隋王朝中央下令各州郡提供地方资料，以纂修全国总志的制度，为此后历代王朝编纂全国总志提供了自下而上的修志模式，意义重大。

唐代编修的全国性总志，主要有贞观十五年（641）由李泰约集其门客撰成的《括地志》五百五十卷、德宗贞元十七年（801）贾耽撰《古今郡国县道四夷述》及《贞元十道录》。宪宗元和八年（813），李吉甫撰成《元和郡县图志》及《十道图》。《元和志》计四十卷，凡四十七节镇，每镇叙事前冠有图。隋唐志所著录的舆地图经皆散佚不存，流传至今者，唯《元和志》为最古，体例亦最善。

此外，尚有韦澳《诸道山河地名要略》（残）、梁载言《十道四蕃志》（有辑本)、韦述《十道录》、赵珣《十道记》、孔述睿《地理志》、贾耽《海内华夷图》及《皇华四达记》、韦瑾《域中郡国山川图经》、刘之推《文括九州要略》等。

隋唐时代图经、图志以及地理记的发展很快。其中一个趋势值得注意，即图经、图志文字数量显著增多，图绘日趋减少，其门类较以往有较大增扩，内容更加充实。这种趋势反映出图经、图志本身在内容上的变化，与后世定型方志颇为接近。此时图经形态对后世定型方志具有深远影响。

五代后唐天成三年（928）闰八月，后唐明宗李亶下敕规定："诸道州府，每于闰年合送图经、地图。"后唐长兴三年（932)，颁发各地撰修图经具体规定，《五代会要》（卷十五）兵部职方条云："长兴三年（932）五月二十三日，尚书吏部侍郎王权奏：伏见诸道州府，每遇闰年，准例送尚书省职方地图者。顷因多事之后，诸道州府，旧本虽存，其间郡邑或迁，馆递曾改，添增镇戍，创造城池，窃恐尚以旧规录为正本，未专详勘，必有差殊。伏请颁下诸州，其所送职方地图，各令按目下郡县镇戍城池水陆道路，或经新旧移易者，并须载之于图……奉敕宜令诸道州府，据所管州县先各进图经一本，并须点勘文字，无令差误。所有装写工价，并以州县杂罚钱充，不得配率人户。其间或有古今事迹，地里山川，土地所宜，风俗所尚，皆须备载，不得漏略，限至年终进纳。其画图候纸到，图经别敕处分。"

五代时，全国性总志有南唐徐锴《方舆记》一百三十卷①、后梁《天下郡县》一卷②。

二、志、图举要

《隋诸州图经集》（一名《隋州郡图经》）

隋·郎茂纂。

郎茂（541—615)，字蔚之，恒山新市（今河北新乐）人。北朝学者，官北齐、北周、隋三朝。隋炀帝时，官至尚书左丞，参掌选举事。撰《诸州图经集》。

书佚。今存王谟《汉唐地理书钞》辑本。《御览》《寰宇记》《广记》《类聚》等引之。

---

① 见《宋史·艺文志》，中华书局，1977年；《崇文总目》，商务印书馆，1937年。

② 见《通志·艺文略》，上海古籍出版社，1930年。

《隋志》、两唐志著录为一百卷。

据辑文可略知此书内容，为地理、州郡沿革、商旅、旧事、古迹及神话传说等。分门别类，其体例保存了一图一说的图经格局。这在《太平御览》所引《隋大业拾遗》中已有叙述：“卷有图，别造新样，纸卷长二尺。叙山川，卷首有山水图；叙郡国，卷首有郭邑图；叙城隍，则卷首有馆图。其图上山水城邑题字极细。”① 说明诸图集中于卷首。另有《隋诸郡物产土俗记》一五一卷，专记各地风俗、物产，似与隋州郡图经所记各有侧重。

此书与《区宇图志》均以各州郡图经及各种地记编纂而成。

《隋区宇图志》

隋·虞茂等纂。

虞茂（？—618），原名虞世基，字茂世，会稽余姚人。隋炀帝时，任内史侍郎。按其名与字两犯唐讳，故唐张彦远《历代名画记》称为虞茂氏。《唐志》省去“世”字。

书佚，今存王谟《汉唐地理书钞》辑本。

《隋志》著录为一百二十九卷，两唐志著录为一百二十八卷。

大业初，该书由崔赜撰为二百五十卷，皇帝更令虞世基等增至六百卷，皇帝认为卷帙尚少，命秘书学士十八人修十郡志，总检官为虞世基，成八百卷，皇帝仍嫌卷帙少，下令重修，最后成书一千二百卷。

据辑文可知，此图志内容广泛，其书修撰多次，成于众手，体例较完整，地理沿革、地名、古迹、风俗、物产、山川、要隘、城郭、神话传说，包罗广泛，在方志学史和地理学史上具有较大影响。

此图志为隋代全国性大型图志之一。图志之名，隋代以前尚未见，以此为最古。

《括地志》（或称《魏王泰坤元录》《括地象》《贞观地记》《魏王地记》）

唐·李泰修，萧德言等纂。

李泰（618—652），唐太宗第四子，贞观十年封魏王。萧德言，字文行，南兰陵人，贞观时历著作郎、弘文馆学士。

---

① 此段文字是对《诸州图经集》及《区宇图志》二书而言。二书体例略同。见《太平御览》卷六〇二。

书佚，今存王谟《汉唐地理书钞》辑本、孙星衍《岱南阁丛书》本、黄奭《汉学堂丛书》本、朱记荣《槐庐丛书》本、贺次君《括地志辑校》本。

《旧唐志》：《括地志序略》五卷。《新唐志》：《括地志》五百五十卷，又《序略》五卷。该《序略》为全书总纲，其州郡内容仅见于唐徐坚等著《初学记》卷八、《总叙州郡第一》，从而可窥见唐贞观间政区划分以及州县数目。清孙星衍据此辑成《括地志》八卷。

魏王泰命著作郎萧德言、秘书郎顾胤、记室参军蒋亚卿、功曹参军谢偃、苏勖撰。此书成于贞观十六年（642）。

《史记正义》《初学记》《通典》《寰宇记》俱引此书。

本书以当时全国十道、三百五十八州、四十一个都督府、一千五百五十一县为纲，记录政区建置沿革、山河形胜、古迹风物以及人物史事。

本书是以《贞观十三年大簿》为蓝本，沿用《汉书·地理志》和顾野王《舆地志》例，以志全国地理为主。其体例实开《元和郡县志》《太平寰宇记》之先河。

太宗颇赏识此书，下诏曰："博采方志，得于旧闻，旁求故老，考于传信，内殚九服，外极八荒，简而能周，博而尤要，度越前载，垂之不朽。"

今人贺次君《括地志辑校》内容较其他辑本完备。

《贞元十道录》

唐·贾耽纂。

贾耽（729—805），字敦诗。沧州南皮人。天宝中官检校司空，右仆射。居相位十三年，封魏国公。著名地理学家。尤重西北边陲地理，绘有《陇右山南图》《海内华夷图》。为补地图之不足，作《陇右山南九州别录》。还撰有《古今郡县道四夷述》《皇华四达记》等。

书佚，今存王谟《汉唐地理书钞》辑本、鸣沙石室遗书残本。

《唐书·艺文志》《宋史·艺文志》著录为四卷，《通志·艺文略》著为一卷。

十道，为当时唐代行政地理区划。唐贞观元年分全国为关内、河南、河东、河北、山南、陇右、淮南、江南、剑南、岭南等道。

首篇记唐代州郡废置升降、地域差次、贡赋名物、提封险易、河流变迁等。其他三篇则以十道为准，记录县距州、州距长安的道里以及与其四鄙所抵。本书内容欠详博，编修太简，应与贾耽"所撰《地图》《皇华四达记》《古今郡国县道四夷述》《九州别录》诸书当参互考证……”①

《诸道山河地名要略》

唐·韦澳纂。

韦澳，字子裴，京兆万年人。历官考功员外郎、史馆修撰、翰林学士、兵部吏部侍郎、河南尹等。撰《诸道山河地名要略》等。

书佚，今存鸣沙石室遗书残卷本。

《新唐志》二著录为九卷，并注云，一作《处分语》。②

据罗振玉《残卷本》跋是书，云：“《诸道山河地名要略》第二残卷，开首断缺，存河东道州府八，曰晋，曰太原，曰代，曰云，曰朔，曰岚，曰蔚，曰潞。其体例，前述建置沿革，次事迹，次郡望地名，次水名，次山名，次人俗，次物产，为后世地志体例所自昉。”此书可校《元和志》。卷虽残，内容颇富，甚有参考价值。

三、李吉甫及其《元和郡县图志》

李吉甫（758—814），字弘宪，唐宪宗时大臣。赵州赞皇（今河北赞皇县）人。为宰相李栖筠之子，李德裕之父。李吉甫少时好学，善写文章。二十七岁时，任太常博士，赅洽多闻，尤精于唐朝故实，为时人所称道。陆贽为相时，疑李吉甫有朋党，贬为明州员外长史。后陆贽被贬忠州，朝廷起用李吉甫为忠州刺史，使之惩治陆贽，重构其罪。李吉甫到任后，宽宏大量，不修旧怨，厚遇陆贽，深为时人所推重。后曾官郴州刺史，又迁饶州刺史。

唐宪宗即位，李吉甫由考功郎中入翰林为学士，升为中书舍人。时值唐中央与藩镇斗争激烈时期。元和元年（806），剑南（在成都）节度副史刘辟谋反，唐宪宗下令征讨。李吉甫力赞讨刘辟之事，并建议宪宗广征江淮之师，由三峡路入，从而分散蜀地叛军兵力。宪宗皆从其议。刘辟叛乱即平，李吉甫功多。元和二年（807），李吉甫擢任中书侍郎同中书门下平章事（宰相），参与平息镇海（在镇江）节度使李锜叛乱之事。李吉甫因功被封为赞皇县侯。

唐德宗以来，姑息藩镇，因而出现了藩镇终身世袭之弊。李吉甫力矫时弊，

---

① 罗振玉：《贞元十道录残卷本跋》，《鸣沙石室佚书》，北京图书馆出版社，2004年。

② 按《处分语》即志书中“皇言”“宸翰”之类。

在他执政一年多的时间内，果断地撤换了三十六个藩镇，进一步削弱了藩镇势力，强化了中央集权。元和三年（808）九月，李吉甫官检校兵部尚书，兼中书侍郎平章事，出任淮南节度使。在此期间，他上书宪宗，免除了农民逃租达数百万之多。在高邮，他主持构筑“富人”“固本”二水塘，灌田近万顷，并于漕渠庳下筑堤阏，名之曰“平津堰”，用以调剂塘中水量的盈缺，深受百姓欢迎。元和六年（811），李吉甫官金紫光禄大夫、中书侍郎平章事、集贤殿大学士、监修国史、上柱国、赵国公，再次回朝执政。当时，鉴于唐政府机构庞大，吏员繁杂，生人日困，冗食日滋的社会现实，特别是自天宝以来，“天下常以劳苦之人三奉坐待衣食之人七，而内外官仰奉禀者，无虑万员。有职局重出，名异事离者甚众，故财日寡而受禄多。官有限而调无数”①。对此，李吉甫深刻指出：“今列州三百，县千四百，以邑设州，以乡分县，费广制轻，非致化之本。”② 他坚决主张：“州县有可并并之，岁时入仕有可停停之，则吏寡易求，官少易治。”③ 于是，他一鼓作气，裁减冗官八百员，吏一千四百员，表现了他政治上的果断及勇于革新的精神。其后，他建议宪宗收回都畿佛田，分给贫民耕种，并免其租税。他还建议宪宗任命薛平为义成节度使，以重兵控扼邢、洺要地，并向宪宗呈献河北险要地图，旨在制驭“河北三镇”割据势力。元和七年（812），李吉甫献策使魏博节度使田弘正归于朝廷的控制之下。元和八年（813），李吉甫监修国史。唐宪宗问“时政记”所记为何事，李吉甫答曰：“是宰相记天子事以授史官之实录也。”④ 并说：“关时政化者，不虚美，不隐恶，谓之良史也。”⑤ 明确地表达了李吉甫治史的原则，继承和发扬了我国古代治史的优良传统。同年十月，回鹘引兵自西域柳谷侵吐蕃，矛头直指唐王朝腹地。李吉甫奏请宪宗自夏州至天德一带，复置废馆十一所，用以沟通缓急，又奏请调发夏州骑士五百人，营守经略故城。元和九年（814），李吉甫建议宪宗于经略故城设宥州，辖经略军，以加强戍备。同年冬，李吉甫暴病而卒，时年五十七岁，谥号忠懿。李吉甫生前经划淮西谋策，未及上奏，唐宪宗令其子代为奏献。上述诸事，一切皆为切中时政之急务，在当时

---

① 《新唐书·李吉甫传》，中华书局，1975 年。
② 《新唐书·李吉甫传》，中华书局，1975 年。
③ 《新唐书·李吉甫传》，中华书局，1975 年。
④ 《旧唐书·李吉甫传》，中华书局，1975 年。
⑤ 《旧唐书·李吉甫传》，中华书局，1975 年。

是具有进步意义的。即削弱了地方势力，强化了中央集权，在一定程度上减轻了农民负担，促进了农田水利的发展。特别是他敢于大胆地裁减官吏、精简机构等重大措施，在当时确是了不起的举动，是他无私无畏的具体表现。他建议加强国防、抵御外族入侵的一系列措施，又是他爱国之心的具体表现。

李吉甫在政治上的这些建树，与他本身的刻苦博学、认真考察是分不开的。他身为宰相，尤善于读书撰著。他研究《易象》，将其真知灼见附于集注之下；缀录东汉、魏晋、周、隋故事，著成《六代略》三十卷；与史官共同考录当时户赋兵籍，著成《元和国计簿》十卷；还撰成《百司举要》一卷。另据《唐书·艺文志》载，李吉甫尚撰有《十道图》十卷、《古今地名》三卷，是我国地名学史上的重要著作。此外，他还撰有《删水经》（十卷）等著作。这些著作大多是与国家政治密切相关的。可见，他的学识与著述直接作用于唐王朝政治，这是他治学的最大特点和最大优点。然而，影响最大，价值最高，且传世至今的，当推其所撰《元和郡县图志》四十卷（按，尚有目录二卷，凡四十二卷）。

李吉甫的《元和郡县图志》是在他的《元和国计簿》基础上撰修的。它的问世，是唐代疆土广大、国势昌盛的集中反映。作者在该书原序中这样说："吾国家肇自贞元至于开元，兼夏商之职贡，掩秦汉之文轨，梯航累乎九译，厩置通乎万里。"在如此广阔的唐代版图之内，分疆、置吏、贡赋、交通，特别是山川险易之地与国家安危息息相关，君王借此可以"驰张开阖，因变制权，统理万物"。为此，作者反复强调："当今之务，树将来之势，则莫若版图地理之为切也。"作者从爱国角度出发，精研深思，撰成了这部供君王参阅的当代总志。从此书我们可以窥见志书与时政的密切关系所在。把志书的地位放到如此的高度，这在我国方志理论史上还是第一次。

李吉甫对于古往今来的地理学著作颇为不满，以为弊端甚多，不切实用。正如他在该书原序中所说："况古今言地理者凡数十家，尚古远者，或搜古而略今；采谣俗者，多传疑而失实。饰州邦而叙人物，因丘墓而征鬼神，流于异端，莫切根要。至于丘壤山川，攻守利害，本于地理者，皆略而不书。"为此，他严正地指斥那些地理著作"将何以佐明王，扼天下之吭，制群生之命?"又说："收地保势胜之利，示形束壤制之端，此微臣之所以精研，圣后之所宜周览也。"他所撰著该书，当然是为了维护和巩固李唐王朝的统治。

依据宋代洪迈为《元和郡县图志》所作跋语，可知该书为元和八年（813）

所上。然书中有更置宥州一条，乃是元和九年（814）之事。盖为书成之后，作者又自相续入的缘故。

《元和郡县图志》一书，所记内容为唐宪宗一代的建制。该书首起京兆府，终于陇右道。它是以唐代四十七节镇为准，分别叙述各镇的州县沿革、山川险易、户口物产、道里贡赋、古迹史事等项，这种写法较之正史地理志所记内容要详尽得多。且每镇篇首有图，保持了图经一图一说的格局。李吉甫于该书《自序》云："每镇皆图在篇首，冠于叙事之前。"清周中孚云："其志与图，必实稽当时图籍为之，最为可据。"[①] 又据宋孝宗淳熙二年（1175），程大昌为该书所作跋语称其图已亡，唯志独存，故后人所著书录，仅称《元和郡县志》。李吉甫先后两任宰相，谙熟当时图籍，故其书"详略得中，记序有法"[②]。史料价值极高，殊为后世所推崇。因此，该书在魏晋以来的总志中，不仅是流传下来最古的一部，同时从质量上看也是最为优秀的一部。故孙星衍称其书为"诚一代之巨制"是正确的。清《四库全书总目》称其书："舆地图经，隋唐志所著录者，率散佚无存，其传于今者，唯此书为最古，其体例亦为最善，后来虽强相损益，无能出其范围。"然从《括地志辑校》一书考察，该志体例实取法于《括地志》，惜其原书已佚。由于《元和郡县图志》为流传至今的最古且最有价值的志书，故其编纂体例于后世影响很大，如宋人乐史所撰《太平寰宇记》即取法于其书。

《通志·艺文略》《新唐书·艺文志》著录为五十四卷，误；《宋史·艺文志》《文献通考·经籍考》《四库全书总目》等著录为四十卷。《元和郡县图志》今存三十四卷。缺第十九卷河北道，第二十卷、二十三卷山南道，第二十四卷淮南道，第三十五卷、三十六卷岭南道。此外，第十八卷河北道景州缺，第二十五卷缺二页，此又为宋以后所亡佚。这些缺文，对于研究上述地区的历史状况颇为不利。历代学者，特别是清代学者，素有补辑史籍的优良传统。如清代学者严观依原书体例撰成《元和郡县补志》一书，可补《元和郡县图志》亡佚部分之缺憾。他广征唐人著述，如《史记·索隐》《史记·正义》《汉书注》《后汉书注》《括地志》(辑佚)、《文选注》《北堂书钞》《北户杂录》《通典》等，也兼采五代及宋人著述，如《新唐书》《旧唐书》《唐会要》《文献通考》《资治通鉴》《玉海》《太平

---

① ［清］周中孚：《郑堂读书记补逸》卷十一，商务印书馆，1940 年。

② ［清］孙星衍：《元和郡县图志序》。［唐］李吉甫撰，贺次君点校：《元和郡县图志》，中华书局，1983 年。

寰宇记》《元丰九域志》等，此外，李吉甫遗文散见于他书者也必在网罗之列。从而可知，补志的史料价值同样是很高的。另有清代著名辑佚家缪荃荪辑有《元和郡县志缺卷逸文》三卷，颇便参读。这与补志的作用有异曲同工之妙，两相参照，可补原书缺文之憾。

《元和郡县图志》一书也是有缺点的。如该书只载地理而不载人物，使后来学者颇感美中不足。如宋代学者乐史撰《太平寰宇记》，虽取法于《元和郡县图志》例，但又兼采《华阳国志》例，编入姓氏人物及地方风俗，并详及人物官爵及诗词杂事等。此外，清代学者洪亮吉在《乾隆府厅州县图志序》中曾指出《元和郡县图志》不当及错误多处。① 尽管如此，《元和郡县图志》仍不失为我国古代志书著作中一部颇负盛名、学术价值很高的总志专著。

第二节　地方性志、图

一、导语

隋代地方上的图经、地图亦有编纂。如《固安图经》《上谷郡图经》《雍州图经》及《岭南地图》，为数不多，且皆散佚。此外，隋代一些重要都邑志也有编纂，属地记之类。如《洛阳古今记》《隋朝洛都记》《东都图记》《益州记》《京师录》等，但皆未能传世。

唐代地方图经的修撰，既详尽又普及。从《太平寰宇记》和《太平御览》诸书中，可知唐代诸道州等皆有图经修撰。远至交趾，也已有图经之修，从唐末崔致远《桂苑笔耕集·补安南录异图记》卷十六“交趾四封，图经详矣”一语可以证实。

清末，于甘肃敦煌石窟中发现开元间所撰《沙州都督府图经》(残本)，乾元间所撰《西州图经》(残本)，为现存最古的图经残卷，二书均藏于巴黎国家图书馆。又《新唐书·艺文志·地理类》(卷五八)曾记孙处玄所纂《润州图经》二

① 详见《洪北江遗集》卷施阁文甲集卷第八，华文书局，1969 年。

十卷。在敦煌石窟还发现有《沙州地志》《伊州地志》残卷，其成书于唐末僖宗光启年间（885—887），所记门类又较图经为富。此外，许敬宗撰《西域图志》、玄奘《大唐西域记》、韦述《两京新记》、韦弘机《东都记》、樊绰《蛮书》，也皆是此期方志佳作。

唐刘恂撰《岭南异录》三卷，为记岭南道地理、物产、风俗之佳作，粤东舆地传世之书以此为最古。

唐贾耽纂有《吐蕃黄河录》四卷（佚）。在获得域外地理知识之后，绘制了《陇右山南图》一轴（佚）。为补图之不足，特纂《陇右山南九州别录》六卷（佚）。

此外，唐元载绘有《河西陇右地形图》及未著撰人《河湟十一州地图》。

唐李璋纂《太原事迹记》十四卷，宋时称《晋阳事迹杂记》，治平中刻印，此为我国见于记载的雕版印刷之最早志书。书至南宋佚。

后晋天福九年（944）修成《寿昌县地境》，至清末于敦煌石窟发现，尚完整无缺。

五代后汉乾祐二年（949），无名氏撰《沙州地志》。

二、志、图举要

《蛮书》（一名《云南记》《南蛮记》《云南史记》）

唐·樊绰撰。

樊绰，唐人。懿宗时，任安南部护经略使蔡袭属吏。后任夔州都督府长史。著《蛮书》。

原书佚。清开四库馆，自《永乐大典》中重新辑录而传世。版本较多，如武英殿聚珍本、闽本、琳琅秘室丛书本、云南备征志本等。

《新唐志》著录为十卷。此书尚有他名，如《宋史·艺文志》称《云南志》，又《南蛮记》十卷。《永乐大典》谓《云南史记》。《四库总目》著录《蛮书》十卷。

此书成于唐咸通初。是作者在唐代袁滋《云南记》、韦齐休《云南行记》基础上加上作者亲历考察而成。

本书内容主要为云南之程途、山川、城镇名号、诸“蛮”族类、六诏始末、风俗、典制、物产等。

司马光《通鉴考异》及《通鉴》载南诏事，程大昌《禹贡图》复引所述澜沧江以证华阳黑水之说，蔡沈《书集传》、宋祁《新史·南蛮传》等皆称引此书。如书中所载贞元十年（794）唐与南诏会盟碑，云南物产、风土、农业、手工业等记载，是研究云南历史文化的重要资料，“实舆志中最古之本”。由此可见其书价值，故《四库总目》云：“盖宋时甚重其书，而自明以来，流传遂绝，虽博雅如杨慎，亦称绰所撰为有录无书，则其书亡佚固已久矣。”

《沙州都督府图经》（一名《沙州志》）（残卷）

唐·佚名纂。

此为现存最古图经残卷，清末于甘肃敦煌石室发现。今藏法国巴黎国家图书馆。《中国地方志联合目录》著录。国家图书馆、北京大学图书馆等多家图书馆有民国二年（1913）影印《鸣沙石室佚书》本、宣统元年（1909）铅印《敦煌石室遗书》本，日本东洋文库有清末刻本。

是书之作，殆在开元、天宝间，记事至开元而止，而不及天宝以后。该图经残卷缺图，或图绘于其首而残缺不见。

唐沙州，辖境相当于今甘肃敦煌及其附近一带。

罗振玉跋是书云：“《沙州志》残卷，首尾缺佚，其存者长不逾三丈，始于水渠，竟于歌谣（笔者按，此残本尚有濠泽堰堤、咸卤、盐池、水、泊、驿、州学、县学、医学、社稷坛、杂神祠、异怪、殿庙、冢、堂、土河、古城、张芝墨池、祥瑞等），叙述详赡，文字尔雅。其所记水渠、泊泽、池堰，如苦水、独利河、兴胡泊及三泽二堰，均不见于他地书，七渠之名，仅都乡渠一见于《使于阗记》，盐池三所，《元和图志》则举其一而遗其二。所记城塞驿路，如汉武之长城旧塞，十九驿之名称建置，均为古今地志之所不及。所记十六国时诸凉遗事，取校崔鸿书，如张体顺之讹张慎，宋承义之误宋承，凉武昭王之庚子纪年直称至五年，非元年，称庚子二年称辛丑，武昭之修塞城，敦煌之献同心梨，系年舛误，均足正明人纂辑两本之讹夺。……”此外，一些地名等内容可订《一统志》孟康注之讹误及《汉志》颜注之讹夺或曲解，于史地之学裨益甚宏。

《西州都督府图经》（一名《西州志残卷》）

此亦为现存最古图经之一，清末于甘肃敦煌石室发现。今藏法国巴黎国家图书馆。《中国地方志联合目录》著录。国家图书馆等多家图书馆有民国二年（1913）影印《鸣沙石室佚书》本及宣统元年（1909）铅印《敦煌石室遗书》本。

作者佚名。该图经残卷缺图，或图绘于首而残缺不见。仅存“寥寥四十余行”。

唐西州，今新疆吐鲁番市。唐贞观十四年至显庆四年（640—659）设安西都护府于此。

据残存文字，所记以道路为多，凡十一条。每条道路首记道路名称，依次记其方位、去向、里程、沿路水草、土质情况、车马人通行情况等；又记“山窟二院”“宁戎窟寺一所”“古塔五区”等事。此书作于乾元以后，贞元以前。

罗振玉跋是书云：“此志首尾均缺，但存中间数十行，审其文乃《西州志》也，以证新旧两唐书地理志多合。惟两志均言西州领县五，旧志为高昌、柳中、蒲昌、天山（《通典》及《寰宇记》无此县，《元和志》有）、交河（此名见柳中注中）。新志则有前庭无高昌，而于前庭注曰本高昌，宝应元年更名（《元和志》作天宝元年更名）。今此卷内所载凡六县，曰高昌，曰前庭，曰柳中，曰蒲昌，曰天山，曰交河。高昌、前庭并载，疑《唐志》及诸地志误也。……”（今按：高昌于唐宝应初改名为前庭）

罗振玉又《跋》云：“案西州本高昌，贞观十四年平高昌，置西州都督府，并置县。天宝元年改交河郡，乾元元年复为西州，至贞元六年陷于吐蕃。大中五年，沙州首领张义潮，以十一州地图献，中有西州。后分三部，曰和州回鹘，曰阿萨兰回鹘，曰高昌，均服属于辽。此唐至五代数百年间，西州之沿革也。”从而可知，该图经可补史之缺，纠史之谬。

《两京新记》

唐·韦述纂。

韦述（？—758），唐雍州万年人。年少举进士。累官集贤院直学士，工部侍郎，右散骑常侍，封方城县候。典掌图书四十年，任史官二十年，藏书二万卷，主撰武德以来国史，撰《两京新记》五卷，曾预修《唐六典》，撰《高宗实录》，参与撰修唐史，著有《唐春秋》《唐职仪》《开元谱》《御史台记》《东封记》《集贤注记》《集贤书目》等。

两京，为西京长安和东京洛阳。《玉海》称韦述《两京记》成于开元十年。

此书残，有《佚存丛书》本、南菁札记本、曹元忠辑本。

此书据《玉海》引书目云，为开元中撰。韦述谓两京创自隋代，至开元百有余年，乃载其废置迁徙之由，两京始于开皇，东都起于大业。

《新唐书·艺文志》《宋史·艺文志》著录五卷。

《太平御览》《太平广记》《玉海》等引之。

《两京新记》佚，仅存第三卷，为日本金泽文库所藏。该卷内容涉及坊寺、宅观、园祠等。

曹元忠辑本，以合《太平御览》《太平广记》《玉海》诸书辑录成帙。

据《玉海》称，宋敏求依韦述例撰汴都事为《东京记》三卷，又以雍洛遗事为《长安志》《河南志》各二十卷，知《长安志》《河南志》即依《两京新志》之例。

《岭表录异》（一名《岭南录异》，又名《岭表录》）

唐·刘恂撰。

据《四库全书总目》云，该书“旧本题唐刘恂撰。宋僧赞宁《笋谱》称恂于唐昭宗朝出为广州司马。官满，以上京扰攘，遂居南海，作《岭表录》”。然四库馆臣考书中所云之后疑其书成于五代之时。

岭表，即岭南，唐贞观初置岭南道，辖七十余州，辖今广东、广西及越南北部一带。

凡三卷。原书佚。《百川学海》《说郛》等本所载皆不全。《四库全书》本据《永乐大典》逐卷裒辑，参以诸书，排比成文，仍成三卷，以复《唐志》之旧。近人鲁迅参阅唐、宋类书所引各条校《四库全书》本，为最完善之本。其后收入《广东地方文献丛书》。从辑本看，该书内容记岭南草、木、鱼、虫、鸟、兽等物产及风俗故事、地理等，以记当时广东事为主。《太平寰宇记》《太平御览》《太平广记》屡有征引，尚多挂漏。《新唐书·艺文志》及《四库全书》等著录。

粤东舆地之书，传世者，以此为最古。《四库全书总目》称其书“记载博赡”，“训诂名义，率多精核”，“历来考据之家，皆资引证。盖不特图经之圭臬，抑亦苍雅之支流，有裨小学，非浅鲜也”。具有较高文献价值。

第三节　边疆域外地志、图籍

一、导语

唐初，由于政治、军事之需要，重视地图的绘制已出现光辉成果。与此同时，唐代也开始注意对邻国、藩属的地图收集。当时的突厥、高丽都曾向唐中央进献过地图。贞观二十年（646），伽没路国向唐王朝进献了异物、地图。显庆三年（658），王玄策再次赴天竺时，以实地见闻编写了《中天竺国行记》十卷、图三卷。已佚，散见于道世撰《法苑珠林》。

此期，域外志、图主要有《西域图记》《大唐西域记》《经行记》《行记》等。此外尚有《西域图志》（佚）等。

二、志、图举要

《西域图记》

隋·裴矩纂。

裴矩（？—627），字弘大。河东闻喜（今属山西）人。历仕北齐、北周、隋。撰《隋大业平陈记》。炀帝时，西域诸蕃与隋互市，监知关市，撰《西域图记》。裴氏从书传及采访中，将西域四十四国地理及风土人情予以记载，绘成彩图，还绘有帝王、庶人仪形服饰图像。

该书凡三卷（佚），约作于605—606年。所载自敦煌通中亚诸国达于西海三道。西海，为当时人对三条路线终点所临的大海之泛称。三道包括北道，其终点为地中海，中道其终点为波斯湾，南道其终点为阿拉伯海。详参《隋书·裴矩传》载《西域图志》序。其中详载三道所经历的国名，基本上反映了该书所涉及的地理范围。可补史籍缺佚。

《大唐西域记》

唐·玄奘口述，辨机编写。

玄奘（602—664），本姓陈，名祎。洛州缑氏（今河南偃师缑氏镇）人。唐高僧，佛教学者，佛教翻译家，唯识宗创始人之一。因国内佛教学说纷歧，难以定论，去天竺（今印度）受学。又游学天竺各地，同学者辩论，名震五竺。归国后，译出经、论七十五部，凡一千三百三十五卷。曾编译《成唯识论》，并撰《大唐西域记》。

该书成于贞观二十年（646），凡十二卷。《郡斋读书志》著录，作玄奘撰。《通志艺文略》分为二书，作《大唐西域记》十二卷，玄奘撰；《西域记》十二卷，辨机撰。《书录解题》作大唐三藏法师玄奘译，大总持寺僧辨机撰。《四库全书总目》著录为十二卷，作唐释玄奘译、辨机撰。内容将其亲历五竺一百余国，得之传闻者三十余国的山川、城邑、物产、习俗、文化、政治、交通均予以载述。其中许多为唐书所不载者，是研究古代中国西北地区以及印度、尼泊尔、巴基斯坦、孟加拉国等国历史地理的重要文献。

《经行记》

唐·杜环纂。

杜环一名杜还。杜环为杜佑（735—812）族子，关于杜环西行，杜佑云："族子环随镇西节度使高仙芝西征，天宝十载（751）至西海。宝应初（762）因贾商船舶自广州而回，著《经行记》。"①

唐天宝十载至宝应元年（751—762），杜环在大食（阿拉伯）留居十余年，归撰《经行记》(佚)，记当时中亚和波斯（今伊朗）、大食、拂林（东罗马）、苫国（今叙利亚）、摩邻（今肯尼亚的马林迪）等处的地理情况。此书为研究西域史地重要著作之一。

第四节　修志理论

此期方志理论较前有长足进展，其中以唐代为盛，以颜师古、李吉甫、权德舆、刘知幾等为主要代表，而刘知幾又为其最著者。

颜师古　(581—645）名籀，唐京兆万年人。经学家，训诂学家，官至中书

① 《通典》卷一九一《边防典》七，中华书局，1988年。

侍郎，撰《急就章法》《汉书注》。颜氏在《汉书·地理志》注中认为方志属于地理范畴，对中古以来方志穿凿附会误导来者进行了尖锐抨击："中古以来，说地理者多矣。或解释经典，或撰述方志。竟为新异，妄有穿凿，安处互会，颇失其真。后之学者，因而祖述，曾不考其谬论，莫能寻其根本。"

李吉甫　在《元和郡县图志序》中，强调地志图经的重要价值，认为"成当今之务，树将来之势，则莫若版图地理之为切也"，把志书地位置于如此高度，在我国方志理论史上还是首次。李氏认为，古往今来的地理学著作，弊端甚多，不切实用，"或搜古而略今""多传疑而失实""流于异端""莫切根要"，尤于"丘壤山川、攻守利害，本于地理者，皆略而不书"。如此"将何以佐明王，扼天下之吭，制群生之命"？从而可知，李吉甫撰述志书从根本上是为了巩固唐王朝统治。李吉甫对修志、撰志的见解和实践，表达了他对志书历史地位、作用和宗旨的深刻认识。

权德舆　（759—818）字载之，唐天水略阳（今甘肃秦阳）人。累官至礼部尚书同平章事。著《权载之文集》。

权氏为贾耽《贞元十道录》所写的《序》中强调了编写志书的重大意义在于"盖体国驭远，不出户而知天下，亲百姓，抚四夷。真宰相之事也"①。还认为贾耽《贞元十道录》如同《夏书·禹贡》《周礼·职方》《汉志·地理》等书皆属地理性质。

刘知幾　（661—721）字子玄，彭城（今江苏徐州）人。唐代史学家，永隆进士。武则天时，历任著作郎、左史等职，兼修国史。中宗时参与编修《则天皇后实录》。在预修国史时，因与同行意见不合，"退而私撰《史通》"四十九篇，讥评古今，以抒己见。他是我国历史上第一位史学批评家。

刘知幾把全部史籍别为"正史"与"杂史"。在论及"正史"以外的"杂著"时说："史氏流别，殊途并骛、榷而为论，其流有十焉：一曰偏记，二曰小录，三曰逸事，四曰琐言，五曰郡书，六曰家史，七曰别传，八曰杂记，九曰地里书，十曰都邑簿。"② 他把属于方志范畴的郡书、家谱、地理、都邑薄等书统归为史学之流别，强调了方志属史论观点。他认为治史者对正史与杂史应并用互参不

① 《权载之文集》卷三十五，上海商务印书馆（影印本），1936 年。

② 《史通·杂述篇》，《史通通释　文史通义（合一册）》，国学整理出版社，1935 年。

可偏废，否则难期全面。二者各有优缺点。如在其《杂述篇》中，认为郡书记地方人物，且仅录其乡贤，故其所录人物或不见于正史，或即见正史而不详。“若圈称《陈留耆旧》，周斐《汝南先贤》，陈寿《益部耆旧》，虞预《会稽典录》，此之谓郡书也。”又说：“郡书者，矜其乡贤，美其邦族，施于本国，颇得流行，置于他方，罕闻爱异，其有如常璩之详审，刘昺之该博，而能传诸不朽，见美来裔者，盖无几焉。”“地里书者，若朱赣所采，浃于九州，阚骃所书，殚于四国。斯则言皆雅正，事无偏党者矣。其有异于此者，则人自以为乐土，家自以为名都，竞美所居，谈过其实，又城池旧迹，山水得名，皆传诸委巷，用为故实，鄙哉!”“都邑薄者，如宫阙陵庙、街廛、郭邑，辨其规模，明其制度，斯则可矣，及愚者为之，则烦而且滥，博而无限，论榱栋则尺寸皆书，记草木则根株必数，务求详审，持此为能。遂使学者观之，瞀乱而难纪也。”

编史修志，叙事最为重要。刘知幾在《史通·叙事篇》中说：“国史之美者，以叙事为工；而叙事之工者，以简要为主。”所以“简要”乃是编史修志叙事特点之一。但他强调叙事必须真切，“良史以实录直书为贵”①，否则就失去了叙事意义。

刘知幾强调编史修志者应具“三长”素质②，即“史才”（治史才干）、“史学”（历史知识）和“史识”（批判历史的立场、观点）。三者中尤以史识为要。所论殊为精辟。

第五节　小结

隋代是我国官修总志著作盛行时期，并出现了卷帙浩繁的总志著作，开了后世一统志规模之先河。

唐承隋业，在志书编纂和地图绘制方面又向前跨进了一大步，并已形成制度。

---

① 《史通·惑经》，《史通通释　文史通义（合一册）》，国学整理出版社，1935 年。

② 《唐会要》卷六三，中华书局，1955 年。《旧唐书》本传，中华书局，1997 年。

图经之名，始于汉代，至魏晋南北朝时式微，至隋唐，图经、图志以及地理记重新获得发展，显然与隋唐最高统治者大力提倡有关。究其原因，则与当时地图绘制水平大幅提高和广泛应用有关。地图与文字紧密结合的图经形态较之单一的地图或文字形态，不仅内容更加充实，信息量更大，而且直观效果更是单一文字形态表述所不能相比的。此期域外地志以《大唐西域记》为最著。

此期方志理论已有显著进展。唐代刘知幾视方志为史，方志的地位和价值得到提升。其所论系统全面且确凿有据，在我国方志批评史上具有里程碑意义。

第六章　两宋时期

第一节　总志、图

一、导语

宋代建国，便重视图经的编纂，据《续资治通鉴长编》（卷十二）载："开宝四年（971）正月戊午，知制诰卢多逊等重修天下图经。"《长编》（卷十四）开宝六年（973）四月条又云：朝廷委派卢多逊出使江南，征求当地诸州图经，以备修书，"于是江南十九州之形势，屯戍远近，户口多寡，多逊尽得之矣"。

开宝八年（975），宋准受诏修订《开宝诸道图经》。①

由此可见，赵宋王朝自开国伊始，就对图经的编纂十分重视，其程度已逾唐代，这对宋代整个历史时期志书的发展起到了推动作用。

太平兴国元年（976），至雍熙元年（984），乐史纂成《太平寰宇记》二百卷。此书属全国性总志，内容增加人物艺文诸方面，"于是为州县志书之滥觞"。志书内容更加丰富、详备。

淳化四年（993），宋太宗下令诸州图经二闰一送中央。

咸平四年（1001），真宗下令诸州图经十年一造送中央。真宗景德元年（1004）与契丹缔结"澶渊之盟"后，由于军事上需要明了地方情况，也很重视

① 《宋史·宋准传》，中华书局，1973 年。

图经之编修，如景德四年（1007）皇帝巡幸西京时，令邢昺等修沿途地理。

《玉海》十四《祥符州县图经》条云：“景德四年（1007）二月庚辰，真宗因览《西京图经》有所未备，诏诸路州府军监，以图经校勘，编入古迹，选文学之官，纂修校正，补其阙略来上，及诸路以图经献，诏知制诰孙仅，待制戚纶，直集贤院王随，评事宋绶、邵焕校定。仅等以其体例不一，遂加例重修。命翰林学士李宗谔、知制诰王曾领其事，又增张知白、晏殊，又择选人李垂、韩羲等六人参其事……三年十二月丁巳，书成，凡一千五百六十六卷（目录二卷）。宗谔等上之，诏嘉奖。”此系诸路府州军监及诸县所上图经汇编而成，由是图经大备。

当时全国府、州、军、监的总数为四百二十一，故平均每一府、州、军、监约得四卷，已较唐代地方图经平均篇幅多出一倍以上。①

这说明北宋图经，不仅在数量上超越前代，而且图经编纂在北宋成为主流。而定型方志在北宋较为鲜见。

元丰三年（1080），王存撰成《元丰九域志》十卷。今按，《九域志》是王存等参照王曾、李宗谔所修《九域图》重修而成。此书不绘地形图，故改称志，说明图经向方志过渡已从北宋末年开始。

该志六年闰三月付刻，八年八月颁行，记各府、州、军、监的建置沿革及等级、四至八到、户口、土产、乡镇等。但此书简略，其后乃有《新定九域志》《圣朝郡县志》《皇祐方域图志》以及《元丰郡县志》等编纂。②

宋徽宗大观元年（1107），中央设立九域图志局，主管全国纂修图经事宜，“命所在州郡，编纂图经”（黄鼎《乾道四明图经序》）。此为朝廷专门设立的中央修志机构。

政和六年至七年（1116—1117），欧阳忞撰成《舆地广记》三十八卷，是北宋著名地理总志。

宝庆三年（1227），王象之撰成《舆地纪胜》二百卷，为南宋地理总志。

王希先撰成《皇朝方舆志》二百卷（佚）。

宋理宗时，祝穆撰《方舆胜览》七十卷，吕午于嘉熙三年（1239）为之序。

宋初，在平定各割据王国之后，“尽收其图籍，惟蜀、江南最多，凡得蜀书

---

① 陈正祥：《方志的地理学价值》，见其撰《中国文化地理》，生活·读书·新知三联书店，1983 年。
② ［南宋］王应麟：《玉海》卷十五《元丰郡县志》条，江苏古籍出版社（影印本），1987 年。

一万三千卷，江南书二万余卷"①。有的书上说："就金陵籍其图书，得六万余卷。"② 其后，政府又下令地方州县每三年向中央造送地图一次。"有司上诸州所贡闰年图，故事，每三年一令天下贡地图与版籍，皆上尚书省。国初以闰为限，所以周知山川之险易，户口之众寡也。"③ 宋王朝中央依据各地之图编制全国地图，首先完成的全国地图是淳化四年（993）绘制的《淳化天下图》，"令画工集诸州图，用绢百匹，合而画之，为天下之图，藏秘府"④。此后完成了《九域图》（祥符初）、《天下州府军监县镇地图》以及沈括绘制《天下州县图》（又名《守令图》）等。

全国总图还有《华夷图》《禹迹图》及今藏于日本京都东福寺塔头栗棘庵的《舆地图》等十余种。此外，今藏于国家图书馆的杨甲《六经图》是我国现存最早的木刻印刷纸质地图。

二、志、图举要

《太平寰宇记》

北宋·乐史纂。

乐史（930—1007），字子正，宜黄人。太平兴国进士，官著作郎直史馆，转太常博士，知舒州，撰《太平寰宇记》二百卷。又著《总记传》三十卷，《坐知天下记》及《掌上华夷图》等，今不传。《太平寰宇记》始作于太平兴国四年（979），其疆域、政区、沿革均断限于雍熙四年（987）。

书今存，《宋史·艺文志》《通志·艺文略》著录为二百卷，《四库全书总目》著录为一百九十三卷。有江西乐氏刻本、万廷兰刻本、江宁局本。原书凡二百卷，今本佚去八卷，《古逸丛书》刊有杨守敬自日本国辑回所缺五卷半。

该书始于东京终于"四夷"。府州排列以当时所划分十三道为准。乐史以贾耽《十道志》、李吉甫《元和郡县志》之旧概列其名，增以风俗、姓氏、艺文、土产、四夷等内容，并因人物而详及官爵及诗词杂事。该书考订精详，卷帙浩繁，内容详赡，是研究历史人文、自然地理的宝贵资料。

① 《续资治通鉴长编》卷十九，中华书局，2004年。
② 《景定建康志》卷三十三《文籍志》，清嘉庆六年（1801）金陵孙忠愍祠刻本。
③ 《续资治通鉴长编》卷十八，中华书局，2004年。
④ 《宋会要辑稿·职官》，中华书局，1957年。

《四库全书总目》六十八评乐史此书云："史进书序议贾耽，李吉甫为漏阙，故其书采摭繁富，惟取赅博，于列朝人物，一一并登，至于题咏古迹，若张祜[①]《金山诗》之类，亦皆并录。后来方志，必列人物、艺文者，其体皆始于史，盖地理之书，记载至是书而始详，体例亦自是而大变……"考其内容体例，乐史参用了《华阳国志》和《元和郡县志》例。

《祥符州县图经》

北宋·李宗谔、王曾纂。

李宗谔（964—1012），河北饶阳人。字昌武，官起居舍人，迁知制诰，判集贤院，拜右谏议大夫。著有《文集》六十卷、《内外制》三十卷等。除主修《祥符州县图经》外，还参与多种地方图经的编纂。

王曾，字孝先，益都人。秘书省著作郎，直史馆，迁知制诰，拜右仆射，兼门下侍郎平章事。

书佚。

此书汇集各州县图经集编而成。景德四年（1007），宋真宗因览《西京图经》，有所未备，诏重修诸路图经，李宗谔等领其事，大中祥符三年（1010），书成。凡一千五百六十六卷，目录二卷，宗谔奏上。诏嘉奖。命宗谔为之序。祥符四年、六年续修。于是北宋各地图经大备。

该书内容多记各州郡建置沿革、疆域、道里、土地、山川、风俗、形胜、物产、古迹、艺文、人物等，内容广博，为北宋图经集大成之作。

《宋史·艺文志》著录李宗谔《图经》为九十八卷，又《图经》七十七卷。为纂修《宋史》者当时所见存之卷数，实为残剩之本。

《元丰九域志》

北宋·王存纂。

王存（1023—1101），字敬仲，北宋丹阳人，官至尚书左丞。熙宁八年（1075），由于政区变迁等原因，原先修成的《九域图》已不敷用。神宗命王存重修《九域图》，元丰三年（1080）修成《元丰九域志》。

书今存。《宋史·艺文志》《通志·艺文略》《四库全书总目》著录为十卷。有武英殿聚珍本、闽刊本、冯集梧刻本、江宁局本、广州局本。

---

① 张祜，清河人，唐代诗人，以宫词得名。有《张处士诗集》。

凡十卷。书始修于宋熙宁八年（1075），元丰三年（1080）书成，后又修订，元祐元年（1086）刊刻，体例沿用唐《十道图》和宋《九域图》。然此书又无图，故名曰志，元丰八年（1085）颁布，故名。

此书“凡一州之内，首叙州封，次及旁郡，彼此互举，弗相混淆。总二十三路，京府四，次府十，州二百四十二，军三十七，监四，县一千二百三十五，离为十卷，文直事核，欲使览者易知”①。

卷一：四京（东京、西京、南京、北京）、京东路（东路、西路）、京西路（南路、北路）；卷二：河北路（东路、西路）；卷三：陕西路（永兴军路、秦凤路）；卷四：河东路；卷五：淮南路（东路、西路）、两浙路；卷六：江南路（东路、西路）、荆湖路（南路、北路）；卷七：成都府路、梓州路；卷八：利州路、夔州路；卷九：福建路、广南路（东路、西路）；卷十：省废州军、化外州、羁縻州。

此书特点为：“凡州县皆依路分隶，首具赤、畿、望、紧、上、中、下之名，次列地里，次列户口，次列土贡，每县下又详载乡镇，而名山大川之目，亦并见焉，其于距京距府，旁郡交错，四至八到之数，缕析最详，深得古人辨方经野之意，叙次亦简洁有法。赵与时《宾退录》尤称其土贡一门，备载贡物之额数，足资考核，为诸志之所不及。”② 总之，“于地理、户口、土贡以及州县之等第，无不备载，叙述简括，条理井然。而体例介于元和、太平二志，宜最为当时所重也”③。上述评论，颇中肯綮。

《舆地广记》

北宋·欧阳忞纂。

欧阳忞，庐陵人，欧阳修从孙。

其书成于北宋政和年间，《宋史·艺文志》《四库总目》著录为三十八卷。书今存。有武英殿聚珍本、江宁局本、广州局本、闽刊本、士礼居仿宋刊本等。

此书前三卷内容，自尧舜至五代，疆域大略，而系以宋郡县名；第四卷则专载宋郡县名，以当目录；五卷以后，依元丰时四京二十三路分区，分述郡县沿革离合，其化外州，虽非宋代所有，如燕云十六州之类者，亦附各道之末，亦足资

---

① ［北宋］王存撰《元丰九域志》表，中华书局，1984 年。

② 《钦定四库全书总目》卷六十八，中华书局，1997 年。

③ ［清］周中孚《跋》是书语。《郑堂读书记补逸》十一，商务印书馆，1940 年。

考证。

《四库全书总目》六十八谓其书：“虽其时土宇狭隘，不足括舆地之全，而端委详明，较易寻览，亦舆地中之佳本也。”

《舆地纪胜》

南宋·王象之纂。

王象之，字仪父，婺州金华人。官长宁军文学，知分宁、江宁县。绘有《舆地图》十六卷，撰《舆地纪胜》。金毓黻认为：“王象之更取李（吉甫）乐（史）二书，及王存《九域志》之纪名胜古迹者，别为《舆地纪胜》二百卷。又就宋人诗集中之咏名胜古迹者附益之……元代修大一统志，所录李、乐诸氏之记载，多自是书间接迻录，试取残本证之可知吾说不谬。”①

《舆地纪胜》凡二百卷，约于宝庆三年（1227）成书。《四库未收书目提要》著录为二百卷。此书原著佚去三十一卷，又有缺页之卷十六页。有粤雅堂刻本及广陵岑氏惧盈斋刻本。

撰写此书目的，考之王象之序其书可明，王氏以为以往诸舆地之书虽多，“然不过辨古今，析同异，考山川之形势，稽南北之离合，资游谈而夸辨博，则有之矣。至若收拾山川之精华，以借助于笔端，取之无尽，用之不竭，使骚人才士，于一寓目之顷，而山川俱若效奇于左右，则未见其书，此《纪胜》之编，所以不得不作也”。可见作者撰是书旨在再现天下郡县山川之精华，使文人骚士借助笔端，起到启迪其创作灵感之奇效。这一出发点，的确异乎往常，难能可贵了。与王象之同时的李埴最能了解王氏著书真谛，李氏序是书云：“余告之曰，昔昌黎韩公南迁过韶州，先从张使君借图经，其诗曰：‘曲江山水闻来久，恐不知名访倍难，愿借图经将入界，亦逢佳处便开看。’然则天下郡县山川之精华，是真名人志士汲汲所欲知也。然所在图经，类多疏略舛讹，失之鄙野多矣。”又云：《纪胜》一书“使人一读，便如身到其地，其土俗人才，城郭民人，与夫风景之美丽，名物之繁缛，历代方言之诡异，故老传记之放纷，不出户庭，皆坐而得之”。

本书分述当时一百六十六府、州、军监、府县沿革及风俗形胜、景物、古迹、官吏、人物、仙释、碑证、诗、四六等门目。此书所载，皆南宋疆域，为宝

① 金毓黻：《中国史学史》，上海商务印书馆，1946 年。

庆以前沿革，详赡分明，叙事得法，颇有补于史事。

《方舆胜览》

南宋·祝穆纂。

祝穆，字和甫，歙人，迪功郎，兴化军涵江书院山长。撰《方舆胜览》。

《四库总目》著录为七十卷，今存。宋刻本。成书于理宗时。书前有嘉熙三年（1239）吕午序。

所记分十七路，所属府、州、军各分隶于下，以行在所临安府为首，所述者唯南渡疆域。记载南宋各路所属府、县情况，如郡名、风俗、形胜、土产、山川、学馆、堂院、亭台、楼阁、轩榭、馆驿、桥梁、寺观、祠墓、古迹、名宦以及人物、名贤、题咏、四六等。

其体例，凡建置沿革、疆域、道里、田赋、户口、关塞、险要，其他志乘所详者，本书皆在所略，唯于名胜古迹多所胪列，而诗赋序记所载独备，盖为登临题咏而设，不为考证而设，名为地记，实则类书，采摭颇富，虽无裨于掌故，而有益于文章。[①] 该书于南宋名胜古迹、诗赋题咏等甚富，具有重要价值。

《华夷图》

绘制人待考。

我国传世的石刻地图。以陕西省博物馆的《华夷图》和《禹迹图》的制作年代为最早。两图刻在同一石碑的正背面。

《华夷图》在南宋绍兴六年（1136）下半年刻石。石刻长宽各三尺四寸二（1.14 米）。绘制人待考。

《华夷图》以唐贾耽《海内华夷图》为底本，经过简缩改绘而成。改绘时间约在北宋末。此图不画方格。四周中间标有东西南北方位，它是以中国为中心兼记亚洲四邻国家的地图，邻国用文字表示而不用图。图内一些山河及各府州位置标注较确。长城符号为后人仿用。缺点是海岸轮廓及海南岛轮廓失真。

《禹迹图》

绘制人待考。

采用“计里画方”法绘制，横方 70，竖方 73，总计 5110 方，每方折地百里。海岸轮廓、河流位置和形状较《华夷图》更为接近实际，该图依据唐贾耽《海内

① 略本《钦定四库全书总目》卷六十八，《方舆胜览》条，中华书局，1997 年。

华夷图》中《禹贡》九州内容缩制。此图在当时远远优于西欧地图。

《禹迹图》上约有380个行政区名，注名河流近80条、山脉70余座、湖泊5个。

《禹迹图》绘制于1081—1094年间。于南宋绍兴六年（1136）四月刻石。石刻长宽各三尺四寸二（1.14米）。

第二节　地方性志、图

一、导语

两宋时，由于州县等行政区划之改废、户口赋税之增减以及河川道路之变迁等原因，图经经常重修，宋人所修各路图经甚多，《通志·艺文略·图经》（卷六六）所载各图经，计有《京东路图经》九十八卷；《京西路图经》四十六卷；《河北路图经》一百六十一卷；《陕西路图经》八十四卷；《河东路图经》一百一十四卷；《淮南路图经》九十卷；《江南路图经》一百一十四卷；《两浙路图经》九十五卷；《荆湖南路图经》三十九卷；《荆湖北路图经》六十三卷；《川陕路图经》三十卷；《益州路图经》八十一卷；《利州路图经》六十三卷；《夔州路图经》五十二卷；《梓州路图经》六十九卷；《广东路图经》五十七卷；《广西路图经》一百〇六卷；《福建路图经》五十三卷；《开封府图经》十八卷。当时十八路一府合计有图经一千四百三十三卷。

宝元二年（1039）始，宋敏求纂《河南志》为著名方志，惜已失传，有刊本。熙宁七年（1074）赵抃纂《成都古今集记》。熙宁九年，宋敏求撰成《长安志》二十卷，是为名志。元丰三年（1080），吕大防成《长安图记》。元丰六年，宋氏后人刊刻宋敏求《河南志》，司马光作序，序中论及方志源流、功用、性质等。① 元丰七年，朱长文撰《吴郡图经续记》，是著名志书。

南宋偏安东南，所修方志局限于淮河以南地区，重经不重图。南宋高宗绍兴

① 参张国淦《中国古方志考》，《河南志》条，中华书局，1962年。

九年（1139）董弅创成《严州图经》八卷，又称《新定志》[1]。淳熙年间陈公亮重修，刘文富纂。南宋图经改名地方志，此书具有代表性。图经之名至南宋，成为地方志之通称。此后有些志书仍以图经、图志称，考其体例内容与方志无异。

这些图经演变为地方志的例证，说明隋唐北宋以来的图经到了南宋时，已经完成了向地方志的过渡。此后各级志书中，一般卷首都有地图，与以往图经之图颇有渊源关系。

绍兴十七年（1147），孟元老等撰《东京梦华录》，为早期开封都邑志书。

绍兴二十四年（1154），吴自牧撰《梦粱录》，为早期杭州地方志书。约在隆兴元年（1163），程大昌撰《雍录》；乾道五年（1169），张津撰《四明图经》；同年，周淙纂成《乾道临安志》；淳熙二年（1175），范成大撰《桂海虞衡志》；同年，赵不悔修、罗愿纂《新安志》，是为名志，为南宋定型方志承上启下的典型代表作；淳熙四年（1177），范成大纂《成都古今丙记》。

志书功能具有实际参考应用价值，地方官一到任，常急于找方志来看，借此了解当地情况。南宋朱熹于淳熙六年（1179）出知南康军，一到任就要看郡志。有的甚至在赴任途中，便接到当地图经了，“莱公晚窜海康，至境首，雷吏呈图经，迎拜于道”[2]。

淳熙九年（1182），梁克家纂《三山志》，是为名志。

绍熙二年（1191），范成大纂《吴郡志》，是为著名方志。

绍熙四年（1193），杨潜纂《云间志》。

庆元间（1195—1200），孙应时纂《重修琴川志》，宝祐间（1253—1258）鲍廉增补，元至正二十三年（1363）卢镇续修，是为名志。嘉泰元年（1201），沈作宾等修、施宿纂《嘉泰会稽志》，陆游作序。

嘉定六年（1213），史弥坚修、卢宪纂《镇江志》。

嘉定七年（1214），史安之修、高似孙纂《剡录》，亦为名志。

嘉定十六年（1223），陈耆卿纂《赤城志》。

宝庆四年（1228），胡矩修、罗浚纂《宝庆四明志》。

---

① 严州曾为新定郡，故王象之《舆地纪胜》、陈振孙《直斋书录解题》、马端临《文献通考》等皆称其为《新定志》。

② ［北宋］文莹：《湘山野录》卷上，中华书局，1984年。

宝祐五年（1257），常棠《澉水志》付印，此为最早镇志。

景定二年（1261），马光祖修、周应合纂《景定建康志》五十卷成书。是为著名志书。其中周应合撰有修志本末，涉及方志理论。

咸淳四年（1268），潜说友纂《咸淳临安志》百卷，为著名方志。

此外，宋洪皓撰《松漠纪闻》，为研究东北地志专著。

宋代修志发达，在名称方面已是志、图经和图志并行，其卷首未必一律有图，但其称图经与图志者，大抵均有舆图。陈正祥氏曾分类统计，宋代方志中，以志为名者计 383 种，以图经为名者 176 种，此外尚有记 82 种，图志 22 种，全部约有 800 种。[①] 大多数图经方志和地记内容，除含沿革、四至、疆域、城郭、户口、坊市、乡村、山川、桥梁、津渡、堰闸、铺驿、土户、学校、风俗外，尚有公廨、仓库、贡赋、课利、革兵、祥异、杂记、郡守、县令以及进士科举等项，较唐代图经方志内容更见广泛。如果说自汉至唐，我国志书内容所述多不出地理范围，那么降至宋代，则扩展到人文历史方面。并注意户口、赋税等目，人物与艺文在宋代志书中逐渐占重要位置。志书体例至宋代而大备。

宋代志书之修，从时代看，南宋多于北宋；从地区上看，南方多于北方，现存北宋方志仅朱长文《吴郡图经续记》及宋敏求《长安志》二种，其余俱佚于南渡之后。此现象有其历史原因，也正是与当时的政治经济情况相适应，因为南宋在金元的压迫下，偏安于东南，南宋统治者原先在北宋为官，现在为加强对南方的统治与掠夺，就需要借助地方志来明了各地具体情况，所以在官方的关注下，地方志的撰修颇为兴盛。

以上列举诸志，堪称名志，也是能流传至今的原因。章学诚颇推重罗愿《新安志》和范成大《吴郡志》，以为“罗志意存著述，范志笔具剪裁”，“罗志芜而不精，范志短而不详”。[②] 这种评价是比较合乎实际的。

宋代出现了许多州县记及风土记，如王权《汴州记》、宋敏求《东京记》、吴机《吉州记》、范致明《岳阳风土记》、王隐琏《鄱阳县记》、王中行《潮州记》、林世程《闽中记》、郑熊《番禺杂记》、田渭《辰州风土记》、柳拱辰《永州风土记》、胡融《宁海土风志》、宋祁《寿州风俗记》等与方志雏形地记相类。

---

① 陈正祥：《方志的地理学价值》，载《中国文化地理》，生活·读书·新知三联书店，1983 年。

② 《章学诚遗书》卷十四《为张吉甫司马撰大名县志序》，文物出版社，1985 年。

宋代地方舆图绘制较盛，所传世的如《平江图》，是我国最好的早期城市平面图（平江府今苏州市）。此外，如《桂州城图》，是我国迄今所见最大的城市平面图，高 3.4 米，宽 3 米。

二、志、图举要

《河南志》

北宋・宋敏求纂。

宋敏求（1019—1079），字次道，赵州平棘（今河北赵县）人，赐进士及第，任馆阁校勘。出知亳州，治平中，召为仁宗实录检讨官，同修起居注，知制诰，判太常寺，龙图阁直学士。嗜学，喜著书，为《唐书仁宗实录》《国史会要》《集注史记》等，编辑《唐大诏令集》，笔记《春明退朝录》多记掌故。纂《河南志》《长安志》等。

书佚。今有《〈永乐大典〉方志辑本》、灵岩山馆辑本、缪荃孙《藕香零拾》本等。《中国地方志联合目录》著录为不分卷。国家图书馆有全唐文纂修馆抄本。

北宋河南府，又号西京，治今河南洛阳市东，领县数十。

《宋史・艺文志》《郡斋读书志》《文渊阁书目》皆著录为二十卷。

宋敏求以唐韦述《两京记》为未备，重新缀集，成《长安》《河南》志，司马光为之序。

据缪荃孙辑本，凡四卷八目：卷一，京城门坊街隅古迹；卷二，成周城阙宫殿古迹、后汉城阙宫殿古迹、晋城阙宫殿古迹；卷三，后魏城阙古迹、隋城阙古迹；卷四，唐城阙古迹、宋城阙古迹，卷首有图五幅，即东汉东都城图、魏金墉城图、后魏洛阳宫城图、西晋洛阳京城图、宋西京城图。此志间有元代资料，非宋书原版。

《河南志》记洛阳废兴迁徙，宫室、城郭、坊市、第舍、县镇、乡里、山川、津梁、亭驿、庙寺、陵墓等，古贤人物、守官、花卉等无不备载。司马光赞曰：“考诸韦《记》，其详不啻十余倍，开编粲然，如指诸掌，真博物之书也。”①

---

① ［北宋］司马光：《司马光集》第三册，卷六十五《河南志序》，四川大学出版社，2010 年。

《长安志》

北宋·宋敏求纂。①

《长安志》二十卷，今存明嘉靖刻本、经训堂丛书本、光绪王先谦刻本。

书前有宋熙宁九年（1076），赵彦若序。卷一：总序、分野、土产、土贡、风俗、四至、管县、户口、杂制；卷二：雍州、京都、京兆尹、府县官；卷三至卷六：宫室一至四；卷七：唐皇城、唐京城一；卷八至十：唐京城二至四；卷十一：县一，万年；卷十二：县二，长安；卷十三：县三，咸阳；卷十四：县四，兴平、武功；卷十五：县五，临潼、鄠县；卷十六：县六，蓝田、醴泉；卷十七：县七，栎阳、泾阳、高陵、乾祐、渭南；卷十八：县八，蒲城、周至；卷十九：县九，奉天、好畤、华原、富平；卷二十：县十，三原、云阳、同官、美原。

《长安志》“皆考订长安古迹，以唐韦述《两京记》疏略不备，因更博采群籍，参校成书。凡城郭、官府、山川、道里、津梁、邮驿，以至风俗、物产、宫室、寺院，纤悉毕具。其坊市曲折，及唐盛时士大夫第宅所在，皆一一能举其处……此志精博宏赡，旧都遗事，借以获传，实非他地志所能及”②。

《宋史·艺文志》著录为一十卷。《四库总目》著录为二十卷。《中国地方志联合目录》著录有两种本子：一为熙宁《长安志》二十卷，图三卷本，宋敏求纂，李好文绘图。此本为熙宁九年（1076）修，明成化四年（1468）郃阳书堂刻本，国家图书馆有此本。此外，多家图书馆尚有嘉靖十年（1531）李经刻本、乾隆四十三年（1778）吴氏古欢堂抄本、清抄本及《四库全书》本等。二为熙宁《长安志》二十卷，图三卷本，宋敏求纂，李好文绘，毕沅校。此本有乾隆四十九年（1784）镇洋毕氏灵岩山馆刻《经训堂丛书》本，国家图书馆、北京大学图书馆、上海图书馆等多家图书馆有此本。此外，尚有光绪十三年（1887）影印《经训堂丛书》本，光绪十七年（1891）重刻灵岩山馆刻本及民国二十年（1931）铅印本等。

后人取吕大防《长安图记》附于《长安志》后，其后或有附益者，往往不与志合。元李好文以吕大防《长安图记》为蓝本，芟伪补订，又以汉之三辅及元奉

---

① 宋敏求小传见本书《河南志》。

② 《钦定四库全书总目》卷七十，中华书局，1997年。

元所属者附入，总为图二十二，而成《长安志图》。

《长安图记》

北宋·吕大防纂。

吕大防（1027—1097），字微仲，居汲郡，后迁居京兆蓝田。官至尚书左仆射兼门下侍郎。修《神宗实录》，撰《长安图记》一卷。

长安，宋京兆府治。

本书成于元丰三年（1080），后人取此书附刻于宋敏求《长安志》后，元李好文据吕书绘成汉唐城市宫坊等图，即《长安志图》。此书今存。

此书对宋敏求《长安志》有增补，是研究隋唐长安都城、坊市、街巷、宫廷、古迹、寺观等的重要图籍。

《吴郡图经续记》

北宋·朱长文纂。

朱长文（1041—1100），字伯原，号乐圃，江苏吴县人。嘉祐四年（1059）进士，任本州教授，绍圣间除秘书省正字。著有《六经辨说》《墨池编》《修堂志》《乐圃余稿》等。

北宋吴郡，宋时平江府，辖境约今江苏省苏州地区。此书为北宋《大中祥符（苏州）图经》之续作，故名。

元丰七年（1084）纂《吴郡图经续记》三卷，此书今存。北宋元祐元年（1086）常安民、元祐七年（1092）林虙、元符二年（1099）祝安上、绍兴四年（1134）孙佑先后为此书作序。

版本有宋刊本、明万历二年（1574）长洲钱氏悬磬室刻本、同治十二年（1873）江苏书局刻本、民国十三年（1924）乌程蒋氏密韵楼影宋刻本、学津讨原本、琳琅秘室本、得月簃本、榕园本等。

卷首有作者自序及目录，上卷有封域、城邑、户口、坊市、物产、风俗、门名、学校、州宅、南园、仓务、海道、亭馆、牧守、人物；中卷有桥梁、祠庙、宫观、寺院、山、水；下卷有治水、往迹、园第、冢墓、碑碣、事志、杂录及后序。此记为吴郡古今诸事之总集，内容宏博，分门别类。

《宋史·艺文志》《遂初堂书目地理类》《直斋书录解题》《文献通考·经籍考》《四库全书总目》《中国地方志联合目录》等皆著录为三卷。台湾有元丰七年（1084）修，绍兴四年（1134）苏州官刻本。此外，多家图书馆尚有明嘉靖、万历，清乾隆、嘉庆、咸丰、同治、光绪以及民国等多种版本及抄本。

《四库全书总目》称此书："州郡志书，五代以前无闻，北宋以来，未有古于《长安志》及是记者矣。"又云："征引博而叙述简，文章尔雅，犹有古人之风。"

朱长文在序言之始首先提出了方志学的概念："方志之学，先儒所重，故朱赣风俗之条，顾野王舆地之记，贾耽十道之录，称于前史，盖圣贤不出户知天下，矧居是邦而可懵于古今哉。"方志所以成为专学，已为前史所称，并道出了方志之学之价值、功能。这是前无古人的。

《严州图经》

南宋·董弅纂。

董弅，字令升，东平人，绍兴七年（1137）知严州。

宋严州，今浙江建德市，曾为新定郡。

《严州图经》八卷。

《宋史·艺文志》《文献通考》《嘉靖浙江通志·经籍考》称《严州图经》。《舆地纪胜》《直斋书录解题》、景定《新定续志》皆称《新定志》。《中国地方志联合目录》著录为八卷。南京图书馆有绍兴九年（1139）修，淳熙十二年（1185）重修，清丁氏八千卷按影宋抄本。上海图书馆有清抄本。浙江图书馆有《四库全书》本，北京大学图书馆有清光绪二十二年（1896）《渐西村舍汇刊》本和《丛书集成初编》本。

《纪胜》《淳熙严州图经》《大明一统志》俱引之。

淳熙甲辰（1184），此书由陈公亮重修，刘文富纂。陈公亮以朝请郎，淳熙十一年（1184）权知严州。刘文富，迪功郎，淳熙十年（1183）知严州。

书残存。有渐西村舍刊本存卷一至三，及张氏《〈永乐大典〉方志辑本》。

本书卷首无目录，张国淦据卷内查录，其目为：太宗皇帝初领防御使诏、太上皇帝初授节度使制、敕书、节度使榜、序、旧序、图（含子城图、建德府内外城图、府境总图及建德、淳安、桐庐、遂安、寿昌、分水诸县境图）。卷一：严州历代沿革、分野、风俗、州境、城社、户口、学校、廨舍、馆驿、仓场库务、军营、坊市、桥梁、沟渠、物产、土贡、税赋、课利、寺观、祠庙、古迹、贤牧、学校、登科记、人物、碑碣；卷二：建德县历代沿革、县境、社、乡里、户口、工廨舍、知县题名、馆驿、土贡、税赋、课利、寺观、祠庙、山、水、古迹、贤令、人物、碑碣、坟墓；卷三：淳安县历代沿革、县境、城社、乡里、户口、学校、廨舍、馆驿、仓务、土贡、税赋、课利、寺观、祠庙、山、水、古迹等。①

今按，此图经残卷仅存三卷，即严州、建德县、淳安县；桐庐、遂安、寿昌、分水诸县亡佚。

从其体例内容看，名为图经，实备方志之体。

从《严州图经》亦称《新定志》看，不仅名称改变，且内容、体例实与方志无异。

《东京梦华录》

南宋·孟元老纂。

孟元老，本北人，自号幽兰居士。

凡十卷。存。《四库总目》著录为十卷。

作者初居汴京（今开封），南渡后写成此书，书成于高宗绍兴十七年（1147）。

所记汴京“自都城、坊市、节序、风俗及当时典礼、仪卫、靡不核载……朝章国制，颇错出其间”，对北宋城市经济文化及市民文化生活做了充分记述。着重记述衣、食、住、行及娱乐，这是本书特点。

书中资料可与宋志互相考证，订史氏之讹舛。

此书是我国著名的都邑志书，也是研究北宋民俗的重要参考书。

《梦粱录》

南宋·吴自牧纂。

吴自牧，钱塘（今杭州）人，书成于绍兴甲戌年（1154）。

此为早期杭州志书。

《四库总目》著录为二十卷。今存。

体例本《东京梦华录》。记南宋都城临安（今杭州）建置沿革、节令、风俗、考试、城池、河道、桥梁、宫殿、衙署、坊市、湖塘、山川、岩崖、寺庙、店铺、物产、百工、人物、户口、祭祀、学校、古墓、艺术等门类，多为作者所目见或采访以及参考他书如《淳祐临安志》等撰成。

此书与《东京梦华录》并举，记南宋杭州都邑情况甚多。

---

① 张国淦：《中国古方志考》，《严州图经》条，中华书局，1962年。

《雍录》

南宋·程大昌纂。

程大昌（1123—1195），字泰之，休宁人，绍兴进士。累官吏部尚书，知泉州。著《易原》《禹贡论》《雍录》等。

关中为《禹贡》雍州之地，故名。

《雍录》十卷，杂记关中周、秦、汉、隋、唐、五代之城苑、宫殿、山、水、郡县、庙陵、苑囿、事物、寺观等门类，亦记汉唐用兵攻取守备要地及职官、军制变迁。

书有地图，有图说，作者依《三辅黄图》《唐六典》、宋敏求《长安志》、吕大防《长安图记》以及绍兴秘书省诸图籍而成。

其时，关中已为金兵所据，程大昌曾作《北边备对》一书，隐喻经略西北之意。《雍录》之作犹此志。第五卷中特创汉唐用兵攻守备要地一图，其图说多举由蜀入秦之迹，与郭允蹈《蜀鉴》所谓由汉中取关陕者大旨相合。

《宋史·艺文志》《文献通考·经籍考》《四库总目》等著录为十卷。

今有明刻本、古今逸史本。

《乾道四明图经》

南宋·张津纂。

张津，字子问，右朝散大夫，直秘阁，兼主管沿海制置司公事，乾道三年（1167）任，五年再任。此图经于乾道五年撰成。

四明即明州，治所在今宁波市。

《宋史·艺文志》《中国地方志联合目录》著录为十二卷。国家图书馆有乾道五年（1169）修旧抄本，中央民族大学图书馆有乾隆三十年（1765）抄本，国家图书馆、中国科学院图书馆、浙江图书馆等多家图书馆有咸丰四年（1854）刻《宋元四明六志》刊本。

本书首有乾道五年（1169）黄鼎序。卷一：总叙、分野、风俗、城池、子城、祠庙、水利、古迹、贤守事实；卷二：鄞县，乡、御书、桥梁、渠堰、祠庙、山、水、人物、古迹、冢墓、县宰题名；卷三：奉化县，贤宰、人物；卷四：定海县；卷五：慈溪县，贤宰、人物、逸民、冢墓；卷六：象山县，祠庙、山；卷七：昌国县，盐场、祠庙、山、水、古迹；卷八：古赋、古诗、律诗、绝句、长短句；卷九至十：记；卷十一：碑文、铭、赞、传、书；卷十二：太守题名记、进士题名记。《舆地纪胜》《大明一统志》俱引之。本书于人物、艺文等尤为重视，资料颇丰。

《乾道临安志》

南宋·周淙纂。

周淙，字彦广，湖州长兴人。两浙转运副使，乾道三年（1167）知临安府，五年除右文殿修撰再知。乾道五年，纂修《临安志》。

临安府，治所在今杭州市，为南宋行在。

此志刊本颇多，为《粤雅堂丛书本》《式训堂丛书本》《清芬堂丛书本》《丛书集成初编本》《武林掌故丛编本》《校经山房丛书本》《寿松堂孙氏重刊本》《蒲圻张氏大典辑本》。此外，台湾尚有清吴笠凤手抄本、钱泰吉手抄本，上海图书馆有李氏借书堂抄本，国家图书馆有清刘氏味经书屋抄本、竹书堂刻本、清《四库全书》本等。

《宋史·艺文志》《中国地方志联合目录》著录为十五卷。

明万历修府志时即不复见全帙，今仅存前三卷，四卷以下俱缺佚。光绪、民国各版本间有附札记一卷，清钱保塘撰。

卷一：行在所、宫阙、皇子府、宗庙、郊社、三省、台阁、学校、经筵、宫观、庙宇、苑囿、院、所、三衙、寺监、司、内储司、仓、场、库、局、府第、馆驿、军营；卷二：历代沿革、星度分野、风俗、州境、四至八到、去两京地里、陆路、水路、县、镇、在城八厢、城南北两厢、城东西都巡检使、城社、户口、廨舍、学校、科举、军营、坊市、界分、桥梁、物产、今产、土贡、今贡、税赋、仓场、库务、馆驿；卷三：牧守。（此书无目录，张国淦据《乾道临安志》卷内查录。见其撰《中国古方志考》）

此志为南宋地志中最古之本，考武林掌故者，必以是书为首，此志历来为众书称引。

乾道五年（1169），周淙创临安此志。其后淳祐间施锷，咸淳间潜说友，历事编纂，皆有成书。

周淙此志“第一卷记宫阙官署，题曰行在所，以别于郡志，体例最善，后潜志实遵用之。二卷分沿革……馆驿等诸子目，而以亭台……轩附其后，叙录简括，深有体要。三卷纪自吴至宋乾道中诸牧守（按历代诸牧守凡一百九十人），详略皆极得宜”①。

《桂海虞衡志》

南宋·范成大纂。

范成大（1126—1193），字致能。南宋平江府（今苏州）人，绍兴进士，官礼部员外郎、广西经略安抚史、四川制置史、知明州等。著《石湖诗集》《石湖纪行三录》等。

桂海，古指南方边远之地，这里指今广西桂林地区；虞衡，泛指《周礼·地官》中山虞、泽虞、林衡、川衡之官，即掌巡山林川泽政令之官。桂海虞衡，泛指广西风物土宜诸地情。

宋乾道二年（1166），范成大知静江府（今桂林），在广南（广西）二年。《桂海虞衡志》为淳熙二年（1175）由广南入蜀途中作。

原书三卷，今本并为一卷。已缺佚大半。《四库总目》著录为一卷。

全书记岩洞、金石、香、酒、器、禽、兽、虫鱼、花、果、草木、杂志、蛮等十三篇，内容以记广西风土人情为主。

该书在地理学上有一定贡献，以实地考察所得对桂林喀斯特溶洞、太湖石成因以及峨眉山植物垂直分布等现象进行了深入探讨，得出比较实际的论断。

此书刻本较多，近年齐治平撰《桂海虞衡志校补》，搜集多种文献，辑录此书诸条，并有注释，可以参考。

《新安志》

南宋·赵不悔修，罗愿纂。

赵不悔，左朝赞郎，乾道九年（1173）知徽州。

罗愿（1135—1184），字端良，号存斋。歙人，乾道二年（1166）进士，累官知鄂州。著《尔雅翼》《鄂州小集》，纂《新安志》。

南宋时，新安为安徽徽州旧称。

本书成于淳熙二年（1175）。《宋史·艺文志》《四库总目》《中国地方志联合目录》等著录为十卷。

国家图书馆、北京大学图书馆等多家图书馆有淳熙二年（1175）纂清康熙四十六年（1707）刻本，甘肃图书馆有乾隆《四库全书》本，清华大学图书馆有嘉

① 《钦定四库全书总目》卷六十八，中华书局，1997年。

庆十七年（1812）刻本及光绪十四年（1888）重刊本。

卷前有赵不悔及罗愿序及目录。

卷一：[州郡]含沿革、分野、风俗、封建、境土、治所、城社、道路、户口、姓氏、坊市、官府、庙学、贡院、放生池、馆驿、仓库、刑狱、营寨、邮传、祠庙；

卷二：[物产]含谷粟、蔬茹、药物、木果、水族、羽族、兽类、畜扰、货贿，[贡赋]含税则、杂钱、夏税物帛、小麦、秋税糙米、折帛钱、进贡、供物帛、上供纸、酒课、税课、茶课、盐课、公用；

卷三：[歙县]含沿革、县境、乡里、户口、田亩、租税、酒税、城社、官廨、镇寨、道路、桥梁、津渡、山阜、水源、古迹、祠庙、道观、僧寺、丘墓、碑碣、贤宰；

卷四：[休宁]（五县事目略，如歙县）[祁门]；

卷五：[婺源][绩溪][黟县]；

卷六至七：[先达]；

卷八：[进士题名][义民][仙释]；

卷九：[牧守]；

卷十：[杂录]含人事、诗话、杂艺、砚、纸、墨、定数、神异、记闻。

《新安志》一书体例完备，具有较严谨之结构，堪称南宋定型方志承上启下代表作。

其叙事上及远古，下至淳熙二年（1175），统合古今，详今略古，“博物洽闻”，论载甚广，叙事简括，罗愿序称其书“具有微旨，不同钞取记簿”。《四库全书总目》六十八云，此志“其物产一门，乃愿专门之学，征引尤为赅备，其所志贡物，如乾蕨、药腊、芽茶、细布之类，皆史志所未载。所列先达小传，具有始末，如汪藻曾为符宝郎之类，亦多史传所遗”。这是本志的优点，也是志书经世致用的体现，于后世影响很大。

《三山志》

南宋·梁克家纂。

梁克家（1128—1187），字叔子，泉州晋江人。绍兴进士，乾道中累官右丞相，封仪国公。淳熙六年（1179）以资政殿大学士知福州，撰《三山志》。

三山，今福州市别称。曾巩《道山亭记》谓城中凡有三山，东曰九仙，西曰闽山，北曰越王，故郡有三山之名。

淳熙九年（1182）五月成书。凡四十卷。

《宋史·艺文志》《舆地纪胜》等书谓之《长乐志》四十卷，其实为一书。《三山志》于《文献通考·经籍考》《四库全书总目》《中国地方志联合目录》著录，华东师范大学、福州市文管会、台湾有淳熙九年（1182）修，明崇祯十一年（1638）刻本。此外，国家图书馆有清张德荣抄本、福建图书馆有清抱山堂抄本、湖南师院有清傅砚斋抄本、国家图书馆有乾隆《四库全书》本等。

书前有梁克家序及目录。

卷一：地理类一，叙州；卷二：地理类二，叙县；卷三：地理类三，叙县；卷四：地理类四，子城、罗城、夹城、外城、城涂、子城坊巷、罗夹城坊巷、内外城濠（桥梁附）；卷五：地理类五，驿铺、渡；卷六：地理类六，江潮、海道；卷七：公廨类一，府治、转运行司、提典刑狱司、提举行司、西外宗正司、帅属廨舍、通判厅、职官厅、曹官厅、教授厅、驻泊都监、监押厅、将官厅、监务廨舍、监押仗库廨舍、巡检厅、巡辖马铺厅、试院、都仓、盐仓、安抚司盐仓、军资库、公使库、安抚司公使库、安抚司抵当库、经总制库、作院、使院、衙院、都税务、临河务、楼店务、修造场、抽木场、窑务、船场、灰场、炭场；卷八：公廨类二，启运宫、社稷坛、庙学、祠庙；卷九：公廨类三，诸县官厅、诸县社坛、诸县庙学、诸县仓库、诸县镇务、诸县祠庙；卷十：版籍类一，垦田、户口、僧道；卷十一：版籍类二，官庄田；卷十二：版籍类三，赡学田、职田、沙州田、海田；卷十三：版籍类四，州县役人；卷十四：版籍类五，州县役人、海船户、炉户（坑冶）；卷十五：版籍类六，水利；卷十六：版籍类七，水利；卷十七：财赋类，岁收、他司应副钱物、岁贡；卷十八：兵防类一，诸庙禁军；卷十九：兵防类二，诸寨土军；卷二十：秩官类一，郡守；卷二十一：秩官类二，郡守（封君诸使附唐至后周）；卷二十二：秩官类三，郡守（诸使附本朝）；卷二十三：秩官类四，安抚司官、州司官、安抚司兵官、州司武官；卷二十四：秩官类五，十二县官、安抚司使臣、州司使臣、提刑司使臣、归明等官；卷二十五：秩官类六，启运宫官、西外宗正司、提刑司官、转运使副、提举常平茶事、提举学事、走马承受；卷二十六至三十：人物类一至五，科名；卷三十中下：人物类五，中下（续）科名；卷三十一至三十六：寺观类一至六，僧寺（山附）、道观（山附）；卷三十七：土俗类一，土贡、戒谕、谣谶；卷三十八：土俗类二，岁时；卷三十九：土俗类三，物产、谷、货、丝麻、果实、菜蓏、药；卷四十：土俗类四，物产、木、竹、草、藤、畜扰、兽、禽族、水族、虫。

此志之作，“乃约诸里居与任于此者，相与纂集，讨寻断简，援据公牍，采诸老长所传，得诸闾里所记，上穷千载建创之始，中阅累朝因革之由，而益之以今日之所闻见”①。内容赅博，体例详备无遗。

本志特点为：“主于纪录掌故，而不在夸耀乡贤，侈陈名胜，固亦核实之道，自成志乘之一体，未可以常例绳也。其所记十国之事，多有史籍所遗者，亦足资考证。”② 说明志书参校考证史籍具有重要作用。

《吴郡志》

南宋·范成大③纂。

吴郡为平江府古称。辖境为今苏州地区及上海、浙江部分。

此志由范氏绍熙三年（1192）初纂，绍定二年（1229）至宝祐四年（1256）汪泰亨等补纂。

《宋史·艺文志》《四库全书总目》《中国地方志联合目录》著录为五十卷。

上海图书馆、台湾图书馆有绍熙三年（1192）修，绍定二年（1229）续修的绍定刻本。此外，多家图书馆尚有元修锓本、张氏择是居景宋刻本、汲古阁本、乾隆《四库全书》本、《墨海金壶》本、守山阁本、民国《丛书集成初编》本。

卷前有赵汝谈序及目录。

卷一：沿革、分野、户口、税租、土贡；卷二：风俗；卷三：城郭；卷四：学校；卷五：营寨；卷六：官宇、仓府（场务附）、坊市；卷七：官宇；卷八至九：古迹；卷十：封爵、牧守；卷十一：牧守、题名；卷十二：官吏、祠庙；卷十三：祠庙；卷十四：园亭；卷十五：山；卷十六：虎丘；卷十七：桥梁；卷十八：川；卷十九：水利；卷二十至二十七：人物（烈女附）；卷二十八：进士题名（武举附）；卷二十九至三十：土物；卷三十一：宫观、府郭寺；卷三十二至三十六：郭外寺；卷三十七至三十八：县记；卷三十九：冢墓；卷四十至四十一：仙事；卷四十二：浮屠；卷四十三：方技；卷四十四：奇事；卷四十五至卷四十七：异闻；卷四十八：考证；卷四十九：杂咏；卷五十：杂志。

---

① ［南宋］梁克家序，清乾隆《四库全书》本。

② 《钦定四库全书总目》卷六十八，中华书局，1997年。

③ 范成大小传见本书《桂海虞衡志》。

“其书凡分三十九门，征引浩博，而叙述简该，为地志之善本。”① 然清章实斋以此志内容重复，体例失当。然该志卷帙浩博，其内容较吴地前志及图经明显增加，门类扩大，对后世修志具有重大影响，堪称吴地方志史上由图经演变为地方志的典型代表作。

《云间志》

南宋·杨潜修，朱端常等纂。

杨潜，以奉议郎，绍熙元年（1190）任。

朱端常，淳熙八年（1181）进士。从事郎。

云间，因西晋文学家陆云（字士龙）家在华亭，对客自称“云间陆士龙”而得名。宋时华亭县，今上海市松江区。华亭在宋时兼领旧松江府全境，此志实同府志。

此书成于绍熙四年（1193）。

《宋史·艺文志》《中国地方志联合目录》著录为三卷。北京大学图书馆有明抄本，国家图书馆有旧抄本。此外，上海图书馆等多家图书馆有嘉庆华亭沈氏金陵刊本、阮元辑《宛委别藏》本、道光重印本、光绪《观自得斋丛书》本、民国鹿严精舍抄本。

书前有杨潜序。

目录如下：

卷上：封域、道里、城社、镇戍、坊巷、乡里、学校、版籍、姓氏、物产、廨舍、场务、仓库、税赋、桥梁、亭馆、人物、古迹；

卷中：仙梵、寺观、祠庙、山水、堰闸、冢墓、知县、题名、进士题名（特奏名附），其知县、进士题名记至淳祐、宝祐间，当为后人补入；

卷下：赋、诗、墓志、记、序、说、铭、箴、祭文。

清孙星衍序华亭沈氏刊本云：“其书按据旧图经，搜罗古碑碣，详载故实题咏，书仅三卷，繁简得中，不让宋人《会稽》《新安》志也。”

此志统合古今，上自春秋，下至绍熙年间，甚合志书体例。亦当时佳志之一。

《嘉泰会稽志》

南宋·沈作宾等修，施宿纂。

① 《钦定四库全书总目》卷六十八，中华书局，1997 年。

沈作宾，字宾主，归安人，朝请大夫试太府卿，淮东总领，除直龙图阁，庆元五年（1199）知越州。

施宿，字武子，长兴人，庆元中通判。

会稽，南宋时为绍兴府，治所今绍兴。此志为现存最古之绍兴府志。

《宋史·艺文志》《四库全书总目》《中国地方志联合目录》著录为二十卷。国家图书馆与上海、南京等多家图书馆有明正德五年（1510）重刊嘉泰本。此外，多家图书馆有清乾隆《四库全书》本、嘉庆十三年（1808）采鞠轩重刻本、1926年会稽王氏影印本，又有明抄本、旧抄本、藕香簃抄本、清抄本等。

《宋史·艺文志》著录陆游《会稽志》二十卷，又沈作宾、赵不迹《会稽志》二十卷。按，此是一书，陆游无撰《会稽志》。此志首有陆游序，其文云，其志"始终其事者施君也……既成，属游参订其概，且为之序"，可证《宋史·艺文志》之讹误。

卷一：越、会稽郡、越州、绍兴府、历代属州、历代属县、废州、废县、分野、风俗、州境、城郭、子城、学校（学校授直舍）、县学、社、县社、贡院、古城、教场、签厅、府廨、西园；卷二：王、都尉、内史、太守、守乡郡；卷三：节度使、安抚使、都总督、提刑、提举、通判、路钤辖、正副将、都监、三司属官、职曹官、县令长、进士、姓氏；卷四：军营（军额弓兵）、仓库、场务、馆驿、衢巷、邮传、狱、市、堰、闸、斗门；卷五：贡赋、课利、户口、杂贡、和买；卷六：陵寝、濮王园庙、大禹陵、祠庙、冢墓；卷七：宫观、寺院；卷八：寺院、戒坛；卷九：山；卷十：水、湖、堤塘、池、潭、海潮；卷十一：泉、井、洞、石、津渡、桥梁；卷十二：八县县境（官廨镇市场务附）；卷十三：镜湖、守御、讨贼、平乱、社仓、义田、节序、送迎、义门、园池、古第宅、古器物、漏泽园（义冢）；卷十四：人物、经学、文章、节义、孝行、隐遁、贞妇烈女；卷十五：宰辅、侍从、神仙、高僧、伎术；卷十六：翰墨、碑刻、求遗书、藏书；卷十七：草、木、虫、鱼、鸟、兽（药石附）、纸、盐、日铸茶、布帛；卷十八：拾遗；卷十九：杂记；卷二十：古诗文。

此志详赡有体，记述简赅，叙次有法，其姓氏、送迎、古第宅、古器物、求遗书、藏书等目为新增，是研究南宋绍兴地区历史、地理、经济、文化、军事诸方面的重要资料。风俗未列，是其缺憾。

《嘉定镇江志》

南宋·史弥坚修，卢宪纂。

史弥坚，中大夫，以宝文阁侍制，嘉定六年（1213）知镇江府。

卢宪，浙江天台人，字子章，从政郎。

该志成书于嘉定六年（1213）。二十二卷，首一卷。有丹徒包氏道光二十二年（1842）校刊本、宣统二年（1910）丹徒朱氏金陵覆刻包氏本、清张氏爱日精庐抄本、乾隆《四库全书》本、嘉庆《宛委别藏》本、阮元藏《镇江焦山抄本》、清思诒堂抄本、清抄本。

《直斋书录解题》作三十卷。《研经室外集·四库未收书提要》作二十二卷，盖由原本已多伪脱，经后人重为编次所致。《中国地方志联合目录》著录为二十二卷，首一卷。

国家图书馆有嘉定六年（1213）修，清张氏爱日精庐抄本。此外，多家图书馆有各种抄本及道光、宣统刻本等。

卷首：郡县表；卷一：地理；卷二：地理；卷三：风俗、攻守形势；卷四：田土；卷五：赋税；卷六：地理；卷七：宫室；卷八：僧寺；卷九：道院；卷十：学校、兵防；卷十一：古迹；卷十二：宫室、公廨；卷十三：刺守；卷十四：刺守；卷十五：刺守、参佐；卷十六：参佐、将佐；卷十七：宰贰、寓治；卷十八至十九：人物；卷二十：总目；卷二十一：祥异、杂录；卷二十二：杂录。

本志取材繁富，考订精详，尤重视攻守形势。镇江为南宋边防，作者用力正在于此。

《剡录》

南宋·史安之修，高似孙纂。

史安之，字子田，今浙江宁波市鄞州区人，嘉定年任嵊邑令。

高似孙，字续古，号疏寮，鄞县（一称余姚）人，淳熙十一年（1184）进士，历官校书郎，出知徽州，迁守处州。著有《子略》《砚笺》《蟹略》《纬略》《骚略》《疏寮小集》诸书。

浙江嵊县（今浙江嵊州市），汉为剡县地，故名曰《剡录》。

此志成于嘉定七年（1214），凡十卷。

清道光八年（1828）《剡录》重刊本知县李式圃《跋》称："自唐郑言平《剡

录》、宋俞瑞《剡东录》湮佚失传，而嵊之有志，自《剡录》始。”①

《四库全书总目》《中国地方志联合目录》著录为十卷。国家图书馆、天一阁有嘉定七年（1214）清抄本。此外，浙江图书馆等多家图书馆有乾隆《四库全书》本、道光八年（1828）刊本、同治九年（1870）刻本、光绪《邵武徐氏丛书》（二集）本、南海孔氏岳雪楼抄本、清海虞瞿氏恬裕斋抄本、民国抄本等。

书首有高似孙、史安之二序。

卷一：县纪年、城境图、官治志、古今长社志、学志、修学碑、渊源堂、进士登科题名、舣雪楼、戴溪亭、版图、兵籍；卷二：山川志；卷三：人士、列女、仙道、高僧；卷四：古奇迹、古阡；卷五：书、文；卷六：诗；卷七：画、纸、古物；卷八：道馆、僧庐；卷九至十：草木禽鱼诂上、下。

本书首列“县纪年”，记载一地大事，似当代新编志书“大事记”之体，为全志之纲，颇有创意。

该志“征引极为该洽，唐以前佚事遗文，颇赖以存。其先贤传每事必注其所据之书，可为地志纪人物之法。其山水记仿郦道元《水经注》例，脉络井然，而风景如睹，亦可为地志记山水之法。统核全书，皆序述有法，简洁古雅，迥在后来《武功》诸志之上”②。

《赤城志》

南宋·黄罃等修，陈耆卿纂。

黄罃，字子耕。豫章分宁人，嘉定三年（1210）知台州。

陈耆卿，字寿老，号篔窗。嘉定七年（1214）进士，国子监司业。著有《篔窗集》。

赤城即浙江台州，梁置赤城郡，因赤城山得名。故曰《赤城志》，实为《台州志》。此为台州志之始作。

《宋史·艺文志》《四库总目》著有《篔窗集》。著录为四十卷。国家图书馆有宋嘉定十六年（1223）修、明弘治十年（1497）谢铎校刻本，明万历二十四年（1596）简继芳补刻本。国家图书馆、故宫博物院及浙江、甘肃等地图书馆有《四库全书》本。国家图书馆等多家图书馆有嘉庆二十三年（1818）刻《台州丛

① 转引自张国淦《中国古方志考》本条。
② 《钦定四库全书总目》卷六十八，中华书局，1997年。

书》（乙集）本。

此志详载台州及所属临海、黄岩、天台、仙居、宁海五县事，为台州府志。

书首有陈耆卿序，继以图（州境图、罗城图、临海县治图、黄岩县境图、黄岩县治图、天台县境图、仙居县治图、宁海县境图、宁海县治图）。

卷一至三：地理门；卷四至七：公廨门；卷八至十二：秩官门；卷十三至十五：版籍门（田、学田、寺观田、户口）；卷十六：财赋门；卷十七：吏役门；卷十八：军防门；卷十九至二十六：山水门；卷二十七至三十：寺观门；卷三十一：祠庙门；卷三十二至三十五：人物门；卷三十六至三十七：风土门；卷三十八：冢墓门；卷三十九：纪遗门；卷四十：辨误门。凡十五门，门下多有细目。

“耆卿受学于叶适，文章法度，俱有师承，故叙述咸中体裁，明谢铎尝续其书，去之远甚……陈振孙《书录解题》载此志之前有图十三，此本乃无一图（两淮马裕家藏本），殆传写者艰于绘画，久而佚之矣。”① 此志“繁而不芜、简而不陋”，向称佳构。

此后，吴子良、林表民纂《赤城续志》八卷（佚），林表民又成《赤城三志》四卷（佚），胡融纂《赤城风土志》（佚），宋陈公辅纂《台州风俗记》一卷（佚）及不知撰人《台州三县志》（佚）。

《绍定四明志》

南宋·胡榘修，方万里、罗濬纂。

胡榘，字仲方，庐陵人。宝庆二年（1226）除涣章学士，通议大夫，知庆元府。

方万里，从政郎，庆元府学教授。

罗濬，庐陵人。从政郎，赣州录事参军。

此志原称《宝庆四明志》。

李裕民认为：“据罗濬自序称，方万里撰初稿在宝庆三年，罗濬修书在绍定元年四月至八月，此志不应以宝庆命名，而应称《绍定四明志》。”② 今从之。

四明，即南宋庆元府，治所在今宁波市。

绍定元年（1228）成书。绍定二年（1229）刻本。

---

① 《钦定四库全书总目》卷六十八，中华书局，1997 年。

② 《钦定四库全书总目》卷六十八，《宝庆四明志》条，中华书局，1997 年。

国家图书馆有绍定元年（1228）修，二年刻本，已成海内孤本。此志为浙江方志中最早、最完整的古刊本。此外，多家图书馆有宋元四明六志刊本、明抄本、清抄本及《四库全书》本等。

《直斋书录解题》《文献通考·经籍考》《国史·经籍志》《四库全书总目》《中国地方志联合目录》等著录为二十一卷。

此志用张津《乾道四明图经》例，各以图冠其首。

书前有罗濬序。卷一至三：叙郡；卷四：叙山、叙水、叙产；卷五至六：叙赋；卷七：叙兵；卷八至十：叙人；卷十一：叙祠、叙遗（以上为郡志）；卷十二至二十一：鄞、奉化、慈溪、定海（今镇海）、昌国（今定海）、象山诸县志，每县俱自为门目，不与郡志相混。

《四库全书总目》称此志："志中所列职官科第名姓及他事迹，或下及咸淳，距宝庆三四十年，盖后人已有所增益，非尽罗濬之旧，然但逐条缀附，而体例未更。故叙述谨严，不失古法。"元袁桷《延祐四明志》据以为蓝本。

南宋开庆间，梅应发、刘锡又有《开庆四明续志》之作。

《澉水志》

南宋·常棠纂。

常棠，字召仲，号竹窗。海盐人。绍定三年（1230），应海盐县澉浦镇尹罗仪甫之聘纂成《澉水志》。

澉水，浙江省海盐县西南杭州湾北岸澉浦镇的别称。古澉浦由此通海，今湮塞。唐开元五年（717）张庭珪奏置镇，并置澉浦水军，宋置市舶务，元置市舶司于此，为当时对外贸易港口。

《水经》所谓谷水流出为澉浦即此。

《四库总目》《中国地方志联合目录》著录为八卷。今存。历来有多种版本，如明嘉靖三十六年（1557）刻本、明刻《盐邑志林》本、清传抄《盐邑志林》本、清东武刘氏嘉荫簃抄本、乾隆间《四库全书》本、道光抄本、民国二十六年（1237）《丛书集成初编》本、民国二十四年（1235）《澉水志汇编》本。

此志始修于宋绍定三年（1230），约于宝祐五年（1257）付刻。

澉水虽无见于《水经注》，而其书乃志地，非志水，不可入之山水中，镇亦郡县之分区。

全书凡十五门，书前有镇境总图及常棠、罗叔韶序。

卷上：总叙、地理门、山门、水门、廨舍门、坊巷门、坊场门、军寨门、亭堂门、桥梁门、学校门、寺庙门、古迹门、物产门；

卷下：碑记门、诗咏门。

《四库总目》六十八评此志云："叙述简赅，而八卷之书，为页止四十有四，明韩邦靖撰《朝邑县志》，言约而事尽，世以为特编之作，今观是编，乃知其源出于此，可谓体例精严，藻不妄抒者矣。"

该志历来被视为镇志之嚆矢，于后世镇志修撰颇具影响。

《景定建康志》

南宋·马光祖修，周应合纂。

马光祖，字华父，号裕斋，婺州金华人，宝庆进士。咸淳三年（1267），拜参知政事，五年，拜知枢密院事兼知政事，以金紫光禄大夫致仕。任建康知府时，主持编纂《景定建康志》，即被清孙星衍誉为"体例最佳"者。他对方志的社会作用有过精辟论述，认为："忠孝节义，表人材也；版籍登耗，考民力也；甲兵坚瑕，讨军实也；政教修废，察吏治也；古今是非得失之迹，垂劝鉴也。"对方志理论做出了贡献。

周应合，字淳叟，自号溪园，江西武宁人，淳祐进士。历任江陵府教授，实录馆修撰，开庆元年（1259）在江南东路安抚使司任职，又任御史、饶州通判，著有《洪崖集》《溪园集》。宝祐、开庆年间，纂修《江陵志》，马光祖赞其"图辨表志，粲然有伦"。景定二年（1261），受聘于马光祖，纂成《建康志》五十卷。周氏又作《景定建康志修志本末》，称修志一要定凡例，规定志书体例结构、编纂方法及门类；二要分事任，即修志者各司其职，各负其责，以保证志书按时完成，保证质量；三应广搜访，修志要详备，必须搜访不厌其详，即所有的修志资料都在网罗之内；四要详参订，即将得来的资料经过分析，去伪存真。这些理论都是十分有见地的。

此外，周氏在《修志始末》中还详细记载了马光祖任内成稿的观点。马光祖主张修志应"速为之，及吾未去以前成书可也"。这是对志稿积极负责的态度。马光祖在处理前志与新志书的关系时强调"前志之阙者补之，舛者正之，庆元以后未书者续之，方为全书"的原则，这个"补、正、续"的原则以及"备前志之所未备"的观点，是马光祖对总纂周应合修志的基本要求，也是值得重视的。

建康府即今南京市，南宋初曾建行宫，故有留都之称。

建康于乾道（史正志纂）、庆元（吴琚修，朱舜庸纂）年间，曾两次修志，但记载尚缺略，马光祖、周应合合前二志为一志，增入庆元以后六十余年事，正伪补缺，详加考证，志体完备，内容翔实。凡五十卷。

书前有表（马光祖进《建康志》表）、序（马序、周序）、笺。

卷一至四为留都录（南宋初曾建行宫，故名曰留都）；卷五为建康图，下有图序、虎踞形势图、历代城郭互见图、建康府境方括图、建康开阃所部图、府城图、府治图、上元县图、江宁县图、句容县图、溧水县图、溧阳县图、府学图、明道书院图、青溪先贤堂图、辨丹阳、辨扬州、辨金陵、辨建邺、辨越台、辨马鞍山；卷六至十四为表，含建康表总序、建康表；卷十五，志总序，疆域志一；卷十六，疆域志二；卷十七，山川志一；卷十八，山川志二；卷十九，山川志三；卷二十，城阙志一；卷二十一，城阙志二；卷二十二，城阙志三；卷二十三，城阙志四；卷二十四，官守志一；卷二十五，官守志二；卷二十六，官守志三；卷二十七，官守志四；卷二十八，儒学志一；卷二十九，儒学志二；卷三十，儒学志三；卷三十一，儒学志四；卷三十二，儒学志五；卷三十三，文籍志一；卷三十四，文籍志二；卷三十五，文籍志三；卷三十六，文籍志四；卷三十七，文籍志五；卷三十八，武卫志一；卷三十九，武卫志二；卷四十，田赋志一，志序、田数、赋税；卷四十一，田赋志二，营租、沙租、圩租、蠲赋杂录；卷四十二，风土志一；卷四十三，风土志二；卷四十四，祠祀志一；卷四十五，祠祀志二；卷四十六，祠祀志三；卷四十七，古今人表、古今人传一；卷四十八，古今人传二；卷四十九，古今人传三；卷五十，拾遗。(以上各卷均有细目若干)

卢文弨《宋史艺文志补》《文渊阁书目》《国史·经籍志》《四库全书总目》《中国地方志联合目录》著录为五十卷。台湾有景定二年（1261）修、清钱大昕藏抄宋本。此外，苏州文管会有乾隆间抄本，国家图书馆有钱大昕抄本。国家图书馆、北京大学图书馆等多家图书馆有嘉庆六年（1801）金陵孙氏刻本。国家图书馆还有《四库全书》本。

此书先分总类，后分细目；有纲有目，层次分明，为方志较备之体，为后世所效法，因成名志。元张铉《至正金陵新志》、清洪亮吉《乾隆登封县志》等即采用此志体例。

《咸淳临安志》

南宋·潜说友纂。

潜说友，字君高，处州缙云人，淳祐四年（1244）进士，以朝散郎直文华阁、两浙转运副使、司农少卿，咸淳四年（1268）兼知临安府。

临安，今杭州市，为南宋绍兴八年（1138）之后的国都。

宋志向以叙事详明、体例简括而著称，宋代州郡志存于今者二十余家，四百余卷，为人所推重者是“临安三志”。南宋临安，三次修志，乾道五年（1169）知府周淙始修，淳祐十二年（1252）施谔再修，咸淳四年（1268）知府潜说友三修。

《咸淳临安志》一百卷，今存九十六卷。倪燦《宋史艺文志补》著录为一百卷（今缺七卷），《四库总目》著录为九十三卷，《中国地方志联合目录》著录为一百卷。

国家图书馆、南京图书馆有咸淳四年（1268）刻本，皆不全。国家图书馆、南京图书馆、中央民族大学图书馆等多家图书馆分别有各种抄本。国家图书馆、故宫博物院及浙江、甘肃等地图书馆有《四库全书》本。数十家图书馆有道光十年（1830）钱塘汪氏刻本。

“前十五卷为行在所录，记宫禁曹司之事。自十六卷以下乃为府志，区划明晰，体例井然，可为都城记载之法，其宋代诏令编于前代之后，则用徐陵《玉台新咏》置梁武于第七卷例也。他所叙录，亦缕析条分，可资考据，故明人作《西湖志》诸书，多采用之。”①

卷一：行在所录、序录、凡例、图、驻跸次第、宫阙一；卷二：宫阙二；卷三：郊庙；卷四：朝省；卷五：御史台、谏院、六部；卷六：诸寺；卷七：秘书省、国史院、敕令所；卷八：诸监、大宗正司、省所、院辖；卷九：监当诸局；卷十：三衙、阁职、内诸司、邸第、官宇；卷十一：学校；卷十二：贡院、太史局、太医局、堂后官院；卷十三：宫观、祠庙、苑囿；卷十四：禁卫兵、省院兵、横宫、馆驿；卷十五：赋咏；卷十六：志、图、疆域；卷十七：郡县境；卷十八：星野、城郭、社稷；卷十九：厢界、坊巷、市；卷二十：镇、乡里；卷二十一：桥道；卷二十二至三十九：山川；卷四十至四十一：诏令；卷四十二：御制；卷四十三至五十一：秩官；卷五十二至五十五：官寺；卷五十六：文事；卷五十七：武备；卷五十八：风土（风俗、户口、物产）；卷五十九：贡赋（土贡、

---

① 《钦定四库全书总目》卷六十八，中华书局，1997年。

田税、商税)；卷六十至七十：人物；卷七十一至七十四：祠祀；卷七十五至八十五：寺观；卷八十六：园亭、古迹；卷八十七：冢墓；卷八十八：恤民、祥异；卷八十九至一百：纪遗。(按，此目录中子目多，兹略删节)

此志征引宏富，为“临安三志”中之最详者，且足资考证。

《武林旧事》

南宋·周密撰。

周密（1232—1298)，字公谨，号草窗，四水潜夫。南宋湖州（今浙江吴兴)人，官义乌令。宋亡不仕。撰《湖山概胜》《南宋肆市记》《吴兴园林记》《武林旧事》等。

武林，南宋临安之别称，以城西有武林山而得名。

《四库全书总目》著录，凡十卷。成书时间为元初。此书为追忆南宋都城临安故事而作。宫殿、朝事、市坊、民俗、湖山、礼仪、商业、手工业、艺人、乐工、市民皆有述及，于乾道、淳熙间三朝授受，两宫奉养之故迹等，叙之尤详。其中对民间艺人、乐工姓名均有记录，真实再现了南宋临安的社会现实。

此书多为作者亲身见闻，史料真实可靠。

该书有六卷本与十卷本之分，1982 年中国商业出版社出版《东京梦华录》《都城纪胜》《西湖老人繁胜录》《梦粱录》《武林旧事》合订本。

《四库全书总目》称其书“首尾完具，其间逸闻轶事，皆可以备参稽，而湖山歌舞，靡丽纷华，著其盛，正著其所以衰，遗老故臣，恻恻兴亡之隐，实曲寄于言外，不仅作风俗记、都邑簿也”。

第三节　边疆、域外地志、图籍

一、导语

宋代在航海时运用了罗盘，海上交通较以往更为发达。宋朝政府设立市舶司等机构司理对外贸易。宋朝同日本之间的航行，几乎年年有之。宋朝对南洋及印度洋以西甚至非洲东岸都有海上航路，这对海疆及外国地理认识大为增强，周去非《岭外代答》、赵汝适《诸蕃志》记载了这些情况。

两宋时，由于宋、辽、金对峙，宋、金、西夏对峙，蒙古兴起于漠北，当时使者往来不断，对东北、蒙古及西域一些地区的地理情况有所了解，如赵至忠《契丹地图》、沈括《使辽图抄》以及未知作者的《契丹地理图》《契丹疆宇图》等都载录了这些地区的地理内容。

北宋时，虽因西夏割据西北，但同西域仍有往来。乾德二年（964）继业等沙门三百人赴天竺（印度）求经。

关于继业的行记载于范成大《吴船录》。太平兴国六年（981）宋朝遣王延德使高昌（吐鲁番），雍熙元年（984）还，撰《西州程记》。

二、志、图举要

《西州程记》

北宋·王延德纂。

王延德，大名人。太宗时为供奉官。太平兴国六年（981）出使高昌、回鹘（今新疆吐鲁番一带），历经酒泉、哈密。雍熙元年（984），偕回鹘等族使者百余人回宋，归撰《西州程记》。后官至左千牛卫上将军。叙旅途见闻及高昌、哈密等地理、气候、城市用水、灌溉等风土民情、生产情况等。

《宣和奉使高丽图经》

北宋·徐兢纂。

徐兢，字叔明，号自信居士，瓯宁（今属福建）人。早年入太学，后以父荫补官，曾摄雍丘等县。曾出使高丽，回国后官至尚书刑部员外郎。据《四库总目》本条载："张世南《游宦纪闻》曰：'高丽是年有请于上，愿得能书者于国中，于是以徐兢为国信使礼物官。'则兢之行，特以工书遣。而留心记载乃如是。"

北宋宣和五年（1123），徐兢自海上出使高丽，归撰《宣和奉使高丽图经》，四十卷。原图佚。文字部分存世。《四库全书总目》著录为四十卷。

本书详载朝鲜城邑、封境、形势、地理、物产、风俗等，于海上交通尤详。

《诸蕃志》

南宋·赵汝适纂。

赵汝适，曾任泉州提举市舶。

该书撰于宝庆元年（1225）。二卷，佚。今本辑自《永乐大典》。1912 年有英译本，近人冯承钧有《诸蕃志校注》。《四库全书总目》著录为二卷。

此志取材于《岭外代答》以及据外商、水手口碑等资料撰成。

该志叙非洲国家事较他书为详。如弼琶罗国（今索马里沿海的柏培拉）、中理国（指索马里东北部海岸及索科特拉岛）、层拔国（指桑给巴尔）、勿斯里国（指埃及）、遏根陀国（指埃及的亚历山大港）、昆仑层期国（似为马达加斯加岛及其附近的东非海岸）及木兰皮国（包括非洲的格里布及欧洲西班牙南部与东南部）等。

该志注意各国特产的载述，如象牙、犀角、木香、苏合香油、没药、玳瑁、骆驼、绵羊、骆驼鹤（鸵鸟）、徂蜡（长颈鹿）、骡子、斑马、大鱼、龙涎等，也记载了古代埃及利用尼罗河水灌溉的情况。

该志还载述了日本以及麻逸（今菲律宾民都洛岛）、加麻延（今菲律宾卡拉绵群岛）、巴姥酉（今菲律宾巴拉望岛）、巴吉弄（今菲律宾布桑加岛）、蒲哩噜（今菲律宾波利略岛）等地的地理、风俗、物产等。①

《四库全书总目》称该书："是书所记，皆得诸见闻，亲为询访。宜其叙述详核，为史家所依据矣。"

《岭外代答》

南宋·周去非纂。

周去非，字直夫，永嘉人，隆兴进士，淳熙中官桂林通判。

此为岭南地方志书。内容涉及当时岭南（今两广）之山川、古迹、物产、民俗、民族、经济、生活等情况，并兼及南海诸国及大秦、木兰皮国等。

《四库全书总目》著录《岭外代答》十卷，淳熙五年（1178）成书。本范成大《桂海虞衡志》，增以耳目见闻，录存二百九十四条，盖因有问岭外事者，疲于应酬，写此书以"代答"。

卷一：地理、边帅；卷二至三：外国；卷四：风土、法制；卷五：财计；卷六：器用、服用、食用；卷七：香、药器、宝货、金石；卷八：花木；卷九：禽兽；卷十：虫鱼、古迹、蛮俗、志异。

此书叙事详备，尤其"边帅、法制、财计诸门，实足纠正史所未备"。可见

---

① 略本中科院自然科学史研究所地学史组主编《中国古代地理学史》，科学出版社，1984 年。

此志之价值。

第四节　修志理论

宋代方志著作盛行，无论在修志规模、组织、体例和内容诸方面，都远远超过隋唐。从方志发展史的角度考察，方志体例发展到宋代大体趋于完备。内容上，人物、艺文部分已占重要地位，说明方志已由原来偏重于地理，进而扩充到人文历史方面了，这显然是一大进步。从全国总志到县乡镇志出现相当数量的佳作，为未来方志的发展奠定了良好基础。

此期，方志理论成就多反映于一些著名方志学家对志书的序、跋及“修志本末”之中。他们就方志渊源、概念、性质、目的、作用、体例、内容、资料以及编纂诸问题进行了探讨并提出自己的看法。

一、关于“方志学”概念的提出

朱长文　北宋元丰七年（1084），方志学家朱长文在其所撰《吴郡图经续记·序》中率先提出方志学的概念：“方志之学，先儒所重，故朱赣风俗之条，顾野王舆地之记，贾耽十道之录，称于前史，盖圣贤不出户知天下，矧居是邦而可懵于古今哉。”把方志视为专门之学——方志之学，应以此为最早。

二、关于志书起源

司马光　在《河南志序》中，主张方志起源于《周官》：“《周官》有职方、土训、诵训之职，掌道四方九州之事物，以诏王知其利害，后世学者，为书以述地理，亦其遗法也。”此论虽承前人，然对后世影响较大。

李宗谔　在《祥符州县图经序》中认为“地志起于史官”：“夏载弼成于五服，职方周知于数要，其后地志起于史官，郡记出于风土……图则作绘之名，经则载言之别。”地志起于史官，前人已有论述，此论一承前人亦为较早论述。①

① ［南宋］王应麟《玉海》十四《祥符州县图经》条，江苏古籍出版社（影印本），1987 年。

马光祖 序《景定建康志》认为，方志为职方氏所掌。“郡有志，即成周职方之所掌，岂徒辨其山林、川泽、都鄙之名物而已。”

三、关于志书性质

1. 方志属史

郑兴裔 在《广陵志序》中，明确提出方志属史性质：“郡之有志，犹国之有史，所以察民风，验土俗，使前有所稽，后有所鉴，甚重典也。”①

这种认为方志具有史鉴作用的观点此前犹不多见。

2. 方志属地理

王存 在《元丰九域志·表》认为：表示地理的“图”、记载史事的“志”和登录户口的“籍”“会为一书”而成方志。作者将表示地理的图置于首位，说明图在志书中的地位尤为重要。这种看法仍导源于志书为图经、图志等地理书的理念。

“臣闻先王建国，所以周知九州封域与其人民之数者，诏地事则有图，诏观事则有志，比生齿则有籍。近世撮其大要，会为一书，趣时施宜，文约事备，则唐之《十道图》，本朝之《九域图》是也。……”

按上述所言，关于图、志、籍分别由《周官》中地官司徒、秋官司寇，夏官职方所掌。

欧阳忞 序其《舆地广记》，开宗明义指出其属于地理性质。

“地理之书，虽非有深远难见之事，然自历世以来，更张改作。先王之制，无一在者，自非专门名家而从事于此者，其孰能知之。予不佞，自少读书，私尝留意于此，尝自尧舜以来至于今为书凡三十八篇，命之曰《舆地广记》。”

王象之 序其《舆地纪胜》，亦持此种观点。

“世之言地理者尚矣，郡县有志，九域有志，寰宇有记，舆地有记，或图两界之山河，或记历代之疆域，其书不为不多，然不过辨古今，析同异，考山川之形势，稽南北之离合，资游谈而夸辨博，则有之矣。”

① 《郑忠肃奏议遗稿》下，《四库全书珍本初集》，商务印书馆，1935 年。

四、关于志书编修目的和作用

乐史　《太平寰宇记·表》云："万里山河，四方险阻，攻守利害，沿袭根源，伸纸未穷，森然在目，不下堂而知五土，不出户而观万邦，图籍机权，莫先于此。"深刻揭示出地理总志的编修对于巩固国防以及掌控全国各地形势的重大意义，作用甚大。

赵抃　在《成都古今集记序》中阐述修志目的在于维护封建国家长治久安，"书乱臣所以戒小人，书寇盗所以警出没，书蛮夷所以尽制御之本末"。颇有《春秋》微言大义，字字寓有褒贬之意。可见志书对维系封建统治关系重大。

李宗谔　《祥符州县图经序》主张志书要以"劝戒为宗"，"毛举百代，派引九流，举春秋笔削之规，遵史臣广备之法，立言之本，劝戒为宗，守令循良，罔不采寻，畯良攸产，往谍备传"。① 修志依《春秋》笔法，重点网罗守令循良，以为为政楷模，用以维系封建国家长治久安。

王象之　撰《舆地纪胜》，其修志理论见于该书自序中。论述志书功能除具有"资政"教化"外，又可为文学创作提供高质量的素材，启发灵感。他认为以往志、地理之书，虽源远流长，种类繁多，"然不过辨古今，析同异，考山川之形胜，稽南北之离合，资游谈而夸辨博，则有之矣。至若收拾山川之精华，以借助于笔端，取之无尽，用之不竭，使骚人才士，于一寓目之顷，而山川俱若效奇于左右，则未见其书"。深刻地论证了他所纂志书与文学创作的密切关系。强调志书作者把山川精华准确无误地记录下来，使文人才士可以"于一寓目之顷"洞察精华所在，省时省力，最终创作出文艺上的奇观。志书应是文艺创作取之不尽、用之不竭的源泉所在。这些观点新颖、实际，突出了志书的特点和作用，所谓舆地之书之良法也。

李𡌴　在《舆地纪胜序》中认为其书"使人一读，便如身到其地，其土俗人才，城郭民人，与夫风景之美丽，名物之繁缛，历代方言之诡异，故老传记之放纷，不出户庭，皆坐而得之"。所记南宋各府、州、军土俗、人才、城廊、民人、风景、名物、方言、故老传记各具地方特色。读之，有如身临其境之感。

朱长文　在《吴郡图经续记序》中认为志书具有"质凝滞，根利病，资议

---

① ［南宋］王应麟：《玉海》卷十四"祥符州县图经"条，江苏古籍出版社（影印本），1987年。

论”的作用，“置诸郡府，用备咨阅，因可以质凝滞，根利病，资议论，不为虚语也”。说明志书资政存史作用极强。

林虑 在《吴郡图经续记后序》中认为朱长文《续记》之修纂具有“教化”作用，并且“冀后生之自力”，成就多士，“冀来者之相承”，代有贤牧。此皆为编修图经之根由。

“举昔时牧守之贤，冀来者之相承也，道前世人物之盛，冀后生之自力也，沟渎涤浚水之方，仓庾记裕民之术，论风俗之习尚，夸户口之蕃息，遂及于教化礼乐之大备。”

马光祖 在《景定建康志序》中以“补世”作为修志目的，强调修志的作用。

“天时，验于岁月灾祥之书；地利，明于形势险要之设；人文，著于衣冠礼乐风俗之臧否；忠孝节义，表人材也；版籍登耗，考民力也；甲兵坚瑕，讨军实也；政教修废，察吏治也；古今是非得失之迹，垂劝鉴也，夫如是，然后有补于世。”

周应合 在《景定建康志修志本末》中强调修志主旨在于“崇厚风俗，表章人才”。他说：“尝闻南轩先生因修郡志，而示训曰：削去怪妄，订正事实，崇厚风俗，表章人才。是编也，于前之八字，无能为役，于后之八字，或庶几焉。”后之八字，即“崇厚风俗，表章人才”，是《景定建康志》编写目的所在，也是编修志书的初衷。

董弅 在《严州图经序》中论述了志书的社会作用，认为志书不仅可以使“为政者究知风俗利病，师范先贤懿绩”，还可以使承学晚生“览之可以辑睦而还旧俗”，使宦达名流“玩之可以全高风而励名节”。旨在说明志书对“为政者”“承学晚生”“宦达名流”的教育作用尤不可低估。

五、关于志书的内容体例

司马光 在《河南志序》中，对宋敏求《河南志》进行了客观评价，并罗列了《河南志》体例，很值得参考。

“唐丽正殿直学士韦述为《两京记》，近故龙图阁直学士宋君敏求，字次道，演之为河南、长安志。凡其兴废迁徙，及宫室、城郭、坊市、第舍、县镇、乡里、山川、津梁、亭驿、庙寺、陵墓之名数，与古先之遗迹，人物之俊秀，守令之良能，花卉之殊尤，无不备载。考诸韦《记》，其详不啻十余倍，开编粲然，如指诸掌，真博物之书也。”① 这是经过与韦述《两京新记》比较之后得出的结论，是志书内容不断发展、门类不断增扩的必然结果。

陆游　曾为《嘉泰会稽志》作序，并对全书参订，陆氏总结该志所征用资料极为广博。

其云：“上参《禹贡》，下考太史公及历代史，金匮石室之藏，旁及《尔雅》本草道释之书，稗官野史所传，神林鬼区、幽怪恍惚之说，秦汉晋唐以降金石刻，歌诗赋咏，残章断简，靡有遗者，若父老以口相传，不见于文字者，亦间见层出。”从而可知，此志所征，甚古者《禹贡》，以下为《史记》，历代史书，金匮石室中的档案文献，《尔雅》《本草》，佛道之书，稗官野史，历朝金石碑刻，歌诗赋咏以及神林鬼区、幽怪恍惚之说等。由此可见该志的价值。此志之广征博采为以后修志奠定了基础，陆氏学识渊博，如此评论，至为中肯。

此外，陆游参订此志时，恪守“不私其亲”的原则，清钱大昕在其撰《潜研堂文集》中称：“陆氏家世贵显，放翁父子预修此志，而传人物只及左丞佃一人，古人志乘皆寓史法，不私其亲如此。近代士大夫一入志局，必欲使其祖父族党，一一厕名卷中，于是儒林文苑，车载斗量，徒为后人覆瓿之用矣。”

总之，“方志之书，至赵宋而体例始备，举凡舆图、疆域、山川、名胜、建置、职官、赋税、物产、乡里、风俗、人物、方技、金石、艺文、灾异无不汇于一编。隋唐以前，则分别单行，各自为书，斯类亦不过地图、山川、风土、人物、物产数种而已”②。

全国总志以乐史《太平寰宇记》为例，其内容、体例已逾前代，其尽收贾耽《十道述》之漏落及李吉甫《元和郡县志》之阙遗，采摭繁富，唯取赅博，“后来方志，必列人物、艺文者，其体皆始于史，盖地理之书，记载至是书而始详，体例亦自是而大变”③。

六、关于志书编纂方法及要求

从马光祖、周应合修纂《景定建康志》对问题的讨论，可略见宋人修纂志书

---

① 《司马温公文集》卷六十六，《河南志序》，商务印书馆，1936 年。

② 张国淦：《中国古方志考·叙例》，中华书局，1962 年。

③ 《钦定四库全书总目》卷六十八，中华书局，1997 年。

一斑。

马光祖 对志书提出了如下要求：

1. 力主速成。其原因是“图志三岁一上，法也。吾再至此，又及三年，将成此书而丐归焉，属笔于子毋逊”①。又说：“速为之，及吾未去以前成书可也。”这说明一则宋代图志三年一上报，不可拖久；二则宜在马氏任内完成。因为马氏认为主笔周应合前曾有《江陵志》之修，“图辨表志，粲然有伦，轻车熟路”。

2. 补、正、续要求的提出。周应合认为，建康旧志，所记止于乾道，续志所记止于庆元，庆元至今所当续者六十余年之事，不敢略，亦不敢废弃前志。为此，马光祖对该志提出了一个总要求，认为“乾道、庆元二志，互有详略，而《六朝事迹》《建康实录》，参之二志，又多不合，今当会而一之，前志之阙者补之，舛者正之，庆元以后未书者续之，方为全书。况前志散漫而无统，无地图以考疆域，无年表以考时世，古今人物不可泯者，行事之可为劝戒者，诗文之可以发扬者，求之皆阙如也，子其用《江陵志》之凡例，汇而辑之，备前志之所未备，此吾所望也”。可见，马光祖对修此志要求甚为严格，“阙者补之，舛者正之，庆元以后未书者续之”，内容上要求“备前志之所未备”，这不仅可为纂此志之法，亦可为纂他志之法。

3. 对主笔人选之要求。马光祖认为：“章往考来，图志宜详于它郡，而乾道有旧志，庆元有续志，皆略而未备，观者病之。庆元迄今逾六十年，未有续此笔者。”② 为此，选择了幕客周应合为主笔人选，认为周氏“博物洽闻，学力充赡，旧尝为《江陵志》，记载有法，乃以是属之”③。

周应合 在其所撰景定《建康志修志本末》中系统地论述了志书编纂方法，首先“定凡例”，其次“分事任”，再次“广搜访”，最后“详参订”。此四步修志程序，既符合当时修志实际，亦于后世纂修志书具有指导意义。

1. 定凡例。周氏认为《江陵志》凡例不能作为《建康志》凡例。理由是：“应合昨修《江陵志》为图十二，附之以辨，其次为表，为志，为传，为拾遗，所载犹不能备。建康又非江陵比也，自吴以来，国都于此，其事固多于江陵，若我朝建隆、开宝之平江南，天禧之为潜邸，建炎、绍兴之建行宫，显谟承烈，著

① ［南宋］周应合：景定《建康志修志本末》，清嘉庆六年（1801）金陵刻本。
② ［南宋］马光祖：景定《建康志序》，清嘉庆六年（1801）金陵刻本。
③ ［南宋］马光祖：景定《建康志序》，清嘉庆六年（1801）金陵刻本。

在留都，凤阙龙章，固宜备录，然混于六朝之编，列于庶事之目，宫府杂载，君臣并纪，殊未安也，今欲先修《留都宫城录》，冠于书者，而建康地图年表次之……而《留都录》之序，则请公命笔。公皆可之。”周氏不仅提出了《建康志》凡例，也提出先修《留都录》的建议。这体现了周氏的见解卓绝。

2. 分事任。鉴于此次修志任务繁重，庆元以前未备者，庆元以后未书者，皆欲增修无阙，“岂一手两耳目所能周遍”，欲请官十人入局分项修纂。“窃惟幕府环列，儒宗林立，所当博师三长，共成一书，金陵故家，文献所聚，耆旧英俊，尤宜周询，庶几凭借众力，早有成书之期，欲乞请官十员，招士友数人入局，同共商榷，分项修纂。”

3. 广搜访。纂修志书材料应该齐备，故搜访不厌其详。访察范围“自幕府以至县镇等官，自寓公以至诸乡士友，自戎帅以至将校”，“凡自古及今，有一事一物，一诗一文，得于记闻，当入图经者，不以早晚，不以多寡，各随所得，批报本局，以凭类聚考订增修。其有远近博物洽闻之士，能记古今事迹，有他人所不知者，并请具述，从学校及诸县缴申。其阀阅子孙，能收上世家传、行状、墓志、神道碑及所著书文，与先世所得御札、敕书、名贤往来书牍，并请录副申缴，其山巅水涯，古今高人逸士，有卓行而不求闻达者，亦请冥搜详述，以报本局”。

以上所征集资料广泛、翔实、具体，有文字的，有口碑的，也有实物的。周氏建议，对闻见最博、考证最精者，“当议优崇”；对记忆旧闻条具最多而事迹皆实者“当行犒赏”。这些做法保证了资料的搜集和质量。

4. 详参订。为确保志书质量，周氏欲将初稿传之诸幕，“悉求是正，其未当者与未尽者，各请批注行间，以凭删修次稿”。然后将定本呈主修钧览，“仰求笔削，然后付之锓梓”。

为审慎起见，周氏“凡纂一事，必禀命于公，每成一稿，必取正于公。夜考古书，朝定今事，右分编稿，左付刻梓”。真是“夜以继日，瘦精书传”，终使该志“始于三月甲子，成于七月甲子，献之天子，玉音嘉焉”。①

① ［南宋］马光祖：景定《建康志序》，清嘉庆六年（1801）金陵刻本。

第五节 小结

北宋王朝的建立结束了五代以来军阀割据的局面，政治上由分裂趋于统一，经济也得到恢复和发展。自唐末农民大起义之后，士族门阀势力被击垮，农民的依附关系相对松弛，租佃关系进一步发展，社会生产力得到一定解放，社会生产得到一定发展，文化、科学技术等方面出现了新气象。唯物哲学思想家、自然科学家、史学家、文学艺术家不断出现，传播文化思想的有力工具——刻书、印刷术大力发展，“市人转相纂诸子百家之书，日传万纸”①。

所有这些，为志书的编修和方志理论的大量出现提供了前提条件，特别是两宋史学、类书的大量出现，对方志学的发展起到积极的促进作用。

赵宋王朝中央及各级地方政府重视志书的编纂，并多次颁发了编纂方志、舆图等文告，使修志事业形成了制度（略见董弅《严州图经序》）。宋徽宗时，我国第一个中央修志机构——九域图志局建立，命所在州郡编纂图经。所有这些，使得宋代修志、绘制舆图事业得到空前发展。一些政治家、地方官、科学家、史学家、文学家等参与修志或为志书作序，这都是促进方志理论发展和志书、舆图编纂事业发达繁盛的原因。

两宋时期，北宋是图经盛行并向方志过渡的时代，北宋志书在数量上远远少于图经。从内容体例上看，除少数几种已相当充实和完备外，大多数尚未完全定型。所以，北宋志书的情况基本上是图经踵唐代继续盛行②，方志不占主要地位，图经处于向定型方志过渡之中。南宋，则完成了图经向方志的过渡。方志内容体例相当充实完备，多数方志已经定型，地方志成为主流形态。

图经发展到南宋为何式微而完成向定型方志过渡？理由是：图经形态地理成分偏多，人文历史成分偏少，不能满足人们的需要，而地方志则是人文历史成分不断增扩，地理内容（如地图）转而减少。事实上，已经过渡到定型方志了。地

① 《东坡集》卷二十三《李氏山房藏书记》，商务印书馆，1958 年。

② 据公私著录两宋图经（含图志、图说），不论存佚，凡五百六十六种。见陈桥驿《图经在我国方志史中的重要地位》，载《中国地方志》1992 年第 2 期。

方志形态的出现，是历史比较的结果，人们认识到，方志形态开始是以地理元素为主要内容的，也只有充实大量人文历史元素，才能构建成一种综合性多元化的地方百科全书式的系统完整形态。这自是方志发展史上的一次革命。

第七章　金元时期

第一节　总志、图

一、导语

女真族世居我国黑龙江流域和长白山一带，公元十二世纪初，女真贵族灭辽，臣服了西夏，又进兵中原，把宋朝统治者赶到江南，在我国北方建立了金朝，统治达120年之久。

金朝统治者在文化上颇受宋朝影响，在编修方志方面仍继续进行，然成书寥寥，且留传至今者甚少。

总志，从文献记载看，有《金大定职方志》之修，然其内容与历代职方所志无异，唯其书已佚，原貌不可考见。

元人踵宋人之迹，仿祝穆《方舆胜览》之体，于元世祖时，刊印《元混一方舆胜览》三卷（佚名），内容含地理及人物两方面，颇具史料价值。

至元二十三年（1286），集贤大学士扎马剌丁上奏言，请修一统志，“方今尺地一民，尽入版焉，宜为书以明一统”。

至元二十四年（1287），虞应龙撰成《统同志》一书，内容为天下地理、建置郡县、沿革事迹、源泉山川、人物及圣贤赋咏，按志书体分类记述，进呈皇帝。

至元二十八年（1291），扎马剌丁、虞应龙等以《统同志》为蓝本，成《大一统志》七百五十五卷（此为初修本）。

元成宗大德初，以《大一统志》缺漏甚多，因赵忭之请，再修《大一统志》，成宗命孛兰肹、岳铉等主其事，虞应龙等纂。大德七年（1303）三月成书，称《大元大一统志》一千三百卷。此为再修之本。

大德元年（1297），朱思本纂成《九域志》八十卷（今存元刻残本），此书取《元和志》《太平寰宇记》《方舆胜览》、天官舆地诸书，按《禹贡》九州所载，分条析理而成其书。

朱思本绘制的《舆地图》，曾是元、明及清初各代绘制全国总图的主要范本。自1311—1320年，历时十年完成。采用计里画方之法。此图，经明人罗洪先增订，改编为《广舆图》之后，"支配了中国地图二百多年"。"朱思本是继裴秀、贾耽等人之后在我国地图学史上又一位划时代人物"。①

二、志、图举要

《元混一方舆胜览》

元·佚名纂。

凡三卷，今存《事文类聚翰墨全书》本。

体例略仿宋代祝穆《方舆胜览》。

本书所纂缘由及内容，据张元济跋语所引卷首行书牌记："……方今六合混一，文轨会同，有前古所未有之天下，皇乎盛哉！是编凡山川人物，沿革本末，靡不具载，学士大夫，端坐窗几，而欲周知天下，操弄翰墨，而欲得助江山，不劳余力，尽在目中，信乎其为胜览矣。"由此可知，是书于山川、地理、沿革，以及人物等情况皆有所载，具有一定史料价值。然此书疏陋之处甚多，已为学者指出。

《大元大一统志》

元·扎马剌丁、虞应龙等纂。

扎马剌丁，西域人，作《万年历》，见《元史·天文志》。虞应龙，字柏心，蜀人，秘书少监。

元朝官修总志。

① 略本《中国古代地理学史》，中科院自然科学史研究所地学史组主编，科学出版社，1984年。

元时《大一统志》凡有二种：

元世祖至元二十三年（1286），“集贤大学士中奉大夫行秘书监事札马里鼎言，方今尺地一民，尽入版焉，宜为书以明一统。”[1] 皇帝采纳，命札马里鼎与奉直大夫秘书少监虞应龙等，搜辑为志，二十八年辛卯（1291）书成，凡七百五十五卷，名《大一统志》。此为初修之本。

元成宗大德初，因札马氏《大一统志》缺漏甚多，因集贤侍制赵忭之请，作《大一统志》。成宗命孛兰肹、岳铉等主其事重修，七年（1303）三月戊申孛兰肹、岳铉等奏进。此为再修之本，凡一千三百卷。钱大昕《元史艺文志》著录两种本子，一为七百五十卷，扎马剌丁、虞应龙等进；一为一千卷，大德七年（1303）孛兰肹、岳铉等上。《文渊阁书目》著录旧志，一百八十册，又六百册。《千顷堂书目》著录为一千卷，年卜等进。

据张国淦于此书《编者案》云：“《元史·世祖本纪》至元二十三年（1286）二月丙寅，以编地理书，召曲阜教授陈俨、京兆萧㪺、蜀人虞应龙。应龙之至京师，据《秘书监志》为至元二十四年（1287）九月，而至元三十一年（1294）八月，《监志》所载支给饮食分例额定编写秀才十名名单，首列虞应龙。据此可知，至元二十八年（1291）虽已曾进呈初修本，而应龙实仍在监继续纂修，未尝辍事。许有壬序称应龙谓尚欲网罗遗佚，证其异同，即是仍行续修之意。自三十一年（1294）以后，《监志》于元贞二年（1296）、大德元年（1297）、大德二年（1298）、大德三年（1299）、大德五年（1301）均有编修《大一统志》之记载，足知此志自进呈初修本后，始终并未停工，直至大德七年（1303）五月，而全书正式告成也。”

“又按《监志》，应龙先尝著有《统同志》，其来京师……装载《统同志》文书以俱，既至则以秘书少监主持修志，历时甚久，由此可推知《大一统志》殆即用《统同志》为蓝本也。”

“又按《监志》所记《大一统志》编修人员，在至元二十四年（1287）止五人，三十一年（1294）十人，大德五年（1301）二十人……前后十八年中，参与修志者约五十人……然《监志》所列饮食分例名单，似属全体职员，而最多时亦

---

① 许有壬：《大一统志序》，转引自张国淦《中国古方志考》，《大元大一统志》条，中华书局，1962年。

止二十人，由此可知古代修书，用人甚少，其所以历年甚久而始成书者，亦由此也。”

“又按，元朱思本《广舆图序》，称其参阅之书有《皇一统志》。崇祯《松江府志》，亦涉及是书。而钱大昕《大一统志残本跋》亦云每册有处州路儒学教授官印，是《大一统志》刊成后，在当时颇有流传。明《文渊阁图书目》著录两部，一为百八十二册，一为六百册，皆不详其卷数，然后者同于大德七年（1303）进呈之册数，必为足本，而前者则是残书……盖自明中叶后，世间久无全书矣。”[①] 张国淦对元代编修一统志的始编时间、成书时间、经过、编者姓名、人数、主要依据资料、流传情况及该书散佚时间等进行了详细考察，甚为周备，从中可以了解元代编修该志的基本情况，或可为当今之借鉴。

一千三百卷本曾于顺帝至正六年（1346）刊刻印行，缺佚于明，今仅存《玄览堂丛书续集》所收残本三十五卷及金毓黻辑《大元大一统志》残本十五卷、辑本四卷。赵万里辑《元一统志》十卷传世，另有元许有壬序存世。

此志承唐、宋总志体例，以各路及行省所直辖府、州为纲，分建置沿革、坊郭乡镇、里至、山川、土产、风俗形势、古迹、宦绩、人物、仙释等目。网罗极为详备，“诚可云宇宙之钜观，堪舆之宏制矣”[②]。说明该志是对唐宋地方志书的继承和发展，内容丰富，体例周备，已是定型总志。所记事迹如大都寺观等古迹，多为他书所未见；如石脂、石油诸条，增补了《梦溪笔谈》之缺漏，《元史·地理志》亦多取资是书。《延安路》范雍、计用牵、庞籍、狄青、韩琦、薛金、王温恭、夏安朝、李师中、李若谷、王庶等事迹多出《宋史》，但与今本《宋史》颇异歧，因《元一统志》所据乃元初纂修本，今本乃脱脱纂修本，凡此说明该书价值。

金毓黻《大元大一统志考证导言》谓：“清修一统志，而因于明，明修一统志而因于元，《大元大一统志》为元代所创修，亦即《明一统志》所据之蓝本也。考《大一统志》，凡一千三百卷，卷帙至为繁富。《明一统志》仅九十卷，不及其十之一，《清一统志》初修为四百二十四卷，续修本为五百六十卷，视《明志》为繁富矣，然仍不及《元志》之半。设使其全帙尚在，学者必奉为鸿宝，而《元

① 张国淦：《中国古方志考》本条，中华书局，1962年。

② 吴骞：《元大一统志残本跋》，转引自张国淦《中国古方志考》，《大元大一统志》条，中华书局，1962年。

和郡县志》《太平寰宇记》不得专美于前，明清二代之《一统志》亦未能独步于后也。惜是书为明代所摈弃，全帙已付劫灰，今可考见者，仅十数卷之残本，及群书所引之佚文耳，是诚方舆学所遭之重劫，而学人不胜其慨叹者矣，今北京图书馆独存是为残本百余页，而大连图书馆及各收藏家亦有藏其零页者，以暇日展转借抄，整比成书，得十五卷，是为残本，又自群书摭拾其遗文佚句纂为一编，凡得四卷，是为辑本。”

《九域志》

元·朱思本纂。

朱思本（1273—1333），字本初，号贞一，临川人。元代地理学家，纂著《九域志》八十卷、《舆地图》二卷及《贞一斋诗文稿》等。

《九域志》八十卷。今存元刻残本，为稀珍本。作者“取《元和郡县志》以及《太平寰宇记》《方舆胜览》、天官舆地诸书，详加检校……一以《禹贡》九州为准的，乃以州县属府，府属都省，以都省分隶九州焉。……书成凡得八十卷，题曰《九域志》云”。(朱思本自序)

此书成于大德元年（1297）。此书当时未获流传，亦未见于各家书目。

《舆地图》

元·朱思本①绘制。

此图自至大四年（1311）至延祐七年（1320）用十年时间绘制而成，而后刊石于上清之三华院。

该图用“计里画方”法把小幅的分图合并为长宽各七尺的总图，原图于清初散佚。它曾是元、明和清初绘制全国总图的主要范本。该图为中国地图中首先系统使用符号图例者，为明代《广舆图》等所本。

朱氏为道教徒，他利用奉诏祭祀名山河海的机会，考察地理，研究城市沿革，“登会稽，泛洞庭，纵游荆襄，浏览淮泗，历韩、魏、齐、鲁之郊，结辙燕赵，而京都实在焉”②。并且参考了著名地理学及总志著作，如《水经注》《通典·州郡门》《元和郡县志》《元丰九域志》以及《大元一统志》等书，绘制而成此图。这就是说朱氏《舆地图》是通过实地考察和参考书本知识而产生的成果，

① 朱思本小传见本书《九域志》。

② 据罗洪先《广舆图》卷首附朱思本《自叙》。

朱图的特点是内容翔实可靠。

此图后经明罗洪先（1504—1564）增订改编为《广舆图》之后，支配了中国地图二百多年，影响之大前所罕见。①

第二节　地方性志、图

一、导语

金代地方性志书为数不多，如金吕贞干纂《碣石志》，金朝蔡珪纂《晋阳志》十二卷，金天会间成《五台县志》②（佚），金朝李余庆纂《齐记补》。金朝王寂撰《辽东行部志》及《鸭江行部志》二书，历来归入地理，其实为方志之书。金元之际有刻本，二书久不传，清开四库馆，自《永乐大典》辑出，但未著录于《四库》，亦未见于《存目》。后《辽东行部志》辑本转于缪荃孙手，收入《藕香零拾》中得以传世，《鸭江行部志》辑本转入盛昱之手，后又为朱希祖购得，并撰成考证一篇，原本未刊。此外，还有成书于金元之际的《泽州图经》及《盐池图记》等。③

元代地方志较著名者，如成书于元元贞二年（1296），元骆天骧纂《类编长安志》十卷（残本），此志于秦汉至元代长安建置记载尤详。

大德二年（1298），元冯福京修、郭荐纂成《昌国州图志》（原书佚，今存重刊本、手抄本）。

大德七、八年间，元李京纂《云南志略》四卷。此书为作者亲历考察，并对史料加以考证，以记云南山川地理、土产、风俗为主的志书。

又元郝天挺纂《云南实录》五卷（佚），元张立道纂《云南风土记》（佚）及《六诏通记》（佚），元张道宗纂《纪古滇说原集》一卷（有刊本），皆属云南通志类志书。

---

① 略本《中国古代地理学史》，中科院自然科学史研究所地学史组主编，科学出版社，1984 年。

② 康熙《五台县志》凡例称，《台志》肇自金朝天会间。

③ 见成化《山西通志》十二，明成化十一年（1475）刻本。

至元二十一年（1284）修，二十五年（1288）刊行，元单庆修、徐硕纂《嘉禾志》三十二卷，今存，稍残。为今嘉兴方志。

大德九年（1305）元邓牧纂《洞霄图志》六卷，记宫观、山水、洞府、古迹及人物等（有传本），为寺观志之佼佼者。延祐七年（1320），马泽修、袁桷纂成《四明志》二十卷（今存有十七卷及目录两卷）。其后二十二年，即至正二年（1342），元王元恭修、王厚孙纂《四明续志》十二卷，为袁书之续作，有宋元四明六志刊本，亦为名志。

元大德间，曾有《辽阳行省图志》之修，原书久佚。

元惠宗至元五年（1339），于钦纂《齐乘》，此志叙述简赅淹贯，在元代地志中最有古法，为元代名志。

至正元年（1341），孛罗贴穆尔修、杨譓纂成《崑山志》二十二卷（今本六卷），亦为名志。

至正二年（1342），李好文成《长安志图》三卷，该志图、说并存，属图经性质，记汉唐宫阙陵寝、渠泾沿革制度等。

至正四年（1344），张铉纂《金陵新志》十五卷（今存于国家图书馆，元刻本），此为考元代金陵事迹者唯一志书。

元熊自得约于至正二十四年（1364）以后不久成书《析津志典》①（有辑本），是一部最早的北京地方专书。此外，元代有关北京的志书曾有《皇元建都记》（佚）、《大都图册》（佚）、《大都志》（佚）等。

元代享国虽短，然志书、舆图之编纂始终未断，就现存书目而论，总计不少于190种之多，年均量已大大超过两宋。修志之风，已逾前代。金元以降，有些志书仍以图经、图志、图记、图册、图等称，其体例内容与定型方志无异，且非主流形态。

二、志、图举要

明昌《鸭江行部志》

金·王寂纂。

此书记事断限甚短，起自金章宗明昌二年（1191）二月初十，至三月初十

---

① 《析津志典》亦称《析津志》《燕京志》。

日，日记体舆地书。

凡一卷，为纪录今辽阳至辽东半岛行程的文献。内容多为地理、古迹、文物等。金元之际有刻本。清开四库馆，自《永乐大典》辑出。未刊，有抄本行世。

《类编长安志》

元·骆天骧纂。

骆天骧，字飞卿，号藏斋遗老，长安人，官京兆路教授，纂《类编长安志》。

是书十卷，元贞二年（1296）成书。《文渊阁书目》著录为五册，《中国地方志联合目录》著录为十卷。国家图书馆有元贞二年（1296）修明抄本，不全。湖南图书馆有清张燮抄本。陕西、南京等地图书馆有抄本。

书前有骆天骧序、贾文裕序、王利用序，次为安西路州县图，次目录。

卷一：杂著、管治郡县；卷二：京城、宫殿室庭；卷三：圜邱郊社、明堂辟雍、苑囿池台、馆阁楼观；卷四：堂宅亭园、街市里第；卷五：寺院、庙祠；卷六：山水、川谷、泉渠、陂泽、潭泊；卷七：桥渡、原邱、关塞、镇聚、堡塞、驿邮、坡坂、堆堰、城阙、古迹；卷八：山陵冢墓、纪异、辨惑、数目故事；卷九：胜游、杂题；卷十：石刻。每类又为子目。

此志于秦汉至元长安建置记载尤详。凡百家传记、秦中古今碑刻、名贤诗文、长安景题、鸿儒故老传授，均在网罗之列。加之作者为长安人，幼从乡先生游，故其书采摭繁富。然此志“体例既未尽善，考订亦未详赡”①，是为不足。“惟宋元旧志，南则四明、临安、吴郡、三山、严州、会稽、赤城、镇江、建康、新安、毗陵、嘉禾存者尚多，北则宋敏求、李好文《长安》二志外，惟此书耳。”② 可以想见其书价值所在。

《昌国州图志》

元·冯复京修，郭荐纂。

冯复京，潼川人，大德年间任浙江昌国州乐清县判官。主修《昌国州图志》《乐清县志》。

郭荐，昌国州人，乡贡进士，鄞县教谕。

昌国州，辖今定海、岱山、嵊泗、普陀四县。

---

① ［清］陆心源：《仪顾堂续跋》八，《类编长安志跋》，中华书局，1990 年。
② ［清］陆心源：《仪顾堂续跋》八，《类编长安志跋》，中华书局，1990 年。

此书于大德二年（1298）七月成书，十一月刊行。原书佚。国家图书馆、上海图书馆等多家图书馆存宋元四明六志刊本，国家图书馆、故宫博物院及甘肃、浙江等地图书馆有大德二年（1298）纂《四库全书》本，其他图书馆有清咸丰四年（1854）徐氏烟屿楼重刊本、同治重刊本。

钱大昕《元史艺文志》《四库全书总目》等著录为七卷。《中国地方志联合目录》著录为七卷。

其书凡分八门，曰叙州，曰叙赋，曰叙山，曰叙水，曰叙物产，曰叙官，曰叙人，曰叙祠。各门之下分目若干。该书是对旧志进行刊削而成。“其大旨在于刊削浮词，故其书简而有要，不在康海《武功志》、韩邦靖《朝邑志》下，海书、邦靖书为作者盛推，而此书不甚称于世，殆年代稍远，钞本稀传欤？据原目所载，卷首当有环山、环海及普陀山三图，图志之名实由于是，此本有录无图，盖传写者佚之矣。”[①] 其中说“图志之名实由于是”值得商榷。

《云南志略》

元·李京纂。

李京，字景山，河间人，进士，乌撒乌蒙道宣慰副使。

书佚。尚有李京序、虞伯生序、元明善序及部分志文流传，元陶宗仪《说郛》收入。又有张氏大典辑本。

书约成于大德七、八年间（1303—1304），凡四卷。书成未刊，有抄本，佚于明中叶。

李京于大德五年（1301）奉命宣慰“乌蛮”，历经二年，亲身奔走多遍，考察乌蛮、六诏、金齿、“百夷”之后，以己有见，参考众说，详加考证，撰成此书。

该书主要记载云南山川、地理、土产、风俗，纠正前人著作之失，扬弃怪诞不经之说，文献价值颇高。

钱大昕《元史艺文志》、倪灿《补辽金元三史艺文志》《千顷堂书目》等著录为四卷，而道光《大定府志》著录为《乌撒志略》四卷，元李京撰，实即其《云南志略》。

李京作此书时，得见大理图籍及元初政事之典，此等文献后皆佚，赖李京书

---

① 《钦定四库全书总目》卷六十八，中华书局，1997年。

以存，更显出此书之价值。

《延祐四明志》

元·马泽修，袁桷、王厚孙纂。

马泽，字润之，以太中大夫为庆元路总管。

袁桷（1266—1327），字伯长，自号清容居士，庆元路鄞县（今宁波市鄞州区）人，翰林国史院检阅官，累侍讲学士，著《清容居士集》《易说》等，纂《四明志》。

王厚孙，字叔载，一字燕贻，自号遂初老人，以荐为鄞训导，授象山教谕。

四明，即今宁波市。

本书于延祐七年（1320）修，至元六年（1340）刊行。原书二十卷。

台湾有延祐七年（1320）修旧抄本，不全。国家图书馆、北京大学图书馆等多家图书馆有宋元四明六志刊本。此外，国家图书馆、浙江图书馆有清乾隆《四库全书》本等。

是书门类以考称，卷前有袁桷序。

卷一：沿革考（辨证、境土）、土风考；卷二：职官考上（唐、五代、宋、皇朝）；卷三：职官考下（先各县分述，次蒙古学、医学、官医提领所、阴阳教授司、杂造局、织染局、平准行用库、在城都税务使司、广盈仓、永丰库、在城站、车厩站、沿海翼万户府、蕲县翼万户府、都镇抚所、千户所、庆元绍兴等处海运盐使司、千户所、两浙都转运盐使司、庆元路盐仓、庆元市舶提举司、各场盐司各设盐司）；卷四：人物考上（先贤）；卷五：人物考中（先贤、节妇、孝行、逸士）；卷六：人物考下（史忠定十二先生赞、王尚书八贤赞、衣冠盛事、进士）；卷七：山川考（诸目略）；卷八：城邑考上（诸目略）；卷九：城邑考下（诸目略）；卷十：河渠考上（诸目略）；卷十一：河渠考下（诸目略）；卷十二：赋税考（诸目略）；卷十三：学校考上（诸目略）；卷十四：学校考下（诸目略）；卷十五：祠祀考（诸目略）；卷十六：释道考上（诸目略）；卷十七：释道考中（诸目略）；卷十八：释道考下（诸目略）；卷十九：集古考上（文）；卷二十：集古考下（诗）（按，集古考即艺文考）。

钱大昕《元史艺文志》著录为二十卷。《四库总目》著录十七卷，缺佚卷九至卷十一。《中国地方志联合目录》著录为二十卷。

《四库总目》称此书“条例简明，最有体要……志中考核精审，不支不滥，颇有良史之风，视至元嘉禾、至正无锡诸志，更为赅洽”。堪称元代名志。

袁桷《延祐四明志》后又二十二年，即至正二年（1342），又有《四明续志》十二卷之修纂（元王元恭修，王厚孙纂）。此为袁桷《四明志》之续作，今见于宋元四明六志刊萃，亦称元代名志。《续志》沿用旧体，内容增延祐以后事，并新设土产一门，较前志更为赅备。

《齐乘》

元·于钦纂。

于钦（1284—1333），字思容，山东益都人，历官兵部侍郎、益都路总管，纂《齐乘》。

《齐乘》为专记三齐舆地之书。三齐，今山东省地。古指胶东（山东东北）、济北（山东中部地）、齐（胶东济北间）。

书凡六卷，有元至正刻本、明嘉靖刻本、乾隆周氏刻本、好音书屋刻本、《四库全书》本、清抄本、抄本。山东现存最完整旧志，当以此为最古。

卷前有苏天爵序。

卷一：沿革、分野、山川（山）；卷二：山川（水）；卷三：都邑；卷四：古迹（城郭、亭馆上）；卷五：古迹（亭馆下、丘垅）、风土；卷六：人物。其子于潜释音，作跋。

钱大昕《元史艺文志》《文渊阁书目》《千顷堂书目》《四库总目》著录为六卷。《中国地方志联合目录》著录为六卷，附释音一卷。

于钦因《大一统志》成书藏于秘府，世莫得见。苏天爵云：“于公生于齐，官于齐，考订古今，质以见闻，岁久始先成编，辞约而事核。”① 于潜《跋》云：“昔我先人，为国子助教，每谓潜曰：‘吾生长于齐，齐之山川、分野、城邑、地土之宜，人物之秀，此疆彼界，不可不纂而纪之也’……”至元五年（1339），于潜在于钦死后六年，厘定遗稿，于至正十一年（1351）刊刻此志。

《四库全书总目》称：“是书专记三齐舆地……叙述简核而淹贯，在元代地志中，最有古法，其中间有舛误者……然钦本齐人，援据经史，考证见闻，较诸他地志之但采舆图、凭空言以论断者，所得究多，故向来推为善本。”

《齐乘》向为元代著名地方志书。

---

① 苏天爵：《齐乘·序》，清乾隆四十六年（1781）刻本。

于钦《齐乘》在地理学上的贡献历来为地理学者所重视，他在山东观察到多处山崖上有蚌化石，联想到这与沈括在太行山麓观察到的情况相似，其卷一写道："府城（即济南）南五里上方，号大云顶……崖壁上衔蚌壳结石，相传海田所变，如沈存中《笔谈》载太行山崖螺蚌石子横画如带之类，齐地尤多。"于钦指出，在山东省多处崖壁上都有蚌壳化石，或可说明《神仙传》（葛洪撰）中借麻姑之口讲"东海三为桑田"一语，就是以这类化石为其依据的。

然作者于齐地典章制度、食货及历史大事缺载，且无舆图，是为缺憾。于山川、郡邑、人物间有错陋，顾炎武《山东考古录》多已指出，尽管如此，该志仍不失为善本。

《至正崑山志》（一名《崑山郡志》）

元·孛罗贴穆尔修，杨譓纂。

孛罗氏，字存中，号一斋，唐兀人，奉议大夫，至元元年（1335）监州。

杨譓，字履祥，浦城人。

崑山，即昆山，今江苏昆山市。

该志凡六卷。志前有杨维祯序。

卷一：风俗、山、坊、园亭、冢墓、古迹；卷二：名宦、封爵；卷三：进士；卷四：人物；卷五：人物、释老；卷六：土贡、土产、杂记、异事、考辨。

据杨维祯（即铁崖）《序》，称其书"凡二十二卷"，又《传是楼书目》著录《昆山郡志》二十二卷，而传抄本及观自得斋本（光绪）、太仓旧志五种本（宣统）等仅六卷。钱大昕《跋》是书云："铁崖序称二十二卷，今按之止六卷，首尾完具，岂铁崖所见乃别本耶?"周中孚跋是书则谓："今考是书分十有六门，记始于风俗而不及建置沿革，次又记山而不及水，疑其全书阙佚，今所存乃残本，后人考卷数以就之，亦未可知也。"其说可参。

该志优点"简而有要"①，"是书以土贡、土产分为二门，而终之以考辨，最为确当"②。

至正元年（1341）成书。钱大昕《元史艺文志》《千顷堂书目》著录。《中国地方志联合目录》著录为六卷。国家图书馆、中国科学院图书馆等有至正元年

---

① ［清］钱大昕：《至正崑山志跋》，《潜研堂文集》二十九，《四部丛刊》本，商务印书馆，1929年。
② ［清］周中孚：《至正崑山志跋》，《郑堂读书记补逸》十二，商务印书馆，1940年。

(1341) 修清抄本，国家图书馆有嘉庆邹鸣皋抄本，台湾有嘉庆《宛委别藏》本，无锡有清锄月种梅室抄本，国家图书馆、上海图书馆等有咸丰嘉定钱氏刻本，南京博物院、苏州市图书馆等有光绪缪氏东仓书库刻本，国家图书馆、北京大学图书馆有光绪《观自得斋丛书》本，国家图书馆、中国人民大学图书馆等多家图书馆有宣统《汇刻太仓旧志五种》本。

《长安志图》

元·李好文纂。

李好文，字惟中，自号河滨渔者。东明人，至治进士，官至光禄大夫河南行省平章政事，好文承旨预修宋、辽、金史，又撰《历代帝王故事》《太常集礼》《端木堂经训要义》《大宝录》《大宝龟鉴》和《长安志图》。

此志存，有明嘉靖十年 (1531) 翻刻本、镇洋毕氏经训堂重刊本。

此书成于元至正二年 (1342)，三卷。钱大昕《元史艺文志》《四库总目》《千顷堂书目》、倪灿《补辽金元艺文志》等著录。《中国地方志联合目录》著录有宋敏求纂、李好文绘图熙宁《长安志》二十卷，图三卷本及毕沅校本两种，详参宋敏求《长安志》条。

书前有作者自序。

卷上：汉三辅图、奉元州县图、太华图、汉故长安城图、唐宫城坊市总图、唐禁苑图、唐大明宫图、唐宫图、唐皇城图、唐京城坊市图、唐城市制度图、奉元城图、城南名胜古迹图、唐骊山宫图；卷中：咸阳古迹图、唐昭陵图、唐建陵图、唐乾陵图、唐陵图说、图志杂说一十八篇；卷下：泾渠图说序、泾渠总图、富平石川溉田图、泾渠图说、渠堰因革、洪堰制度、用水则例、设立屯田、建言利病、总论。该志图说并存，属图经性质。

据《四库全书总目》云，李好文认为宋吕大防《长安故图》(即《长安图记》) 旧本"芟除讹驳，更为补订，又以汉之三辅及元奉元所属者附入，凡汉唐宫阙陵寝及渠泾沿革制度皆在焉。总为图二十有二，其中渠泾图说详备明晰，尤有裨于民事，非但考古迹、资博闻也"。所论甚是。

《至正金陵新志》

元·张铉纂。

张铉，字用鼎，奉元路浮光人，学古书院山长。书成于至正四年 (1344)。《国史·经籍志》《千顷堂书目》《四库总目》《中国地方志联合目录》，皆著录为十五卷。

国家图书馆有至正四年（1344）元刻本。南京图书馆、南京大学图书馆有明正德补刻本。国家图书馆、故宫博物院等有《四库全书》本。南京图书馆有清抄本，不全。中央民族大学图书馆、中国历史博物馆等有民国《南京文献》本。

至正初，江南诸道行御史台诸臣将重刊宋周应合所撰《建康志》，该书下限止于景定年间，其后七八十年，记载阙略，虽郡人戚光于至顺间修有《集庆续志》（即《集庆路续志》，元赵世延修，戚光纂——笔者），但任意改窜，多变旧例，未为详审，复议增修，遂聘铉主其事，凡六阅月而书成。①

是志始有索元岱序，次为修志文移，次为修志本末，次为台府提调官掾职名，次为台府官掾职名，次为新旧志引用古今书目，次为总目。卷一：地理图（含金陵山川封域总图等十八幅图）；卷二：金陵通纪；卷三：金陵世年表；卷四：疆域志（含历代沿革等二十目）；卷五：山川志（含山阜等十一目）；卷六：官守志（含历代官制等三目）；卷七：田赋志（含历代沿革等四目）；卷八：民俗志（含古今户口等二目）；卷九：学校志（含历代学制沿革等十六目）；卷十：兵防志（含历代形势等八目）；卷十一：祠祀志（含古郊庙等五目）；卷十二：古迹志（含城阙官署等四目）；卷十三：人物志，世谱（含郡姓等三目），列传（含孝悌等十目）；卷十四：摭遗；卷十五：论辨（含诸国论等三目）。

是志元代故实来自戚光《集庆续志》及路州司县报呈事迹，体例略依《景定志》，而删去《留都录》及文籍两门，改儒学为学校，武卫为兵防，风土为风俗，城阙为古迹。然是志缺憾尤多，如其书不名续志，而曰新志，耆旧增入秦桧，尤失是非之公。

此志“不及《景定志》远矣，惟考元代金陵事迹者，舍是无所资耳”②。张铉在该志“修志本末”中详细阐发了方志源流、内容、作用以及编纂原则等，为元代方志理论较有系统者。

《重修琴川志》

南宋庆元年间孙应时原修，宝祐年间，鲍廉增修，元至正二十三年（1363）卢镇重修。

---

① 略本《钦定四库全书总目》卷六十八，中华书局，1997年。

② ［清］陆心源：《仪顾堂续跋》八，《至正金陵志跋》，中华书局，1990年。

孙应时，字季和，余姚人，进士，以通直郎庆元二年（1196）任。

鲍廉，龙泉人，以宣教郎淳祐十二年（1252）任。

卢镇，字子安，淮南人，至元年间以领兵副元帅兼知常熟州。

琴川，为江苏常熟之别名，常熟县，横港凡七，若琴弦然，故名琴川。

今按，琴川已有旧志，自宋南渡，版籍不存。庆元间（1195—1200），孙应时纂《琴川志》佚。

宝祐间（1253—1258），鲍廉增修，钟秀实、胡淳纂。其书亦佚。

元至正二十三年（1363），卢镇重修，名曰《重修琴川志》十五卷。

《千顷堂书目》著录为二十六卷。《中国地方志联合目录》著录为十五卷，图一卷。国家图书馆（陈揆校）、台湾有元刻本。国家图书馆、浙江图书馆有汲古阁重刻本。台湾有嘉庆《宛委别藏》本。华东师范大学图书馆、天津图书馆等有清传望楼刻本。此外尚有多家抄本。

志前有戴良序、卢镇序及旧序（邱岳序、褚中序），县境旧图、县治旧图，虞山南境、虞山北境乡村三图。

卷一至二：叙县；卷三：叙官；卷四：叙山；卷五：叙水；卷六：叙赋；卷七：叙兵；卷八：叙人；卷九：叙产；卷十：叙祠；卷十一至十三：叙文；卷十四：题咏；卷十五：拾遗。（有些门类含目若干，今从略）

卢氏博访周咨，详加考稽，卢志因前志（鲍廉志）名目旧所未载，各附卷末，于鲍志实未有更易。叙事有条理，文笔雅洁，历来有良志之称。

《析津志典》（一名《析津志》）

元·熊自得纂。

熊自得，其字也。梦祥为其名，号松云道人，江西丰城人，曾以茂才异等权荐为白鹿洞书院山长，元末授大都路儒学提举、崇文监丞。撰《释乐书》《析津志典》等，据考证，《析津志典》写作开始当是作者在大都任职期间，即“最早不会早于至正二十二年（1362），成书在至正二十四年以后（1364）”。

析津，府名，辽开泰元年（1012）改幽都府置，建为燕京。治所在析津、宛平二县（今北京城西南隅）。辖境相当今河北南拒马河、大清河、海河以北，遵化、丰南、天津、宁河以西，紫荆关以东，内长城以南地。入宋一度改名燕山府，至金海陵王贞元元年（1153）迁都于此，改名永安府，次年改名大兴府，入元后，置大都路，改大兴府为大都路总督府。

书久佚，明洪武纂修《北平图经志书》《永乐大典》、清《日下旧闻考》皆采录其书部分内容。

《文渊阁书目》《篆竹堂书目》著录为三十四卷。清光绪《顺天府志·艺文志》《中国地方志联合目录》也有著录。

首辑《析津志》是国家图书馆善本组，自《永乐大典》《日下旧闻考》《元经世大典》《大元一统志》、明《寰宇通志》等书，辑为《析津志》。

为配合北京地方史志的研究和编纂，国家图书馆善本组又从群书中直接采录或转录，分类编次、标点，成《析津志辑佚》。

此外有张国淦《〈永乐大典〉方志辑本》、民国抄本。

该书又有《析津志典》《燕京志》等名称，“是一部最早的北京地方志专书”。

该志内容丰富，从《析津志辑佚》看，原书至少设有朝堂公宇、祠祀、学校、台谏、名宦、菜等志，志下又设有朝仪、祭祀、庙仪、迎驾、羽列及文艺等门。[①] 此志特点在于将菜志列入专志之中。作者把蔬菜和野蔬放在如此重要位置，这在旧志中是少见的。此外该志记载元代大戏剧家关汉卿的事迹较其他有关书为富。

第三节 边疆、域外地志

一、导语

此期边疆及域外地志以下列为最：耶律楚材随成吉思汗西征所撰《西游录》；乌古孙仲瑞奉使蒙古，至中亚谒见成吉思汗，由刘祁笔录的《北使记》；道士李志常随其师丘处机赴西域谒见成吉思汗，所撰《长春真人西游记》；常德奉元宪宗之命出使伊尔汗国，朝见旭烈兀，西行至西亚后东归，由刘郁笔录《西使记》；周达观随使至真腊所撰《真腊风土记》；汪大渊两下东、西洋所撰《岛夷志略》等。此外，黄溍撰《鲁国公扎剌尔公神道碑》等记载了元朝当时所辖的黑龙江及

① 冯秉文主编：《北京方志概述》，吉林地方志编委会、吉林省图书馆学会印刷，1985 年。

库页岛一带地理、交通状况，皆甚有价值。

二、志书举要

《北使记》

金·刘祁纂。

刘祁（1203—1250），字京叔，号神川遁士。金代浑源人，由金入元。仕元前，曾回乡隐居，题其室为“归潜”，故以名书。著有《归潜志》《神川遁士集》《处言》等。

乌古孙仲瑞于金朝兴定四年（1220）奉使蒙古，次年征西辽故地至中亚，谒见成吉思汗，旋归国，曾以其行程情况告知刘祁。刘祁记之为《北使记》。附见于刘祁《归潜志》第十三卷，该书记载有关中亚风土人情。

《西游录》

蒙古·耶律楚材纂。一卷。

耶氏为契丹人，于蒙古太祖十三年（1218）随成吉思汗西征，行程五六万里，后留居西域各地六七年。此书记载了其十三世纪初所经历山西之北至撒马尔罕及不花敕诸地的道里、山川、物产、风俗等情况，并追述唐代水利工程遗址，为当时有关该地区的历史地理的重要资料。

此书已佚，元盛如梓《庶斋老学丛谈》有节录本，另日本有旧抄足本，罗振玉《六经堪丛书》重印。

《长春真人西游记》

蒙古·李志常纂。

李志常，字浩然，蒙古太祖时道士，太祖十五年（1220）随其师丘处机赴西域谒成吉思汗，往返约四年，归撰此书。凡二卷。王国维、张星烺为该书注释。国外有俄、法、英等译本。

行程路线，由莱州出发，经燕京、呼伦贝尔草原，再西南行经蒙古草原，越阿尔泰山，经准噶尔盆地，沿今天山北麓西行，渡楚河，再沿吉尔吉斯山脉北麓西行，经塔拉斯、塔什干，渡锡尔河，到邪米思干（撒马尔汗）过铁门关渡阿姆河，谒见成吉思汗，后随成吉思汗到大雪山（兴都库什山）。1222 年底，走原路东归，次年回至燕京。

此书记载了西域地理情况，是研究当时中亚史地和中西交通的重要资料。

《西使记》

刘郁笔录于元中统四年（1263）。该书在元王恽撰《玉堂嘉话》中转录。经丁谦、王国维等人考订，国外有英译本及法译本。

常德于1259年受元宪宗之命，出使伊尔汗国，朝见旭烈兀，自和林（今乌兰巴托西南）西行至西亚，此书即是其沿途见闻录。常德次年东归，往返十四月。同耶律楚材、丘处机相比，常德行程更远，已达到今日伊朗高原西北部。该书详载了上述地理历史情况，尤其记乌伦古河流域水利，为中国古文献中所仅见。

《真腊风土记》

元·周达观纂。一卷。

周达观，元永嘉人，元贞元年（1295），随元使真腊访问，至大德元年（1297）返回，撰此书。

真腊，今柬埔寨。

该书对柬埔寨当时的地理、民族、政治、经济、文化、语文、风俗等方面无不备载，特别是都城吴哥城址的建筑形式记述较详。前有总叙，以下析为四十门记载：1. 城郭；2. 宫室；3. 服饰；4. 官属；5. 三教；6. 人物；7. 产妇；8. 室女；9. 奴婢；10. 语言；11. 野人；12. 文字；13. 正朔时序；14. 争讼；15. 病癞；16. 死亡；17. 耕种；18. 山川；19. 出产；20. 贸易；21. 欲得唐货；22. 草木；23. 飞鸟；24. 走兽；25. 蔬菜；26. 鱼龙；27. 酝酿；28. 盐醋酱麹；29. 蚕桑；30. 器用；31. 车轿；32. 舟楫；33. 属郡；34. 村落；35. 取瞻；36. 异事；37. 澡浴；38. 流寓；39. 军马；40. 国主出入等。分类明晰，内容赅备。

《四库全书总目》著录为一卷。该书主要版本有：元陶宗仪《说郛》本，明嘉靖刊《古今说海》本，隆庆、万历间《历代小史》本，万历年间刊《古今逸史》本，明重辑《百川学海》本，《四库全书》本，《古今图书集成》本。1981年由中华书局出版夏鼐《真腊风土记校注》，以明《古今逸史》本为底本，与诸本对刊，加注释，为通行本。1951年出版伯希和法文新译注本等。《四库总目》云："《元史》不立真腊传，得此而本末详具，犹可以补其佚缺。是固宜存备参订，作职方之外纪者矣。"

《岛夷志略》

元·汪大渊纂。一卷。

汪大渊，字焕章，元江西南昌人，自幼好游。至正初年以前，汪氏即附舶浮海，前后两下东西洋，游历南洋诸岛及印度洋沿岸各国，行程最远达东非桑给巴尔。此书为亲历见闻，体例仿《岭外代答》与《诸蕃志》。记载翔实，据《宋史·层檀传》载，早在宋代，层檀国（即桑给巴尔）使节曾两次来中国，一次在熙宁四年（1071），一次在元丰六年（1083），但中国人对桑给巴尔有较详的地理认识当推汪大渊。最早使用“东洋”和“西洋”两个概念的也是汪氏《岛夷志略》。①

本书前有至正十年（1350）张翥序与九年（1349）吴鉴序，末有汪大渊本人后序。书分百条，内容多与汪氏本人有关。书中记载了台湾的自然环境、物产、番民生活、手工业、交通、贸易、风俗等情况。对于了解十四世纪台湾社会经济有重要参考价值。《四库总目》称此书：“所记罗卫、罗艟、针路诸国，大半为史所不载，又于诸国山川、险要、方域、疆里一一记述，即载于史者，亦不及所言之详，录之亦足资考证也。”

此书为上承宋赵汝适《诸蕃志》，下接明马欢《瀛涯胜览》、费信《星槎胜览》等书的有关撰述。该书有《知服斋丛书》刊本。近代注本有沈曾植《岛夷志略广证》、藤田丰八《岛夷志略校注》、柔克义《岛夷志略英文选译与附注》。《四库总目》著录为一卷。

除上述几部书外，元朝至元十年（1273），曾于黑龙江口弩尔哥（即奴尔干，今特林）地方设置征东元帅府，管辖黑龙江及库页岛一带。黄溍撰《鲁国公扎剌尔公神道碑》记载了奴尔干的地理、交通状况，其中“海岛”即指库页岛。苏天爵《元文类》卷四十一转引《经世大典序录》提到嵬骨及赛哥小海（即鞑靼海峡），嵬骨即库页岛。

第四节　修志理论

元人修志，不仅承宋人之盛，且在修志理论上也有所进展。元代尚无产生方志理论专著，其理论多见于各家志书序文及修志本末等文献。他们就方志源流、

① 略本《中国古代地理学史》，中科院自然科学研究所地学史组主编，科学出版社，1984年。

性质、内容、目的、作用、资料及编纂原则等方面的问题进行了广泛论述，对志书的编纂起到积极推动作用。

张铉[①]　纂《至正金陵新志》十五卷。

张铉在该志“修志本末”中，除了以大量篇幅阐述《至正金陵新志》体例外，还阐明了志书源流内容、作用以及编纂原则。虽多本《景定志》，但其所论较有系统。

1. 关于方志源流，内容及作用。

“古者九州有志尚矣，《书》存《禹贡》，周纪职方，春秋诸侯有国史，汉以来郡国有图志。图志兼记事、记言之体，自山川物产，民俗政教，沿革废置，是非善恶，灾祥福祸，无不当载，而上之王朝，修为通史，著为经典，则褒贬之义见焉。”这里张铉认为方志可以作为通史、经典的资料，是阐发“褒贬之义”的文字基础，这一观点无疑是正确的，同时也阐明了方志源流和内容。

2. 关于志书编纂原则

（1）确定志书体例

略依周应合《景定建康志》例，“首为图考……次述通纪……中为表志谱传……终以摭遗论辨……总为一十五卷……”

（2）确立志书时间断限

依《景定志》。“以周元王四年己巳，越相范蠡筑城长干为金陵城邑之始，断自是年，表其行事，迄今至正癸未，凡一千八百一十五年，损益旧闻，附著时事，首尾该涉，粗为详备。”

（3）确定志书编纂方法

依《景定志》。鉴于金陵旧志类多讹缺，唯《景定志》用史例编纂，事类粲然，“今志用为准式”。

（4）强调志书有图有文的特点

张氏以为“古之学者，左图右书，况郡国舆地之书，非图何以审订”。鉴于至顺初戚光纂修续志“屏却旧例，并去其图，览者病焉”之弊，“今志一依旧例，以山川城邑官署古迹次第为图，冠于卷首，而考其沿革大要，各附图左，以便观览”，表现了作者对志书图文并重的正确看法。

---

① 张铉小传见本书《至正金陵新志》。

(5) 强调志书要具备史义

张氏赞成《景定志》“用《春秋》《史记》法，述世年二表，经以帝代，纬以时地人事，开卷了然，与《建康实录》相为表里，可谓良史”，并批评戚氏续志之陋劣，“岂惟前代事迹漫无统纪，亦将使昭代之典，暗而不彰，今不敢从，述世年表，悉依前例”。

(6) 于表志诸篇加叙文，以明作意

“除图考通纪外，表志诸篇，各有叙，叙所以为作之意”，这是吸收了史家之法。

(7) 强调人物志要“善恶毕书”，传末例有论赞

“人物志析为世谱列传，皆据前史，纂其名实，巨细兼该，善恶毕书，传末例有论赞”，这也是史家之法的继承。较以往方志书善不书恶，显然是一大进步。

杨维桢　(1296—1370) 字廉夫，号铁崖，又号东维子，元山阴人。泰定四年(1327) 进士，累官江西儒学提举，著《东维子集》《铁崖文集》等。

杨维桢在《至正昆山志序》中论述了方志性质、作用，并对主修者提出严格要求，即应具“太史氏之才”。

“余谓金匮之编，一国之史也，图经，一郡之史也，士不出门，而知天下之山川疆理，君臣政治，要荒蛮貊之外，类由国史之信也。不入提封，而知其人民、城社、田租、土贡、风俗异同、户口多寡之差，由郡史之信也。然则操志笔者，非有太史氏之才，孰得语于斯乎?”杨氏认为方志属史，不仅对主修者提出要具备太史氏之才干，而且强调志书一定要写成信史。

冯福京[①]　在《乐清县志序》中认为修志目的是“备天子史官之采录”。其内容必须“关于风教”“系于钱谷”“发于性情”“切于义理”，这既是资料选取的标准，又是志书应彰明的大旨。

“……则夫舆地之间，所司之务，土壤之物，宜与夫革命以来，所损所益之大政令，皆当刊入志书，以备天子史官之采录，乃臣子职分之当然。”在此，强调志书内容以及修志在于备天子史官采录等思想诚为可取。

“余尝佐州昌国，即以是为第一事，亦编摩锓梓，以补是邦之阙文矣……事不关于风教，物不系于钱谷，诗不发于性情，文不根于义理，皆一切不取，定为

① 冯福京小传见本书《昌国州图志》。

传信之书，庶非无益之作。”[1] 冯氏将编修志事作为第一事，说明冯氏对志书的重视非同一般，且强调志书经世致用，实事求是，成为传信之书。所论甚是。

许有壬 字可用，元汤阴人。延祐二年（1315）进士，历官集贤殿大学士，中书左丞等职。著《至正集》《圭塘小稿》等书。

许氏在《大一统志序》中论述了志书作用：“垂之万世，知祖宗创业之艰难”，应“上下相维以持一统”。

“我元四极之远，载籍之所未闻，振古之所未属者，莫不涣其群而混于一，则是古之一统，皆名浮于实，而我实协于名矣。皇上体乾行健，以统理万邦，所谓一统万类，可以执一御而六合同风，九州共贯之机括系焉。”又说：“志之由来尚矣，况一统之盛，跨轶汉唐者乎。是书之行，非以资口耳博洽也，垂之万世，知祖宗创业之艰难，播之臣庶，知生长一统之世，邦有道谷，各尽其职，于变时雍，各尽其力，上下相维，以持一统，我国家无疆之休，岂特万世而已哉，统天而与天悠久矣。”[2] 这里着重指出，此志之修，实协于名，非以资口耳博洽。旨在强调元朝之臣庶，务须各尽其职，各尽其力，使一统天下与老天一样长久不衰。编修《大一统志》其实质，就是为维护元朝封建统治服务。

骆天骧 《类编长安志》十卷，详述志书编纂方法原则，至为中肯，其序云：“……仆家本长安，幼从乡先生游，兵后关中前进士硕儒故老，犹存百人，为士林义契，耆年文会，讲道之暇，远游樊川韦、杜，近则雁塔、龙池，其周秦汉唐遗址，无不登览，或谈故事，或诵诗文，仆每从行，故得耳闻目睹，每有阙疑，再三请问，圣元皇子安西王胙土关中……创建王府，选长安之胜地，□王相兼营司大使赵□，以仆长安旧人，相从遍访周、秦、汉、唐故宫废苑、遗踪故迹。自丰、镐、阿房、未央、长乐、太极、含元、兴庆、鱼藻，靡不登历，是以长安事迹，足履目见之熟，从心之际，每患旧志散漫，乃剪去繁芜，撮其枢要，自汉、晋、隋、唐、宋、金迄皇元，更改府郡州县，引用诸书，检讨百家传记，门分类聚，并秦中古今碑刻、名贤诗文、长安景题及鸿儒故老传授，增添数百余事，裒为一集，析为十卷，目之曰《类编长安志》。”

这里谈到编纂志书的几个原则：

---

① 略本王晓岩《历代名人论文志》，辽宁大学出版社，1986年。

② 序文转引自张国淦《中国古方志考》，《大元大一统志》条，中华书局，1962年。

一、要游历登览，耳闻目睹，目见心熟；

二、每有阙疑，再三请问，必究其实；

三、对旧志撮其枢要，剪去繁芜；

四、重视历代府郡州县沿革，详考诸书；

五、要门分类聚，依撰志体例；

六、古今碑刻、名贤诗文、景题以及鸿儒故老传授皆在罗致之内；

七、增添数百余事，以为《类编长安志》。

这乃是纂修志书的几项重要原则。

李好文 在《长安志图》序中，在论及“图为志设”的同时，还论及修志不仅为考察古迹、给升高而赋者提供资料，而且要着力反映一方民生实际，强调将事关一地生民衣食、水利、社会等作为修志之主旨。

“沟洫之利，疏溉之饶，生民衣食之所系焉。观是图者，则夫有志之士，游意当世，将适古今之□流；生民之泽，不无有助；岂特山林逃虚悠然遐想，升高而赋者，以资见闻而已哉。”所论对今天仍有借鉴意义。

王恽 王恽，字仲谋，南宋宝庆三年（1227）生，元大德九年（1305）卒。河南卫州汲县人。官至翰林学士，知制诰。参修《世祖实录》，有《秋涧集》，纂《汲郡志》十五卷（佚），清钱大昕《元史艺文志》等著录。所撰《汲郡图志引》存。内有论述方志资料及方志纂修目的之语：“间中细绎经史，得先人所藏遗书……于是聚书一室，研精致思，蟫蠹群言，外则访诸耆宿，杂采传记碑刻……故取其人物政教风俗，关于治乱，为后世之法者，群分而类聚之，复著辨论等篇……”① 有关方志资料，含经史图书、传记碑刻等文字资料，以及访察耆宿等口碑资料；有关志书“为后世之法者”，主要是为了“资治”“教化”，所以特取其人物政教风俗及关于治乱的内容，可见纂志之目的同修史无异。

---

① ［元］王恽：《秋涧先生大全集》四十一，《四部丛刊》初编本，据明弘治刊本影印，商务印书馆，1985年。

第五节　小结

金代在我国北方统治达120年之久，然至今可以考见的志书、舆图寥寥。

元代幅员辽阔，中央、地方重视志书、地图的编制，且有如《大元大一统志》一千三百卷巨擘面世，其绩不可低估。有人统计，宋代享国320年，凡修志书405种，元代享国90年，修志190种。平均年产量远远超过前代。① 元代志书全面完成了图经向方志的过渡，为明清方志的兴盛奠定了基础。

朱思本编制地图的成就在我国地图学史上是一个重要里程碑，对后世影响深远。

特别需要指出的是郭守敬于至元十六年（1279）为配合授时历的编制，在全国范围内进行的大规模的纬度测量，其内容之多、范围之广、精度之高，在我国测绘史上是前所未有的，在全国各地设置27个观测点进行实地测量工作，其中有一个观测点在我国南海西沙群岛上。② 并在此时，初步建立了我国朴素的经度概念。

在编纂方志理论上，此期应以张铉、许有壬、骆天骧等为其代表。

① 黄苇：《方志论集》，浙江人民出版社，1983年。
② 厉国青、钮仲勋：《郭守敬南海测量考》，《地理研究》1卷1期，1982年3月。

第八章　明朝时期

第一节　总志、图

一、导语

明王朝深知“治天下以史为鉴，治郡国者以志为鉴”[①] 的道理。明代初期，王朝中央对于修志非常重视，与北宋初年相似。洪武三年（1370），明太祖命魏俊民等六人编纂《大明志书》（原本早佚，内容略见《洪武实录》卷五十九）。洪武十七年（1384）朝廷命人编成《大明清类天文分野之书》二十四卷，以十二星野分次，分配天下郡县，郡县之下又详记古今建置、沿革之由。洪武二十七年（1394），又诏修《寰宇通衢书》（此书已佚）。明成祖永乐十六年（1418），编纂《天下郡县图经》，因成祖去世而未成。代宗景泰五年（1454），诏命陈循、高谷继修，景泰七年（1456）撰成《寰宇通志》一百一十九卷。明英宗时，以为《寰宇通志》繁简失当，李贤等奉敕重编。天顺五年（1461）书成奏上，赐名《大明一统志》，凡九十卷。《寰宇通志》《大明一统志》都是由皇帝下诏征集各地志书和舆图编纂成书的。曹学佺纂《大明一统名胜志》一百九十三卷，记明代府州县的历史沿革、风物名胜。嘉靖十八年（1539），诏修《承天大志》，顾璘主其事，成书四十卷。

---

① 嘉靖《山西通志·杨宗气序》，明嘉靖四十三年（1564）刻本。

有明一代的总志，流传至今的主要有《寰宇通志》及《大明一统志》。在绘制地图方面，明代属于传统制图学的后期。此期绘制地图者大多祖述元朱思本氏，而有增广、改绘之作。其中以杨子器《跋舆地图》、罗洪先《广舆图》、陈组绶《皇明职方地图》为著，罗洪先《广舆图》更为有影响之作。

明沈一贯辑、王文俯校《大明一统舆图广略》十五卷，刻印成书。此书是一部明代地理图集，贯通古今，于今尤详。

明末佚名撰《舆图总要》稿本四卷，为明代地图集，内容丰赡。

明代海图以明茅元仪《武备志》中的《自宝船厂开船从龙江出水直抵外国诸蕃图》（即《郑和航海图》）最负盛名。此外，《筹海图编》将钓鱼岛等岛屿编入"沿海山沙图"，作为中国领土列入中国防区，这是对钓鱼岛实行有效管辖的最早文献之一。《更路薄》专事记载中国西沙、南沙群岛航海情况，是中国拥有南海诸岛之铁证。

但值得注意的是，明中期以后，特别是后期，西方文化不断传入中国（如意大利传教士利玛窦等），传统的地图绘制方法又渗入了西方先进的科技内容，形成中西方法同时并进的态势。

利玛窦有《坤舆万国全图》，继之有庞迪我《海外舆图全说》、艾儒略《职方外纪》等。及至清初，南怀仁、蒋友仁均绘有《坤舆全图》。其中南氏所绘《坤舆全图》（彩图），今存河北大学图书馆。这些西方传教士将测量成果直接应用于地图的制作，给我国传统制图工作带来新的转机，使我国地图测绘进入了近代制图学时期。西方传教士将先进地理知识介绍到中国，成绩最为突出者首推利玛窦。此外传教士卫匡国之《中国新图志》，堪称一流水平，对中西文化交流具有巨大推动作用。

二、志、图举要

《寰宇通志》

明官修总志，陈循、高谷等纂。

景泰七年（1456）成书，凡一百一十九卷。今存。《明史・艺文志》著录。

有明刻本，收入《玄览堂丛书续集》中，该书以景泰五年（1454）政区建制为准，首列两京，次叙十三布政使司，其下又析为建置沿革、郡名、山川、形势、风俗、土产、城池、祀典、山陵、宫殿、宗庙、坛壝、馆阁、苑囿、府第、公廨、监学、学校、书院、楼阁、馆驿、堂亭、池馆、台榭桥梁、井泉、关隘、寺观、祠庙、陵墓、坟墓、古迹、名宦、迁谪、流寓、人物、科甲、题咏等门类，并附载了引用书目，内容丰富，体例赅备。天顺二年（1458），明英宗修《大明一统志》即以此书为基础，增补删并而成。《一统志》颁行后，此书即遭毁版，传世甚少。

《大明一统志》

明官修总志，李贤等人奉敕编纂。

李贤（1408—1466），字原德，河南邓县人（今邓州市）。宣德进士。曾官吏部右侍郎、翰林学士，入直文渊阁，又进尚书、少保、华盖殿大学士等。曾奉敕纂修《大明一统志》。

《大明一统志》是在《寰宇通志》基础上增补删并成书。

天顺二年（1458）始修，于五年（1461）成书。凡九十卷。《明史·艺文志》《四库全书总目》著录。此书体例沿用《大元大一统志》并有所损益，以天顺时两京（南京、北京）、十三布政使司分区，每府、直隶州分建置沿革、郡名、形胜、风俗、古迹、人物等十数目，而殿以“外夷”各国，后期刻本有增入嘉靖、隆庆时的建置。书中引用古事，错误颇多。顾炎武甚讥之。① 从使用价值上看，本书保存了许多明代资料。主要版本有：弘治十八年（1505）慎独斋刊本、万历十六年（1588）杨刊归仁斋刊本、天启五年（1625）刊本、1965 年台湾影印本。

《广舆图》

明·罗洪先纂。

罗洪先（1504—1564），别号念庵，字达夫，江西吉水人。其“考图观史，自天文、地志、礼乐、典章、河渠、边塞、战阵、攻守，下逮阴阳算数，靡不精研”②。

罗氏以画方之法把朱思本《舆地图》简缩为分幅为 44 幅的地图集，凡二卷，名《广舆图》，图成于 1541 年前后。该图 1555 年刊行，并多次再版刊行，罗图的问世，对朱图的传播、推广作用极大。《明史·艺文志》著录称罗洪先《增补朱思本广舆图》二卷。

---

① ［清］顾炎武著，黄汝成集释：《日知录集释》，上海古籍出版社，2014 年。

② 《明史·罗洪先传》，中华书局，1974 年。

罗氏将朱氏图析为《舆地总图》一、《两直隶十三布政使司图》十六、《九边图》十一、《洮河、松潘、虔镇、麻阳诸边图》五、《黄河图》三、《漕河图》三、《海运图》二、《朝鲜、朔漠、安南、西域图》四，凡四十五幅。又据其序："凡沿革附丽，统驭更互，难以旁缀者，各为副图六十八。山川城邑，名状交错，书不尽言，易以省文二十有四。"（就目前所见到的版本，都没有副图六十八，可能罗氏绘出，未刊印。此外，日本、琉球二图是胡松补入的。《东南海夷总图》《西南海夷总图》《华夷总图》，罗氏都未谈及，可能是刊行时加入的。）此图既有罗氏依据《舆地图》改绘的地图（如两直隶、十三布政使司图等），也有罗氏增广的地图（如《九边图》《黄河图》《海运图》）等。就范围言，罗图较《舆地图》为大。① 罗图沿用裴秀以来计里画方之法，并新创二十四种常用图例符号，此类符号是由象形过渡到几何图案的，在地图绘制史上具有进步意义。显然，这与明代政治、经济、军事有密切关系。

《筹海图编》

明·胡宗宪主持，郑若曾编纂。

胡宗宪（？—1565），明徽州绩溪人。字汝贞，号梅林。嘉靖十七年（1538）进士。官至兵部尚书，加少保。督师剿倭寇，有功于东南边防。然事搜括，结交权奸，数为言官弹劾为严党，下狱而死。万历初，追复原官加谥。主持编撰《筹海图编》。

郑若曾，字伯鲁，号开阳，昆山人，嘉靖初贡生。辅佐胡宗宪平倭有功。其于"江防海防形势皆所目击，日本诸考皆咨访考究，得其实据"②。著有《郑开阳杂著》十一卷，其《筹海图编》收载其中，亦有单行本。文渊阁著录。

《筹海图编》凡十三卷。嘉靖四十一年（1562）刊刻。《明史·艺文志》《四库全书总目》著录。书首为舆地全图、沿海山沙图，以下依次为王官使倭略、倭国入贡事略、倭国事略，广东、福建、浙江、直隶、登莱五省沿海郡县图、倭变图，兵防官考及事宜，倭患总编年表，寇踪分合图谱，大捷考、遇难殉节考、经略考。该书于明代海防及御倭等事颇为详备，以嘉靖时事为主，亦记明以前至明初中日交通情况。附有沿海布防形势及战船、武器等详图一百七十余幅。所绘诸

---

① 略本《中国古代地理学史》，中科院自然科学史研究所地学史组主编，科学出版社，1984 年。

② 《钦定四库全书总目》卷六十九，《郑开阳杂著》，中华书局，1997 年。

图，尤为精细。将钓鱼岛等岛屿编入“沿海山沙图”，作为中国领土列入中国防区，这是对钓鱼岛实行有效管辖的最早记载之一。

第二节　地方性志、图

一、导语

明代对于通志及州、府、县等地方志的纂修也相当重视。洪武三年（1370）为编修《大明志书》，诏类编天下州郡地理形势，六年（1373），下令府州绘山川险易图。洪武九年（1376）、十一年（1378）、十四年（1381）、十六年（1383）先后下诏天下各府、州、县、卫所等编修图志。永乐十六年（1418），朝廷“诏纂天下郡县志书”，命户部尚书夏元吉等人总其事。同年，又“命礼部遣官遍诣郡县，博采事迹，及旧志书”。[①] 并颁发《纂修志书凡例》二十一条，对方志内容和体例都有统一规定，把修志工作推向一个更新的阶段。明代历朝编纂总志时，均下诏各地修志或取地方志以备采录。如乾隆《高淳志序》说：“明英宗命儒修《一统志》，颁行海内，先取郡邑志以备采录。”正统、景泰、天顺、弘治、正德、嘉靖等年间莫不如此，可见明王朝对编修志书之重视，同时体现了官修总志自下而上的编纂机制。

当时明代由于河北直隶六部不设布政使司与其体例不侔，故直隶独缺以外，明代十三布政使司皆有志书修纂。[②] 重要者如正统初的《宁夏志》二卷，为宁夏首部志书；伍福于成化十一年（1475）仿《一统志》撰成《陕西通志》三十卷，此为陕西省第一部通志；同年，胡谧纂《山西通志》十七卷成书，为山西首部省志；弘治三年（1490），陈道修、黄仲昭成《八闽通志》，为福建第一部省志；弘治十四年（1501），胡汝砺《宁夏新志》成书并刊印；正德十六年（1521），唐胄《琼台志》刊行；嘉靖元年（1522），何景明《雍大记》刊行；嘉靖四十三年

---

① 《明实录》第八册，《明太宗实录》卷二〇一，1961年台北“中央研究院”史语所据国家图书馆藏本显微胶卷影印出版。

② 参《千顷堂书目》，上海古籍出版社，1990年。《明史艺文志》，中华书局，1974年。

(1564)，杨宗气修《山西通志》刊行；嘉靖四年（1525），林廷棉修、周广撰《江西通志》三十七卷刻印；嘉靖十二年（1533），陆釴纂《山东通志》四十卷刻印，为山东第一部官修通志。此外还有按事类编的《湖广总志》九十八卷，嘉靖四十五年马应龙《全辽志》刊行。

万历二十五年（1597），王来贤等修、许一德等纂《贵州通志》成书。万历三十年（1602），郭棐、王学曾、袁昌祚等依《江西通志》例，纂《广东通志》七十三卷。万历三十一年（1603），郭子章纂《黔记》，为贵州通志。万历末谢肇淛《滇略》刊行。天启五年（1625）刘文征《滇志》成书。明代通志名称不同，除称总志、通志、记、略、志等名称外，还有称“书”的，如崇祯二年（1629）刊印何乔远《闽书》。

明永乐十七年（1419），黄福纂《交趾总志》。[①] 此书不著录于《明史·艺文志》。宣德四年（1429），杨士奇编定的《文渊阁书目》著录有《交趾通志》，与上述《交趾总志》当为一书。

明代于府、州、县等地方志出现较多，但仅在后期比较发达，特别是以嘉靖、万历两朝撰修地方志为多。“今天下自国史外，郡邑莫不有志。”[②] 其内容与宋代所修的方志、图经差别不大。

正统三年（1438），宋骥纂《彭城志》，为今传世徐州方志肇始之作。景泰五年（1454），诏令编修天下郡县志书。天顺年间，张恒纂《襄阳郡志》刻印。弘治六年（1493）李德恢成《严州府志》刻印。弘治十六年（1503），郭经修、唐锦纂《弘治上海志》成书。正德元年（1506），王鏊等修纂《姑苏志》成书。正德六年（1511）唐胄辑成《琼台志》。正德十年（1515），祝允明主修审定《兴宁县志》。正德十三年（1518），陈良山纂《淮安县志》。正德十四年（1519），韩邦靖纂《朝邑志》，此书为著名方志。同年，康海纂《武功县志》，此书亦为明代著名方志。正德年间，张钦纂《大同府志》。嘉靖元年（1522），崔铣纂《彰德府志》。同年，何景明纂《雍大记》。嘉靖九年（1530），钟汪修、林颖纂《通州志》。嘉靖十年（1531），曾储修、童承叙纂《沔阳志》。嘉靖十一年（1532），王齐纂《雄乘》。嘉靖十三年（1534），闻人铨修、陈沂纂《南畿志》。嘉靖十四年

① 明时交趾，今越南北部及中部一带。

② 张邦政万历《满城县志序》。

(1535)，亢世英修、胡缵宗纂《泰安志》。同年，刘讱纂《鄢陵志》。嘉靖十八年(1539)，颜木纂《随志》。嘉靖二十年(1541)，吕楠纂《高陵县志》，刻印。嘉靖二十一年(1542)，盛仪纂《维扬志》成书。嘉靖二十六年(1547)，田汝成纂《西湖游览志》，此为山水志。嘉靖二十七年(1548)，陈士元纂《滦志》，抄本传世。嘉靖三十六年(1557)，李廷宝修、乔世宁纂《耀州志》刻印。嘉靖三十七年(1558)，徐师曾纂《吴江县志》。嘉靖三十九年(1560)，周希哲修、张时彻纂《宁波府志》刻印。嘉靖四十二年(1563)，何愈修、张时彻纂《定海县志》刻印。嘉靖四十五年(1566)，李辅纂《全辽志》。隆庆四年(1570)，叶春及纂《惠安政书》。同年，王纳言、余兼山修，石邦政等纂《丰润县志》付刻。隆庆五年(1571)，管大勋修、刘松纂《临江府志》刻印。隆庆六年(1572)，李可久修、张光孝纂《华州志》刻印。同年，胡用宾修、侯一元纂《乐清县志》刻印，为明代方志佳本。万历三年(1575)，杨维新修，张元忭、徐渭纂《会稽县志》刻印。万历五年(1577)，沈明臣纂《通州志》刻印。万历六年(1578)，唐枢纂《湖州府志》刊印，此志分土地、人民、政事三大类，为“三宝体”方志之代表作。万历七年(1579)，何镗《括苍汇记》成书。万历十五年(1587)，萧良干等修，张元忭、孙矿纂《绍兴府志》刻印。万历十九年(1591)，陈鎜纂《广平县志》刻印，亦为明“三宝体”代表作。万历二十一年(1593)，沈榜纂《宛署杂记》成书，此为北京重要地方志书，内容重经济等，对后世北京地区修志影响颇大。万历二十五年(1597)，王稚登等纂《泰兴县志》成书。万历二十六年(1598)，石允珍修、李登等纂《江宁县志》刻印。万历三十三年(1605)，管一德私修《皇明常熟文献志》刻印。万历四十年(1612)，万廷谦纂《龙游县志》刻印，记载简当有法，为明代方志佳构。万历四十一年(1613)，张鸣凤撰《桂胜·桂故》，为桂林掌故之书。万历四十四年(1616)，何乔远成《闽书》。万历年间，曹学佺纂《蜀中广记》。天启元年(1621)，袁文新修、柯仲炯等纂《凤阳新书》刻印。天启四年(1624)，姚士粦《海盐县图经》刻印成书。同年，董斯张撰《吴兴备录》。崇祯初年(1628)，《江苏各县志摘抄》编成。崇祯三年(1630)，陈继儒等纂成《松江府志》。崇祯八年(1635)，刘侗等撰《帝京景物略》。崇祯十年(1637)，冯梦龙成《寿宁待志》。崇祯十三年(1640)，徐霞客成《鸡足山志》。崇祯十五年(1642)，乔中和纂《内丘县志》刻印。明末潘廷章撰《硖川志》。明末陈宏绪撰《江城(今南昌)名迹记》。

明代地方志书堪称发达，但不及清代完备、丰赡，方法上也较粗略、芜杂，内容上缺乏条理，这与明人做学问的风气有关，但资料的保存具有一定价值。

二、志、图举要

（一）通志

宣德**《宁夏志》**

明·朱㮵修。

朱㮵（1378—1438），号凝真，安徽凤阳人。为朱元璋庶十六子，封庆王，后移驻庆北古韦州，又迁宁夏镇城（今银川市）。长于诗文，工草书。诗文著作有《凝真稿》《集句闺情》等。

此志完成时间在正统初，即1438年前后。万历十二年（1584）毁于兵燹，万历二十九年（1601），其八世孙朱永斋重刻。刻本现藏日本国立图书馆，国内仅宁夏回族自治区存有复印本。1996年，吴忠礼《宣德宁夏志笺证》出版。

全书分上、下二卷，合为一册。卷上三十五目，即沿革、分野、风俗、疆域、城垣、街坊、山川、土产、坛壝、属城、古迹、寺观、祠庙、学校、贡举、人物、孝行、名宦、名僧、死王事、津渡、陵墓、桥、园、坝、河渠、盐池、屯田、职官、驿传、牧马、盐苑、公宇、祥异、杂志；卷下三目，即文、题咏、词。篇末有附录，志前有朱永斋重刻序。

此为宁夏首部志书，为研究元末明初宁夏和北疆的重要地方资料。

成化**《山西通志》**

明·李侃修，胡谧纂。

李侃，字希正，东安人，正统进士，成化间任山西巡抚。胡谧，字廷慎，浙江会稽人。明景泰进士，官江宁知县，山西佥事，山西按察副使，河南按察副使，广东右参政等，成化十一年（1475），纂成《山西通志》十七卷并付梓。为山西省首部志书。

《四库全书总目·存目》著录为十六卷，《中国地方志联合目录》著录为十七卷。国家图书馆有成化十一年刻本。上海图书馆、山西大学图书馆有影抄本。

《山西通志》凡四十一目，分别为：建置沿革、国名、郡名、州名、县名、分野、疆域、风俗、形胜、山川、城池、关塞、津梁、烽堠、宗藩、公署、学校、仓场、驿递、宫室、坛壝、祠庙、陵墓、寺观、土产、户口、田赋、土贡、兵备、古迹、祥异、景致、名宦、寓贤、人物、列女、仙释、圣制、集文、集诗、碑目。质而不俚，详而有体，内容宏富，有条不紊，为后人所称许。该志突出了时代和地方特色。

明代重边防，有关关塞、烽堠、驿道、兵备记载较他书为详，并详载全省四十一县煤窑开采情况及山西铁器生产情况。全书收录了金元时期《泽州图经》及《盐地图记》等文献。还收集了宋代王安石、金代元好问等人诗文，其中有些为史书、文集所不载者，颇有见地。

成化**《陕西通志》**

明・伍福纂。

伍福，字天锡。江西临川人，历任咸宁教谕，济南教授，陕西按察佥事，按察副使等。成化四年（1468），受巡抚马文升之聘修此志。十一年（1475）成书。《明史・艺文志》著录为三十五卷，称伍福撰。《四库全书总目・存目》著录为三十卷，称伍余福撰。

《四库全书总目・存目》称是书："以府、州、县、卫、所、寺、监为纲，而各系门目于其下，如一统志之例。"析之为建置沿革、疆域、形胜、风俗、山川、土产、户口、田赋、公署、学校、书院、寺观、名宦、职官、人物、列女、仙释、艺文等目。该志所采，"尚未能详备"，然此志为陕西首创通志，具有开创意义。

关于明代陕西通志专志之修尚有：

佚名纂《陕西行都司志》十二卷，书虽"简陋而不荒谬"。

佚名纂《陕边备征录》二册，不分卷，方志体。此为未完成之书稿。

龚辉纂《全陕政要略》，此书为自著《全陕政要》之节录。原著佚。

何景明撰、嘉靖元年（1522）刊刻的《雍大记》三十六卷。今存。

赵廷瑞修，马理、吕楠纂于嘉靖二十一年（1542）的嘉靖《陕西通志》四十卷。

李思孝修，冯从吾等纂，万历《陕西通志》三十五卷，首一卷。

弘治**《宁夏新志》**

明・王珣修，胡汝砺纂。

胡汝砺，字竹山，号良弼。明应天府溧阳（今江苏溧阳）人，成化二十二年（1486）举于乡，次年中进士。官至兵部尚书。因宣德《宁夏志》"事多不悉"，遂于弘治十三年（1500）冬，应宁夏巡抚王珣之请纂成《宁夏新志》。

弘治十四年（1501）成书并刊印。《明史·艺文志》《中国地方志联合目录》著录。天一阁有弘治十四年刻本，甘肃图书馆、宁夏大学图书馆有抄本。

全书凡八卷，大类为五，即：一志宁夏总镇、二志人物大事、三志镇外属城、四志历史考证、五志艺文。类下析目，目下析为子目。前有宁夏巡抚王珣序，后有胡汝砺后序，内有宁夏城全图，国朝混一宁夏境土之图各一帧以及“引用书目”。此书详载宁夏地方各种手工作坊及诸种匠人，材料极为珍贵。

此外，明杨守礼修、管律纂《宁夏新志》于嘉靖十九年（1540）成书刊行，凡八卷，四十七目，于西北军屯经济尤为重视。

万历五年（1577）石茂华撰《宁夏志》五卷，明罗凤翱于万历七年（1579）撰《朔方志》四卷，此为宁夏志书名称“朔方”之始。万历十七年（1589）杨锦修《朔方边记》。又有成书于万历四十二年（1614），由崔景荣、杨应聘修，杨寿纂《朔方新志》五卷，本书对明代三百年来“三边”史事记载甚详，清顺治间增补其书并重刊。

弘治**《八闽通志》**

明·陈道修，黄仲昭纂。

黄仲昭（1435—1508），名潜，以字行，福建莆田人。明成化进士，改庶吉士，授编修，官至江西提学佥事，后乞归，日事著述，人称东轩先生，有《东轩集》。对方志修纂颇有成就，曾修纂弘治《八闽通志》八十七卷、弘治《兴化府志》五十四卷、弘治《延平府志》、弘治《群武府志》一十五卷。对上述四志分别作序，阐发修志大旨。对方志理论颇有见地。

八闽，福建省别称。福为古闽之地，至宋设八府、州、军，元分为八路，故称八闽。

此志于成化二十年（1484）年始修，成书刊行于弘治三年（1490），翌年又有递修本，为福建省第一部省志。志凡八十七卷，首有黄仲昭序、彭韶序，末有陈道跋，统十八类四十二目，每类均按省、府、州、县顺序叙述，载有地理、食货、秩官、公署、学校、选举、坛壝、祠庙、恤政、人物、宫室、寺观、丘墓、古迹、祥异、词翰、拾遗等。

今有弘治四年（1491）刻本。《明史·艺文志》《四库全书总目·存目》《中国地方志联合目录》著录。国家图书馆、天津图书馆等有弘治四年（1491）刻本。福建图书馆、厦门大学图书馆等有抄本。

此志所据资料多为所属各郡县志书以及地方文献，并详考辨。体例较为严整，层次分明，统属得法，“然以户口、水利列之食货门中，则牵强不伦”。但此志仍“于舆地之中较为详整”者。

附：福建古志，以晋陶夔撰《闽中记》为最早。梁顾野王撰《建安地记》。唐大中五年（851），林谞又撰《闽中记》。宋庆历二年（1042），林世程重撰《闽中记》。上述各书皆佚。至明，万历九年（1581），王应山纂成《闽大记》五十五卷，今存。本书重记人物，列传几占全书之半。万历四十年（1612）王应山又成《闽都记》（佚），仿《西湖游览志》例，以记福州府属九县和福宁二县，详于考证。

何乔远于万历四十八年（1620）撰成的《闽书》问世，凡一百五十四卷。崇祯二年（1629）刊行，今存。书仿《水经》例。

本书广参八郡一州志乘以及前代记载，“足资后来修史考订”。王应山《闽大记》人物列传可补何乔远《闽书》之芜杂。

正德**《琼台志》**

明·唐胄辑。

唐胄（1471—1539），字平侯，号西洲，明广东琼山人，弘治十五年（1502）进士。曾任山东巡抚、北京户部右侍郎等职。《明史》称其立朝有执持。为岭南人士之冠。辑有正德《琼台志》，别著《琼海摘稿》《西洲存稿》，参修《广西通志》《江闽湖岭都台志》等。

正德六年（1511）始纂，十六年（1521）刊行。凡四十四卷。时间断限，上起海南设郡（汉元封元年即公元前 110 年），下至明正德五年（1510）。内容析为疆域、沿革、气候、山川、水利、土产、户口、田赋、乡都、墟市、桥梁、公署、仓场、盐场、驿递、学校、兵防、海防、黎情、楼阁、坛庙、寺观、冢墓、职役、秩官、名宦、流寓、罪放、人物、纪异、杂事、诗文等。《中国地方志联合目录》著录，天一阁有正德十六年（1521）刻本（不全），国家图书馆有《天一阁藏明代方志选刊》本，天津图书馆有抄本。

明以前志海南图籍鲜少，该志所载尤为重要。其中关于区域人口地理的资料系统丰富，实用价值颇高，为他志所不及。其中所载户口数字有三大特点。

其一，本书将海南岛自汉至明户、口数排列成表，展现海南全境历史上人口发展概况，略古详今。将明代分为洪武二十四年（1391）、永乐十年（1412）、成化八年（1472）、弘治五年（1492）、正德七年（1512），各年代分县列出户数与口数。一部志书中，记录一个王朝中五个年代户口，如此精详为诸志所仅见。

其二，明永乐十年（1412）的户口分为“黎”与“民”统计。将黎族户、口数与其他民族（主要为汉族）的户、口数分别按县份计算列出，突出了黎族在该岛中的人口比重及地位，从中也可看出黎族在海岛中人口分布之广博。此志不仅是研究海南黎族分布的重要历史资料，也是研究该岛历史上民族构成及其比例关系的最早记载。

其三，该志编于正德间，故于正德七年（1512）户口记载尤详。男女性别、男子成年与未成年、职业分工等诸情况分县统计，并由分县统计数字叠加得到的全岛总户数为五万四千七百九十八（其中又详分为民户数、军户数、杂役户数、寄庄户数等），全岛总口数为二十五万一百四十三（其中男子数又含成丁与不成丁数），此外还有妇女数等。这些统计数字对研究正德间人口组成情况是极为有用的。该志不仅将历代海南户口数字列表明之，且对各朝人口增耗之原因进行分析论述，仅就此点而论，其实用价值远远高于其他志书。①

《雍大记》

明·何景明修。

何景明（1483—1521），字仲默，号大复，河南信阳人，弘治进士，正德间任陕西提学副使，有《大复集》《雍大记》等。

《雍大记》为作者任陕西提学副使时所修，后由佥事摄学政周宗化续成。凡三十六卷，卷首段炅序，次为考易、考迹、纪运、纪治、志献、志贲。所记范围为陕西关中。《四库提要》云：“景明广事搜采，意欲突过前人，而嗜博务多，如历代史赞之类，概为收入，未免泛滥……改沿革志曰考易，改艺文志曰志贲，名目皆出臆创。”然此志涉猎内容广泛，文字尔雅，不失为名作。

《明史·艺文志》《四库全书总目·存目》《中国地方志联合目录》著录。国家图书馆、上海图书馆有明嘉靖元年（1522）刻本。

嘉靖**《山西通志》**

明·杨宗气修，周斯盛纂。

① 略本《中国古代地理学史》，中科院自然科学史研究所地学史组主编，科学出版社，1984 年。

杨宗气，字钟山，陕西延长县人，进士。嘉靖四十年（1561）提督雁门等关，兼山西巡抚。

该志为删订阎朴、潘高初稿而成。嘉靖四十三年（1564）刻印。

全志凡三十二卷，二十目，其目为：图考、建置沿革、星野、山川、风俗、物产、田赋、户口、祠祀、封建、职官、学校、古迹、帝王、名宦、人物、选举、艺文、武备、杂志。《明史·艺文志》著录为三十三卷，误。《中国地方志联合目录》著录为三十二卷。山西图书馆有嘉靖四十三年（1564）刻本。

该志内容以‘武备”为详，这显然是由于明代山西边务严重之故。“杂志”中详载弘治十二年（1499）朔州陨石情况，为国内外天文学家所重视。“艺文”著录三晋文献四百五十余种，为最早的山西文献书目。志书中也多少反映了嘉靖二年（1523）山西潞城陈卿领导农民起义的情况。此志“记录质实，文义简确”，历来为学人所称道。

书前杨序论及方志性质等理论，颇有价值。

明代山西省通志，值得注意的还有李维祯纂《山西通志》三十卷，万历四十四年（1616）脱稿。该书于山西边镇军事防卫记载尤详，“武备”中增城池、将士等目，有别于前两种《山西通志》。

嘉靖**《江西通志》**

明·林庭㭿修，周广纂。

林庭㭿，字利瞻，福建闽县人，弘治进士，官至工部尚书。

周广，字充之，江苏昆山人，弘治进士，官至南京刑部右侍郎。

该志于嘉靖四年（1525）刻印，凡三十七卷。《明史·艺文志》《四库全书总目》《中国地方志联合目录》著录。江西图书馆有嘉靖四年刻本。日本尊经阁文库藏本有补刻，秩官志延至嘉靖三十五年（1556）。该志分总志和分志二部分，总志记全省，分志记府州。卷一至三为藩省志，析为十二门；卷四至三十七为诸府志，析为二十七门。全书分建置沿革、郡名、山川、形胜、风俗、城池、户口、田赋、土产、藩封、恤典、兵政、公署、学校、书院、宫室、关梁、驿邮、祠庙、坛壝、祥异、陵墓、古迹、秩官、名宦、流寓、科目、人物、列女、奸宄等三十目。《四库全书总目》称其“体例略同他志，惟奸宄一门，仿诸史奸臣酷吏体例，以示鉴戒，独为小异”。

附，明代尚有王宗沐纂修的嘉靖《江西省大志》七卷，嘉靖三十五年

(1556) 刻印。王氏自序云："大志者，志大者也"，该志记江西经济与施政得失，尚扼要领。万历二十五年（1597）增补为八卷。

嘉靖《山东通志》

明·袁宗儒、陆釴纂。

宗儒字醇夫，河北雄县人，山东巡抚。

陆釴，字举之，号少石子，浙江鄞县人，正德榜眼，"精于史学"，嘉靖年间由翰林院修撰任山东按察副使提督学政。著有《贤识录》《少石集》等，纂《山东通志》。

明代最早创修山东通志的为正德年间山东巡抚黄瓒，曾"举六郡志事"，后因调职而终止。嘉靖初，山东学宪余锓（字子华）接修通志，成稿十二卷未刻。袁宗儒命陆釴主纂《山东通志》，陆釴在余锓志稿基础上增修，于嘉靖十二年(1533) 成书刻印。《明史·艺文志》《中国地方志联合目录》著录。国家图书馆及上海、山东等多地图书馆有嘉靖十二年刻本，上海、天津等地图书馆有万历补刻本。

全书凡四十卷，一百万言，卷前有方远宜、杨维聪、陈沂、陆釴等序。卷一：图考；卷二、三：建置沿革；卷四：星野、疆域；卷五、六：山川；卷七：形势、风俗；卷八：物产、田赋、户口（民役附）；卷九：封建（王府宫附）；卷十：职官；卷十一：兵防；卷十二：城池；卷十三：漕河（海运附）；卷十四：桥梁（河坝附）；卷十五：公署；卷十六：学校（书院附）；卷十七：科目（荐举附）；卷十八：祠祀；卷十九：陵墓；卷二十：寺观；卷二十一：宫室；卷二十二：古迹；卷二十三：帝王（后妃附）；卷二十四：圣贤（圣裔附）；卷二十五至二十七：名宦；卷二十八至三十三：人物（外传附）；卷三十四：流寓、仙释；卷三十五：孝义、列女；卷三十六：艺文；卷三十七至三十八：遗文；卷三十九：灾祥；卷四十：杂志；卷末：张寅后序。

此志在明代通志中向为佳本，"是编在地志之中，号为佳本，体例不务新奇，而详核有法。惟海市常变图稍嫌枝蔓"。此志依明永乐十六年（1418）颁布的"纂修志书凡例"而修，是山东第一部官修通志。①

此志特色，简而不遗，求其适用，弥补了过去方志只重地理、人物倾向，开

① 有关山东通志，以元代《齐乘》为最早，为于钦私撰。

始注意全面反映一方概貌，故人口、交通、赋税、教育等具载。其次，言词隽永，详于辩证。再次，刊载大量舆图。[1] 这也是明代志书的特点。

嘉靖《全辽志》

明·李辅修，马应龙等纂。

李辅，字近台，江西进贤人，嘉靖进士，官巡按御史。马应龙，定辽卫人，嘉靖举人。金毓黻认为："《全辽志》者，《辽东志》第三次之续修本也。何以明之？《辽东志》始修于正统八年（1443），成于弘治元年（1488）。卷首冠以始修及重刊诸序，而《全辽志》悉取而载之，此即续修之明证也。嘉靖四十四年（1565）巡按御史李辅病旧志舛讹脱落，乃开馆编次，越六月书成。观其凡例，于旧志纲目多所更定，大异于前次之续修，故易名《全辽志》，此又可考而知之。"[2]《明史·艺文志》著录李辅重修《辽东志》十二卷，书名、卷数与今本不同。《中国地方志联合目录》著录（明）李辅等修嘉靖《全辽志》六卷，国家图书馆有嘉靖四十五年（1566）刻本。此外，国家图书馆、北京大学图书馆等有民国《辽海丛书》本，台湾有金毓黻校订铅印本等。

志凡六卷。卷一：图考志、沿革志、山川志；卷二：赋役志、边防志、兵政志、马政志；卷三：职官志、选举志；卷四：宦业志、人物志、典礼志、风俗志、方物志、祥异志、故迹志、杂志；卷五、六：艺文志、外志。舆图目附。

本志较旧志（即嘉靖十六年（1537）《辽东志》）风俗加详，删冗补缺。旧志纲目近百，今约十九，记人物、宦业，以世代先后为序。其世代稍近者虽善不书，以俟论定，见其《凡例》。

此志为东北及辽宁省现存最早的方志之一。

今按《辽东志》明代多所纂修。

正统《辽东志》九卷，王祥、毕恭修，始于明永乐中钦承上命创修，正统八年（1443）初刊，景泰元年（1450）补刻，为《辽东志》最早刊本，以后的《辽东志》《全辽志》均为此志的重修本。

弘治《辽东志》九卷，陈宪、韩斌修，邵奎等纂，弘治元年（1488）刊行。嘉靖《辽东志》，潘珍修，徐文华等纂，嘉靖八年（1529）修，此志为嘉靖十六

① 嘉靖《山东通志·陆釴序》，明嘉靖十二年（1533）刻本。

② 略据金毓黻《校印〈全辽志〉后》，《辽海丛书》，辽海书社，1934年。

年（1537）重修《辽东志》之底本。嘉靖《辽东志》九卷，任洛修，薛廷宠等纂。嘉靖十六年重修刊印。

万历**《滇略》**

明·谢肇淛纂。

谢肇淛（1567—1624），字在杭，福建长乐人，万历二十年（1592）进士，万历间任云南参政，官至广西右布政使。博学多才。此志为官云南时作。

凡十卷，析为十门：一曰版略，志疆域；二曰胜略，志山川；三曰产略，志物产；四曰俗略，志民风；五曰绩略，志名宦；六曰献略，志乡贤；七曰事略，志故实；八曰文略，志艺文；九曰夷略，志苗种；十曰杂略，志琐闻。卷前有谢肇淛、薛承教二序。《四库全书总目》著录，其名为谢肇浙，与今本不同。《中国地方志联合目录》著录，上海图书馆、南京图书馆等有明万历末年刻本，云南图书馆有传抄明刻本，国家图书馆、浙江图书馆有《四库全书》本等。

谢氏本属文士，记诵博洽，全书引征有据，叙事有法，详近略远，博观而约取，较诸家地志体例特为雅洁，志中大抵本景泰《云南图经》旧文，稍附益新事。亦称善史。本志俗略类内容较多，专记明代云南节日风尚及物产花卉，保存了许多民俗学资料。

万历**《贵州通志》**

明·王来贤、沈思充等修，许一德等纂。

明万历二十五年（1597）成书，并刻印。

此志体例兼采弘治《贵州图经新志》①、嘉靖《贵州通志》② 二书之长，避其所短，并增订嘉靖末叶至万历中叶四十余年史实。

全书凡二十四卷。远事据经史，近事据见闻，不以臆断，史料翔实，内容审核，条理分明，叙事谨严，体例完备，范围涉及沿革、疆域、户口、民赋、军政、学校、兵防、邮传、人物、风俗等内容，尤详于政治、经济、文化、民族等。《中国地方志联合目录》著录。此志仅日本东京尊经阁藏有原刻本一部。中国社会科学院民族研究所藏有复印本一部。

---

① 按此志凡十七卷，［明］沈庠修，为贵州现存最早方志。

② 按此书凡十二卷，［明］谢东山修。

万历**《黔记》**

明·郭子章纂。

郭子章（1542—1618），字相奎，号青螺。明江西泰和人，隆庆五年（1571）进士。累官兵部尚书加太子少保。著述宏富，凡六十余种。曾纂《豫章书》《黔记》《黔中平播始末》《黔草》等。此为于贵州巡抚任上所纂修。

万历三十一年（1603）成书，并附刻。《明史·艺文志》《中国地方志联合目录》著录。国家图书馆、上海图书馆有万历刻本（皆不全），南开大学图书馆与贵州图书馆有油印本。

此书为贵州通志。全书凡六十卷，今存刻本缺二十五、二十六两卷，全书析为三十四目，前述贵州全省大事记，次及星野、舆图、山水、灾祥、群祀、止榷、艺文、学校、职官、贡赋、兵戎、邮传、公署、公侯伯总兵参将都司守备志、总督抚按藩臬表、文武科第表、貤恩表、帝王事纪、宦贤列传、迁客列传、寓贤列传、乡贤列传、忠臣列传、孝子列传、栖逸列传、淑媛列传、方外列传、宣慰列传、故宣慰列传、土司土官世传、诸夷、古今西南总论。书前有丘禾实序。据《贵州通志》引《郭青螺年谱》，上所缺两卷为“讨逆志”。

写法一如纪传体史，内容详记贵州少数民族与土官情况，材料翔实，叙事条理。该志重考证，多订正旧志之谬，对贵州以后修志影响颇大。

万历**《广东通志》**

明·郭棐、王学曾、袁昌祚等修。

郭棐（1529—1605），字笃明，号梦菊，明广东南海人，嘉靖四十一年（1562）进士。初授户部主事，改礼部，出知夔州，累官布政使加光禄寺卿。撰万历《广东通志》《粤大记》《岭海名胜志》《夔州府志》《四川通志》《右大江志》《宾州志》及《梦菊全集》等。

王学曾，字唯吾，明广东南海人，万历举人。官光禄寺丞等职，曾修《南海县志》《番禺县志》，助郭棐撰修《广东通志》，尚有《王唯吾集》。

袁昌祚，原名柄，字茂文，号莞沙，明广东东莞人。隆庆五年（1571）进士。任左州知州、户部员外郎、广西提学佥事、四川参议、布政司参议等职。与郭棐、王学曾等组织“浮邱诗社”，与郭、王同撰《广东通志》，又修《新宁县志》《夷陵志》，尚有《莞沙文集》。

此书始修于万历二十七年（1599），三十年（1602）成书并刻印，凡七十二卷。《四库全书总目·存目》《中国地方志联合目录》著录。上海图书馆有初刻本（不全），日本内阁文库藏有全帙。

全书分藩省志十三卷，郡县志四十九卷，艺文志三卷，外志七卷，共四部分。每志各有若干门，内容所载有舆图、分野、沿革、气候、事纪、学校、风俗、城池、公署、坊都、驿铺、桥渡、水利、户口、盐铁、赋役、兵防、坛庙、亭榭、古迹、坟墓、土产、职官、选举、名宦、流寓、人物、艺文、外志等，体例较独特，以仙释、寺观二门入外志，“较他志体例为协，又增罪放、贪酷二门，以示讥贬，则仿嘉靖江西志例也”①。

万历**《闽书》**

明·何乔远纂。

何乔远，（1557—1631）字稚孝，号匪莪，明末福建晋江人。万历十四年（1586）进士，累擢礼部郎中，后因屡次触犯宦官，被贬后召为太仆少卿。崇祯二年（1629）起为南京工部右侍郎，不久再次引归。纂《闽书》一百五十四卷。又辑明十三朝遗事，成《名山藏》，校勘二十一史，撰《潭阳文献》等。

福建方志代有续作。万历四十年（1612），何氏尽取福建八郡一州五十七县志乘，参考前代史籍及诸家著述，编纂成帙，至四十四年（1616）成书一百五十四卷，万历四十八年（1620）增补，崇祯二年（1629）刊行。为集福建前代通志之大成之作。《明史·艺文类》《四库全书总目·存目》《中国地方志联合目录》著录。福建图书馆、福建师范大学图书馆等有万历四十四年修、四十八年补纂、崇祯二年刻本。保存的宋明以来的资料颇丰。析为分野、方域、建置、风俗、版籍、捍圉、前帝、君长、文莅、武军、英耆、方技、宦寺、方外、闺阁、岛夷、灵祀、祥异、萑苇、南产、蓄德、我私等二十二门。仿《水经注》例，于各门类中先综述，后分述。分门奇特，如合职官、名宦而称文莅；并丛谈、艺文为蓄德；创岛夷、我私二门。唯体例与一般志书门类不合，仍视为名志。资料宏富，足资考订。

（二）府、州、县志

正统**《彭城志》**

明·宋骥纂。

---

① 《钦定四库全书总目》卷七十四，中华书局，1997年。

宋骥，浙江余姚人，明代徐州学正。

彭城，古地名，今江苏徐州市。

明正统三年（1438）修，明抄本。《中国地方志联合目录》著录。国家图书馆有正统三年修，明抄本。

此志为永乐《彭城志》重修本，永乐本已佚，此志为传世最早的徐州府志。

凡十九卷，五十一目。内容为历代建置沿革、建郡本末总考、郡表、分野、疆域、形胜、城垣、坊郭乡镇、职役、公署、军卫、学校、医学、阴阳学、僧正司、山川、户口、田赋、屯田、两税、农桑、岁课、孳牧、物产、土贡、寺观、祠庙、坛壝、惠政、桥梁、驿传、仓库、铺舍、古迹、杂著、历代名宦、历代人物、贡举、旌表、释道、方技、杂志；萧、砀、丰、沛各县历代碑、记、杂述、序文、诗词。所记山川尤详，特重河防、漕运。

弘治**《上海志》**

明·郭经修，唐锦纂。

唐锦（1474—1555），字士䌹，明上海人，弘治九年（1496）进士，累官江西学政。纂《上海县志》及《大名府志》等。

上海原为华亭县东郭，属松江府。

成书于弘治十六年（1503），十七年刊刻。《中国地方志联合目录》著录。中国第一历史档案馆、天一阁有弘治十七年刻本。

此书凡八卷，三十八目，为疆域志、山川志、田赋志、祠祀志、建设志、古迹志、官守志、人品志。卷前有弘治十七年王鏊作序，卷后有同年钱福后序。书中附上海县（今上海市闵行区）地理图、儒学图及上海县图。

此志仅在天一阁存孤本，为现存最早上海志书。

此志虽简但囊括无遗，条分缕析，无所混淆，资料多来自档案、碑文、典籍等一手材料，颇为可信。

正德**《淮安府志》**

明·陈艮山纂。

陈艮山，字景善，莆田人，弘治进士，官山阳教谕，高淳知县。

明淮安府，治所在山阳县（今江苏淮安市），辖境相当今江苏盐城、淮安、洪泽等地以北，睢宁、邳州以东，赣榆以南，东至海。清隶江苏省，辖境缩小，1912年废。

此志于正德十三年（1518）成书并刊行。《中国地方志联合目录》著录。国家图书馆有正德十三年刻本。此为现存最早淮安地方志。凡十六卷，有总图，下有山川、兵戎、官守、人物、纪异等三十九目。体例与以往志书不同。

此志在内容上、体例上皆有特色。如记义民、武职事，重新采访编辑，以录大功者为原则，作建官表取代旧志公署门下的官制；合科甲、仕宦为一等，皆合志体。

正德**《朝邑县志》**

明·王道修，韩邦靖纂。

韩邦靖（1488—1523），字汝庆，号五泉，明陕西朝邑（今大荔县）人，正德三年（1508）进士，累官工部员外郎。因指斥时政入狱，贬为民。嘉靖初复为山西左参议。著有《韩五泉诗集》及《朝邑志》。正德十四年（1519）成书并刊刻。《四库全书总目》《中国地方志联合目录》著录，湖南图书馆有正德十四年刻本。此外，国家图书馆等馆有明万历，清康熙、乾隆、嘉庆、道光、同治等诸刻本。此外，尚有其他版本。

朝邑，陕西今县。

全志分上下二卷。上卷：总志、风俗、物产、田赋四篇；下卷：名宦、人物、杂记三篇。上卷仅七页，下卷十七页，全书凡二十四页，五千七百余字，统合数千年历史。考其言约事尽，其源出自宋常棠《澉水志》。①《四库全书总目》称："古今志乘之简，无有过于是书者，而宏纲细目，包括略备……自明以来，关中舆记，惟康海《武功志》与此志最为有名。论者谓《武功志》体例严谨，源出《汉书》，此志笔墨疏宕，源出《史记》。"此志对明代修志影响较大。然清章学诚则不以为然，批评康、韩二氏"皆能文之士，而不解史学，又欲求异于人，故其为书，不情至此，作者所不屑道也"②。

该志五千七百余言，诸门目所记失之过略，资料价值不大，只起到提纲作用，宜在此志基础上充实具体内容。

正德**《武功县志》**

明·康海纂。

---

① 《钦定四库全书总目》卷六十八《澉水志》条，中华书局，1997年。

② 《章学诚遗书》卷十四《书朝邑志后》，文物出版社，1985年。

康海（1475—1540），字德涵，号对山，明陕西武功县人，弘治十五年（1502）进士，授翰林院修撰，后因受宦官刘瑾案罢官。明中叶著名文学家。纂《武功县志》三卷，二万余字。

《武功县志》成书于明正德十四年（1519）并刊行。万历间再经刊行，不久散佚，清乾隆二十六年（1761）重刊。今存有三卷本、四卷本、三卷首一卷本、四卷首一卷本。各本卷数不同，篇目内容相同。如正德本、万历本、《四库全书》本、雍正本、乾隆本、嘉庆本、道光本、同治本、崇文书局本、光绪本、《得月簃丛书》本、《清芬堂丛书》孙景烈评注本。《四库全书总目》《中国地方志联合目录》著录。国家图书馆、上海图书馆等多家图书馆有正德十四年刻本。此外，尚有其他版本。

志凡七篇，为地理、建置、祠祀、田赋、官师、人物、选举。

地理：山川、城郭、古迹、宅墓；

建置：官署、学校、津梁、市集；

祠祀：祠庙、寺观；

田赋：户口、物产。

艺文用《吴郡志》例，散附各篇，记官师人物，善恶并著，以寓劝惩。

此志历来褒贬不一。《四库全书总目》称："王士祯谓其文简事核，训词尔雅；石邦教称其义昭劝鉴，尤严而公。乡国之史，莫良于此。"由于文字太少，有损实用价值，章学诚批评其书："芜秽特甚，盖缘不知史家法度，文章体裁，而唯以约省卷篇，谓之高简，则谁不能为高简也?"①

此志过于谨严，至沿革多阙文，尤缺图，此方志一大缺憾。其官师志又独为校官多立传，以至轻重失伦。然叙人物善恶并书，自与历代方志隐恶扬善不同。总之，康海《武功县志》体例精严，然其大弊，在于失之过简，实用价值不高。且无视图学在志书中的作用，尤失古意。

《姑苏志》

明·王鏊等纂。

姑苏，今苏州市。

王鏊，字济之，吴县人，成化十一年（1475）进士，官至户部尚书，武英殿

---

① 《章学诚遗书》卷十四《书武功志后》，文物出版社，1985年。

大学士，谥文恪。据王鏊序称，成化间、弘治间苏州皆有修志之举，均未成书。弘治十八年（1505）知府林世选以弘治间吴宽原稿责王鏊领衔裁定，阅八月，成书六十卷。

书修于正德元年（1506）。今有正德元年刻本、嘉靖间增刻本、乾隆间《四库全书》本等。《明史・艺文志》《四库全书总目》《中国地方志联合目录》著录。国家图书馆、北京师范大学图书馆、南京图书馆等多家图书馆有正德元年刻本。

凡六十卷，析为郡县沿革表、古今守令表、科第表、沿革、分野、疆域、山、水、水利、风俗、户口、土产、田赋、城池、坊巷、乡都、桥梁、官署、学校、兵防、仓场、诸庙、寺观、第宅、园地、古迹、冢墓、吴世家、平乱、宦迹、人物、纪事、杂事等门，为纲目体。

全志“繁简得中，考核精当，在明人地志之中犹为近古”，网罗旧闻，文献极富。然章学诚批评该志“名义不正”，列表体例失当，不合义例。①

嘉靖**《彰德府志》**（一名《邺乘》）

明・崔铣纂。

崔铣（？—1530），字子钟，号后渠，祖居乐安，寄居彰德（今安阳）。弘治进士，官礼部右侍郎等，著《读易录言》《政议》《洹词》《文苑春秋》等，纂《彰德府志》。

彰德府，金明昌三年（1192）置，治所安阳县（今河南安阳市）。辖境含今河南安阳、鹤壁、汤阴、林州及河北临漳等地。元改彰德路，明洪武元年（1368）改彰德府，北部辖境展拓至河北武安、涉县地。1913 年废。

该志修于嘉靖元年（1522）年，同年付梓。凡八卷。分地理、建置、田赋、祠祀、官师、人物、选举、邺都宫室、杂志凡九门。其事兼采诸史。其序云：“地理稽实，而黜附会，建置遵制而明则，田赋以恤隐，祠祀以正典，官师均列而信教，人物、选举上行而下秩，宫室刺奢杂，志辅化，崇正义而黜异端，捐浮冗而要简明。”内容详赅，体例周备。纠谬补缺，叙事有伦，考证详审，评论得要。《四库总目》云：“其书颇为谨严。”《明史・艺文志》《四库全书总目・存目》《中国地方志联合目录》著录。国家图书馆、天一阁等有嘉靖元年（1522）刻本。此外，国家图书馆、上海图书馆等有《天一阁藏明代地方志选刊》本，国家图书

① 《章学诚遗书》卷十四《书姑苏志后》，文物出版社，1985 年。

馆有明万历间覆刻本，北京大学有民国抄本等。

嘉靖《滦志》

明·陈士元纂。

陈士元，字心叔，又字养吾，湖北应城人。嘉靖进士，嘉靖二十四年（1545）知滦州。纂《滦志》《易象钩解》《五经异文》《论语类考》等多种。嘉靖二十七年（1548），陈氏在许康衢私志底稿基础上，纂成《滦志》五卷。清康熙中侯绍岐、高士麟作续补一卷。今存明嘉靖二十七年（1548）刻本、清康熙十八年（1679）刻本及抄本。《明史·艺文志》著录为十一卷，《中国地方志联合目录》著录为五卷。国家图书馆、天一阁等有嘉靖二十七年刻本，皆不全。北京大学图书馆有康熙十八年刻本，上海图书馆有抄本（不全）。

滦即滦州，因滦河得名，建置于辽，金元明各代因之，明直隶永平府。今河北滦县。

全书凡四篇：世编、疆里、壤则、建置。其中世编为编年体；疆里分域界等六目；壤则分户口等七目；建置列城池等十一目。分别叙述了滦州各类情况。此志世人评论不一，清郭清螺称："海内志书，李沧溟《青州志》第一，其次即为《滦志》。"然章学诚则以郭氏之论为妄赞，云："今观其书，矫诬迂怪，颇染明中叶人不读书而好奇习气，文理至此，竟不可复言矣。陈君以博赡称，而《滦志》庸妄若此。"①

《沔阳志》

明·曾储修，童承叙纂。

曾储，广东南海人，贡生，知州事。

童承叙，字汉臣，一字士畴，别号内方，湖北沔阳人，正德进士，授编修。预修《实录》《会典》等，升为翰林院侍讲。著《平汉录》《内方集》《沔阳志》等。

沔阳州，今湖北。

全书十八卷。体例一仿纪传正史，为纪、表、志、传。析为二十二目，为郡纪、郡县表、封爵表、秩官表、人物表、提封、创设、河防、食货、秩祀、儒学、兵戎、秩官列传、人物列传、良牧传、名将传、死事传、名贤传、逸士传、

---

① 《章学诚遗书》卷十四《书滦志后》，文物出版社，1985年。

侨寓传、孝义传、外传，每门之后，有“史氏曰”“赞曰”，仍为正史之例。

此志内容较富，深得正史之法，多博得世人好评，向称海内名志。今有嘉靖十年（1531）刻本、天一阁本、民国十五年（1926）慎始基斋校刻本、民国间沔阳卢氏校订抄本。《明史·艺文志》《中国地方志联合目录》著录。天一阁有嘉靖十年刻本。

嘉靖**《雄乘》**

明·王齐纂修。

王齐，字元修，号镜堂。河南新蔡人，举人。嘉靖八年（1529）任雄县教谕。

雄，古幽州地，五代时石敬瑭割与辽。周世宗显德六年（959）收复瀛鄚，遂废鄚置雄州，雄之名始此（该志《疆域》）。今河北省雄县地。

此志二卷，嘉靖十一年（1532）成书，十六年刊刻。今有天一阁嘉靖十六年刻本、《天一阁藏明代地方志选刊》本。《中国地方志联合目录》著录。

卷上：疆域（含沿革、封土、分野、形胜、街坊、店、市、村等）；

山河（含山、河、淀、故迹等）；

风土（含俗尚、时序、土产）；

田赋（含户口、地亩、赋税、税课、徭役、岁办、俸粮等）；

建置（含城市、公署、县治、学校、仓库、铺舍、堤桥、武备等）。

卷下：礼制（公仪、祀典、乡仪、恤政、刑法）；

官师（含抚臣、守将、刺史、同知、判官、吏目、知县、县丞、典吏、教谕、训导、使臣、流寓）；

人士（含仕籍、武功、孝子、义士、节妇）；

选举（含进士、举人、贡生、监生、报效、貤封、任子）；

祥异。

卷首有谢九仪序、王齐自序及目录，附县境、县城、县治图各一。卷尾有刘儒跋。该志时间断限，上起远古下至嘉靖。此志采择精当，体例严谨，世人多好评。

嘉靖**《南畿志》**

明·闻人诠修，陈沂纂。

闻人诠，字邦正，浙江余姚人，嘉靖五年（1526）进士。宝应知县，官至湖广按察司副使，主修《宝应县志略》《南畿志》等。

陈沂，字宗鲁，改名鲁南，号石亭，金陵人，正德十二年（1517）进士。官至布政使参政。

南畿，明初定鼎金陵，以应天府等十四府四直隶州为南畿（含应天府、凤阳府、苏州府、松江府、常州府、镇江府、扬州府、淮安府、庐州府、安庆府、太平府、宁国府、池州府、徽州府、广德州、和州、滁州、徐州），约包括今江苏、安徽两省地。

嘉靖十三年（1534）刊刻。凡六十四卷。《中国地方志联合目录》著录。国家图书馆、天津图书馆等有嘉靖十三年刻本。北京大学图书馆有民国三十年（1941）抄本。又，台湾存一部二十八卷，嘉靖刻，隆庆、万历修补本。

卷首有闻人诠序、陈沂序、凡例及修志名氏，以下为总志三卷凡八目：都城图、南都记、凤阳记、南畿地理图、志命官、志户口田赋、志水利、志戎备。郡县志凡六十一卷，十三目：各府图、各府沿革、区域、城社、建牧、学校、祠墓、古迹、宦绩、人物、列女、方外、艺文。

世人对此书评价很高，《续四库总目》云："是书开各省通志之先河，而以留都所在，分疏为难，其事尤艰于省志，兹以总志、分志之法行之，措置可谓适当矣；至所取材，古事亦采景定建康、至大金陵二志，暨各郡县志，今事唯取官书，体例简要，剪裁有法，良史之才也。"

嘉靖**《维扬志》**

明・盛仪纂。

盛仪，江都人。

维扬，今扬州市。

嘉靖二十一年（1542）刊行。凡三十八卷，《中国地方志联合目录》著录。天一阁有嘉庆二十一年刻本，仅存十八卷，是现存最早的扬州志。此外，有《天一阁藏明代地方志选刊》本、影抄嘉靖本。全志析为郡邑古今图、建置、疆里、历代、分野、五行、山川、形胜、物产、公署、户口、盐政、军政、礼乐、经籍、秩官、人物、列传、诗文、杂志等类。

本志资料广博赅洽，叙事明晰，向称佳构。

嘉靖**《通州志》**

明・钟汪修，林颖纂。

通州，即今江苏省南通市。

是志嘉靖九年（1530）刊刻，今存，又有抄本。《中国地方志联合目录》著录。国家图书馆、天一阁有嘉靖九年刻本。

凡六卷九门。首有小叙。卷一：地理、物产；卷二：宫室、典礼、风俗；卷三：官政；卷四：职官：卷五，人物；卷六：词翰。

全书纲条并列，文简义赅，体例严谨。

嘉靖**《吴江县志》**

明·徐师曾纂。

徐师曾，吴江人，字伯鲁，嘉靖进士，任吏科给事中。著《文体明辨》等书多种。

吴江县，今为江苏省吴江市。

修于嘉靖三十七年（1558），有嘉靖四十年（1561）刻本、民国晒印本、民国薛氏邃汉斋传抄本、民国吴江柳氏抄本。《中国地方志联合目录》著录。国家图书馆、天津图书馆有嘉靖三十七年修嘉靖四十年刻本。

凡二十八卷，首一卷，冠以图七帧，分为八志、地理、建置、食货、典礼、官政、经略、人物、杂志等，下析为四十五目。

此志前有莫旦纂弘治《吴江县志》二十二卷问世。与前志比较，于经略志下增以水利目，为采访考察所得，突出地方特点。此为现存较早的一部吴江县志。《续修四库全书总目》称其为“佳制”。

嘉靖**《宁波府志》**

明·周希哲修，张时彻等纂。

周希哲，字叙寓，威远人，进士，嘉靖三十六年（1557）任知府。张时彻，字维静，号东沙，鄞县人，累官南京兵部尚书。著有《芝园定集》《善行录》《张司马集》，纂《定海县志》《宁波府志》等。

该志于嘉靖三十八年（1559）始修，次年成书刊刻，今存。又有张氏约园抄本等。《明史·艺文志》《中国地方志联合目录》著录。国家图书馆、北京师范大学图书馆有嘉靖三十九年刻本。

凡四十二卷，卷首有范惟一序、闻渊序、张时彻序、叶照序及修志名氏。有图（舆地图）、表（沿革表、秩官表、选举表）、疆域志（分野、形胜、风俗、山川）、经制志（官制、学校、公署、兵卫、城隍、邮舍、都鄙、秩祀）、物土志

(土壤、户口、物产、贡赋、徭役)、杂志(机祥、坛庙、第宅、冢墓、寺观、古迹、遗事、艺文)、书(海防、河渠、兵政、田赋)、传(名宦、名臣、理学、文学、忠节、死事、孝友、享德、义行、清操、隽异、隐逸、流寓、列女、特艺、仙释),附存疑。

该志文献丰赡,考订精审。此书合乎纪传史体,序、表、志、书、传皆备。编次得法,详载大海、潮候、倭患,有地方特色,志中郡境图、郡治图、鄞县图等有十三帧。

隆庆**《丰润县志》**

明·王纳言、余兼山修,石邦政等纂。

王纳言,字梧月,南直隶常州武进人。嘉靖四十一年(1562)进士。隆庆二年(1568)任丰润知县。隆庆四年(1570),王纳言着手修县志,未成离任,后知县余兼山修成。石邦政,号文衢,丰润县(今唐山市丰润区)人。嘉靖四十一年(1562)举人,官陕西延安府同知。

丰润,今河北省唐山市丰润区。

隆庆四年(1570)刊刻,今存。《中国地方志联合目录》著录。国家图书馆有隆庆四年刻本。

凡十三卷。首卷总论。次为图经、事纪、地理、建置、学校、食货、官师、仕籍、宦绩、人物、兵制、杂识、艺文等类。各门下标目若干。卷前有杨锦、谷峤序,凡例,目录。卷末有刻书公移、修志名氏、石邦政跋、谷九鼎跋等。

此志以旧稿为古志,新资料为今志,大字叙事,有纲有目,“事纪”记古今大要。《地理志》“民业门”于国计民生、学校、兵制记载颇详,《食货志》述户口、徭役、贡赋、马政、储备之数额,以及物产。该志以《蓟州志》有关丰润县内容为基础,每卷纲目有无题小序,颇便省览。由于资料欠缺,官师志仅录明代任官,是其缺憾。总之,该志重点比较突出,分类赅洽,向称佳构。

万历**《宛署杂记》**

明·沈榜修纂。

沈榜,湖广临湘人,武举人。曾官宛平知县,又迁任户部主事,在宛任内以“识天下户口、厄塞、风俗、政治盛衰”之需要,据署中档册文件,编纂《宛署杂记》一书,这是记述关于明代北京的重要地方志书。

万历二十一年(1593)刊行。

凡二十卷。依次厘为圣谕、县始、乡土、署廨、古墨斋、职官、山川、铺舍、街道、地亩、人丁、徭赋、力役、黄垡仓、宫庄、马政、奶口、三婆、土工、驾相、养济院、税契、铺行、经费、人物、民风、恩泽、寺观、志遗等。卷前有顺天知府谢杰序、沈榜自序，卷末有吴楚材后序等。该书所记内容多与行政事务有关，于行政“经费”尤详。

沈应文《顺天府志》、刘侗等《帝京景物略》、孙承泽《春明梦余录》及《日下旧闻考》等大量征引此书。

原书国内已散佚，新版据日尊经阁文库本排印。

《桂胜·桂故》

明·张鸣凤纂。

张鸣凤，字羽王，广西临桂人。嘉靖举人，官桂林通判。著有《东潜集》《浮萍集》《羽王先生集略》《西迁注》《桂胜》《桂故》等。

此为志广西桂林山水掌故之作。

《桂胜》十六卷，《桂故》八卷，书成于万历四十一年（1613）。《明史·艺文志》《四库全书总目》著录。

《桂胜》志桂概，以山水标目，附载历代诗文。尤详于石刻、题名。

《桂故》志故实，分郡国、官名、先政、先献、游寓、杂志六门，二书皆止于南宋。今按《桂胜》《桂故》实为一书，后者辅前者以行。

全书详人所略，略人所详。《四库全书总目》称其“董斯张《吴兴备志》，朱彝尊《日下旧闻》即全仿其体例，于地志之中最为典雅”，堪与明代康海《武功志》、韩邦靖《朝邑志》鼎立而三，为他家莫之逮也。

万历**《会稽县志》**

明·杨维新修，张元忭、徐渭等纂。

杨维新，丹徒人，进士，万历元年（1573）任会稽知县。

张元忭（1538—1588），字子荩，号阳和，明浙江山阴人。隆庆进士。官至翰林侍读。万历三年（1575）与徐渭同纂《会稽县志》，万历十四年（1586）与孙矿同纂《绍兴府志》，均为明代名志。并为会稽城南云门山作《云门志略》。徐渭（1521—1593），字文长。浙江山阴人。有《徐文长三集》《徐文长佚稿》《南词叙录》等，同张元忭合纂《会稽县志》。另著《会稽县志》之《地书总论》等论文多篇。

万历三年（1575）修并刊行。万历刊本今存，又有抄本。《中国地方志联合目录》著录。国家图书馆、上海图书馆、天津图书馆、南京图书馆等有万历三年刻本。

凡十六卷，析为地、治、户、礼四书。每书冠以总论，每类各有分论。地书（含沿革、分野、形胜、山川、风俗、物产）；治书（含设官、作邑）；户书（含户口、徭役、水利、灾异）；礼书（含官师、宦迹、选举、人物、祠祀、古迹、寺观）。目下有子目。该书四书并重，尤重考证，于资政作用尤为明显。

万历**《广平县志》**

明·陈鎜修，王一龙增修。

陈鎜，湖北江夏人，进士，万历间为广平知县，南京户部主事。王一龙，河南辉县人，选贡，万历间广平知县。

广平，西汉为国，东汉始为县，西晋为郡，隋废郡为县，仁寿以后多改名，唐宋隶于洺州，金并魏县置广平县，明隶广平府。今属河北省。

书成于万历十八年（1590），十九年（1591）刻本，三十六年（1608）增刻本。《中国地方志联合目录》著录。国家图书馆有万历十九年刻本。

凡五卷，卷一：土地志，含疆域、沿革；卷二：人民志，含版籍、赋役；卷三：政事志，含职官、祀典、庙祭、选举、武备；卷四：文献志，含宸翰、列传、艺文；卷五：附志。（各目下又有子目若干）附志《广平王传》记唐肃宗长子李豫事颇详。附《灾祥记》，记有重要天文资料。

此志依孟子所谓“三宝”，即土地、人民、政事，再加文献，共分四纲而成。为明代“三宝体”志书典型代表作。有纲有目，每志冠之以表，职官采谱式，土地志之首为四境图，图的方位上北、下南、左东、右西，与他志异。每门有论赞，为仿史例。人民志中列有方言一目，为此志所仅见。

万历**《江宁县志》**

明·石允珍主修，李登等纂。

石允珍，知江宁县。

李登，字士龙，邑人。新野县丞，曾撰《上元县志》，著《六书指南》等。

江宁，今江苏省江宁县。

凡十卷。万历二十六年（1598）刊行。万历刊本今存，又有抄本。《中国地方志联合目录》著录。国家图书馆有万历二十六年刻本（不全）。

卷一：沿革表、地理志；卷二：建置志；卷三：版籍志、户口志；卷四：祠宇志；卷五：古迹志；卷六：官守表、宦绩传；卷七：科贡表；卷八、九、十：人物传。

体例精于正德志，博闻多采，但选录甚为严格。《续修四库全书提要》云，此书出于修志名手，“故体严而事广，文简而义赅；各表志前列小序，皆彬雅可诵，可以为良志矣”。

万历**《龙游县志》**

明·万廷谦纂修。

万廷谦，字去盈，江西南昌人，举人，万历三十五年（1607）知龙游县。

龙游，在今浙江省西南部，1960年裁撤，并入衢县（今金华市衢江区）、金华县（今金华市金东区）。

此志万历四十年（1612）修，凡十卷，首一卷。《中国地方志联合目录》著录。国家图书馆、浙江图书馆有万历四十年刻本。卷首有徐可求序、万廷谦序。

卷一：舆地；卷二：建置（寨营、诸坊附）；卷三：祠祀；卷四：田赋；卷五：风俗；卷六：官师；卷七：选举；卷八：人物；卷九：艺文；卷十：杂识。附灾祥。卷末为钟相业后序、曹闻礼跋。

龙游于明代多次修志，该志体例于旧志多所变更，颇为谨严，文字简赅有要，且详近略远，于艺文、田赋尤详。全书保存了大量明代龙游地情资料。近代学者余绍宋评此志：“其体例较丙子志为谨严，而记载亦简当有法，固明代方志中之佳构也。”

《海盐县图经》

明·樊维城修，胡震亨、姚士粦纂。

樊维城，字紫盖，万历十七年（1589）进士，海盐县知县。

胡震亨，字孝辕，海盐人，万历举人，官兵部员外郎等。

姚士粦，字叔祥，海盐人。

海盐县在今浙江省。

此志修于天启二年（1622），志以图经名之盖用北宋例，于明代实属少见。天启四年（1624）刊刻。天启刻本今存，又有乾隆十二年（1747）补刻本。《中国地方志联合目录》著录。国家图书馆、北京大学图书馆、上海图书馆等有天启四年刻本。

凡十六卷，分为七篇：

方域篇（图、表、建置考、治城、城镇乡图、职署、名胜谱、风土记）；食货篇（户口、田土、税粮、役法、课税、盐课）；戍海篇；堤海篇；官师篇（令长、丞尉、学职、监镇、监税、市舶、巡检、盐司、仓职、武秩）；人物篇；杂识篇。

此志文字淹雅简赅，体例周备。突出海盐地理特点，如倭患严重，设有“戍海篇”，堤防工程浩大，设“堤海篇”。因事设篇，此为典例。

天启**《吴兴备志》**

明·董斯张等纂。

董斯张（1585—1628），字遐周，明浙江吴兴人。著《吹景集》《灵荟》《古赋》《静啸斋遗文》等。主纂《吴兴备志》《白法志》《广博物志》《弁山志辑》《吴兴艺文补》等。所纂志书多收在《吴兴丛书》中。

吴兴，今浙江湖州。

修于天启四年（1624）。今有康熙四十八年（1709）董朝柱抄本、清张氏岳雪楼抄本、清乾隆《四库全书》本、民国《吴兴丛书》本、清抄本等。《四库全书总目》《中国地方志联合目录》著录。浙江图书馆有天启四年修康熙四十八年董朝柱抄本。

此即湖州府志，全志三十二卷，编次为二十六征。分帝胄、宫闱、封爵、官师、人物、笄袆、寓公、艺术、象纬、建置、岩壑、田赋、水利、选举、战守、赈恤、祥孽、经籍、遗书、金石、书画、清闷、方物、璅、诡、匡籍讹等。

《四库全书总目》称，该志“采摭极富，于吴兴一郡遗闻琐事，征引略备。每门皆全录古书，载其原文，有所考正，则附著于下”。该志仿明张鸣凤《桂故》《桂胜》例，典雅赅备，足资征引，为明代名志。

崇祯**《松江府志》**

明·方岳贡修，陈继儒纂。

陈继儒（1558—1639），字仲醇，号眉公、麋公，又号白石山樵，华亭人。书画家，文学家，史志学家。著《建文史待》《陈眉公全集》，辑有《宝颜堂秘籍》《国朝名公诗选》，纂《松江府志》等。

松江府，明时领华亭、上海、青浦三县地。

崇祯三年（1630）刊行，初刊时五十八卷，后又增至九十四卷，为松江府志中篇幅最多的一部。九十四卷本，今为残卷。崇祯三年（1630）初刊五十八卷本今存。《明史・艺文志》《中国地方志联合目录》著录。上海图书馆有崇祯三年刻本。

全书不分纲目，为叙、图经、年表、沿革、分野、形胜、区界、乡村、户口、镇市、衢巷、坊表、桥梁、堰闸、山、水、物产、风俗、赋额、役法、荒政、盐政、织造、税课、水利、城池、仓廪、驿递、坛庙、祠祀、官署、学政、兵防、守令题名、宦绩、选举、人物、第宅、园林、古迹、灾异、冢墓、兵燹、寺院、道观、著述、诗品、画苑、书评、金石、志余。

此志援引赅博，卷帙浩繁，门类精细，志中特辟诗品、书评、画苑类，较有特色。

《帝京景物略》

明・刘侗、于奕正合撰。

刘侗，字同人，号格庵，明湖北麻城人。崇祯七年（1634）进士，外放南直隶吴县知县，死于任途中。年仅 44 岁。著《雉草》《尤并崖诗》等，与于奕正合撰《帝京景物略》。

于奕正（1596—1636），字司直，宛平人，崇祯初秀才，于江南游览时死于途中，年仅四十。著《天下金石志》《朴草诗》等，与刘侗合撰《帝京景物略》。

明崇祯八年（1635）刊印。《明史・艺文志》《四库全书总目》著录。

此书以明代北京东西南北城内、城外分区记述其山川园林、名胜古迹、风习节令、花鸟虫鱼等。市内详载著名建筑物、寺、庙、桥、塔、水关等；郊区详记山、寺、湖、陂及各景观。全书凡一百二十九目。每篇之末，以诗系之。其诗“采摭颇疏”，“尤为猥杂”，“至如太学石鼓一条，舍石鼓而颂太学，殊伤冗滥。又首善书院近在同时，泛叙讲学，何关景物，于体例亦颇有乖”。①

此书为记城市风景名胜专书。该书景物多为清康熙《畿辅通志》所取资。

① 《钦定四库全书总目》卷七十七，中华书局，1997 年。

第三节　边镇志、图

一、导语

明代地方志书与其他王朝不同的一个显著特点就是边关志、图的大量涌现，这与明代政治军事需要有关。

“终明之世，边防甚重”，明王朝为防止北方少数民族的南侵，东起鸭绿江，西到嘉峪关，分设大将，统兵御守，先后置辽东、宣府、大同、延绥、宁夏、甘肃、蓟州、偏头、固原等九镇，合称“九边”。①于洪武至万历年间，重新构筑长城，并在其险要处建关设塞，布有重兵，加强防卫。西起嘉峪关，东至山海关，总长约六千七百公里，时称边墙。为确保京师安全，特于大同、宣化以南，河北、山西两省险峻地带，筑有内长城，时称“内边”或“次边”，在山西境内设有“外三关”，②在河北境内设有“内三关”。③上述边关重镇，当时大多有专门志书，且皆有图有文，颇为实用。如，约嘉靖元年（1522），郑晓撰成《九边图志》④。嘉靖十三年（1534）詹荣纂《山海关志》成书，嘉靖十四年（1535）刊刻。此为第一部《山海关志》，名为关志，而内容实与一般州县志无异（按《山海关志》凡五修）。嘉靖二十四年（1545），廖希颜撰《三关志》⑤，所记略于历代详于明代，颇具实用价值。嘉靖二十七年（1548），王士翘纂《西关志》⑥，此志具有边镇合志特点。隆庆三年（1569）孙应元纂成《九边图说》，是研究明代北方军事地理重要图志之一。万历四年（1576）刘效祖撰成《四镇三关志》⑦，此为较详尽的边镇志书。万历三十一年（1603），郑汝壁修、刘余泽纂《延绥镇志》

① 《明史·兵志·边防》，中华书局，1974年。
② 明“外三关”，指雁门关、宁武关、偏头关。
③ 明“内三关”，指居庸关、紫荆关、倒马关。
④ 《明会要》卷三十二《职官·兵部》，中华书局，1956。
⑤ 《三关志》中“三关”即明时“外三关”。
⑥ 《西三关》中“西关”指居庸关、紫荆关、倒马关、故关。
⑦ 《四镇三关志》中，“四镇”指蓟州、辽东、保定、昌平，“三关”指紫荆关、居庸关、山海关。

刊印，内容与一般州县志无异。

明《陕西行都司志》，佚名纂，纂修年代不详，是书分地理、建置、官师、兵防、岁计、人物等六门，以所属各卫分载其中。记事止于嘉靖。此书虽“简陋而不荒谬”。又，苏祐纂《三关纪要》。

此外，明姚虞纂《岭海舆图》一卷，有图有文，内容实系边防、武备、兵马、钱粮，与边镇志同。

徐日久辑《五边典则》二十四卷，为边关合志，含蓟门、辽左、宣府、大同、陕西三边及滇、粤、黔、蜀，并有抗倭内容。

此外，明代自京师至郡县，皆立卫所，于是有卫所志之修。如张奎修、夏有文等纂、正德十二年（1517）刊刻的《金山卫志》，嘉靖四十三年（1564）朱冠、耿宗道纂《临山卫志》即是。

二、志、图举要

《九边图说》

明·孙应元纂。

该书由霍冀奏进朝廷，故或题霍冀撰。全书一卷，成于隆庆三年（1569），历叙辽东镇、蓟镇、宣府镇、大同镇、山西镇、延绥镇、宁夏镇、固原镇、甘肃镇等明代“九边”形势、军备、钱粮等情况。各镇皆有附图，分总图及分图。此书为研究明代北方军事历史和地理提供了重要资料。

《三关志》

明·廖希颜撰。

廖希颜，字若愚，号东雩，湖南茶陵人。嘉靖进士，知高安县，擢工部主事，迁山西提学，浙江按察使。

此志纂于嘉靖二十四年（1545），不分卷。《中国地方志联合目录》著录，国家图书馆有嘉靖二十四年刻本。

三关，系指明“外三关”，亦称“山西三关”，即今山西境内沿内长城的雁门关、宁武关和偏头关，与今河北境内沿内长城的内三关即居庸关、紫荆关、倒马关，分别防护全晋和北京。内、外三关皆为明代要隘。

全书为图考，首为《三关总图》，次以三关分图，其后各附一论说，略述各关形势；次分别叙述雁门关、宁武关和偏头三关。叙述时先总考其地理沿革，历代设官驻防制度、史事，后论一关之山川站镇，以明代史事尤详，体现了志体详今略古的特点。《续修四库全书提要》云："盖全晋险区，明代独重三关，希颜首编此册，乃亦应时需要，而今为政者虽不能履勘其地势，亦可展卷以知大势，而思有以如何扼守也。"该书具有边镇合志特点，颇切实用。

《西关志》

明·王士翘纂。

王士翘，字民瞻，江西安福人。嘉靖进士，官至巡按直隶监察御史。

嘉靖二十七年（1548）刻印，今存。又有影抄本。

凡三十二卷。

明代西关，指北京西部内长城诸关隘，即居庸关、紫荆关、倒马关和故关。该志分《居庸关志》十卷、《紫荆关志》八卷、《倒马关志》七卷、《故关志》七卷。各卷首有图、论各一篇。总图冠居庸之首。内容除与各州县志所列门目相似之外，增设军事内容，门类包括军马、墩台、边情、摆拨、仓场、草场、库房、教场、屯堡、征徭、岁用、公廨、学校、官司、人物、风俗、物产、祠庙、坛壝、陵墓、驿传、巡司、铺舍、桥梁、窑冶、牌坊、古迹、矿洞、制敕、章疏、艺文等。各关志自成一体，内容分类雷同，具有明代边镇合志特点，堪称明代边关名志。

《四镇三关志》

明·刘应节、杨兆修，刘效祖纂。

刘应节，字子和，山东潍县人。赐进士出身，都察院左都御史，兵部右侍郎。隆庆四年（1570）任四镇三关总督。杨兆，字梦境，陕西肤施人。赐进士出身，兵部左侍郎，都察院右佥都御史，万历元年（1573）任四镇三关总督。

刘效祖，字仲修，号念庵。山东滨州（今山东滨县）人，嘉靖进士，官陕西按察副使。善诗、词，著《词窗》，纂《四镇三关志》。

万历四年（1576）刻本，凡十卷，今存。又有清抄本、抄本。《明史·艺文志》著录为十二卷。《中国地方志联合目录》著录为十卷。国家图书馆、南京图书馆、浙江图书馆有万历四年刻本。

四镇，指蓟州、昌平、辽东、保定。三关指紫荆关、居庸关、山海关。

四镇三关皆为护翼明代京师最近且最重要的军镇与关隘。

全书分建置、形胜、军旅、粮饷、骑乘、经略、制疏、职官、才贤、夷部十考，每考为一卷。卷首载有刘应节、杨兆序及纂修边志檄文、修志姓氏等。书中建置考附有各镇地图、各种兵器、车营、敌台图，甚为详备，是明代记述详备的边镇志。

《山海关志》

明·葛守礼修，詹荣纂。

詹荣，字仁甫，明山海卫人，嘉靖进士。历任户部郎中，督饷大同。升光禄少卿，迁右佥都御史，巡抚甘肃，移大同。谙习边地险要及古今战守之事。嘉靖十三年（1534）应监察御史张敕及兵部主事葛守礼之聘纂辑《山海关志》。

嘉靖十四年（1535）刻本。《明史·艺文志》《中国地方志联合目录》著录。国家图书馆有嘉靖十四年刻本。

凡八卷，内容分地理、关隘、建置、官师、田赋、人物、祠祀、选举等目。卷首有图二十八帧，绘出明代自山海关至黄花镇驻兵及兵额等军备情况。

本书虽称关志，但从全书正文内容看与一般州县志门类无甚差异。

《岭海舆图》

明·姚虞纂。

姚虞，字泽山，福建莆田人。嘉靖十一年（1532）进士，累官淮安知府、监察御史。此书为作者巡抚广东时撰，为今广东舆图。

清光绪十七年（1891）排印本。《四库全书总目》著录。

全一卷。图文并茂，图十二帧，首为广东省全图，以下为十府十图，殿以南夷图。诸图皆有叙，叙中首述沿革形势利病，依次是州县、户口、田粮课税、官兵、马匹。

此书“略于前代而详于当代，略于山川而详于厄塞，略于职官而详于兵马钱粮，略于文事而详于武备”①。一扫旧志格局，颇切中时政，此实系郡国形胜之要务，尤系国家政权之安危，深得边镇志纂修之法。

---

① 《钦定四库全书总目》卷六十八，中华书局，1997年。

第四节　域外地志、图籍

一、导语

十五世纪，明代著名航海家郑和率舰队七次下西洋远航，这是中国航海史上的空前壮举，在世界航海史上也具有重要意义。

郑和（1371—1435），明朝著名航海家。原姓马，小字三宝（保），回族，云南昆阳州（今云南晋宁）人。明太祖统一云南后，郑和被阉入宫。靖难之役中从燕王起兵有功，赐姓郑，晋升为内宫监太监。

郑和远航，始于明永乐三年（1405），终于宣德八年（1433），共历二十九年。郑和在航行中访问了许多亚非国家，这在《星槎胜览》《瀛涯胜览》《西洋番国志》等书中皆有记载，此外，《郑和航海图》《针位编》等书也有载录。以上为郑和下西洋的有关志书、图志。此外，陈诚、李暹撰《西域番国志》及《西域行程记》等为记载阿富汗西北部地志。自万历十二年（1584）至万历三十年（1602）意大利传教士利玛窦在我国绘制成《坤舆万国全图》，使中国学者首次接触到“五大洲”概念。利玛窦由此声名远播。

二、志、图举要

《西洋番国志》

明·巩珍撰。

巩珍，应天（今南京）人。宣德五年（1430），太监郑和下西洋，巩珍随行，往还三年，任通事转译。

宣德九年（1434）成书。《四库全书总目·存目》著录。记录各国风土民俗。是志有中华书局向达校注本。此书同《瀛涯胜览》《星槎胜览》并为有关“郑和下西洋”的最初史料。全书共二十则，卷首收有敕书三通。详记亚非国家地理、历史、交通情况。所记与《明史·列传·外国》略同。

《郑和航海图》

《郑和航海图》见于明茅元仪《武备志》卷二百四十。原名称《自宝船厂开船从龙江关出水直抵外国诸蕃图》。《郑和航海图》为省称。

茅元仪（1594—1640），字止生，号石民，归安（今浙江吴兴）人。著名文学家茅坤之孙。习兵略，为兵部尚书孙承宗重用，曾任副总兵。汇集兵家、术数之书二千余种，历时 15 年辑成《武备志》240 卷。尚有其他著作多种。

该图约为宣德五年（1430）郑和最后一次下西洋并详记南洋、印度洋各地航道、各国方位、航向、航道远近、停泊位置以及礁滩等地理情况。该图含航海图二十叶（相当今书四十页）和“过洋牵星图”两叶。全图以南京为起始，最远抵达今非洲东岸的蒙巴萨。收录中国及亚非各地地名 500 个。

1961 年中华书局出版向达注释单行本，1988 年人民交通出版社出版朱鉴秋、李万全主编《新编郑和航海图集》。

第五节　志书体例

明代志书体例趋于完备，具有承上启下的作用。它继承了宋元以来志书体例的优点，并有所创新，成为清代方志诸体例的雏形。

一、门目体

1. 多目无纲体

此体即沿用《大元一统志》例，如景泰七年（1456）成书的《寰宇通志》以及天顺五年（1461）成书的《大明一统志》均沿《大元一统志》例。此例将全书内容析为若干门目，平行排列，无所统属。成化《陕西通志》、崇祯《松江府志》等亦属此例。此种体例对清代志书影响颇大，如官修《大清一统志》及顺治十七年（1660）河南巡抚贾汉复主修《河南通志》即取法《大明一统志》例。

2. 纲目体

此体先将志书分为大门类，门下设目若干，此体例在明代最为流行，如黄仲昭修纂《八闽通志》等即属此例。全志计八十七卷，统十八类四十二目。其类为地理、食货、封爵、秩官、公署、学校、选举、坛壝、祠庙、恤政、人物、宫室、寺观、丘墓、古迹、祥异、词翰、拾遗等。每类之下分细目若干，如地理下分建置沿革、郡名、分野、疆域、形胜、风俗、里至、山川、潮汐、城池、坊市、乡都、桥梁等。

二、三宝体

此例以明唐枢《湖州府志》及万历《广平县志》为代表。此体以《孟子》“诸侯之宝有三：土地、人民、政事”之义，将志书设为总纲，纲下系目。如万历《广平县志》有纲有目，设纲为四，即土地、人民、政事及文献。土地志设目为疆域、沿革；人民志设版籍、赋役；政事志设职官、祀典、庙祭、选举、武备；文献志设宸翰、列传、艺文。

唐枢《湖州府志》体例设为三纲，即土地、人民、政事。张应雷续《湖州府志》，纲下设郡建、疆域、山川等三十一目。

今按此种例目，由于横分门类不足，故门下统目过多，颇为牵强，未为精确，故清代中叶之后此体渐被淘汰。

三、编年体

此由史体而来，以颜木《随州志》为代表。凡二卷。上卷自羲皇至明代嘉靖采用编年系事，下卷载录诗文。全书皆记随州事。自问自答，系采《公羊传》例，为志书中所仅见。此体影响不大。

四、纪传体

此由史体而来。以曾储修、童承叙纂《沔阳志》及周希哲修、张时彻等纂嘉靖《宁波府志》为代表。

如《沔阳志》，全书分纪十、表四、志八、传十一。以下析为二十四目，每目之后有“史氏曰”“赞曰”，仍为正史之例。

嘉靖《宁波府志》，亦合乎纪传史体，序、表、志、书、传皆备，编次得法，有图。此外，万历年间郭子章《黔记》亦属此例。此例于后世影响较大。

五、纪事本末体

此由史体而来。如康海《武功县志》及韩邦靖《朝邑志》即属此例。康志分为七篇，即地理、建置、祠祀、田赋、官师、人物、选举；韩志分总志、风俗、物产、田赋、名宦、人物、杂记，亦为七篇，皆每篇一事，记事物之原委。

康韩二志，虽属纪事本末体，但皆为“成一家之言”的著述之作，与南宋袁枢《通鉴纪事本末》袭用《通鉴》旧文不同，亦与其他志书多用纂辑体例者不同。

六、其他

明代修志除上述诸体外，尚有其他形式。如万历《会稽县志》析为地、治、户、礼四书，重考实，每书冠以总论，各类有分论，具有创新风格。

万历间何乔远纂《闽书》，仿《水经注》例，于各门类中先综述后分叙，分门奇特，如合职官、名宦而称文莅，并丛谈、艺文为蓄德，创岛夷、我私二门，体例与一般志书门类不合。

此外，正德间陈艮山纂《淮安府志》，设总图，下有山川、兵戎、官守、人物、纪异等三十九目，体例与以往志书不同，有新的起色。

嘉靖《南畿志》以应天府等十四府四州为南畿，含今江苏、安徽两省地，合诸府州为一志，亦为创例。

嘉靖《通州志》，全书纲条并列，义例严确。

第六节　修志理论

明代重视地方志的纂修，方志理论因而得到较快的发展。

明人对方志的性质、起源、编纂目的、作用、体例、内容以及编纂方法诸方面进行了探讨。这些理论仍然体现于志书的序、后叙之中，但总的看，明代方志理论没有取得突破性进展。

康海[①] 在《武功县志识》中论述了方志性质，提出了“方志史地并记”的看法。实际上仍是方志属史论。

“夫志者，记也，记其地理、风俗、人物之事也。”又说：“有田则有赋，有身则有役，田赋之政，国所重焉，作‘田赋’第四；疆域人民，非官不守，礼乐教化，非官不行，作‘官师’第五；文献之事，邦邑所先，以稽古昔，以启后贤，作‘人物’第六；科贡制行，士繇以兴，作选举第七。”由此可见康海对方志属性的看法，方志不仅应记载山川城郭、官署学校、祠祀风俗等地理沿革，还应记载田赋、官师、文献、人物、科举等社会历史内容。他在《朝邑县志·序》里强调了这一点：“夫志者，记也，记其风土、文献之事，与官乎斯土者。”在《邠州志序》中提出：“夫志者，史之余也，史者，信之成也。”指出志属史论，强调方志应为“信史”。

关于修志目的，康海认为，志书应起到惩恶劝善、垂昭立训的作用，他认为志书要“备极其改革，省见其疾苦，景行其已行，察识其政治，使天下为士大夫者，读之足以兴，为郡邑者，读之足以劝”[②]。

此外，康海重视“疑者阙焉”的纂述原则，反对随意揣测的武断做法，提倡效法司马迁忠于事实的“实录”精神。这些，都可以反映于其方志编纂实践之中。

黄仲昭[③] 撰弘治《八闽通志》、弘治《兴化府志》、弘治《延平府志》、弘治《群武府志》，并为四志作序，阐发方志观点，主张编纂方志要发凡立例，“大要以尊国法、极时弊为主”。对志书资料要求旁搜博考。内容“凡郡之所有，事无巨细”莫不备载。强调志书所述“不徒空言”。在志书编纂方面主张山川别有夷险，户口计其消长，以验教养之实，土田稽其莱辟，风俗则明其美恶，而使民知所因革，对人物要求善恶并书，以示劝诫。强调志书的社会教化价值，应“表章先哲之典型，以风厉后学，庶几于世道少有所补”，尤重志书人物的记述。

王九思 (1468—1551)，字敬夫，号渼陂，陕西户县人，弘治进士，由翰林院庶吉士授检讨，寻迁吏部文选司主事。著《渼陂集》《续集》《碧山乐府》等。纂嘉靖《鄠县志》，序嘉靖《陕西通志》及序嘉靖《高陵县志》。在序中论及

---

① 康海小传见本书正德《武功县志》。

② 康海《朝邑县志序》，清刻本。

③ 黄仲昭小传见本书弘治《八闽通志》。

方志理论。他指出方志所以能编纂成书，须备以下条件：一是名贤辈出；二是地方行政官热心修志事业。“夫乡无名贤，则文献不兴，邑乏善令，则政教不立。”这两个方面，的确是编纂志书的重要因素。

王世贞　（1526—1590），字元美，号凤洲，又号弇州山人。江苏太仓人。嘉靖进士，累官刑部尚书，著有《弇州山人四部稿》《弇山堂别集》《嘉靖以来首辅传》等，尝为万历《通州志》作序。

王氏认为，方志如同古史，“今志，犹古史也”。进而认为两者的不同在于“古史之失在略，而今志之得在详”，“古史之得在直，而今志之失在谀”，阐明了古史与今志的是非得失。强调志书当取史志之得，摒弃史志之失。这些都有借鉴意义。

徐渭①　万历三年（1575），与张元忭同纂《会稽县志》六卷。另著《会稽县志》之《地书总论》《沿革论》等方志论文多篇，阐发方志理论甚多。如以为地域性乃方志特点，疆域明则事易记。主张方志门类应以地书、治书、户书、礼书先后为序。地书应含沿革、分野、形胜、物产、风俗等目。沿革应上溯到建置之始，形胜非记佳山佳水，而应载险要备实用。治书分设官、作邑两类，设官记职官，作邑载公署、学校、坊里、市镇、津梁、邮舍；户书含赋役、户口、水利、灾异等目；礼书，有关一地风俗，属“教义之类”；寓贤、贞烈、艺术、仙释，属于人物，皆隶人物志等，强调传类“非殁久而论定者不传”。从类目归属看虽有些不尽合理，但总的看，其观点接触到事物之本质，如方志地域性的特点。志书门类先地理后人文，记形胜及沿革的观点发人深思。

王守仁　（1472—1528）字伯安，明浙江余姚人。筑室故乡阳明洞，世称阳明先生。官至南京兵部尚书。著名哲学家、教育家，著《王阳明全集》。王守仁曾为《高平县志》作序，认为志书以记载山川、封疆等事，旨在教导有国者之子孙世代守卫疆土，绝不能私相增损取予，将志书的社会作用置于如此高度，并不多见。其文云：“如今所谓志书之类者，以记其山川之险易、封疆之广狭、土地之饶瘠、贡赋之多寡，俗之所宜，地之所产，井然有方。俾有国者之子孙世守之，不得以己意有所增损取予，夫然后讲信修睦，各保其先世之所有，而不敢冒

① 徐渭小传见本书万历《会稽县志》。

法制以相侵陵。”强调志书价值在于“兴滞补弊者，必于志焉是赖”。[①]

谢铎 字鸣治，明浙江太平人。天顺末（1464）进士，改庶吉士授编修，预修《英宗实录》，弘治初，修《宪宗实录》，擢南京国子祭酒，礼部右侍郎。正德五年（1510）卒。赠礼部尚书，谥文肃。著有《桃溪净稿》等。关于一统志、郡县志在内容记述及其关系的讨论，明代学者已经取得比较重要的研究成果，如谢铎所论基本近是，即一统志举其要，固在所当略；郡县志赅备广博，不得不详。这些观点实开清章学诚关于朝史与省、府、州、县志书内容体例之论的先河。谢铎《桃溪净稿》卷七《重修永嘉县志序》云：“一统志采之天下，作之朝廷，其体重，其势疏，则其为志也，固在所当略，虽欲详之，亦有不可得而详者矣。自朝廷而藩省，自藩省而州郡，以至于邑，天下之势盖于是乎极。则其志之为体，昔所以略者，于此不得而略；昔所不当详者，于此不得而不详。”[②]

张寅 明太仓州人，赐进士第，右春坊右司直兼翰林院国史检讨致仕。在嘉靖《山东通志》序、《太仓州后序》中阐发修志思想。在论及一统志与郡、州、县志在内容记述及其关系的讨论中，多所创获，开清章学诚朝史与省、府、州、县内容体例之论的先声。张寅在嘉靖《太仓州志后序》中云：“郡邑之有志，犹国之有史，固也。然郡之所志，国史不得而什一焉；州县所志，郡志而不得什一焉。国史举其要，郡次之；州县该其博，不然则脱漏沦没以胥于澌灭也，可胜叹哉？太仓，当天下海道之冲……必使事无遗迹，物无遗轨，人无遗善，官无遗政，耳无遗闻，目无遗见。光前信后，以俟司国史者采择于兹焉。是故记载之详戒略也，分类之严戒紊也，去取之公戒偏也。”[③]

李东阳 （1447—1516），字宾之，号西涯，明茶陵（今湖南茶陵）人，天顺进士，累官文渊阁大学士，著《怀麓堂集》等。

李东阳在嘉靖《许州志序》中论述了方志属史的性质，并涉及方志与史籍的关系：“大则史，小则志，兼行而互证也。”主张史家“三长”，志家亦必须具备。他还强调地方官必须致力于修志之举，“志者，非其土之吏莫能知，且其得为也”，以及志书必须“详且实焉”的观点，是难能可贵的。

---

① 王守仁：《高平县志》序文，转引自张英聘《明代南直隶方志研究》，社会科学文献出版社，2005年。

② 引文转引自张英聘《明代南直隶方志研究》，社会科学文献出版社，2005年。

③ 引文转引自王熹、张英聘、张德信校点《明代方志选编序跋凡例卷（下）》，中国书店，2016年。

“天下之政，在实不在文，顾亦有赖文以传者。大则史，小则志，兼行而互证，政治之因革损益，恒必须之。然又有国志，有府、州、县志，志愈小则为法愈详。苟挂一漏万，固无取乎志，或藻饰附会，奢多斗丽而反伤其实，则虽详奚取焉？昔人谓作史必具三长；志，史类也，亦不可缺一。故非志之难，难乎其人也。……志者，非其土之吏莫能知，且其得为也。今志法渐废，以府州县称者，殆不能十一，间有之，又不得详且实焉，不亦重可叹也。”①

冯梦龙　（1574—1646），字犹龙，号墨憨斋主人。江苏苏州府长洲县人，崇祯贡生，官福建寿宁知县，文学家，“三言”为其代表作。纂《寿宁待志》。冯氏在该志“小引”中论称“待志”之义：“曷言乎志？犹云未成乎志也。曷为未成乎志？曰：前乎志者有讹焉，后乎志者有缺焉，与其贸焉而成之，宁逊焉而待之。何待乎？曰：一日有一日之闻见，吾以待其时；一人有一人之才识，吾以待其人……”因此，不急于求成，等到一定时候，集思广益，志书内容自然充实，卓然成名志。

冯梦龙在《寿宁待志・旧志考误》中提出“志书即一邑之史”的观点，并且提出编纂方志应“直载其事”，反映了他的求实精神。他说：“旧志成于邑人叶朝奏之手，未免贡谀戴令，叙事中多称公诵德之语，殊乖志体，宜直载其事，稍删赞美。”他在纂修《寿宁待志》时贯彻了这种精神。在设置志书门目时，从寿宁的具体情况出发，设置了二十八目，即疆域、城隘、县治、学宫、香火、土田、户口、升科、赋税、恩典、积贮、兵壮、铺递、狱讼、盐法、物产、风俗、岁时、里役、都图、官司、贡举、坊表、劝戒、佛宇、祥瑞、灾异、虎暴，从而表现了他的求实精神。

在修志方法上，冯梦龙提出“略旧所存，详旧所阙”的原则，他对寿宁旧志，特别是把万历二十三年（1595）知县戴镗主修的县志作为参考，取其精华，弃其糟粕，并指出戴志中的诸多错误。《旧志考误》主要针对此事而写，还增补了戴志中的阙如部分，如“都图”条。这些都是值得肯定之处。

《寿宁待志》材料除参考官方文书、旧志外，主要为冯氏亲历或亲自调查所得，其中评述和论断是他个人意见，因此，《寿宁待志》成“一家之言”，这在明

① 略本王晓岩《分类选注历代名人论方志》，辽宁大学出版社，1986年。

人志中不多见。①

第七节　小结

有明一代修志数量大大超过历代，据不完全统计，明代共修志书 2892 种，元代凡 205 种，两宋志书凡 370 种。② 如果以年均纂修数量计算，明代享国 276 年，元代 97 年，两宋 320 年，那么明代年纂修志书约为 10 部多，元代约为 2 部多，两宋约为 1 部多。可见明代志书数量与历代不能同日而语。

再从志书种类上看，为适应国防等需要，明代出现了一些卫所志及关镇志。由于明代经济的发展，特别是长江中下游地区，一些著名乡镇蓬勃兴起，一批乡镇志亦同时出现。

总的看，明代全国各地修志数量仍然存在地区差异。这与经济发展水平及政治情况有关。据巴兆祥氏统计，明代以浙江修志最多，总数达 348 种；河南次之，计 271 种；江苏又次之，为 223 种，如果把上海地域 54 种计算在内，达 277 种；山东 220 种；河北 219 种，如果把北京 54 种、天津 10 种计算在内，则为 283 种，应列居全国第二位。以下为安徽 185 种，广东 168 种，山西 162 种，湖北 160 种，福建 152 种，江西 148 种，湖南 125 种，陕西 123 种，云南 80 种，四川 64 种，贵州 53 种，广西 43 种，甘肃 26 种，宁夏 11 种，辽宁 8 种，青海 1 种。上述志书总量以县志最多，计 1890 种，府志次之 449 种，州志又次之 353 种，通志 69 种，乡镇志、卫所志各为 49 种，关志 27 种。此外还有全国性总志 6 种。

明代志书体例已趋于完备，这是方志发展的必然趋势。明代志家对于方志体例探讨卓有成效。由于体例完备，所载内容广博周备，其资料大有可征之价值。总的看，明代志书编纂水平没有突破性进展，如一直为旧史学家所推崇的韩氏

---

① 略本彭池、唐瑛《冯梦龙方志学思想初探》，载黄德馨、傅登舟《中国方志学家研究》，武汉出版社，1989 年。

② 巴兆祥：《明代方志纂修述略》，见《文献》1988 年 3 期。

《朝邑志》、康氏《武功志》等，虽有著述之意，然字数鲜少，失之过简，一方之故实难以详明，有失志书价值，清代章学诚等甚讥之。[①] 其他志书亦多为趋时竟尚之作，或过于强调志书的政治作用，难免以偏概全；或体例冗杂，门目之间统系失伦；或成书仓促，失于考证，资料难以全面、正确，等等。这些都是明人修志中的缺憾。

明人于方志理论研讨亦没有超越前代，志书数量虽多，理论批评不够，这也是明代志书水准未能尽如人意的原因。

值得注意的是，明代郑和七次远洋航海具有重要历史意义，在中国和世界航海史上占有重要地位。《郑和航海图》内容丰富，实用价值极高。此外，在绘制地图方面，明代属于传统制图学的后期。在明代后期，西方文化不断传入中国，传统的地图绘制方法与西方科学绘制方法在中国同时并存。清康熙《皇舆全览图》的绘制成功，说明西方科学绘制地图方法基本上已经取代了传统制图方法，显然是历史的进步。

① 《章学诚遗书》卷十四，《方志略例》，文物出版社，1985 年。

第九章　清代志书的编纂

序

清王朝继承历代封建王朝修志传统，并发扬光大。自顺治至于宣统间，志书编纂不断，在志书种类、成书数量及志书质量等方面，都明显超过历代任何一个王朝。从种类上看，有全国总志、全国舆图、通志、府志、州志、县志、乡土志、里镇志、山志、水志、寺庙志、名胜志、卫所志、边防志及域外志书等；从数量上看，以康熙、雍正、乾隆三朝为最多，嘉庆、道光、咸丰三朝，志书编修呈下降趋势，清末同治、光绪、宣统时，中国已沦为半封建半殖民地社会，此间志书纂修不仅有回升，且在年均数量上超过了清代此前任何阶段。我国现在 8700 多种地方志中，仅清代就占了 5000 余种。

清代方志编纂事业之所以繁荣昌盛，与清朝前期康、雍、乾等皇帝大力提倡和督促有关。这是清代成为我国封建时代方志事业全盛时期的重要原因之一。康乾时期大兴文字狱，对知识分子采取高压政策，一些志书被查禁，在一定程度上限制了志书编纂事业的发展；从另一方面看，这种形势迫使一些知识分子利用考据方法，纂辑旧文，不自著一字，以求绝对征信，在志书编纂方法上形成一派，踵此而成志书者甚多。

有清一代，方志编纂事业的发展特点主要表现于以下几个方面：

一、在编纂《明史》和《大清一统志》的同时，康、雍、乾等皇帝先后下诏各省先修通志，以备采用。如雍正七年（1729），因修一统志，需省志作资料，严谕促修，限期成事，据四库著录，自李卫等监修《畿辅通志》起，于鄂尔泰监修《贵州通志》止，凡十六种，皆为此次诏命督促之结果。由于清代封建皇帝大力提倡各级地方修志以备一统志之修，清代逐渐形成了各级地方志书六十年一修的风气。① 清代地方志大多由地方官奉行故事，开局众修，钞撮陈案，大半成于俗吏之手。然由于最高统治者提倡，不少著名学者、史家参与修志，佳构仍属不少，即使极恶俗者亦不可完全抛弃，可以作为披沙拣金之凭借。梁启超等已多论及。就全国总志而论，除钦定《大清一统志》外，尚有顾祖禹《读史方舆纪要》、洪亮吉《乾隆府厅州县图志》等；省志中，嘉道间《广西通志》《广东通志》等，其价值久为学者所公认，同光间《畿辅通志》《山西通志》踵其旧，宣统间《新疆图志》前无所承，体例亦多新创；各府、州、县志，除章学诚所纂诸志超群绝伦外，则佳构甚多，如洪亮吉《泾县志》《淳化县志》《长武县志》，孙星衍《三水县志》《直隶邠州志》，武亿《偃师县志》《安阳县志》，段玉裁《富顺县志》，钱坫《朝邑志》，李兆洛《凤台县志》，陆继辂《郯城县志》，郭嵩焘《湘阴县图志》，缪荃孙《昌平州志》，王昶《直隶太仓州志》，姚鼐《江宁府志》，郑珍、莫友之《遵义府志》，张之洞、缪荃孙《顺天府志》，戴震《汾阳县志》，李文藻《历城县志》，钱大昕《鄞县志》等；城市志如朱彝尊《日下旧闻》；村镇志如张承先《南翔镇志》，董醇《甘棠小志》；边疆志如康熙时杨宾《柳边纪略》，乾隆间《西域图志》《新疆图志》，光绪时屠寄《黑龙江图说》等；其他尚有孙佩《苏州织造局志》等。

二、康、雍、乾等皇帝重视编制全国舆图，力主用西法实测，保证了舆图质量，使中国制图学步入近代制图学的历史阶段，具有划时代意义。以康熙《坤舆全图》《皇舆全览图》、乾隆《内府舆图》为代表。

三、乾嘉时期，学术事业昌盛，在方志学领域，出现了以章学诚为代表的方志学家，其方志理论源于修志实践和总结前人修志经验，形成系统、完整的理论体系，成为中国封建时代方志学的奠基者。其主要贡献为：方志是史，一方全史，非图经；创立“三书”，廓清志书中撰述与资料之范围与界限，统一志书体

① “前代功令，凡州县志书，六十年辄一编纂……”傅振伦《中国方志学通论》，原注云：“此本李兆洛《代韩芸昉作东流县志序》语。”北京燕山出版社，1988 年。又，梁启超《中国近三百年学术史》“清代学者整理旧学之总成绩——方志学”：“雍正七年（1729）因修《大清一统志》，需省志作资料……旋复颁各省府州县志六十年一修之命。”中华书局，1936 年。

例；辨清省、府、州、县志书体例之别；力主州县设志科，专门搜集地方文献档案，为撰修志书创造条件。在志书编纂理论上，章学诚是历史派代表，与以戴震、孙星衍、洪亮吉等为代表的地理派对立。以上两派对当时及后世修志影响深远。此外，李绂、钱大昕、焦循、李兆洛等人的方志主张也有一定影响。钱大昕折中上述两派观点，具有独到见解。

四、清代方志事业发达，志书体例呈现多样化态势，且日益完善。清代志书体例大略有："三书体"，以乾隆《湖北通志》为代表；门目体，以顺治《河南通志》为代表；"三宝体"，以康熙《密云县志》为代表；编年体，以乾隆《广陵通典》为代表。从志书编纂方法上区分，又有纂辑体，以李文藻《诸城县志》为代表；著述体，以章学诚所修诸志为代表；光宣以来，推行"新政"，《乡土志例目》在全国推行，编纂乡土志之风几乎遍及全国并成书颇多，以《轮台县乡土志》为代表。

五、出于政治需要，边疆地志和域外志书的编纂研究颇为盛行，成果粲然，成为清代志书又一显著特色。主要表现于编纂数量大，涉及范围广，仅西北地志就达300余种之多；就范围言，有西北方面的，东北方面的，蒙古方面的，也有西藏和台湾方面的。清代学者研究编纂边疆地志，多以实地考察为主，辅以图籍。其缺憾是一些地志中图的部分忽视科学绘制方法，削弱了其实用价值。域外地志则是以了解世界各国为目的，以魏源《海国家图书馆志》为代表。

六、清代学者对汉唐以来古地志佚书的辑佚工作成绩巨大，以王谟《汉唐地理书钞》辑本为代表；舆地专集以王锡祺《小方壶舆地丛钞》为代表。

第一节　总志、图

一、导语

清代全国总志以《大清一统志》为最著，自康熙至道光，凡三修。卷帙浩博，内容丰富。顾炎武撰《天下郡国利病书》《肇域志》为全国总志。顾祖禹撰《读史方舆纪要》侧重政治军事记载。洪亮吉撰《乾隆府厅州县图志》可与《大清一统志》互参。清代全国舆图的绘制以康熙《皇舆全览图》及乾隆《内府舆图》成就最著。同治十一年（1872），马征麟《历代地理沿革图》出，为近代沿革舆图早期作品。清末杨守敬绘制的《水经注图》及《历代舆地图》乃是近代地志图绘的重要成果。鲁迅与顾琅合编的《中国矿产志》则是近代利用地方志及其他文献资料编成的地质矿产专志。

二、举要

《大清一统志》

康熙十一年（1672），保和殿大学士卫周祚上疏直隶各省编修通志，汇为《大清一统志》的建议被康熙采纳。康熙曾多次下诏并限期檄催各省纂辑通志，并且组织人员以编修一统志。

康熙皇帝自幼对地理学颇为留心，对幅员辽阔的疆域、风土、民情更为关注。他对汉代以来众多的方舆地理著作并不满意，认为“详略既殊，今昔互异”，不敷实用。于康熙二十五年（1686），下令“肇开馆局，网罗文献，质订图经，将荟萃成书，以著一代之巨典，名曰《大清一统志》”①。敕命总裁官“务求采搜闳博，体例精详，厄塞山川，风土人物，指掌可治，画地成图，万几之全，朕将亲览”②。反映了康熙帝编修一统志和绘制全国舆图的决心。

为编纂一统志，总裁官徐乾学撰《大清一统志凡例》。

雍正时，一统志历久未成。雍正六年（1728）十一月下诏：“朕惟志书与史传相表里，其登载一代名宦人物，较山川风土尤为紧要，必详细调查，慎重采录，至公至当，使伟绩懿行，逾久弥光，乃称不朽盛事。……著各省督抚，将本省通志，重加修葺，务期考据详明，采摭精当，既无阙略，亦无冒滥，以成完善之书。如一年未能竣事，或宽至二三年内纂成具奏。如所奏之书果能精详公当，而又速成，著将督抚等官，俱交部议叙；倘时日既延，而所纂之书又草率滥略，亦即从重处分。”③ 又颁令各府州县修志以供采择。雍正十一年（1733），内阁一统志馆照会户部，令详查直隶各省府州县户口、田赋等项。照会后附行查事项十四条，要求逐条行查上报。这对于地方修志特别是边疆地区修志是一次极大的

① 《清实录》第五册，《圣祖仁皇帝实录》卷一二六，中华书局，1985年。
② 《清实录》第五册，《圣祖仁皇帝实录》卷一二六，中华书局，1985年。
③ 《清实录》第七册，《世宗宪皇帝实录》卷七五，中华书局，1985年。

推动。

乾隆帝对一统志之纂修极为重视，史臣稿本进呈，都要亲自过目，并提出己见。乾隆四十七年（1782），乾隆帝就一统志中人物记载问题，颁发上谕云："昨阅进呈一统志内，国朝松江府人物，止载王顼龄、王鸿绪诸人，而不载张照，其意或因张照以前办理贵州苗疆，曾经获罪，又其狱中所题白云亭诗，语意感愤，经朕明降谕旨，宣示中外。因而此次纂办《一统志》，竟将伊姓氏里居，概从删削，殊属非是。张照不知朕办理其案之公衷，而反挟私怨恨，诚非大臣公忠体国精白一心之道。然其文采风流，实不愧其乡贤董其昌。即董其昌亦岂纯全之正人君子哉？使竟不登志乘，传示艺林，致一代文人学士，不数十年，竟归泯没，可乎？……总之，张照虽不得谓醇儒，而其资学明敏，书法精工，实为海内所共推重，瑕瑜不掩，公论自在。所有此次进呈之《一统志》，即将张照官秩出处事迹，一并载入，其各省志书或有似此者，纂修诸臣，皆宜察明奏闻补入，并通谕中外知之。"① 由此可见，乾隆对编修一统志之重视，其对人物的评价及弃取实有可借鉴之处。

康、雍、乾、嘉、道几代皇帝对纂修《大清一统志》用力甚勤。《一统志》自康熙二十五年（1686）始修，凡历三修，该志初修于康熙二十五年，至乾隆八年（1743）成书，成三百四十二卷。徐乾学、韩菼、蒋廷锡、方苞等先后主其事。二修始于乾隆二十九年（1764），乾隆四十九年（1784）完成，凡五百卷。和珅主修。三修于嘉庆十六年（1811），道光二十二年（1842）结束，凡五百六十卷。穆彰阿等主修。此次因始修于嘉庆年间，材料又止于嘉庆二十五年（1820），故又称《嘉庆重修一统志》。此志为清代官修全国总志。此书体例，受《禹贡》《职方》、历代正史地理志及唐宋以来地理总志，特别是受《大元大一统志》影响而有所变通。首述京师及各省，次叙新疆、乌里雅苏台、蒙古二十二统部和青海、西藏等地区，再次为朝贡诸国。每省先列图表，继之总叙，次以府、直隶厅、州分卷，并系以属县，然后分疆域、分野、建置沿革、形势、风俗、城池、学校、户口、田赋、山川、古迹、关隘、津梁、堤堰、陵墓、祠庙、寺观、名宦、人物、流寓、列女、仙释、土产等门目。

此书采摘宏富，除国史外，有档案、地方志、地理、地图、笔记等，记述详

---

① 《清会典事例》第十一册，卷一〇五一，乾隆四十八年（1783），中华书局，2013年。

明得体，考订精详。此志历康熙、雍正、乾隆、嘉庆、道光五世，内容丰富，是研究清代各省建置沿革、山川形势、政治、经济、文化等方面的全国总志。嘉庆二十五年（1820）绘制的《重修大清一统志》清代疆域图，基本上反映了当时中国的版图。

嘉庆写本原藏清史馆，国家图书馆摄影，其残失三十余页，是据任凤苞所藏蓝印本抄补。《四库全书总目》《清史稿·艺文志》著录。

《天下郡国利病书》

明末清初·顾炎武纂。

顾炎武（1613—1682），初名绛，字宁人，曾自署名蒋山佣，江苏昆山人，学者称亭林先生。少年参加“复社”，反宦官权贵，清兵南下，参加昆山、嘉定人民抗清起义，失败后，十谒明陵，遍游华北，访风俗，尤致力于边防及西北地理研究，不忘兴复，著有《日知录》《山东考古录》《营平二州史事》《天下郡国利病书》《肇域志》《亭林诗文集》以及《音学五书》《韵补正》等。参修《山东通志》《德州志》及《山东肇域记》等。

《天下郡国利病书》撰于明崇祯十二年（1639）至康熙元年（1662），凡一百二十卷，所据资料有二十一史、《明实录》《一统志》，各种府、州、县志及历朝奏疏文集，分类辑录有关民生利害资料。此书为集史、志资料之大成之作。首为舆地山川总论，次以明两直隶、十三布政使司分区，详备论及地理形势、水利、粮额、屯田、设官、边防、关隘等。全书重经济及军事形势的论述，又录及西域、交趾及海外诸国，是一部经济史及历史地理重要书籍。但此书属未完成之作，故内容编次颇不统一，辑录论点又为同异并列。《四库全书总目》《清史稿·艺文志》著录。

顾氏平生反对空谈议论，主张“君子之为学，以明道也，以救世也”。因此，他编写《天下郡国利病书》之目的，就是把论及全国各地之利害所在的地理资料收集为一编，以为发展国计民生之用，这是具有积极意义的，值得肯定。

《读史方舆纪要》

明末清初·顾祖禹撰。

顾祖禹（1631—1692），江苏无锡人。明末清初历史地理学家。字景范，常住无锡宛溪，故称宛溪先生。高祖大栋，曾撰《九边图说》，对祖禹治学影响甚大，父柔谦，精史学，同江阴黄毓祺等交好。清军南下，毓祺等死于抗清斗争，柔谦极为悲愤。他以为《明一统志》对于战守攻取之要多不详，于山川道里又割裂失伦，以致学者对封疆形势惘然不知，一旦当政，黄河天险不知防守，终于亡国。他告诫祖禹，“掇拾遗言，网罗旧典，发舒志意，昭示来兹”①。祖禹遵父志，隐居乡里，自二十九岁起，遍考群书，贯穿历代诸史，参阅百余种地理方志著作，兼及考查和见闻，历时二十年，几十易其稿，至五十岁初步撰成《读史方舆纪要》。晚年，曾应徐乾学召，一度予修《大清一统志》，还著有《舆图要览》四卷，《古本方舆书目》二卷。

《读史方舆纪要》一百三十卷。约于清康熙三十一年（1692）前成书。着重考订古今郡县因革变迁，详列山川险要，形势利害，是清初沿革地理名著，也是研究中国军事历史的名著。

本书最大特点，就是注意“切实用”。其《总叙》有言：“祖禹之为此书也，以史为主，以志证之；形势为主，以理通之。河渠沟洫，足备式遏，关隘尤重，则增入之。朝贡四夷诸蛮，严别内外，风土嗜好，则详载之。山川设险，所以守国，游览赋诗，何与人事？则汰去之。”

著此书除务实用之外，还痛心明末统治腐败，而又不满清初统治者严重侵害汉族地主阶级利益，其矛盾心情，在书中表现尤为突出。

本书首列历代州域形势，凡九卷，仿朱熹《通鉴纲目》体。自撰纲要，再为作注，次以明代两京（直隶、江南）、十三布政司（省）（山东、山西、河南、陕西、四川、湖广、江西、浙江、福建、广东、广西、云南、贵州）的行政区划为单位分述，凡一百一十四卷。皆先冠以总序，次附地图，次为正文，正文分别按府、州、县为纲，次述城邑、山川、关隘，并加特见（专述某城某山）、附见（述一山一水而附以别山别水）和互见（言某山而牵及某水等）；再次六卷，总述山川、漕河和海道；最后一卷记分野。卷前有总叙三篇，自述著述动机目的。凡例二十六则，概述全书大旨。

全书着眼只在山川险要、战守攻势，忽视经济、物产、人口、风俗，这都是本书的缺陷。

本书主要有嘉庆十六年（1811）四川敷文阁龙氏刻本。1955年中华书局曾据商务印书馆《国学基本丛书》排印本重印。《清史稿·艺文志》著录。

① 顾祖禹：《读史方舆纪要》，《总叙》一，中华书局，1955年。

《坤舆全图》

南怀仁绘制于康熙十三年（1674），现藏河北大学图书馆。

南怀仁（1623—1688），比利时人，天主教耶稣会传教士。曾管理钦天监监务，制作天文仪器，为清廷制造大炮，后加工部右侍郎职。著《教要序论》《康熙永年历法》《坤舆图说》等。

该图为木版刊印，设色，图文并茂，为国内保存最好的一幅早期中文版世界地图。此图为圆形，由八幅挂屏拼接而成，每幅轴高171厘米，宽51厘米。主图居中，由六屏幅组成东、西两个半球圆形图，内容包括五大洲、四大洋的地理风貌，还有各地奇禽、异兽等。圆形图之外，有六块上下对称的文字图版，分别记述风雨云、海之潮汐等地理知识。另外，两幅辅图分别附于主图两侧，各由四块文字图版组成。左条幅介绍地震、山岳、江河、人物等知识，右条幅阐释“四元行之序并其行”“南北两极不离天之中心”“地圆”“地体之圆”等学说。主图左起第一屏幅左下方记“治理历法极西南怀仁立法”，右起第一屏幅右下方记“康熙甲寅岁日缠娵訾之次”，对称标识了绘制此图的时间和人物。全图以顺天府作为初度（本初子午线），准确绘出经纬度数、赤道、南北回归线等，全面反映了世界各地的地理位置，是当时最先进的世界地图。①

《皇舆全览图》

清初，西方测绘技术传入后，我国地图测绘进入向近代制图学发展的新阶段。康熙本人很重视地图的测绘，他三次亲征噶尔丹及巡视东北、江南等地，都派科技人员随地测量经纬度，其中担任实测工作的主要人员是外国科学家，如雷考思、白晋、杜德美等人。

康熙本人为全国地图大测绘在技术上做了积极准备，如实测经纬度的尺度规定、实测经线一度之长距、亲自校勘北京附近绘制的地图等。

全国大测绘工作于康熙四十七年四月十六日（1708年7月4日）在康熙帝亲自部署下正式开始，至康熙五十七年（1718）绘制成《皇舆全览图》，这是我国首次采用投影法绘制而成的地图，以经过北京的经线为本初子午线，比例尺为1∶1 400 000。康熙五十八年（1719），将楚儿沁藏布、兰木占巴等绘制的西藏地图补入总图之中，其中首次明确将世界第一高峰——珠穆朗玛峰载入地图。较印

① 略本《河北大学馆藏珍品集萃》。

度测量局英国测量人员额非尔士于1852年对珠峰的测量早130多年。英李约瑟评此图:“不但是亚洲当时所有的地图中最好的一幅,而且比当时所有的欧洲地图都更好,更精确。”[①] 此图于1921年在沈阳故宫博物院发现,并由该院石印,称《清内府一统舆地秘图》。

乾隆**《内府皇舆全图》**(一名《乾隆十三排图》)

该图是在《皇舆全览图》基础上,参以《西域图志》等图籍,于乾隆二十五年(1760)至二十七年(1762)间绘制。凡一百〇四幅。采用经纬线直线斜交的梯形投影法,面积较《皇舆全览图》大一倍以上,其内容却相近,只是新增哈密以西部分。该图首次详细绘出了中国新疆地图,并订正了康熙图有关西藏部分之误,因此较前图更详备、准确。该图以纬度每隔5°为一排,凡13排,故有“乾隆十三排图”之称。此图铜版1925年在北京故宫博物院发现,并重印,称《清乾隆内府舆图》。

此图绘制水平在当时是世界一流的。乾隆时测绘人员是以中国科学家为主,外国人为辅。

乾隆**《府厅州县图志》**

清·洪亮吉撰。

洪亮吉(1746—1809),字华峰,号北江。江苏阳湖(今江苏武进)人。乾隆进士,翰林院实录馆编修,主持泽川书院。纂有多种方志,如《延安府志》《淳化县志》《怀庆府志》《长武县志》《澄城县志》《固始县志》《登封县志》《泾县志》《宁国府志》等。著《比雅》《洪北江全集》《十六国疆域志》等。

乾隆《府厅州县图志》于乾隆五十三年(1788)成书,凡五十卷。内容首为京师顺天府、兴京、盛京奉天府;次十九布政使司所辖;次牧厂、新疆、外蕃;次朝贡诸国。记各地疆域、山川、河渠、场所、道路等。附图二十一帧。卷首有自序、参校姓氏、目录,卷末有于宗林跋。内容赅备,体例简约。周中孚称:“其体例有《元和志》之谨严,而无其丛杂。凡于古今地名、水道,有合于《禹贡》《山经》、左氏《传》及前、续《汉书》者,惟阙所疑,余悉详录……故考皇朝舆地之书,博之则《大一统志》,约之则是编也。”[②] 所论甚当。

---

① [英]李约瑟:《中国科学技术史》五卷一分册,科学出版社,1990年。
② [清]周中孚:《郑堂读书记补逸》,商务印书馆,1940年。

《水经注图》

杨守敬、熊会贞编绘。

杨守敬（1839—1915），字惺吾，湖北宜都人，同治举人。光绪间，任使日公使随员。归国后任两湖书院地理教习，勤成学堂总教长。1914年聘为袁世凯顾问。任参政院参政。编注《历代舆地沿革险要图》《水经注图》等。

《水经注图》是为补郦道元《水经注》无图说之失而作。杨熊二氏于光绪三十年（1904）完成《水经注疏》初稿之同时，绘成此图。光绪三十一年刊印。该图以胡林翼《皇朝中外一统舆图》为底本，以朱墨套印，古今地名对照之法绘制。参考多种古地志及有关文献，严守《水经注》原文，以书考图，以图复书，疏图互证，其成就超越前人。

《中国矿产志》

鲁迅、顾琅合编。

鲁迅（1881—1936），原名周树人，字豫才，浙江绍兴人，著名文学家。光绪二十五年（1899）入江南陆军学堂附设铁路矿务学堂，学习地质、矿冶知识。1902年去日本留学。1904年，在仙台医学专门学校期间，与铁路矿务学堂同学，东京帝国大学留学生顾琅，汇集中国有关地质、矿产资料，编成《中国矿产志》一书。这是我国首部矿产专志。辛亥革命后，曾任南京临时政府和北京政府教育部部员、佥事等职。五四运动前后，参与《新青年》杂志的编辑工作，站在反帝反封建的新文化运动最前列，成为五四新文化运动的伟大旗手。1926年和1927年先后到厦门大学和中山大学任教。1927年10月到上海。1930年起，先后参加中国自由运动大同盟、左联和中国民权保障同盟等进步组织。一生以文艺创作为己任，著述甚丰。有《鲁迅全集》行世。

《中国矿产志》系编者搜集德、匈、俄、法、日等国地质学家所撰有关中国地质、矿产方面资料，并广泛调查中国各省通志及古籍中所载有关矿产资料，钩稽群书而成。全书分导言、本言两篇，凡二十二章。“导言”析为矿产与矿业、地质及矿产之调查者、中国地质之构造、地层之播布等章。“矿产与矿业”载述自唐虞以来矿业开采情况；“地质及矿产之调查者”介绍了1871年法国聂诃芬、1884年俄国阿布尔切夫、1902年日本神保铃木等人来华进行地质矿产调查的情况；“中国地质之构造”概述中国地质构造，叙述了喜马拉雅山系、天山山系、昆仑山系、秦岭山系等形成原因；“地层之播布”按照地质年代，记述了各时代地层分布状况。“本言”析为十八章。按省份与矿种，分别介绍了全国十八个省（东北三省、内蒙古、新疆、西藏、台湾等地除外）共1302个矿产地情况，对一些矿山开发与利用提出了建议。书中附有“中国地相图”“中国各省矿产一览表”“地质时代一览表”“中国矿业全图”四张图表。该志图文并茂，是中国首部矿产专志。

第二节　地方性志、图

一、导语

清代，从顺治开始直至清季，地方志纂修不止，数量和质量都已超过历代，成为我国封建时代地方志纂修的全盛时期，大批著名学者参与修志，使志书质量得到一定保证。清代地方性志书种类繁多，有通志、府志、州志、县志、乡土志、里镇志、山志、水志、寺庙志、名胜志、卫所志等。

在我国现存8700多种地方志中，仅清代就占了5000余种。有清一代，以康熙朝（1662—1722）纂修志书最多。当时，全国共修省、府、州、县志多达1354种。雍正、乾隆两朝（1723—1795），全国共修通志18种，是清代纂修通志最多的时期。此期府、州、县志刊刻共有1231种。嘉庆、道光、咸丰三朝（1796—1861），民族矛盾和阶级矛盾加剧，志书编纂呈下降趋势。嘉道两朝共有831种志书问世。咸丰朝最少，仅有86种志书问世。清末，同光宣三朝（1862—1911），中国已渐沦为半殖民地半封建社会，孙中山领导的资产阶级革命推翻了清王朝统治。此期志书纂修数量又呈回升趋势，共修省、府、州、县志达1164种，年均23种，超过了清代此前任何一个阶段。① 光宣以来，统治阶级推行“新政”，清学部颁布黄绍箕所撰《乡土志例目》，全国各地乡土志编纂大为盛行，光宣两朝不到40年间，乡土志编纂即有500种左右，其中不乏优质佳作。

清代方志事业发达，与清代最高统治者提倡有直接关系。康熙十一年

① 邸富生：《中国方志学史》第120—124页，大连海运学院出版社，1990年。

(1672)，皇帝采纳卫周祚建议，下令各省编修通志，并要求各省督抚聘请宿儒名贤，接续古今，收天下山川形势、户口丁徭、地亩钱粮、风俗人物、疆圉险要汇集成帙，以备编写《一统志》采用。并规定，省志成式以贾汉复《河南通志》例及《陕西通志》例为准。[①]

雍正间，为编修《一统志》，下诏各省纂修通志仍以贾汉复《河南通志》例及《陕西通志》例为准。

雍正六年（1728）为编修《一统志》又下诏各省重修通志，限期成书，并诏令各省志书“务期考据详明，采摭精当，既无阙略，亦无冒滥，以成完善之书”[②]。

为了各省修通志，雍正皇帝又下令各府、州、县修志以备采择。雍正帝诏令下达，先后完成了十六省的通志。全国不少的府、州、县先后纂修了志书。雍正、乾隆两位皇帝重视志书人物传的作用，对此议论颇多，亦较客观，对方志编纂学的发展具有积极作用。

雍正帝在雍正六年（1728）十一月二十八日的敕谕中，讨论了名宦人物在志书中的重要地位，认为：“志书与史传相表里，其登载一代名宦人物，较之山川风土尤为紧要。必详细确查，慎要采录，至公至当，使伟绩懿行，逾久弥光，乃称不朽盛事。”[③] 雍正帝在一些敕谕中批评了李绂所修的《广西通志》“率意徇情，瞻顾桑梓，将江西仕粤之人，不论优劣，概行滥入，远近之人皆传为笑谈，如此志书，岂堪垂世”[④] 的荒唐做法。雍正帝这些话对当时以及整个清代修志影响颇深。

乾隆帝于乾隆四十七年（1782）的谕旨中，针对《一统志》不载张照一事，提出记载人物的标准。[⑤] 他认为张照其人虽曾获罪，但“其资学明敏，书法精工，为海内所共推重，瑕瑜不掩，公论自在”，其事迹应该入志。这些论断是比较客观的。他敕命“各省志书，或有似此者，纂修诸臣，皆宜察明奏闻补入，并通谕中外知之”[⑥]。他强调志书评论人、事，慎用褒贬，不可轻率恣意行事。这些观点对当时各级修志产生巨大作用，于今亦有参考价值。

---

① 《沧州志例》，略本傅振伦《中国方志学通论》篇四《过去之方志界（中）》，北京燕山出版社，1988 年。

② 《清实录》第七册，《世宗宪皇帝实录》卷七十五，中华书局，1985 年。

③ 《清实录》第七册，《世宗宪皇帝实录》卷七十五，中华书局，1985 年。

④ 《清实录》第七册，《世宗宪皇帝实录》卷七十五，中华书局，1985 年。

⑤ 引文详见《大清一统志》，清道光重修本。

⑥ 《大清会典事例》第十一册，卷一〇五一，乾隆四十八年（1783），中华书局，2013 年。

在康、雍、乾等皇帝大力倡导修志之下，全国修志之风颇盛。著名学者参与修志或讨论方志理论者甚多，且成风气，推动了清代方志学的发展。兹举清康、雍、乾、嘉几朝参与修志的学者，如马骕、陆陇其、方苞、王昶、戴震、章学诚、段玉裁、洪亮吉、李兆洛、全祖望、孙星衍、钱大昕、武亿、李文藻、杭世骏、姚鼐、钱坫、谢启昆、焦里堂、阮元等。

清代地方志发展虽然为历代高峰，但也不是一帆风顺的。作为观念形态的地方志书同其他各类著作一样，必须服务于当时的统治阶级，否则是不容许的。清康乾时代文字狱，曾有数例案件与修志有关。如乾隆四十六年（1781）叶廷推《澄海县志》案，统治者认为内中“语词狂悖”① 即其一例。又如，乾隆四十七年（1782），湖南巡抚查获高治清《沧浪县志》，摘出各种字句，指为“狂悖”，因“密往各家搜讯”，斥革刊刻志书的高治清父子生监之职，解任质讯作序教授翁炯。②

有些方志必须按照统治者的意图任意删削改窜，以致内容间或失实或支离破碎。如乾隆四十四年（1779）十一月上谕，严禁将钱谦益、屈大均、金堡等人诗文载入志乘，即其显例。

二、举要

（一）通志

顺治**《河南通志》**

清·贾汉复修，沈荃纂。

贾汉复（1606—1677），字胶侯，号静庵，山西曲沃人，降清后任兵部尚书及河南、陕西巡抚。主修《河南通志》《陕西通志》，两志曾为清初通志范体。沈荃字贞蕤，华亭人，顺治进士。授编修，曾为大梁道副使，浙江宁波同知，充讲起居注官，国子监祭酒，少詹事，詹事，加礼部侍郎衔。顺治十七年（1660），在贾汉复主持下，纂修《河南通志》。

书成于顺治十七年（1660），并刊行，今存。《中国地方志联合目录》《文瑞楼藏书目录》《贩书偶记》等著录。国家图书馆、北京大学图书馆等藏有顺治十

① 《清代文字狱档》，上海书店，1986 年。
② 《清代文字狱档》，上海书店，1986 年。

七年刻本。

凡五十卷。全书图凡二十一，例二十，类三十。曰图考、建置沿革、星野、疆域、山川、风俗、城池、河防、封建、户口、田赋、物产、职官、公署、学校、选举、祠祀、陵墓、古迹、帝王、名宦、人物、孝义、列女、流寓、隐逸、仙释、方技、艺文、辨疑。

该书以嘉靖《河南通志》为蓝本，于纲目略加损益，条理粗备规模。参考当时河南全省“八郡十二州，九十五县之志”①。内容较前充实，为清初方志门目体代表作。诏直省修志以此志为天下模式，于清初修志影响很大。

康熙**《陕西通志》**

清·贾汉复②、李楷纂。

康熙六年（1667）成书并刊行，今存。《中国地方志联合目录》著录，国家图书馆、北京大学图书馆、陕西图书馆等有康熙六年刻本。

凡三十二卷，首三卷，全书四十三门。析为府州卫（含西安、延安、凤翔、汉中、平凉、庆阳、临洮、巩昌各府及兴安州、榆林、宁夏、靖远、洮州、泯州各卫）。时间断限上自周秦下迄清初，于人物介绍较多，录序三十八篇，跋二篇。

康熙十一年（1672），诏以此志及顺治《河南通志》为清初修志成式。章学诚则以为二志罗列门类，不相统属之法，不足师法。后由韩奕续修，王功成、吕和钟等续纂，并于康熙五十年（1711）刊行。

《山东肇域记》

明末清初·顾炎武③撰。

康熙十二年（1673）撰。

此书为顾氏受聘主纂《山东通志》时所撰。顾氏经过对山东实地考察十余年，利用志局郡邑之书，对山川、古迹、郡县沿革等门删削整比而成书。

凡六卷，七万余言。

书前有自序、目录，下以山东六府为次，府下为州，州下为县，附郭县列于各县之首，析为郡邑、藩封、官守、山川、古迹等。

此书具有经世致用特点，重点记运河沿线情况，详于明代，考证精审，清嘉

---

① 《河南通志》沈荃序，清顺治十七年（1660）刻本。

② 贾汉复小传见本书顺治《河南通志》。

③ 顾炎武小传见本书《天下郡国利病书》。

庆重修《一统志》时多采此书。

雍正**《广西通志》**

清·金鉷修，钱元昌、陆纶纂。

成书于雍正十一年（1733）并刊行，今存。又有抄本及乾隆《四库全书》本。《清史稿·艺文志》《中国地方志联合目录》著录。国家图书馆、故宫博物院、南京图书馆等有雍正十一年刻本。

凡一百二十八卷，析为星野、气候、机祥、图经、舆图、沿革、疆域、山川、关梁、驿站、沟洫、田赋、额办、屯田、盐法、榷税、积贮、户口、物产、风俗、蠲恤、城池、廨署、学校、坛庙、寺观、古迹、兵制、秩官（附土司）、封建、名宦、选举、乡贤、忠义、孝友、卓行、儒林（附文苑）、隐逸、迁客、方技（附流寓、仙释）、列女、杂传、土司、人物、诸蛮（附安南）、艺文。

此志奉诏而修，为删补雍正初李绂《广西通志》而成，体例上于前志稍有变易，更臻于完善，以类系事，一事一类，内容亦较前志为详，颇为实用。《四库总目》称其“尤足为稽考之助”。

雍正**《畿辅通志》**

清·唐执玉、刘于义、李卫等修，田易、陈仪等纂。

唐执玉（1669—1733），字益功，号蓟门，江苏武进人。康熙进士。雍正七年（1729）六月署理直隶总督，并于此年奉诏重修《畿辅通志》。后任兵部尚书、刑部尚书，十一年（1733）正月，再次署理直隶总督。

刘于义（？—1735），字喻旃，江苏武进人。康熙进士。雍正九年（1731）九月，接替唐执玉署理直隶总督，继续主持监修《畿辅通志》事宜，后调任署理陕西总督。

李卫（1686—1738），字又玠，江苏铜山人。雍正十年（1732）七月，署理直隶总督。又奉诏赴海宁筹划海塘工程。雍正十一年（1733）四月，回任直隶总督。六月，受命赴古北口等处办理新添兵丁事宜。八月，再次回任直隶总督，此时，着手主持继修《畿辅通志》事宜，于雍正十二年（1734）告竣并刊行。

田易，生卒年未详，大兴人，康熙进士。原任湖南辰州府同知，在编纂《畿辅通志》中任采辑。

陈仪（1670—1742），字子翙，号一吾，河北文安县人，康熙进士。曾任巡察丰润等处营田观察使、都察院佥部御史、翰林院侍读学士。雍正七年（1729）

重修《畿辅通志》时任协修，参与纂辑等事宜。著《毛诗臆评》《直隶河渠志》《南华经解》等书多部。

畿辅为清代直隶省之别称，辖今京津及河北三省市地。

清代纂修《畿辅通志》凡三次，此志为重修《畿辅通志》。今按，《畿辅通志》即河北省志，于清代康熙间始创。明代十三布政使司皆有省志，唯河北独无，考其原因，则“明代以畿内之地直隶六部，与诸省州县各统于布政使者，体例不侔，故诸省皆有通志，而直隶独缺”①。入清以后，清初几个皇帝重视修志，康熙十一年（1672）开始议修。十九年（1680）正式编纂，直隶总督于成龙及格尔古德先后主其事，郭棻总纂。至二十一年（1682）告竣，凡四十六卷。简而不当，重要史籍缺采，草率成书，深为后世所讥，于是雍正时有重修之举。

雍正《畿辅通志》于雍正七年（1729）始修，雍正十三年（1735）刊行，今存。《四库全书总目》《清史稿·艺文志》《中国地方志联合目录》著录。国家图书馆、北京大学图书馆有雍正十三年刻本。凡一百二十卷。首冠图十八幅，凡一卷。析为三十一门，分诏谕、宸章、京师、星野、建置沿革、形胜疆域、山川、城池、公署、学校、户口、田赋、仓廒、盐政、兵制、关津、驿站、河渠、水利营田、陵墓、祠祀、寺观、古迹、风俗、物产、封爵、职官、选举、名宦、人物、艺文。

该志较康熙《畿辅通志》内容充实，体例完备，并纠正前志错误及疏漏之处。清代初修《大清一统志》有关直隶地情资料即采用此志。

乾隆**《湖北通志》**

清·章学诚主纂。

章学诚（1738—1801），字实斋，号少岩，浙江会稽人，乾隆进士。曾任国子监典籍。历主定州定武、保定莲池等书院讲席。毕生从事研史、修志、讲学事业。著《文史通义》《史籍考》等，主修《和州志》《永清县志》《亳州志》《湖北通志》，参修《天门县志》等多种志书。是清代浙东学派大师，史学评论家，清代修志历史派主要代表。其方志理论系统、完整，是我国方志学奠基人。其文稿后人汇入《章学诚遗书》中。该志于乾隆五十九年（1794）脱稿，散佚不全，未刊行。故王宗炎订定后名为《湖北通志·检存稿》四卷、未成稿一卷，今存《章

① 《钦定四库全书总目》卷六十八，中华书局，1997年。

氏遗书》本。《中国地方志联合目录》著录为嘉庆《湖北通志检存稿》、未成稿。国家图书馆、湖北图书馆等有民国十一年《章氏遗书》本。

此志为三书体，即：

一、通志

志序一，凡例二十四条，通志七十四卷；纪二（皇言、皇朝编年纪）；图三（方舆、沿革、水道）；表五（职官、封建、选举、族望、人物）；考六（府县、舆地、食货、水利、艺文、金石）；政略四（经济、循绩、捍御、师儒）；传五十三（序传、正史补遗传、褒祀乡贤传等）。

二、掌故，凡六十六目

吏科四（官司员额、官司职掌、员缺繁简、吏典事宜）；

户科十九（赋役、仓庾、漕运、杂税、牙行等）；

礼科十三（祀典、仪注等）；

兵科十二（将弁员额、兵丁技艺额数等）

刑科六（里甲、编甲图等）；

工科十二（城工、塘汛、江防等）。

三、文征，凡八集

甲集上、下（正史列传）；

乙集上、下（经济策划）；

丙集上、下（辞章诗赋）；

丁集上、下（集人诗词）。

附，丛谈（考据、轶事、琐语、异闻各一卷）。

章氏修志注意当代史料及现实，其通志体例完备，许多方面都有创新，如阙访列传、前志列传、政略等。光绪八年（1882）张之洞总纂重修《湖北通志》，悬赏征求章学诚《湖北通志・检存稿》。

嘉庆**《广西通志》**

清・谢启昆修，胡虔纂。

谢启昆（1737—1802），字蕴山，号苏潭，江西南康人，乾隆进士。官广西巡抚，并主修《广西通志》，后与人合修《南昌府志》。著有《树经堂集》《西魏书》《粤西金石志》《小学考》等。

胡虔（1753—1804），字雒君，号枫源，安徽桐城人。初以教书为生，至广西，为广西巡抚谢启昆召入幕府。工古文，精考据之学，曾协谢氏纂修《西魏书》《小学考》等。嘉庆五年（1800），谢氏主修《广西通志》，聘胡虔为总纂。历时一年成书，堪称名著。著作多种，如《识学录》《柿叶轩笔记》等。

嘉庆五年（1800）始修，六年（1801）成书，并刊刻。同治四年（1865）补刻本，光绪十七年（1891）桂垣书局再补刻本，1977年台湾文海出版社出版影印本，1987年扬州广陵古刻复印社出版影印本，1988年广西人民出版社出版点校本。《清史稿·艺文志》《中国地方志联合目录》著录。国家图书馆、北京大学图书馆等有嘉庆六年刻本。

凡二百八十卷。卷前为进呈表、叙例、目录，以下为训典，郡县沿革表、职官表、选举表、封建表、舆地略（疆域图、分野、气候、户口、风俗、物产等目）、山川略（山、川、水利等目）、关隘略、建置略（城池、廨署、学校、坛庙、津梁等目）、经政略（铨选、恤助经费、禄饷、恤政、田赋、盐法、榷税、积贮、祀典、土贡、学制、兵制、马政、邮政、鼓铸、船政等目）、前事略、艺文略（经部、史部、子部、集部、传说、事记、地记、杂记、志乘、奏疏、诗文等目）、金石略（铜鼓考等目）、胜迹略（域址、署宅、冢墓、寺观等目）、宦绩录、谪宦录、列传（人物、土司、列女、流寓、仙释、诸蛮等目）。

此书详于考证，无征不信，取材广泛，征引资料350余种。博观约取，特色鲜明。所用资料，注明出处。体现乾嘉学派治学风格，并兼糅历代诸家体制而成。上自秦汉，下止于嘉庆初年。门类齐备，归属得体，编次得法。梁启超评述该志时说："首著叙例二十三则。遍征晋、唐、宋、明诸旧志门类体制，舍短取长，说明所以因革之由。认修志为著述大业，自蕴山始也。故其志为省志楷模，虽以阮芸台之博通，恪遵不敢稍出入……"① 张之洞《书目答问》称该志为"省志善本"。

嘉庆**《滇系》**

清·师范纂。

师范（1751—1811），字端仁，号荔扉，云南赵州（今弥渡红岩）人，剑川州学官，安徽望江知县。著《滇系》，又撰《南诏征信录》等。

嘉庆十三年（1808）刊行，今存。又有光绪十三年（1887）云南通志局刻

---

① 梁启超：《方志学》，载《东方杂志》二十一卷18期，1924年。

本，民国云南丛书刊刻处补刻光绪本。《中国地方志联合目录》著录。国家图书馆、北京大学图书馆、上海图书馆、云南图书馆等多家图书馆有嘉庆十三年刻本。

此为云南省志。凡四十卷。前有费淳、姚鼐、洪亮吉等序。以下分十二系，即疆域（沿革、形势、关隘、城池）、职官（兵防、循、卓）、事略（师旅、封拜）、赋产（仓储、钱法）、山川（水利、古迹）、人物（选举）、典故、故文、土司、属夷、旅途、杂载。志中典故、故文占全书大半，颇具地方特色。本书参阅各种志书及其他文献多达四百余种。然引用材料，不注出处，是为缺憾。

此书详于考证，陈列利弊，论列古今是非，搜罗隐显，颇受姚鼐、洪亮吉等佳评，为清代名志。

嘉庆**《蜀典》**

清·张澍纂。

张澍（1776—1847），字介侯，甘肃武威人，嘉庆进士。历官玉屏、屏山、永新、泸溪等知县及临江通判等。著有《养素堂文集》《养素堂诗集》《说文引经考证》《诗小序翼》等，先后主修玉屏、大足、兴文、泸溪等县志，还纂有《蜀典》《续黔书》《凉州府志备考》等，对方志理论颇有研究。

嘉庆二十三年（1818）成书。此为四川省志书。

凡十二卷。前有张澍序及总目，下为堪舆类、人物类、居寓类、宦迹类、故事类、风俗类、方言类、器物类、动植物类、著作类、姓氏类。

此书仿《通典》之体，所言有据，考证精详，为清代名志。

流传版本主要有道光十四年（1834）武威张氏安怀堂刻本，及光绪二年（1876）尊经书院重刻本。

道光**《广东通志》**

清·阮元修，陈昌齐等纂。

阮元（1754—1849），字伯元，号芸台，江苏仪征人，乾隆进士。翰林院庶吉士，编修，督山东学政，任兵部、礼部、户部侍郎。官浙江巡抚，湖广、两广、云贵总督等。博学淹通，长于考证。编著《十三经校勘记》《经籍纂诂》《皇清经解》《畴人传》等。曾纂修《扬州府图经》《浙江通志》《广东通志》《云南通志》，编辑《山左金石志》等。

陈昌齐（1746—1824），字宾臣。广东海康人，乾隆进士。入翰林，授编修，官兵科给事中等。修有《雷州府志》《海康县志》，总纂《广东通志》。著有《荀子考证》《淮南子考证》等。

成书于道光二年（1822），并付刻，今存。又有同治三年（1864）刻本，民国上海商务书馆影印本。《清史稿·艺文志》《中国地方志联合目录》著录。国家图书馆、北京大学图书馆、广东图书馆等有道光二年刻本。

凡三百三十四卷，分六类二十六门，即训典、表（沿革、职官、选举、封建）、略（舆地、山川、关隘、海防、建置、经政、前事、艺文、金石、古迹）、录（宦绩、谪宦）、列传（人物、列女、耆寿、方技、宦者、流寓、释老、岭蛮含外藩）、附录。

此志志例参以谢启昆《广西通志》，略加损益，详加考证，广征博引而成书，体裁训雅，内容丰实，为清代通志佳作。

道光**《安徽通志》**

清·陶澍等修，邓廷桢等纂。

陶澍（？—1839），字子霖，号云汀。湖南安化人，嘉庆进士，官至两江总督加太子少保兼理盐政。著《印心石屋诗文集》等。道光五年（1825），奏请纂修《安徽通志》，局既开，规模粗定，调任江苏，由邓廷桢完成。

邓廷桢（1775—1846），嘉庆进士，官湖北、陕西按察使，江西、陕西布政使，安徽、陕西巡抚，两广、陕甘总督，协助林则徐查禁鸦片，抗击英军入侵。著《双砚斋诗钞》，纂《安徽通志》。

成书于道光九年（1829）六月。有道光十年（1830）刻本，道光间红格写本及清抄本。《中国地方志联合目录》著录。国家图书馆、北京大学图书馆、安徽图书馆等有道光十年刻本。

凡二百六十卷，首六卷。前有创修省志奏折三道（陶澍折，邓廷桢折，蒋攸铦折），序文六篇，纂辑职名、协裁、总理、监辑姓氏、凡例、目录。首六卷记诏谕。正文凡二百六十卷。析为十志，即舆地志、河渠志、食货志、学校志、武备志、职官志、选举志、人物志、艺文志、杂类志等。志下有目若干。

此志系安徽析省（康熙六年由江南省析置）后第一部通志。体例严谨，叙述简要，广征博引，考订精详，重点突出，历为人所称许。

光绪**《畿辅通志》**

清·李鸿章修，黄彭年等纂。

李鸿章（1823—1901），字少荃，安徽合肥人，道光进士。淮军军阀，洋务派首领，官江苏巡抚、两江总督、直隶总督兼北洋大臣。著有《李文忠公全集》，主修同光《畿辅通志》及《保定府志》等。

黄彭年（1823—1890），字子寿，贵州贵筑（今贵阳）人，道光进士。历官陕西按察使，江苏、湖北布政使。主纂《畿辅通志》，另有《东三省边防考略》《金沙江考略》《铜运考略》《历代关隘津梁存考》等。

此志乃继雍正畿志而作，同治十年（1871）始修，光绪十年（1884）告成，凡三百卷。由纪、表、略、录、传、识余、叙传等诸体组成。体下有目若干。

此志为召集笃学之士，广征经、史、子、集诸书，兼采访所得，对140余年文献资料网罗略备，考订精详，体例完备，资料充实。为清代省志中之名志。梁启超认为此书为“出学者之手，斐然可列著作之林”。

此志特点为：

1. 此志以嘉庆谢启昆《广西通志》为蓝本，略加损益变通。体裁采用地方史式：帝王为纪，细小之事以表明之，纪事以略，宦绩用录，人物用传，附以识余、叙传等。此例分目得当，记述得法。

2. 此志资料详备，内容富赡，原始资料如账册市簿、档案资料，博采其中。所引资料皆注明出处，颇便后人研读及考籍。

3. 艺文门于经、史、子、集外，别立方志，将直隶统部及府厅州县志编存其目，对一地文献之保存，起到按图索骥之作用。

该志有光绪十年（1884）刻本、宣统二年（1910）石印本、民国二十三年（1934）上海商务印书馆影印本。《清史稿·艺文志》《中国地方志联合目录》著录。国家图书馆、天津图书馆、保定图书馆等有光绪十年刻本。

光绪**《山西通志》**

清·曾国荃等修，王轩、杨笃等纂。

曾国荃，曾国藩弟，光绪三年（1877）任山西巡抚。

王轩，山西洪洞人，同治进士，主讲晋阳、令德两书院。

杨笃，山西乡宁人，方志学家，金石家。

光绪五年（1879），曾国荃设山西通志局，杨笃为纂修，重修《山西通志》。光绪十八年（1892）刊行，今存。民国间有补版重印本。《清史稿·艺文志》《中国地方志联合目录》著录。国家图书馆、北京大学图书馆、山西图书馆等有光绪十八年刻本。

全志凡一百八十四卷，首一卷。析为图、谱、考、略、记、录六门，各门析目若干。“义例精严，蔚然大作。”资料宏富，考订精详。其中记金石，向为金石、考古学家所推崇。该书为清代名志佳构，张之洞、梁启超盛赞此书。如梁启超认为，该志“出学者之手，斐然可列著作之林”。

（二）府州志

《营平二州地名记》

明末清初·顾炎武撰[①]。一卷。

营平二州，此取古州名。营州，古十二州之一。《尚书尧典》：“肇十有二州。”《孔传》云：“禹治水之后，舜分冀州为幽州、并州，分青州为营州，始置十二州。”时辖境约当今河北、辽宁及朝鲜等地。其后屡有废置。辽复置，治所广宁（今河北昌黎县），辖境约当今河北昌黎县及其附近地。明置营州左、右、前、中、后屯卫，属大宁都司。

平州，东汉初平元年（190），公孙度据辽东，自号平州牧，平州之名始见。三国魏分幽州地置，属幽州，治襄平县（今辽阳市老城），其后屡有废置，唐武德初移治卢龙县。辖境约当今河北省长城以南、陡河以东地区，明清为永平府地。

清顺治十六年（1659），顾氏游永平府时，当地仕宦委而修成《营平二州史事》六卷。

顾氏采二十一史、通鉴以及各诗书文献中有关营平二州故实，时间断限上自燕秦，下至元至正年间，书成，顾氏为序，论述明清两代修志得失。《营平二州史事》原书已佚，今仅存《营平二州地名记》一卷，为原书中之一卷。此书载二州古地名，写至五代止。考论精审，向为地理学家考证地名之依据。《四库全书总目》《清史稿·艺文志》著录。

康熙**《南昌郡乘》**

清·叶舟修，陈宏绪纂。

叶舟，上元人，进士，康熙二年（1663）知南昌府。

陈宏绪，新建人，明末授晋州牧，后贬湖州经历，有惠政。入清屡荐不就，

---

① 顾炎武小传见本书《天下郡国利病书》。

辑《宋遗民录》以见志。著有《周易备考》《诗经尚书义》《石庄集》《寒衣集》等。

此书于康熙二年（1663）刊刻。《中国地方志联合目录》著录。国家图书馆、江西图书馆等地有康熙二年刻本，皆不全。

志凡五十五卷，为舆地、建置、禋祀、水利、赋役、职官、选举、良吏、人物、艺文、杂志等门。

此志职官志上溯汉代，仅历代可考之太守颇称完备；艺文志多载奏疏，皆有关当地时政利弊之作。但此书缺武备，为美中不足，体例为清初之上乘。

乾隆**《汀州府志》**

清·曾日瑛等修，李绂等纂。

李绂（1673—1750），字巨来，江西临川人。康熙进士，授翰林院编修，历官户部侍郎、内阁学士、广西巡抚、直隶总督。著《穆堂类稿》及《续稿》《别稿》等，主编《八旗通志》《广西通志》，主纂《临川县志》《汀州府志》，自撰《西江志补》《抚州续志》等，于方志理论多有发挥。

汀州，在今福建省龙岩地区。

乾隆十七年（1752）修，并刊行，今存。又有同治六年（1867）延楷刻本。《清史稿·艺文志》《中国地方志联合目录》著录。北京大学图书馆、福建师范大学图书馆、厦门大学图书馆等有乾隆十七年刻本。

凡四十五卷，卷前有序、图，以下依次为星野、建置、山川、疆域、城池（街市、里图、桥梁、水利）、风俗（气候、岁时）、古迹（宅墓、石刻）、物产、户役（屯丁、贡科等）、田赋（屯田、驿站、榷政、税契、仓储、盐课、恤政）、典礼、学校（书院、社学）、祠祀、兵制、公署、职官、名宦、选举、人物、孝义、乡贤、文苑、隐逸、流寓、方外、列女（淑媛、节孝、贞烈）、艺文、杂记（祥异、兵变、丛谈）。

此志体例依《一统志》及《福建通志》，并对旧志讹误、遗漏有校补、厘正，以传信为主，务求实用。

乾隆**《和州志》**

清·章学诚①纂。

---

① 章学诚小传见本书乾隆《湖北通志》。

和州，今安徽省和县。

乾隆三十八年（1773）始编，乾隆三十九年（1774）成书，原为四十二篇。后多有散佚。今有民国十一年（1922）刻《章氏遗书》本，及民国二十五年（1936）铅印《章氏遗书》本。《中国地方志联合目录》著录。国家图书馆等有民国十一年《章氏遗书》本。

此志有纪、表、图、书、政略、列传六体，附有文征。

纪（皇言纪）；

表（官师表、选举表、氏族表）；

图（舆地图，用开方计里法，并附图说）；

书（田赋书、艺文书）；

列传（人物列传、阙访列传、前志列传）；

文征（奏议、征述、论著、诗赋）；

各篇之前载有序例、总论、序录等。

此为章氏第一部纂修志书。从该志内容、体例及其纂修方法上考察，比较集中地体现了章氏的方志学思想，为此后方志理论体系之形成奠定了基础。特别是章氏为此志所撰诸序例及总论等多篇论文，是其方志理论的重要组成部分，向为世人推重。

乾隆**《亳州志》**

清·章学诚[①]纂。

亳州，今属安徽省。

约在乾隆五十四年（1789）成书。

此志撰成而散佚。今仅存《亳州志人物表例议》上、中、下三篇及《亳州志掌故例议》上、中、下三篇，得见其崖略。

人物表之设，约其文辞，充分发挥了执简御繁之功能；此志首倡掌故，并列与志平行体裁。这在此后的章氏立三书中体现得更加明朗，可见此志在章氏方志理论形成中地位是何等重要。

嘉庆**《直隶太仓州志》**

清·王昶纂。

① 章学诚小传见本书乾隆《湖北通志》。

王昶（1725—1814），字德甫，号述庵，江苏青浦人，乾隆进士。官江西、云南布政使，刑部右侍郎等。著《春融堂文集》《青浦诗传》等。曾参修《一统志》，主纂《青浦县志》《直隶太仓州志》等。

太仓州，今江苏太仓市，清升为直隶州，直隶江苏省。

前江苏巡抚、江南河道总督康基田审定，王昶纂。

始修于乾隆六十年（1795），嘉庆七年（1802）成书。今有嘉庆七年（1802）刻本。《中国地方志联合目录》著录。北京大学图书馆、上海图书馆、天津图书馆、浙江图书馆等有嘉庆七年刻本。

凡六十五卷，前有汪廷昉、费淳、康基田序，目录，纂修姓氏，凡例等；篇末有旧志原序；全志设十八门，即恩旨、图（州治及各属县图）、封域、营建、职官、名宦、学校、选举、风土、水利、赋役、兵防、漕政、人物、古迹、艺文、杂缀、补遗，门下析为八十五目。此志简而不遗，详而有要，体例得法，为清代名志。

嘉庆《庐州府志》

清·张祥云修，孙星衍等纂。

孙星衍（1753—1818），字渊如，一字伯渊，江苏阳湖人，乾隆进士。初授编修，历官山东督粮道。主讲钟山书院。参纂《关中胜迹图志》，纂《三水县志》《邠州志》《礼泉县志》《长安县志》《咸宁县志》等，与人同纂《庐州府志》《松江府志》等。清代考据学派人物。

庐州府，属安徽省。

嘉庆八年（1803）刊行。今有嘉庆八年（1803）刻本。《清史稿·艺文志》《中国地方志联合目录》著录。北京大学图书馆、浙江图书馆、安徽图书馆等多家图书馆有嘉庆八年刻本。

凡五十四卷，图一卷。分图、志、表、录四体。前刊列舆图；志析为十五种，即沿革志、山川志、古迹志、城署志、学校志、坛庙志、寺观志、田赋志、水利志、兵防志、人物志、大事志、佚事志、杂文志、文籍志；表析为三种，即封爵表、职官表、选举表；录为历代府志序跋。

此志以（明）隆庆、崇祯，（清）康熙等志为基础，增补康熙三十五年（1696）至嘉庆八年（1803）百年地情，于沿革、古迹、金石尤为精当，所采文献，必有所据，堪称清代名志。

嘉庆**《江宁府志》**

清·吕燕昭主修，姚鼐纂。

江宁，今属江苏省。

姚鼐（1731—1815），字姬传，一字梦谷，安徽桐城人，乾隆进士。官刑部郎中，《四库全书》纂修官，主讲江南、紫阳、钟山书院。著《惜抱轩全集》《古文辞类纂》等，与孙星衍合纂《庐州府志》，纂《江宁府志》等。

嘉庆十六年三月（1811）开局，八月成书，并于同年刊行，今存。又有光绪六年（1880）刻本。《中国地方志联合目录》著录。国家图书馆、北京大学图书馆、南京图书馆等有嘉庆十六年刻本。江宁即古金陵，建康地，时辖上元、江宁、句容、溧水、江浦、六合、高淳七县。凡五十六卷，首为姚序，依次为天章、舆图、疆域、分野、沿革、古今纪年事表、山水、古迹、风俗、物产、建置、祠庙、赋役、学校、武备、驿递、秩官、秩官表、名宦、科贡表、人物、金石、艺文。

内容宏富，体例周备，文笔深邃，于人物尤为翔实。金石为江宁旧志所无，是为新增。作者重搜访并参诸旧史，对省志内容进行补阙正讹。考证精审，义例严谨，是为名志。

道光**《遵义府志》**

清·平翰创修，黄乐之主修，郑珍、莫友芝纂。

平翰，浙江山阴人，字樾峰，监生。道光十六年（1836）至十九年（1839）知遵义府。

黄乐之，广东顺德人，举人。

郑珍（1806—1864），字子尹，遵义人，道光举人。官荔波等县训导。著名学者，诗人。著《古今文献》《仪礼私笺》等，道光十八年（1838）纂《遵义府志》。

莫友芝（1810—1871），字子偲，贵州独山人，道光举人。著名学者，诗人。参纂《遵义府志》。著《郘亭经学》《唐写本说文木部笺异》《古刻钞》《黔诗纪略》等。

此志成书于道光二十一年（1841），今存。又有光绪十八年（1892）补刻本、民国二十六年（1937）刘千俊补刻本。《清史稿·艺文志》《中国地方志联合目录》著录。国家图书馆、贵州图书馆等多家图书馆有道光二十一年刻本。

凡四十八卷，首一卷。前有贺长龄序及黄乐之序。析为图说、星野、建置、疆域、山川、水道考、城池、公署、坛庙、关梁、古迹、金石、户口、赋税、蠲恤、农桑、物产、木政、坑冶、风俗、祥异、学校、典礼、兵防、职官、宦绩、土官、选举、人物、纪事、艺文、杂记、旧志叙录。

此志凡历三载而成。材料虽取于万历《遵义军民府志》和康熙《遵义军民府志》等书，然万历志详今而略古，康熙志略古亦略今，事同创始，必广泛搜访，考订文献，方能成书。据其征引书目论，多达四百余种。全书内容翔实、资料可信，为贵州志中佳作。梁启超推之为清代全国府志第一。

光绪**《顺天府志》**

清·李鸿章、万青黎等修，张之洞、缪荃孙纂。

张之洞（1831—1909），字孝达，号香涛，直隶南皮人，同治进士。清末洋务派首领。官内阁学士、两广及湖广总督、军机大臣等职。有《张文襄公全集》，纂修《顺天府志》。

缪荃孙（1844—1919），字炎之，一字筱珊，晚号艺风，江苏江阴人，光绪进士。授编修。著有《艺风堂文集》等。参纂光绪《顺天府志》《昌平州志》《常州府志》《湖北通志》、民国《江苏通志稿》及民国《江阴县志》等。

光绪五年（1879）开纂，十一年（1885）告成。今有光绪十二年（1886）刻本、光绪十五年（1889）重校本和光绪二十八年（1902）补刻本。《清史稿·艺文志》《中国地方志联合目录》著录。国家图书馆等多家图书馆有光绪十二年刻本。

凡一百三十卷，析为十门，即京师志、地理志、河渠志、经政志、故事志、官师志、人物志、艺文志、金石志、序志。子目六十九。

此志用《华阳国志》《临安志》例。体例严谨，以典核征实为主旨，所取资料除档案外，还涉及经史子集、碑刻凡 840 余种。修纂此志力求“语语征实，不取空文”（沈秉成《顺天府志序》）。记载翔确，如故事志中兵事，载太平军进军直隶、英军舰侵入大沽口、火烧圆明园等事件，资料珍贵。

张之洞曾为该书拟订凡例及《修志略例》二十七条，具体阐明张氏修志主张。

（三）城市志

康熙**《日下旧闻》**

清·朱彝尊撰。

朱彝尊（1629—1709），字锡鬯，号竹垞，浙江秀水（今嘉兴市）人。康熙十八年（1679）开博学鸿词科以布衣入选，授检讨，充日讲起居注，入值南书房。参修《明史》，撰《禾录》。为多种志书作序、跋。评介时，颇有见地。书成于康熙二十六年（1687），并刊行，今存。《清史稿·艺文志》著录。

日下，京都别称。此指北京。

朱氏感慨“故老沧亡，遗书散失，历年愈久，陈迹愈不可得”，于1600多种古籍中选录有关北京掌故、史迹的记载，并经过实地考察写成。书成，受康熙帝及文人好评，认为详核而典赡。全书凡四十二卷。析为十三门，即星土、世纪、形胜、宫室、城市、郊垧、京畿、侨治、边障、户版、风俗、物产、杂缀等。

此书为城市志，横排门类，取材宏富，时间断限为上自远古，下至明末，叙事详赡有体，为世人推重，是研究北京城的一部重要参考书籍。其子朱昆田撰《补遗》，乾隆帝又命大臣增续，成《日下旧闻考》。

乾隆**《澳门纪略》**

清·印光任、张汝霖纂。

印光任，字黻昌，江南宝山人。历官石城知县，澳门同知，太平府知府等。

张汝霖，字芸墅，江南宣城人，拔贡生。历官香山、阳春知县，澳门同知等。

此书约成于乾隆十六年（1751），凡二卷三篇，前有芸墅序，末有黻昌后序。上卷为目录、形势篇（图十二幅）、官守篇（图十一幅），下卷为澳蕃篇（图六幅）。《四库全书总目》《清史稿·艺文志》著录。

此书详载澳门地理形势，远较《明史·地理志》所记为详。侧重海防、政务，资料珍贵。《四库总目》云：“于山海之险要，防御之得失，言之最悉，盖史举大纲，志详细目，载笔者各有体裁耳。”

乾隆**《日下旧闻考》**

清·窦光鼐、朱筠、潘曾起、吴锡麟等奉乾隆帝撰。于敏中、英廉等领衔。

乾隆五十三年（1788）刻印，今存。《四库全书总目》《清史稿·艺文志》著录。

此书在《日下旧闻》基础上，删繁补阙，详为考实，于原门类稍加损益。新增官署、苑囿等门。重点增辑《日下旧闻》刊后百余年来京城现状。叙事止于明末。卷帙较原书几增两倍，内容和体例皆较原书精赅。

全书凡一百六十卷，一百六十余万字，析为十五门，即星土、世纪、形胜、宫室、城市、官署、苑囿、郊坰、京畿、风俗、物产、边障、户版、杂缀、存疑，书前有乾隆题词二首、编修名单、凡例、表文、目录，书后附原序。资料价值超过《日下旧闻》。此书以北京为中心，兼及京畿各地，以乾隆现制为准。实属城邑志类。

《风麓小志》

清·陈作霖撰。

凡四卷，卷首、后序各一卷。析为地、人、事、文四志。为"三宝体"略加演变而成。该志综记清代金陵一地之遗迹、名胜及掌故。对梵刹介绍尤详，仿《洛阳伽蓝记》例，并记其沿革兴废。是为今南京市地方志书。收入光绪二十六年（1900）版《金陵琐志五种》。

（四）县志

《姑孰备考》

清·夏之符撰。

夏之符，字玹伯，安徽当涂人。明清之际学者。顺治间修《太平府志》未就。乃删其八志、二表撰成此书。

姑孰，今安徽当涂县，因城临姑孰溪得名。

凡八卷，原书已佚，卷一至三为郡记，卷四至五为人物传，卷六至八为乡音集。前有弦佩序、张总序及陶元鼎序。

本书仿正史体例，郡记以编年叙事，人物拟正史列传，附以论赞，乡音集载一地文献如同经籍志，有一定影响。然此书缺憾甚多，如为生人立传等，违反志书通例。清章学诚撰《姑熟备考书后》，专论此书优劣，可参。

《灵寿县志》

清·陆陇其纂。

陆陇其（1630—1692），字稼书，浙江平湖人，康熙九年（1670）进士。累官至四川道监察御史，著述有《困勉录》《松阳讲义》《三鱼堂文集》《学术辨》等。

该志纂于康熙二十四年（1685）。有康熙二十五年（1686）刻本。《清史稿·艺文志》《中国地方志联合目录》著录。国家图书馆等多家图书馆有康熙二十五年刻本。

凡十卷，末一卷，为地理、建置、祀典、灾详、物产、田赋、官师、人物、选举、艺文诸门，卷首有自序及凡例。卷末一卷附录条陈志议，载陆氏《财务陈条》和答邑人傅维枟《修志议》文。

地理志中“方音”一目，为旧志所无，实为创例，为以后方言志开端绪。此志于清初影响较大。但章学诚在《书〈灵寿县志〉后》一文中对此志多有批评。

康熙**《杞记》**

清·张贞纂。

张贞，字起元，号杞园，安邱人。康熙十一年（1672）拔贡，官翰林院孔目。

杞，今山东安邱县，为古杞国地，故名。

康熙四十五年（1706）修，五十五年（1716）刻本。《中国地方志联合目录》著录。国家图书馆、山东图书馆等多家图书馆有康熙五十五年刻本。

本书举凡杞国旧迹，均博采，上溯夏朝，下迄清初。

凡二十二卷，析为十九门，即图考、星土、舆地、山川、系年、沿革、封建、年表、世次、原古、分国、系家、苗裔、春秋经传、经传别解、人物、遗书、艺林、杂缀等。书前有王世祯序。

此书精于考订，引文注明出处，内容详赡，叙事有法，大有弥补孔子当年叹杞宋文献无征之意。

雍正**《乐安县志》**

清·李方膺纂修。

李方膺，字虬仲，号晴江，江苏通州人，“扬州八怪”之一。雍正初为贤良方正，后为乐安知县。

乐安，今山东广饶县。

此志以康熙六年（1667）欧阳焯旧志为蓝本，重加厘定而成。雍正十一年（1733）刊行，今存。《中国地方志联合目录》著录。国家图书馆、山东图书馆等多家图书馆有雍正十一年刻本。

凡二十卷，析为星野（图考附）、建置（疆域附）、川泽（堤桥附）、城池

(市镇附)、田赋(盐法附)、公署(铺递附)、学校、兵防(海讯附)、职官、选举、宦绩、人物、恩荣(坊表附)、列女、风俗、物产、祀典(祠墓附)、五行、杂记(古迹、封建、外徒、仙释、物妖、孝感、人瑞附)、艺文(奏疏、条议、记铭、传序、杂诗、格言附)等门,门下有细目。

此志考证翔实,义例简明,叙事有据,并增以六十年来现状,每志前有小序,后有论。各条之下多有细注,颇便参读。刘柏评此志:"凡夫历岁之机祥、山川之封濬、户口田赋之登耗、嘉言懿行之景烁,莫不秩然有条、灿然有文。为山东名志之一。"

乾隆**《萧山县志》**

清·黄钰纂修。

黄钰,时任萧山知县。

萧山,今浙江省杭州市萧山区。

清乾隆十六年(1751)刊本,今存。又有抄本。《中国地方志联合目录》著录。浙江图书馆有乾隆十六年刻本。

凡四十卷,总目为星野、建置、疆域、坊里、山川、古迹、学校、公署、田赋、蠲恤、水利、津梁、坛庙、武备、风俗、物产、祥异、职官、选举、名宦、人物、流寓、烈女、方技、冢墓、寺观、仙释、艺文、杂记,凡二十九门。

萧山旧志多所不传,明代嘉靖、万历二志及康熙邹志等,谬误甚多。此志勘误订谬,颇见功力。内容详核,于今田赋、户口、水利颇以详审见长,叙事有法,向称佳本。

乾隆**《汾阳县志》**

清·李文起修,戴震纂。

李文起,广东归善人,乾隆进士,三十五年(1770)汾阳知县。

戴震(1723—1777),字东原,安徽休宁人,乾隆举人。授翰林院庶吉士。乾嘉时期皖派考据大师。著《声韵考》《戴东原集》等,主纂《汾州府志》《汾阳县志》等。

汾阳,今属山西省。

乾隆三十七年(1772)修成并附梓,今存。《中国地方志联合目录》著录。国家图书馆、山西图书馆有乾隆三十七年刻本。

凡十四卷,首一卷,析为沿革、疆域、山川、城池、官署、赋税、学校、名宦、职官、食封、流寓、人物、孝义、科目、事考、杂识、艺文等门。

本志例精辞赅，结构谨严，以沿革辨证最为翔实。重视考证，体现戴氏修志思想。该志成书于乾隆《汾州府志》（孙和相修，戴震纂）之后，其发凡起例多受府志影响，有关内容亦录自府志。诚地志中之善本。

乾隆**《歙县志》**

清・张佩芳修，刘大櫆纂。

张佩芳（1732—1793），字公路，山西平定州人。乾隆进士，官歙县、合肥县令，寿州、泗州知州。主修《歙县志》《黄山志》等，撰《平定州志》《榆关考》等，又有《陆宣公翰苑集注》等。

刘大櫆（1698—1778），字才甫，安徽枞阳人。黟县教谕，主持问政书院。纂修《黟县志》《歙县志》。在文学上为桐城派重要人物。有《海峰文集》《论文偶记》等。

歙县，今属安徽省。

乾隆三十六年（1771）刻本，今存。又有抄本。《中国地方志联合目录》著录。国家图书馆、安徽图书馆等有乾隆三十六年刻本。

凡二十卷，首一卷。卷前有序三篇、凡例、图说，以下为舆地志（疆域、形势、山川、都鄙、风土）、建置志（沿革、城池、公署、学校、秩祀、兵防、水利、津梁）、官司志（职官、名宦）、食货志（赋役、盐法、贡品、物产）、恤政志（仓储、院局、蠲赋、赈济、优老、义产）、选举志（荐辟、科第、岁贡、武科第、仕宦、勋爵、殊恩、恩封、恩荫）、人物传（勋绩、宦迹、节慨、儒林、文苑、材武、孝友、义行、士林、遗佚、列女、方技）、艺文志（书目、奏疏、序、考、辨、记、书、文、碑碣、诗赋、杂著）、杂志（古迹、丘墓、寺观、祥异、拾遗、志源）。记事起自汉代，止于乾隆年间，统合古今，尤重人物活动。此志向称名志。

乾隆**《历城县志》**

清・胡德琳修，李文藻等纂。

胡德琳，字碧腴，原籍休宁，后定居广西临桂，乾隆进士。历官山东济阳、历城知县，东昌知府，济宁知州等。曾分别聘请名流，修纂《济阳县志》《历城县志》《东昌府志》《济宁直隶州志》等。著述颇多，今存《西山杂咏》《书巢尺牍》《东阁闲吟》《燕贻堂诗文集》等。

李文藻（1730—1788），字素伯，山东益都人，乾隆进士。官至桂林府同知。著述颇富，有《恩平》《朝阳》《桂林》诸集。纂有《诸城县志》《历城县志》，皆为名志。于修志理论多有阐发，为清代方志纂辑派代表之一。

历城县，今属山东。

乾隆三十八年（1773）刻，今存。《中国地方志联合目录》著录。国家图书馆、山东图书馆等有乾隆三十八年刻本。

凡五十卷，首一卷。卷前有序、凡例、图。以下为总记、地理考（沿革、星土、疆界、道路、里社、户口、田赋、风俗、物产）、山川考（山、水）、建置考（城池、官署、坛庙、学校、兵防、驿递）、古迹考（城址、故藩、故宅、亭馆、陵墓、寺观）、艺文考（经、史、子、集）、金石考、封建表、职官表、选举表、袭爵表、贻封表、宦迹录、列传、杂缀（佚事、异闻）。全志由图、记、考、表、录、传组成，为史书体例。

此志广集各家之说，不加论述，以待观者自为论断。所引诸条皆有所出，但误引、错漏处很多。[①] 记事记人详核。其列传人物，不仅列名，且皆列有小传，为独到之处。此为清代方志纂辑体代表作。

乾隆**《富顺县志》**

清·段玉裁、李芝纂修。

段玉裁（1735—1815），字若膺，号茂堂，江苏金坛人，乾隆举人，师戴震。知玉屏县，又署富顺县及南溪县事。后署巫山县。著《说文解字注》《六书音韵表》等。纂《富顺县志》。

李芝，字瑞五，号吉山，富顺人，乾隆进士。历官招远、宜都知县等。

富顺，在今四川省。

乾隆四十二年成书，今存。又有光绪八年（1882）重刻乾隆四十二年本。《中国地方志联合目录》著录。国家图书馆及四川图书馆有光绪八年（1862）重刻乾隆四十二年本。

凡五卷，首一卷。卷首有段玉裁等人序文，凡十篇，以下依次为建置、疆域、城池、治署、山川、古迹、田赋、户口、盐政、风俗、防汛、坊表、坟墓、学校、坛庙、官师、宦迹、科第、乡贤、孝义、文苑、列女、祥异、外纪。卷末

① 见《乾隆历城县志史误举例》，山东师范大学历史系1980级《历城县志》整理组编。

附陈锡辂跋。

此志叙事翔实具体，采摭丰富、详备，以考据见长，于山川地理沿革考证尤详。陈锡辂跋称其志“盖出入于班马之间而擅三长者也”。此向称名志。

乾隆**《永清县志》**

清·周震荣修，章学诚纂。

周震荣，浙江嘉善人，举人，乾隆四十二年（1777）任永清知县。

永清，今属河北省廊坊市。

本志自乾隆四十二年六月开修，至乾隆四十四年（1779）四月成书并刊行，今存。又有嘉庆十八年（1813）补刻本，道光七年（1827）重刻本，民国十九年（1930）摄影本，民国三十年（1941）铅印本、抄本，以及道光十三年（1833）、1922年、1936年三种《章氏遗书》本。《中国地方志联合目录》著录。国家图书馆、天津图书馆等有乾隆四十四年刻本。

凡三十五卷。依次为纪（皇言纪、恩泽纪），表（职官表、选举表、氏族表），图（舆地图、建置图、水道图），书（吏书、户书〔户书载乾隆四十三年银钱粮价之定数、日用品价格、县人职业，极富价值〕、礼书、兵书、刑书、工书），政略（历数各代知县政绩，有褒贬），列传（龙敏列传，史天倪列传，史天安、史天祥列传，史天泽列传，杜时升、张思忠、郝彬列传，诸贾、二张、刘梁列传，义门列传，列女列传，阙访列传，前志列传），凡二十五篇。该志目次为纪、表、图、书、政略、列传六体，体现了方志为一方全史的思想。卷前有永清知县修志廪贴、修志姓氏、目录，以永清的纪传诗文别为“文征”，分奏议、证实、论说、诗赋、金石凡五卷，附于志后。各篇之首有“叙言”。

该志篇目有因有创，极合体要。章氏主张方志分立三书，此为其方志理论付诸实践的优秀成果，向为人所称道。

乾隆**《朝邑志》**

清·金嘉琰、朱廷模修，钱坫纂。

金嘉琰，字竹泉，浙江钱塘人，乾隆举人。官朝邑知县，文林郎。

朱廷模，字远峰，湖南湘潭人，乾隆举人。朝邑知县。

钱坫（1744—1806），字献之，江苏嘉定人。任乾州州判。精于地理学、文字学，长于书法。著《说文解字斠诠》《十六长乐堂古器款识考》等。纂修《朝邑志》《韩城县志》等。

乾隆四十五年（1780）刻本，今存。又有道光十一年（1831）补刻本。《中国地方志联合目录》著录。国家图书馆、陕西图书馆等多家图书馆有乾隆四十五年刻本。

朝邑，今属陕西省。

凡十一卷，首一卷。前有毕沅序、闵鉴序、金嘉琰序、重修朝邑县志姓氏、目录。以下为地形考，胜迹考，县尹、丞、尉、簿、史考，历代著文人考，本朝著文人录，孝行、忠义并节烈妇录，城池、公署、学校、坛庙修建录，赋税录，科举录，缀录，修志源流录。卷末为朱廷模后序。

该志承明代韩邦靖等《朝邑》诸志，叙事简赅，极得前志体要。志中修志源流录详载历代朝邑旧志序、跋，于方志理论甚有裨益。此志向称名志。

乾隆**《青浦县志》**

清·杨卓修，王昶[①]等纂。

青浦，今属上海市。该志始修于乾隆四十六年（1781），乾隆五十年（1785）告竣。乾隆五十三年（1788）刊行，今存。又有抄本。《中国地方志联合目录》著录。上海图书馆、南京图书馆有乾隆五十三年刻本。

凡四十卷，前有王昶等序三篇，次录旧序五篇。以下为图、分野、疆域、沿革、城池、风俗、山、水、水利、田赋、徭役、盐法、荒政、物产、公署、学校、兵防、乡保、市镇、桥梁、坛庙、寺观、古迹、第宅、园林、冢墓、官师、科目、封荫、名宦、人物、艺术、流寓、列女、释道、艺文、祥异、杂记。内容详博，分类精细，亦称名志。

乾隆**《淳化县志》**

清·万廷树修，洪亮吉[②]纂。

万廷树，时任淳化知县。

淳化县，今陕西咸阳市属县。

乾隆四十九年（1784）刊行，今存。又有民国二十年（1931）西安克兴印书馆铅印本。《中国地方志联合目录》著录。国家图书馆、陕西图书馆等多家图书馆有乾隆四十九年刻本。

---

① 王昶小传见本书嘉庆《直隶太仓州志》。

② 洪亮吉小传见本书乾隆《府厅州县图志》。

凡三十卷，卷前有序、图，以下为记（土地记、山川记、大事记、道里记、户口记、风土记、祠庙记、冢墓记）、薄（宫殿薄、会记薄）、志（学校志、衙署志、职官志、登科志、士女志）、略（金石略、词赋略、序略）。

记事止于乾隆四十七年（1782），人物记载以当代为主。

此书参征诸史、志乘、地理总志、类书等，引文必注明所自出，并酌加纂者按语。洪氏精于史学，所修志书以史为例。此志内容翔实，考证精审，务求实用，向称名志。

乾隆**《三水县志》**

清·朱廷模修，孙星衍①纂。

三水，陕西省属县。

清乾隆五十年（1785）刻本。《中国地方志联合目录》著录。国家图书馆及陕西博物馆有乾隆五十年刻本。

凡十一卷，前有阮元等序及目录，以下为县谱、故城、乡镇亭堡寨、山属、水属、城署、关桥坊古址、坛庙、寺、观、墓、职官、地丁钱粮、兵防、名人、列女、科贡、图序，凡四十目。

此志以简要著称。记事始于后魏三水设治，下至清代，重点记明清事，重视考据，所征引书籍，必载所自出，且加按语。体例谨严，叙述明晰，所记真确可据。此志为陕西著名志书。

乾隆**《偃师县志》**

清·汤毓倬修，孙星衍、武亿等纂。

武亿（1745—1799），字虚谷，号半石山人，河南偃师人，乾隆进士。博山县知县。著述宏富，纂志书多种，如鲁山、宝丰、郏县、安阳诸县志。乾隆五十三年（1788）接替孙星衍续纂《偃师县志》，负责编写“金石志”。对金石颇有研究。

偃师，在今河南省。

乾隆五十四年（1789）刊行，今存。又有民国二十八年（1939）补刻本。《清史稿·艺文志》《中国地方志联合目录》著录。国家图书馆及河南图书馆有乾隆五十四年刻本。

---

① 孙星衍小传见本书嘉庆《庐州府志》。

此志在孙氏撰成地理、山川、陵庙稿的基础上由武氏增纂而成。

凡三十卷，首一卷。卷首有序、圣制、疆域、道里表、图等。以下为地理、山川、陵庙、风土、学校、祀典、赋役、帝纪、艺文、祥异诸志；职官、选举诸表；名宦、名臣、儒林、忠节、政绩、文苑、孝义、隐逸、流寓、列女、仙释、方技诸传；金石录及大事记。此志采用图、志、表、传、记五体，取材宏富，钩索诸籍，重视考证，资料注明出处，并加按语、论断。今按，偃师于弘治、顺治、康熙及乾隆十一年（1746）皆有志，孙星衍对旧志纠谬、补缺、删繁就简而成此志，其功甚伟。偃师为盘庚都畿所在，故本志以艺文、金石最为翔实，具有地方特色。此志为河南志书中之名志。

乾隆**《鄞县志》**

清·钱维乔修，钱大昕等纂。

钱大昕（1728—1804），字晓征，号竹汀，江苏嘉定人，乾隆进士。官至少詹事，任《一统志》《热河志》总纂，著《二十二史考异》《十驾斋养新录》《潜研堂金石跋尾》《潜研堂文集》等。纂《鄞县志》《长兴县志》等。

始修于乾隆五十年（1785），五十二年（1787）成书，五十三年（1788）刊行，今存。又有道光二十六年（1846）刻本。《中国地方志联合目录》著录。国家图书馆、上海图书馆有乾隆五十三年刻本。

凡三十卷，首一卷，图十四幅，以下为建置沿革、城池、山川、水利、学校、公署、田赋、兵制、海防、坛庙、职官、选举、名宦、人物、孝义、艺术、寓贤、列女、仙释、艺文、金石、古迹、冢墓、寺观、杂职、物产、土风、辩证。

取材宏富，如正史、图经、历代总志、诗文、小说、家传、志状、公文、案牍，各条下皆注明书名。

该志详于考据，于水利、金石尤为精详。今按金石为钱大昕专门之学，均用其所长。此志向称名志。

嘉庆**《泾县志》**

清·李德淦、周鹤立修，洪亮吉[1]纂。

李德淦，字梅岩，延庆（今属北京市）人，进士。嘉庆九年（1804）任泾县

① 洪亮吉小传见本书乾隆《府厅州县图志》。

知县。

泾县，今属安徽宣城地区。

嘉庆十一年（1806）刊行，今存。又有民国三年（1914）泾县翟氏石印本。《中国地方志联合目录》著录。国家图书馆及安徽图书馆等多家图书馆有嘉庆十一年刻本。

凡三十二卷，首一卷。首有洪亮吉序及图十四幅。依次为沿革（星野、疆域、形胜、风俗）、城池（故城、街巷、坊表、乡都、市镇、桥梁、津渡、邮递）、山水、食货、蠲赈、田赋、杂税、户口、徭役、物产、学校、书院、坛庙、官署、古迹、金石、职官表、选举表、名宦、人物、列女、寺观、艺文、杂说（纪事、灾祥、轶事、异闻）、辨证、旧志源流、词赋。

此志详于舆图、疆域，博采多种文献，如全国地理总志有关泾县者，尤以泾县旧志为多，体例完备，考订精审，志中专列辨证一卷，将旧志讹误予以纠正。泾志始于宋嘉定中，明有三志，有清以来亦有四修，而以洪志为最，此与洪氏博学鸿儒有关，亦与其条理之详、考证之精有关，不愧为清代名志。

嘉庆**《凤台县志》**

清·李兆洛纂。

李兆洛（1769—1842），字申耆，晚号养一，江苏阳湖人，嘉庆进士。授翰林庶吉士。时任凤台知县。主讲暨阳书院。著有《养一斋文集》，辑有《皇朝文典》《历代地理志韵编今释》《大清一统舆地全图》等。曾先后主修凤台、东流、怀远、江阴县（今江阴市）及武进阳湖合志。

凤台，今属安徽。原寿州地，清雍正十一年（1733）析凤台县，因县北有凤台山而名。

该志刻于嘉庆十九年（1814），今存。又有民国十三年（1924）铅印本、民国颍上静胜斋铅印本及晒印本。《清史稿·艺文志》《中国地方志联合目录》著录。甘肃图书馆、安徽图书馆有嘉庆十九年刻本。

凡十二卷，析为十二门，即舆地、食货、营建、沟洫、官师、选举、艺文、人物、列女、古迹、图说、附录。

该志广征博采，叙事赅备，详载境内山川，纠正齐召南《水道提纲》等著作之谬。此外，对为政利弊皆有建树，如建立鱼鳞册以正田赋，设保甲制度，以编查户口等。为方志佳本。

道光**《西宁县志》**

清·诸豫宗修，周中孚纂。

诸豫宗，余姚人。进士，西宁县令。道光九年（1829）春，与乡绅议修志，聘周中孚主纂。

周中孚，字信之，号郑堂，浙江乌程人，嘉庆拔贡。精于目录学，编成《郑堂读书记》，另存《郑堂札记》。其《郑堂读书记补逸》地理类中收方志达百余种。道光间，总纂《西宁县志》。

西宁，明万历五年（1577），自泷水县新置西宁县。明、清属广东罗定州。民国三年（1914）改称郁南县，因县在郁江之南，故名。

道光十年（1830）刻本，今存。又有抄本。《中国地方志联合目录》著录，上海图书馆有道光十年刻本。

凡十二卷，首有序及图经，图十四幅，皆有图说。以下为舆地、建置、经政、职官、选举、古迹、金石、艺文、宦绩、人物、事纪、杂志、便民余政、苏王二祠田图等门。门下有细目若干。

此志体例仿阮元《广东通志》例，略有损益，记事上限各门不一，但下限均在道光年间，卷末“便民余政”胪列前人惠政，颇具创意。

道光**《仪征县志》**

清·王植心修，阮元鉴定，刘文琪等纂。

刘文琪（1789—1854），字孟瞻，仪征人，优贡生。精研《春秋左氏传》，总纂道光重修仪征县志，自撰《扬州水道记》。曾校定《仪征县志》，撰《宋元镇江志校勘记》。

仪征，今属江苏省。唐置扬子县，宋绍兴十二年（1142）隶扬州路真州。明洪武二年（1369）改名仪真县，清雍正间因避讳改真为征，名仪征县。

有道光三十年（1850）刻本及光绪十六年（1890）刻本。《中国地方志联合目录》著录，国家图书馆等有道光三十年刻本。

凡五十卷，首一卷。析为建置、舆地、河渠、食货、学校、祠祀、武备、职官、选举、人物、艺文、杂类、旧志序文论赞及江藩之校补旧志一卷。

该书以阮元“但续新志，保存旧志”思想进行编纂，于各门之前罗列旧志内容，然后新增，凡与旧志不同处，必详加注释以说明缘由。此等写法，保存了大量旧志资料，缺点是现状资料不足。

同治**《上海县志》**

清·应宝时修，俞樾等纂。

应宝时，字敏斋，浙江永康人，道光举人。官至江苏按察使，著《射雕馆集》。

俞樾（1821—1907），字荫甫，号曲园，浙江德清人，道光举人、进士。历翰林院编修、河南学政等职。著述甚富。所撰各书总名为《春在堂全书》，与他人同纂《上海县志》，另纂光绪《川沙厅志》，并审定《镇海县志》。

同治十年（1871）刊行，为吴门臬署刻本，今存。又有同治十一年（1872）上海文庙南园志局王承基等校注本，光绪八年（1882）补刻同治十一年本。尚有俞樾手稿本，不全。《中国地方志联合目录》著录，国家图书馆、上海图书馆有同治十年刻本。

凡三十二卷，首、末各一卷。卷首有图说、凡例、序。以下为疆域、建置、水道、田赋、物产、学校、祠祀、兵防、职官表、名宦、选举表、人物、艺术、游寓、艺文、名迹、杂记、叙录等门。门下有目若干。疆域门中风俗目，论前明习尚有蓄奴之风，可补史乘之缺。卷前涂宗瀛序及兵防门历代兵事附，详载英军入侵上海事，资料可珍。此为清代名志。

同治**《续天津县志》**

清·吴惠元修，蒋玉虹、俞樾①纂。

吴惠元，字霖字，天津人，清道光二十四年（1844）进士。

蒋玉虹，字雄甫，天津人，诸生。立志续修天津县志，采访数十年，辑成县志稿，未竟而卒。

同治间，直隶总督完颜崇厚以志乘失修，有重辑之意，时得蒋玉虹私辑县志稿本，初延俞樾重加编辑，不久俞氏辞去，又延吴惠元主其事，于九年（1870）告竣刊行。

同治九年（1870）续修刻本，民国十七年（1928）补刻本。《中国地方志联合目录》著录，天津图书馆、保定图书馆有同治九年刻本。

全志二十一卷，首一卷。书前依次为李鸿章、完颜崇厚序，凡例，纂修人，目录。后附郡城濠墙图、海口炮台图、问津书院图、三取书院图、问津行馆图、育婴堂图凡六幅，书后殿以吴惠元后序。首卷为恭纪、临幸、天章、恩典等。正

---

① 俞樾小传见本书同治《上海县志》。

文分十四门，分别记星土祥异、形胜疆域、城池公署（附坊表津梁建置）、学校（附祠庙）、盐法、海防兵制（附海运、海道、海口通商）、河梁（附坦堰、水利、营田）、风俗义举、职官、名宦、选举、人物、列女、艺文、杂记。

该志以蒋玉虹县志稿本为基础编辑而成。蒋氏稿本记事上起乾隆元年（1736），下至嘉庆二十二年（1817），而该志下限则延至同治八年（1869）。该志篇目对乾隆《天津县志》多有承袭并有所损益。其所记海防兵制及其所附海运、海道较乾隆志为详，关于咸丰八年（1858）建炮台及同治元年（1862）设洋枪队等情况资料较多，对海口通商进行了载述，该志还记述了帝国主义列强迫使清政府签订天津通商条约事宜，材料可珍。本书无“赋役”门，是其缺憾。

光绪**《镇海县志》**

清·俞樾[①]纂。

镇海，在今浙江省。

光绪五年（1879）鲲池书院刊行，凡四十卷，今存。《中国地方志联合目录》著录，国家图书馆、浙江图书馆等有光绪五年刻本。

首有凡例、图、目录，以下为建置沿革表、星野、疆域、形胜、风俗、城池、公署、山川、水利、户赋、学校、兵制、海防、坛庙、职官表、选举表、名宦传、人物传、孝义传、列女传、烈女姓氏录、寓贤传、仙释传、艺文、金石、古迹、冢墓、寺观、杂识、物产、方言、叙录。

镇海为全浙咽喉，本志兵制、海防详明，体现地方及时代特点。俞樾为晚清大儒，叙事明晰，体例完备，内容考实，堪称名志。

（五）村镇志

乾隆**《南翔镇志》**

清·张承先纂。

南翔，属上海市。

乾隆四十七年（1782）纂，有嘉庆十二年（1807）刻本、民国十三年（1924）南翔凤翥楼铅印本，又有抄本。《中国地方志联合目录》著录。上海图书馆、南京图书馆、浙江图书馆有乾隆四十七年纂，嘉庆十二年刻本。

凡十二卷，首一卷。前有序文、目录、凡例、图等，以下为疆里（沿革、里

---

① 俞樾小传见本书同治《上海县志》。

至、乡都、水道、物产）、营建（宫廨、书院、庙坛、婴堂、营汛等）、小学（小学、义塾、乡饮）、职官、选举、人物（贤达、孝义、文学、隐逸、耆德、艺术、方外、列女）、艺文、杂志（寺观、庵院、神祠、第宅、园事、古迹、轶事）。记事详赡有体，重视考证，体例周备，内容翔实，为江南乡镇志中之名作。

咸丰**《甘棠小志》**

清·董醇纂。

甘棠，即邵伯镇，在今江苏江都市境内。

咸丰五年（1855）甘棠董氏刊行，今存。又有抄本。《中国地方志联合目录》著录，国家图书馆、上海图书馆等有咸丰五年刻本。

凡四卷，首一卷，末一卷。首有图十四，除一幅为邵伯镇图外，余皆为水道图。以下为正文篇目，析为建置、运道、湖潴、河渠、修防、坊铺、里巷、村镇、祠庙。

此志重自然而略于人事，但述地理物产，重视水道内容的记载，九篇中运道、湖潴、河渠、修防皆记水道及水道变迁与改造，于里巷、村镇古今名称皆有所考，反映了邵伯镇地理环境特点。

此志引征详明，文笔简洁，为清代乡镇志中之名志。

（六）其他

《苏州织造局志》

清·孙佩撰。

孙佩，字鸣庵，江苏吴县人。曾协修《苏州府志》，自撰《吴志》《关志》及《苏州织造局志》。

该志凡十二卷，五万余字，分类记述苏州织造局之沿革、职员、官署、机张、工料、口粮、缎匹、宦迹、人役、祠庙、杂记等。

此志成于康熙二十五年（1686）前后。

该志资料详赡，对研究苏州织造经济发展史甚有裨益，并兼记葛成事件及护卫东林党人之民变，因此亦是研究早期市民运动的重要史料。

乾隆**《扬州画舫录》**

清·李斗纂。

李斗，字艾塘，江苏仪征人。少时好游，后定居扬州。

成书于乾隆六十年（1795），今存。又有中华书局 1960 年排印本、广陵古籍刻印社 1984 年校印本。

此书凡十八卷。前有谢溶生序、袁枚序、自序、阮元序及跋、方浚颐后序、题词等，以下为草河录、新城北录、城北录、城南录、城西录、小秦淮录、虹桥录、桥东录、桥西录、岗东路、岗西路、蜀岗录、工段营建录、舫扁录等。

此书记扬州城市及运河沿革、园林名胜、风俗文化等内容，为反映乾隆年间扬州都市文化发展进程之志书。

《岱览》

清·唐仲冕撰。

唐仲冕，字六枳，号陶山，湖南善化人，乾隆进士。知荆溪县，官陕西布政使等。

岱，泰山别名。

此书作于仲冕任泰山书院山长时，约在嘉庆十年（1805）。《清史稿·艺文志》著录三十二卷。

卷前首篇为天章，圣祖、世宗、高宗诏旨，祝文，仪注，颁赐。以下为《岱览》，有嘉庆十年吴锡麒序，凡三十二卷。下分总览（岱阳全图、岱阴全图、原岱、行宫图、岱礼、岱庙图、岱庙）、分览（岱顶图、岱顶、岱阳图、岱阳、岱阳之东图、岱阳之东、岱阳之西图、岱阳之西、岱阴图、岱阴、岱阴之东图、岱阴之东、岱阴之西图、岱阴之西）、附览（岱麓诸山图、岱麓、大汶图、岱山诸水、徂徕山图、徂徕山、新甫山图、新甫山、灵岩图、灵岩、琨瑞山图、琨瑞山）、博览（岳牧、文献、虞衡、齐谐）、叙览（陶山图、陶山）、自叙。

此志记泰山内容系统、全面，征引赅洽，叙事清楚，为山志佳作。

嘉庆**《洞庭湖志》**

清·陶澍修，万年淳撰。

陶澍（？—1839），字子霖，号云汀，湖南安化人，嘉庆进士。任翰林编修，历两江总督。著《印心石屋诗文集》等。

万年淳，字弹锋，华容举人。纂辑《洞庭湖志》。

陶澍得前人所辑《洞庭湖志稿》嘱万年淳删订，越十年竣，正伪补缺，倍于前志稿。

凡十四卷，十七门，即舆图、皇言、星野、湖山、水道、洲港、堤垸、税课、兵防、风俗、物产、古迹、祠庙、游览、事纪、捃摭、艺文。前有陶、万二人序。卷前有图说，首列三府一州八县四大水入湖全图，源流清晰，颇具实用价值。

宣统**《巴塘盐井乡土志》**（一名《巴塘盐井乡土地理志》）

清·吴嘉谟审定，段鹏瑞纂。

段鹏瑞，云南举人，时任盐井县盐厘局长兼学堂总理。

巴塘，今四川省境内。

清宣统元年（1909）成书，宣统三年（1911）刻本，今存。《中国地方志联合目录》著录，国家图书馆、上海图书馆等有宣统三年刻本。

凡二卷。上下两编，首有赵藩序、段鹏瑞序及目录。上编为位置、沿革、疆界、形势、山脉、水道、气候、种族、风俗、里甲（村寨附）、姓氏、户口、地亩、岁时、差徭、物产、树艺、牧畜、仓储、税课；下编为源流、盐田（卤池附）、矿产、垦荒、学堂、防堂、戎事、蛮塘、马粮、津渡（皮船溜绳附）、商业（街市附）、园法、量衡、医药、交涉、庙祀、喇嘛寺、佛教、神会、音乐、胜概。此志史料丰富，地方特色突出。

此志尚有1979年中央民族学院图书馆校订油印本。该志末有《盐井乡土志》地名索引及吴丰培跋，其跋称此志“尚能简括赅要，不失为川边地志较优之作”。

第三节　边疆志、图

一、导语

清王朝是封建时代方志学发展的高峰时期，各种志书的数量和质量都是历代所不能比拟的。清代学者致力于边疆地志的编纂，成绩斐然，成为清代地方志又一显著特色。

清代统治阶级重视边疆地志的纂修，是为了加强对边疆地方的统治和防止分裂所采取的“文治”措施之一，具有积极意义。清代边疆志书内容丰实，记述有侧重，是研究边疆史地的重要资料，其数量和质量为历代所不及。

清代边疆志书的特点主要表现在编纂数量大，涉及范围广博。有人统计，仅西北边疆志书就达三百余种。就范围看，有西北方面的，有东北方面的，有西藏地区和台湾方面的。清代所以重视边疆志书的编纂，其历史原因固多，然边疆地区多为少数民族所居，其在经济、文化等各个方面与中原差异较大，影响王朝统治，了解和掌握这些地区的地理、历史、政治、经济、文化等情况成为当时清朝统治者的迫切需要，边疆地志的研究及专著便应此而出现。

清代学者研究边疆地志，多以实地考察为主，辅以考据图籍，这就保证了边疆地志质量，许多方志补史籍之缺，纠史籍之谬，诚为可珍。此为清代边疆地志价值所在。这些都是值得肯定之处。但也存在缺憾，特别是一些志书中“图”的部分，忽视科学绘制方法，不绘经纬线，不重视比例尺，甚至有的绘成山水画式的地图，远不如康乾时期以科学方法绘制的地图，大有倒退之势。从地图绘制水平看，清代中期以后一百余年间起色不大。

二、举要

（一）关于西北地志、图籍

1. 序

新疆维吾尔自治区为我国西北边陲。从现存志书看，最古者为唐代《西州都督府图经》残卷，次为明代马文升《石城哈密纪略》，其余大部为清代编纂。

新疆通志类志书，有乾隆二十七年（1762）、乾隆四十七年（1782）增修的《西域图志》。此外，有松筠纂、汪廷楷原辑、祁韵士编乾隆《西陲总统事略》，乾隆间徐松原著、松筠纂《新疆识略》。嘉庆十二年（1807），祁韵士纂《西陲要略》。袁大化修、王树枏等纂宣统《新疆图志》。

记载部分地区的志书，如乾隆《回疆志》、嘉庆《回疆通志》、嘉庆《三州辑略》及光绪《新疆四道志》等。

记载府、州、县等志书，如道光《哈密志》、光绪《温宿府志》、光绪《库车府志》《喀什噶尔志》、道光《喀喇沙尔志略》等。此外，光绪末年所修的一批乡土志，记载内容简略，但其中不乏佳构之作。

湖北省图书馆将收藏的新疆乡土志油印成册，名为《新疆乡土志稿二十九种》刊行，其中《轮台县乡土志》等较优。

此外，记载青海、甘肃、宁夏、内蒙古等地的军事地志，以《秦边纪略》为著。

2. 举要

《秦边纪略》

清·梁份纂。

梁份（1641—1729），字质人，江西南丰人。清地理学家。一生曾三赴西北实地考察。写成《西陲三书》，其中《秦边纪略》（亦名《西陲今略》）是西北边陲地理专著。

凡四卷。今存《西陲今略》《秦边纪略》抄本，以及《秦边纪略》刻本。各本卷数不一，内容亦有参差。此书雍正间李培编入《灰画集》，作三卷；同治间吴坤修收入《半亩园丛书》，作六卷；复旦大学馆藏乾隆古董卢氏抄本，作五卷，清梁份撰。此外，《畿辅丛书》《关中丛书》皆收此书。又有同治吴氏皖城刊本。《四库全书总目》著录。

本书“首载河州及西宁、庄浪、凉州、甘州、肃州、靖远、宁夏、延绥等卫形胜要害，次载西宁等卫南北边堡，次载西宁等卫近疆及河套，次载《外疆近疆西夷传》《河套部落蒙古四十八部考略》《西域土地人物略》。其论边鄙疆域及防守攻剿情形，一一详悉”①。

本书以记西北地区军事情况为主，兼及西北农田、水利、人口、畜牧等。凡河西郡县、建置、形胜、山川、府卫、道里、程站、墩坞、城堡、隘口、驻军等无不在网罗之内。适如同治间吴坤修《序》云：“其说取河西各郡县，略载建置始末，而拳拳于形胜城守，每条以府卫为纲，山川城堡，官司戎伍，系其下，至道里程站，为正为间，即一墩一坞，必详著之。”此书为撰者留心边政之作。然记北边四十八部原委欠详，且非秦地；以驿程考西域道里，亦欠准确，此皆构成该书问题。《四库全书总目》对此已经指出。

《钦定皇舆西域图志》（简称《西域图志》）

清·傅恒修，褚廷章等纂。

乾隆二十七年（1762）刊行。乾隆四十七年（1782），英廉等增纂，钦定，由武英殿刊行，今存。又有清活字本、乾隆《四库全书》本、光绪铅印大字本、光绪十九年（1893）杭州便益书局石印本及清抄本等。《四库全书总目》《中国地方志联合目录》著录。故宫博物院有乾隆二十七年修，四十七年增修武英殿

---

①《钦定四库全书总目》卷七十五，中华书局，1997年。

刻本。

四十八卷，首四卷，凡五十二卷。其目为总章、天章、图考、列表、晷度、疆域、山、水、官制、兵防、屯政、贡赋、钱法、学校、封爵、风俗、音乐、服物、土产、藩属、杂录。全书图、表、文并重，范围含今新疆全疆及甘肃嘉峪关以外地区，是新疆第一部通志。内容较翔实，资料可靠。乾隆二十一年（1756），刘统勋、何国宗等进行实地考察情况，汇入此书。《大清一统志》新疆部分据此纂修。此志资料依据实际考察所得，耳闻目见，皆得其真。“足以补前朝舆记之遗而正历代史书之误。”①

乾隆**《西陲总统事略》**（一名《伊犁总统事略》）

清·松筠（蒙古族）修，汪廷楷原辑，祁韵士增纂。

松筠（1752—1835），字湘浦，玛拉特氏，蒙古正蓝旗人。官内阁学士，兼副都统、库伦办事大臣、驻藏办事大臣、伊犁将军等职。纂《西招图鉴》《西藏图说》《卫藏通志》《新疆识略》及《伊犁总统事略》。

该书有乾隆间抄本、嘉庆十四年（1809）程振甲刻本。《清史稿·艺文志》《中国地方志联合目录》著录。国家图书馆、新疆图书馆等有嘉庆十四年程振甲刻本。

凡十二卷，前为乾隆统一新疆事略，次为新疆南北两路舆图，次分述南北两路疆域、山水、卡伦、军台，次为伊犁之官制、兵额、城池、衙署、疆域、山水、坛庙、祠宇、粮饷、茶政、训练军器、营务成案、屯田水利、钱法、图籍、教学、世职、节孝、卡伦台站及船工、牧厂等，次为塔尔巴哈台、乌鲁木齐及南疆各城事略，次为土尔扈特、哈萨克、布鲁特源流、杂文及风俗纪闻。该书于新疆地理、风俗、军镇、兵屯等记载颇有条理，记伊犁事尤详。

乾隆**《钦定新疆识略》**

清·徐松纂。

徐松（1781—1848），字星伯，祖籍浙江上虞，后移居直隶大兴。嘉庆进士。历文颖馆总纂、湖南学政、榆林知府等职，私辑《宋会要》。贬伊犁期间撰《新疆志略》《西域水道记》。精于西北史地，著述颇多。

徐松贬戍伊犁时据《西陲总统事略》纂修成书。道光元年（1821）为伊犁将

① 《钦定四库全书总目》卷六十八，中华书局，1997年。

军松筠进呈钦定今名，武英殿刊行，今存。又有光绪八年（1882）同文馆铅印本，光绪间上海积山书局石印本、抄本。《中国地方志联合目录》著录，国家图书馆等多家图书馆有道光元年武英殿刻本。

凡十二卷，首一卷。前为乾隆统一新疆诗文；次为新疆总图及北路、南路、伊犁等地舆图，皆附图说；之后为官制、兵额、屯务、营务、库储、财赋、厂务、边卫、外裔等。于山川道里业经实地勘察，其记载侧重于军事方面。

乾隆**《西域闻见录》**

清·七十一纂。

七十一，字椿园，尼玛查氏，满洲正蓝旗人，乾隆进士。任阿克苏等地主事。

乾隆四十二年（1777）刊行，今存。又有道光十五年（1835）刻《清照堂丛书》本、清刻本、乾隆间抄本、清抄本、民国抄本。《中国地方志联合目录》著录。国家图书馆、新疆博物馆等有乾隆四十二年刻本。

凡八卷，首一卷。卷前为舆图，次为新疆纪略、外藩列传、西陲纪事本末、回疆风土记、军台道里表。

此书为作者于新疆之见闻记录，为纂述西陲专著。为治西北史地重要之作，然个别材料间或失实。该书刊本甚多，名称各异，如《西域记》《西域琐谈》《新疆记略》《新疆外藩纪略》《外藩列传》《新疆舆图风土考》《西域总志》等。

《回疆志》（一名《新疆回部志》）

清·永贵、固世衡编，后经苏尔德增订。

永贵，满族人，时任清都统。

固世衡，时任观察使。

苏尔德，时任参赞大臣。

“回疆”，是清代文献中对新疆南部的旧称。

该志成于乾隆三十七年（1772）。

该书之纂辑早于《西域闻见录》，仅有抄本，流传不广，鲜为人知。后由吴丰培辑入《边疆丛书续编》，题《新疆回部志》，油印刊行。

《中国地方志联合目录》著录。台湾有乾隆抄本。国家图书馆、北京大学图书馆有1950年吴丰培油印校订《边疆丛书续编》本。

凡四卷，卷前一卷。首为乾隆平定回部叶尔羌和伊西洱库尔淖儿纪功碑。正文依次为天时地理、山河城池、回教风俗、耕织贸易、草木禽兽、官制俸禄、户口赋役及钱法、邮驿、隘卡、外夷等，是研究乾隆中期南疆民族的重要史料。

嘉庆**《回疆通志》**（又名《回疆事宜》）

清·和宁纂。

和宁（？—1821），因避道光帝讳，改名为瑛，清代蒙古镶黄旗人，乾隆进士。官驻藏帮办大臣，乌鲁木齐都统，官至军机大臣。著《西藏赋》，纂《三州辑略》《回疆通志》《藩疆览要》等。

该书于嘉庆九年（1804）撰成，有抄本。又有民国十四年（1925）外交部铅印本。《中国地方志联合目录》著录。上海图书馆、新疆博物馆等多地图书馆、博物馆有嘉庆九年抄本，北京大学等图书馆有民国十四年外交部铅印本。

凡十二卷。前为清高宗平定回部之御制诗；次为维吾尔族各首领传记；南疆八城及哈密、吐鲁藩各城事略，内容包括沿革、疆域、山川、河道、建置、官制、营伍、屯田、粮饷、赋税、钱法、牧厂、卡伦、军台、古迹、回务、事宜等；回疆宗教、习俗、物产等。

此书对于在平定波罗泥都、霍集占兄弟分裂叛乱中出力的南疆维吾尔族上层人士的作用做了较多评价，并为他们写了传记。可以看出发动分裂叛乱的只是霍集占等极少数人，连其亲族都反对。其中以额色尹、图尔都叔侄为首的五户和卓，在霍集占作乱时避居起来，当清军进剿时，又协同清军作战，对平叛、维护祖国统一做出了自己的贡献，是值得称道的。

嘉庆**《三州辑略》**

清·和瑛①纂。

嘉庆十年（1805）成书，并刊行。又有清抄本及抄本。《清史稿·艺文志》著录。

三州，按哈密、吐鲁番、乌鲁木齐三地古称分别为伊州、西州、庭州，故名。

内容分叙沿革、疆域、山川、官制、建置、库藏、仓储、户口、赋税、屯田、俸廉、粮饷、营伍、马政、台站、礼仪、旌典、学校、流寓、艺文、物产等门。编次有法，资料可贵，是研究清嘉庆十年以前三地政治、经济、文化情况的

① 和瑛小传见本书嘉庆《回疆通志》。

一部重要志书。

新疆是我国多民族聚居地区，历代编写新疆地志者不仅有汉族人，而且有满族人和蒙古族人，如七十一、永贵等为满族，松筠、和宁是蒙古族。

嘉庆**《西陲要略》**（一名《新疆要略》）

清·祁韵士辑录。

祁韵士于嘉庆十二年（1807）据《西陲总统事略》辑录删削成书。

本书刊本很多，有嘉庆十七年（1812）刻本、道光十七年（1837）筠渌山房刻本、民国影印道光本、同治刻《粤雅堂丛书三编第二十二集》本、光绪四年（1878）同文馆铅印本、光绪八年（1882）重印本、光绪十一年（1885）总理衙门铅印本、光绪十七年（1891）刻本及同年铅印《小方壶斋舆地丛钞》本、光绪间石印本四种、民国间铅印《丛书集成初编》本、民国间《山右丛书初编》铅印本以及清抄本、抄本等。《清史稿·艺文志》《中国地方志联合目录》著录。上海图书馆、甘肃图书馆、辽宁图书馆有嘉庆十二年纂，十七年刻本。

凡四卷，内容大体为新疆疆域形势、山脉河流、卡伦军台、驿站城堡、军制官职、屯政牧场和土尔扈特、哈萨克、布鲁特源流及蒙古族、回族习俗等。文笔简洁，具有较高史料价值。

光绪**《新疆四道志》**

清·佚名撰。

四道，即镇迪道、阿克苏道、伊塔道、喀什噶尔道。

成书于光绪间，有抄本。凡四册。《中国地方志联合目录》著录。中央民族大学图书馆有抄本。

是书参酌正史及新疆、蒙古等地方志，如两唐书、《宋史》《元史》《新疆识略》《新疆志略》《西域图志》《西域释地》《长春真人西游记》《槐西杂志》《蒙古游牧记》《三州辑略》等。对四道所辖州、县、厅的疆域、山川、卡伦、驿站、城郭等皆有详载，是考证新疆历史、地理的重要著作。

光绪**《轮台县乡土志》**

清·顾桂芳纂。

轮台县，在今新疆维吾尔自治区境内。

有光绪三十四年（1908）抄本。1955 年湖北省图书馆汇编《新疆乡土志稿二十九种》油印本收入。《中国地方志联合目录》著录。国家图书馆、北京大学图书馆等有1955年油印《新疆乡土志稿二十九种》本。按，此书清学部所颁《乡土志例目》编次。分历史、地理两类，下设目若干。历史类含县境沿革、政绩录、兵事录、人类（户口、氏族、宗教附）、实业；地理类含疆域（祠庙、市镇、学堂、古迹附）、山、水、道路、物产（天然动物、天然植物、天然矿物、动物制造、植物制造、矿物制造）、商务（本境行销、本境物品、外境运入本境行销货物）。叙事井然有序，内容较充实，具有较高史料价值。

宣统**《新疆图志》**

袁大化修，王树楠等总纂。

袁大化，新疆巡抚。

王树楠（1857—1936），字晋卿，号陶庐，河北新城县（今高碑店市）人，光绪进士。官富顺等知县，新疆布政使。民国时任清史馆总纂、国史馆总纂。参纂重修《畿辅通志》，主纂《新疆图志》。著《大清畿辅先哲传》。民国时，参纂《奉天通志》《河北通志稿》《冀县志》《新城县志》等。

有宣统三年（1911）抄本及活字本，又有民国十二年（1923）铅印本。《中国地方志联合目录》著录。北京大学图书馆、天津图书馆有宣统三年抄本。

凡一百六十卷，首一卷。析为二十九门，即建置、国界、天章、藩部、职官、实业、赋税、食货、祀典、学校、民政、礼俗、军制、物候、交涉、山脉、土壤、水道、沟渠、道路、古迹、金石、艺文、奏议、名宦、武功、忠节、人物、兵事等。

该图志中的国界、交涉两门，对鸦片战争后沙俄通过一系列不平等条约割占我国西北领土情况及抢劫人口、进行经济侵略和颠覆活动等事实记述颇详。

有舆图，另刊行，名为《新疆全省舆地图》。图与志分离，读者甚感不便。

此志资料丰富，为新疆建省后第一部较完备省志。

（二）关于东北地志、图籍

1. 序

古代学者所称之辽东，含今黑龙江、辽宁和吉林三省，且较三省舆地更广，为东北边陲。清朝于我国东北地区设盛京、吉林、黑龙江三将军，与内地省区相同，故有东三省之称。清光绪三十三年（1907）改为奉天（辽宁）、吉林、黑龙江三省，含内蒙古、东北。这一地区，清以前的志书，多所散佚。如元朝大德年间的《辽阳图志》即是一例。今见之有《辽东志》及《全辽志》。此二书为明代辽东地志，即今东北地区的通志或总志。至清代，辽东疆域总志以《盛京通志》为备。该志合东三省事迹而载之，以盛京（沈阳）为主，吉林及黑龙江特从附载。清代历修《盛京通志》，卷数参差不一，版本多异，然其特点，是研究东三省史地重要文献。此外康熙间杨宾撰《柳边纪略》，内容亦实包东北全疆。

黑龙江省最早的一部地方志，是清人方式济于康熙年间纂修的《龙沙纪略》。此外，方拱乾于康熙间纂的《宁古塔志》和吴桭臣纂、康熙六十年（1721）刊刻的《宁古塔纪略》也为黑龙江省早期志书。还有成书于嘉庆十五年（1810）西清纂《黑龙江外记》。光绪间刊刻，徐宗亮纂《黑龙江述略》。宣统二年（1910）冬，张国淦纂《黑龙江志略》等。此外，属于府厅州县的志书，如宣统《呼兰府志》、光绪《依兰县地方志》、光绪《墨尔根（今嫩江县）志》等。

辽宁省府县志最早也修于元代，如元《开元志》《广宁志》等，其志书亦多亡佚。明代县志，只有《开原新志》《开原图说》二种。辽宁现存的府、县志大部分为清代纂修，康熙和光绪年间为高峰期。清代辽宁最早的县志为康熙十六年（1677）《铁岭县志》及康熙十七年（1678）《开原县志》。康熙二十年（1681）《辽阳州志》成书。康熙二十二年（1683）成《广宁县志》。康熙年间成书的府州县志还有《盖平县志》《海城县志》《锦州府志》《锦县志》《宁远州志》《广宁县志》等。此外，另有光绪三十四年（1908）《辽中县志》，宣统元年（1909）《新民府志》，宣统间《庄河厅志》，光绪《海城县志》，宣统《抚顺县志略》，光绪《兴京厅志》，宣统《兴京府志》，宣统《怀仁县志》，咸丰《岫岩志略》，光绪《彰武县志》，宣统《盘山厅志》，宣统《盖平县志》，同治《铁岭县志》，乾隆、咸丰、光绪《开原县志》，宣统《昌图府志》，光绪《朝阳县志》等。光绪三十二年（1906），学部通令全国纂修乡土志，辽宁各县又有大批乡土志问世。辽宁建省后，与省志相当的志书如寿鹏飞《奉天新志略》（稿本）及吴廷燮《奉天通志稿》等。

吉林省通志有道光间萨英额纂《吉林外纪》；光绪十七年（1891）刻，长顺等修，顾云等纂《吉林通志》；光绪间，袁昶纂《吉林志略》及光绪二十四年（1898）石印，杨伯馨等纂《吉林舆地略》等。

光宣间，出现了一批厅、州、县志及乡土志。如光绪《长春厅志》、光绪《打牲乌拉志典全书》、光绪《打牲乌拉地方乡土志》、宣统《辉南厅志》、光绪《柳河志》、光绪《柳河县乡土志》、光绪《通化县乡土志》、光绪《辑安县乡土志》、宣统《长白汇征录》、光绪《怀德县乡土志》、光绪《奉化县志》、光绪《奉化县乡土志》《辽源州志书》、宣统《辽源州乡土志》、宣统《西安县志略》、光绪《西安县乡土志》、光绪《东平县乡土志》、光绪《洮南府乡土志》、宣统《奉天省靖安县志》、光绪《靖安县乡土志》、光绪《开通县乡土志》、宣统《安广县乡土志》、光绪《伯都纳乡土志》等。

2. 举要

康熙**《绝域纪略》**（一名《宁古塔志》）

清·方拱乾纂。

方拱乾（1596—1662），字苏庵，安徽桐城人，明崇祯元年（1628）进士。入清官至太常寺卿，因顺治十四年（1657）科场案，于顺治十六年（1659）流徙宁古塔，十八年（1661）还京师。撰有《塞外集》《归国集》及《宁古塔志》等。

宁古塔，城名，清初建。相传清皇族远祖有兄弟六人居此，满语“六个”为宁古塔。有新旧二城。旧城在今黑龙江省海林市海浪河南岸旧街乡。康熙五年（1666）迁建新城，即今宁安市。

康熙元年（1662）成书，凡一卷。

有道光五年（1825）说铃本、十三年（1833）《昭代丛书》本等。

内容为流传、天地、土地、宫室、树畜、风俗、饮食等，为黑龙江省牡丹江地区现存最早风土记，也是研究清初黑龙江、吉林历史情况的重要文献。

《宁古塔山水记》

清·张缙彦纂。

张缙彦，字坦公，河南新乡人，崇祯进士。累官至兵部尚书。顺治三年（1646）降清，累官工部右侍郎，后因获罪贬至宁古塔，老死于治所。

宁古塔，城名，有新、旧二城，此指今黑龙江宁安市一带，于康熙五年（1666）所建。

此为黑龙江省第一部山水专志。

康熙十年（1671）前后撰成此书。

凡一卷，卷首有钱威序、钱志熙序及自序。二十二目，即石城、新城、东京、宁古台、牧山、岸山、官道山、虎山、石河山、洞山泥浆、卧佛山、牡丹屯红山、呼郎山、白石崖、沙岭、马流河、沙儿浒、泼雪泉、河湾、兀剌、交罗、杂记。内容以记山川、名胜为主，兼记物产风俗等。此书旧有康熙松石斋本。黑龙江人民出版社于1984年出版了李兴盛点校本。

《宁古塔纪略》

清·吴桭臣纂。

吴桭臣父吴兆骞于清初遣戍宁古塔。桭臣生于其地。康熙二十年（1681）归里，康熙六十年（1721）写成《宁古塔纪略》并刊，今存。又有清抄本、道光十年（1830）刻《赐砚堂丛书》本、道光间刻《舟车所至》本、道光间刻《昭代丛书》本、光绪间重印《昭代丛书》本，以及光绪间多种刻本、铅印本、石印本。《清史稿·艺文志》著录。

该书凡一卷。内容叙宁古塔生活情况以及南归所经驿站里程。

康熙**《柳边纪略》**

清·杨宾纂。

杨宾（1650—1720），字可师，号大瓢，浙江山阴人。父杨越被流放宁古塔，杨宾于康熙二十八年（1689）冬赴宁古塔省亲。四年后，父死回乡，撰《柳边纪略》。另撰《唏发堂文集》《金石源流》等传世。

书约成于康熙三十五年至四十六年（1696—1707）左右。有木犀轩藏清抄本、道光十三年（1833）《昭代丛书》本、光绪间刻《仰视千七百二十九鹤斋丛书》本等，今存周诚望等校点本。《清史稿·艺文志》著录。

凡五卷。此书为作者于宁古塔见闻录。宁古塔适在柳边之外，作者取此，概举东北全疆。柳边，是清顺治至康熙时陆续完成的一条柳条篱笆，为禁止边内居民越过狩猎。

本书记述了清初盛京、宁古塔、瑷珲三将军所辖地区，即柳条边内外的形势、山川、道里、卫所、官制、兵额、城堡、驿站、部落、寺庙、贡赋、物产、民情、风俗等。其书内容富赡，“网罗巨细，足以订史书之谬，而补版图之缺”①。《清史稿》称：“宾撰《柳边纪略》，述塞外事甚详。”实为中肯。又，对“档案”一词做了说明的，以此书为最早。

康熙**《龙沙纪略》**

清·方式济纂。

方式济，字屋源，号沃园，安徽桐城县（今桐城市）人，清康熙四十八年

---

① 《清史列传》，中华书局，1987年。

(1709) 进士。官中书舍人。

龙沙二字，是取《后汉书·班超传赞》“坦步葱雪，咫尺龙沙”之语，自此遂为塞外之通称。

有乾隆二十年（1755）桐城方氏刊《述本堂诗集》本及《四库全书》本、嘉庆十四年（1809）刻《述本堂诗集》本、嘉庆中刻《借月山房汇钞》本、民国九年（1920）影印《借月山房汇钞》本。道光三年（1823）、二十六年（1846）皆据《借月山房汇钞》本分别有重编《泽古斋重钞》本和重编《式古居汇抄》本。另有道光间刻《指海》本，民国影印《指海》本，道光间刻《昭代丛书》本，光绪间重印《昭代丛书》本，光绪六年（1880）、光绪二十三年（1897）两次铅印《小方壶斋舆地丛钞》本，宣统元年（1909）铅印《龙沙六种》本。此外又有抄本。今有周诚望等《龙江三纪》标点本。《四库总目》《清史稿·艺文志》《中国地方志联合目录》著录。国家图书馆、故宫博物院等有《四库全书》本。

凡一卷，全书分方隅、山川、经制（含官制、兵制、户口、驿站）、时令、风俗、饮食、贡赋、物产、屋宇等九门。该书为笔记体，于水系考订精审，足订辽、金诸史之讹，补《盛京通志》之未载。史料价值颇高，为世人所珍重。记事止于康熙三十八年（1699）。

我国旧史志，对辽东北疆之记述，语焉未详。自《龙沙纪略》始，方有详载辽东北疆一方之志。此书为作者随父谪居卜魁（今齐齐哈尔），访询游览，考复古迹，据所闻见，考订文献，并结合亲身经历写成，内容真实可信。

嘉庆**《黑龙江外记》**

清·西清纂。

西清，字研斋，满洲人。

书成于嘉庆十五年（1810），有《渐西村舍汇刻》本、《广雅书局丛书》本、《小方壶斋舆地丛钞》本、宣统《龙沙六种》本、民国《丛书集成初编》本、民国长沙商务印书馆铅印本、1960年黑龙江图书馆油印本。今有梁信义、周诚望标注本。《清史稿·艺文志》《中国地方志联合目录》著录。国家图书馆有嘉庆十五年修抄本。

凡八卷，内容记疆域、重镇、气候、山川、城堡建置沿革、民族、户口、官制、兵制、俸饷、钱粮、出入款项、军事装备、贡品、制度、刑律、互市、谪戍、方言、服饰、风俗、历任职官和流徙、谪籍人物、物产等。记述内容充实，详核可信，尤于《中俄尼布楚条约》所记颇详，是研究黑龙江历史、地理等的重要资料。

光绪**《黑龙江述略》**

清·徐宗亮撰。

徐宗亮，字晦甫，号椒岭，安徽桐城人。其父丰玉殉节，宗亮袭骑都尉职，精敏有辩才，勤奋笃学，晚年游塞外，洞悉山川、民俗、政治、军事情形，遂著此书。

光绪十五年（1889）成书并刊行，又有光绪十七年（1891）徐子静《观自得斋丛书》本、光绪间刻印《善思斋集》本、《小方壶斋舆地丛钞》本、民国间刻《徐芊芩先生著述》本、油印本。今有李兴盛、张杰点校本。《清史稿·艺文志》《中国地方志联合目录》著录。台湾有光绪十七年刻本。

凡六卷，内容为疆域、建置、职官、贡赋、兵防、丛录等。

咸丰十年（1860），沙俄强加于清政府的不平等条约《中俄北京条约》签订之后，作者亲至黑龙江省考察，结合官府档案和见闻，分类辑录撰成此书。书中详载沙俄蚕食中国大片领土的经过，表现了作者实边御侮的爱国主义精神。作者力主屯田开矿，发展边疆经济，组建水师，保卫边防。此书是研究晚清东北边事及黑龙江地区历史地理的重要资料。

光绪**《黑龙江图说》**

屠寄撰。

屠寄（1856—1921），字敬山，江苏武进人，光绪进士。历任翰林院庶吉士、京师大学堂正教习等职。光绪二十三年（1897）受清会典馆之命，主持黑龙江舆图绘制事宜。长于蒙古史，著《蒙兀儿史记》；于黑龙江舆地造诣颇深，著《黑龙江图说》《黑水纪行》《黑龙江水道记》《柳边考古录》等多种舆地著作。

今有《小方壶斋舆地丛钞》本、《辽海丛书》本等。

凡一卷，附图一册。析为黑龙江总图说，齐齐哈尔城、黑龙江城（瑷珲城）、墨尔根城（嫩江县）、布特哈城、呼伦贝尔城（海拉尔）、呼兰城及六城图说。呼兰厅（巴彦）、绥化厅以表的形式为说。还记有自齐齐哈尔城卜魁站起入法库门和喜峰口两条驿道。

此书为光绪二十三年（1897）屠寄受清会典馆之命所绘黑龙江舆图的说明，是对黑龙江地理情况的最早测绘。光绪二十五年（1899）图成，共绘图六十一幅。

此书以山为地理坐标，以水为经，分述黑龙江六城二厅沿革、疆域、天度、山脉、水道、乡镇等内容。对满、蒙语进行了汉译。该图说绘有咸丰八年（1858）俄国通过《中俄瑷珲条约》强占中国黑龙江之北、外兴安岭之南大片土地，是作者爱国主义思想的集中体现，值得称道。

宣统**《黑龙江志略》**

张国淦纂。

张国淦（1876—1959），字乾若，又字仲嘉，号石公。湖北蒲圻人，光绪举人。官中华民国国务院秘书长、总统府秘书长等。中华人民共和国成立后，为上海文史馆馆员、中科院近代史所研究员、全国政协委员等。于史地之学颇有研究。著作甚丰，有《潜园文集》《潜园诗集》《历代石经考》等。尤致力于地方志和地方文献的整理编辑和研究。曾修《黑龙江志略》，民国时纂《芜湖乡土志》《河北通志稿》《湖北书征》《湖北献征》。撰《中国古方志考》，为我国迄今为止规模最大的方志考录性著述。此外还编有《永乐大典方志辑本》。

此志为作者于黑龙江任幕僚时利用余暇所作，宣统二年（1910）冬成书。资料搜采及叙事以宣统二年为下限，调查统计则以宣统元年（1909）为限。存张氏无倦斋家钞本。《中国地方志联合目录》著录。中国科学院有蒲圻张氏家抄本。

凡十四卷。全书析为地理（建置沿革、位置、境界、区划、山脉、水系、湖泊、气候）、人种（种族、户口、文字、风俗、宗教）、官制（行政官、司法官）、咨议局、地方自治、财政（入款出款总表、岁入岁出款总表、税捐、关税、官盐、金融机关）、军政（陆军、巡防队、八旗制兵附、军事教育）、外交（军务交涉、铁路交涉、商埠交涉）、教育、巡警、实业（农、林、渔、牧、工、商、矿）、交通（铁路、电信、邮务、水路、陆路）、边防、宗教等。本书缺人物、艺文，是为不足，但不失为黑龙江地区编纂最早的一部通志。

光绪**《打牲乌拉志典全书》**

清·云生主修，英喜、来喜等纂。

云生，字奇峰，打牲乌拉正白旗人。其为清廷采珠有功，于光绪六年（1880）授乌拉总管，二十七年（1901）调任伯都讷副都统，次年亡故，享年73岁。

英喜，时任该衙左翼委署翼领，为该书主纂人。

打牲乌拉，又称布特哈乌拉。萨英额《吉林外记》云："布特哈，译言虞猎也；乌拉，江也。故有打牲乌拉之称。打牲，汉语也；乌拉，国语也。连读之，则以乌拉为地名。"又云："以后吉林乌拉书吉林，布特哈乌拉书乌拉，从汉语省文也。"吉林乌拉即今吉林市，时也称乌拉，或称小乌拉。打牲乌拉，系今永吉县乌拉街。

打牲乌拉，明朝属海西女真，同辉发、哈达、叶赫合称扈伦四部。该城曾是乌拉部政治、经济、军事、文化中心，清历代统治者皆称今吉林市及打牲乌拉一带为其发祥之地。

该书1965年发现于吉林图书馆馆藏未经整理之线装书库中，是有关打牲乌拉地方的第一部专志，也是继道光四年（1824）萨英额《吉林外纪》后吉林省第二部志书。

该书于光绪十年（1884）成书。《中国地方志联合目录》著录。吉林省图书馆有光绪十年修稿本。

全书四册六卷，今存第一册（卷一）、第二册（卷二）、第四册（卷四至六）、缺第三册（卷三），他卷亦有缺页，仅存一百五十四页。①

全书收录了清朝二百多年间打牲乌拉总管衙门的几乎全部档案，包括皇帝谕旨、敕诏、朱批、言论、内务府等官署有关批示、命令、决议、该衙呈报、汇总档案资料、文书等。内容广博，涉及地理、历史、沿革、经济、典章、物产、官员设置、牲丁数目、俸饷、差徭章程、岁呈进贡解、奖罚制度、贡山、贡江、官庄、教育、兵事、外事等，多为第一手材料，材料可珍。

（三）关于北疆地志、图籍

1. 序

清代北疆，主要指清朝政区之一的乌里雅苏台，即清季通称的"外蒙古"。清时内蒙古六盟（伊克昭盟、乌兰察布盟、锡林郭勒盟、昭乌达盟、卓索图盟及哲里木盟）、套西二旗（额济纳土尔扈特旗、阿拉善厄鲁特旗）及察哈尔，相当于今内蒙古自治区。

清代北疆具有通志性质的志书有乾隆五十八年（1793）沈宗衍纂《蒙古沿革

---

① 略本金恩晖撰《新发现的一部吉林省地方志——〈打牲乌拉志典全书〉》，见金恩晖著《寻根集》，吉林省地方志编委会、吉林省图书馆学会内部出版，1998年。

志》上下二卷，附一卷。

同治六年（1867）刊刻，清张穆撰、何秋涛校补《蒙古游牧记》十六卷。

光绪三十三年（1907），清姚明辉纂《蒙古志》三卷。同年，尚有姚明辉纂《蒙古志稿》六卷，今存抄本及《蒙旗志》二卷抄本。

内蒙古道（今地区）志的纂修始于明代郑汝壁《河套图考》一卷，是内蒙古地区最早的方志，惜已失传。

该区现存地方志，以乾隆七年（1742）刊刻，由陈履中纂修的《河套志》六卷为最早。

咸丰七年（1857），杨江纂《河套图考》，今存关中书院刻本、民国陕西通志馆铅印本。

咸丰十年（1860）由钟秀、张曾撰成《古丰识略》（又名《归绥识略》）四十卷。此为呼和浩特地区志。

光绪三十四年（1908），由贻谷修、高赓恩纂《归绥道志》四十卷成书。未刊，有抄本行世。

此外，还有光绪二十四年（1898）成书的《呼伦贝尔记略》、宣统间宋小廉《呼伦贝尔边务调查报告书》、储大文《河套略》（又称《河套志略》）等。

内蒙古厅、县、旗志纂修较晚，始于清咸丰二年（1852），托明修、伊长纂《和林格尔厅志》（又名《和林格尔城志》）四卷。

同治十年（1871），陈宝晋纂《和林格尔厅志略》（油印本）。

光绪四年（1878）刊刻，文秀修、卢梦兰纂《清水河志》（又题《新修清水河厅志》）二十卷。

光绪七年（1881）刊刻，德浦修、麻丽五纂《丰镇县志书》八卷。

光绪二十三年（1897）后成书，刘鸿逵等修、沈潜纂《归化城厅志》二十卷。

光绪三十四年（1908）刊刻，贻谷修、高赓恩纂《绥远旗志》（又名《绥远志》或《绥远全志》）十卷。

光绪三十四年（1908）刊刻，贻谷修、高赓恩纂《土默特旗志》十卷。

光绪三十四年（1908）刊刻，姚学镜修、全家骥纂《五原厅志稿》（又名《五原厅志》《五原厅志略》）二卷。

历史上，由于内蒙古曾分别隶属于一些行省，故在《热河志》《察哈尔通志》

《山西通志》《黑龙江志稿》《吉林通志》《甘肃通志》《口北三厅志》《朔平府志》等志书中可以考见清代内蒙古有关旗县情况。

2. 举要

乾隆**《蒙古沿革志》**

清·沈宗衍纂。

沈宗衍，山东人，生平未详。

乾隆五十八年（1793）成书，上、下二卷，附一卷。全志约万余字。

卷上为漠南蒙古、漠北蒙古、贺兰山蒙古。

卷下为准噶尔厄鲁特蒙古、青海厄鲁特蒙古等沿革。

附卷为蒙古纪闻，对上述地区山川、道里、兵制、风俗等做了专志叙述。

本书由蒙古族学者荣祥批注，并编制《蒙古沿革志疑问解答表》，于研究此书颇为便利。

乾隆**《河套志》**

清·陈履中纂。

陈履中，字执夫，商丘人。官至分巡宁夏兵备道。

乾隆七年（1742）成书并刊刻，今存。又有旧抄本、抄本。《中国地方志联合目录》著录。国家图书馆有乾隆七年刻本。

凡六卷。卷一为河套建置沿革考；卷二为河套内建置郡县沿革考；卷三为陕西宁夏镇所属沿河套南边城堡，山西沿河套边营堡城口关塞，河套内外山川；卷四为河套内古迹，河套内物产，河套地势兴废略，延绥镇，河套，边防，明陕西边城增筑，边市，边饷，盐法抄；卷五至六为艺文。该志分门汇载，征引颇为繁富，重点记今伊克昭盟，兼记巴彦淖尔盟后套地区。

咸丰**《河套图考》**

清·扬江纂。

道光年间成书。咸丰七年（1857）刊刻，今存。又有民国二十三年（1934）陕西通志馆铅印本，收编于《关中丛书》。凡二十八卷，首一卷。

该书记载了陕西连河套考、国朝河套南北图、秦至大清河套各图、河套记事考略、河套略说、套南各县沿革表、长城考、夏州城考、诗小雅城彼朔方考、禹贡渠搜考、水名考及边城说。

该书记事虽详陕西地区，而略伊盟、巴盟后套、乌海地区，但对上述地区的研究仍具参考价值。

咸丰**《蒙古游牧记》**

清·张穆纂，何秋涛校补。

张穆（1805—1849），字诵风，号石州，山西平定人，道光优贡生。撰《蒙古游牧记》。

何秋涛（1824—1862），字愿船，福建光泽人，道光进士。官刑部主事。主保定莲池书院，撰《朔方备乘》《校正元圣武亲征录》等。张穆撰《蒙古游牧记》，由何秋涛整理成书。

今有同治六年（1867），寿阳祁寯藻刻本。该书眉批系据湖北图书馆藏同治四年（1865）刻本加抄的。今流传版本主要还有光绪十七年（1891）《小方壶舆地丛钞》本、光绪二十九年（1903）石印本、民国二十七年（1938）长沙商务印书馆铅印本（国学基本丛书）。《清史稿·艺文志》《中国地方志联合目录》著录，国家图书馆、中央民族大学图书馆等有同治六年刻本。

原稿基本撰成，撰者已作古，由何秋涛对该书做整理、补辑，咸丰九年（1859）成书。全书凡十六卷，分述蒙古各游牧所在地、历朝沿革、道里四至等项。考订精审，足补辽、金、元三史之缺，是研究蒙古历史地理的主要参考书。

光绪**《蒙古志》**

姚明辉纂。

姚明辉（1881—1961），字孟埙，上海南翔人。曾就读于上海求志书院、龙门书院等。长期从事教育和学术研究，曾任上海暨南大学等多所大学教授。1957年任上海文史馆馆员。著述多种，如《大学姚氏读本》《反切源流考略》《蒙古志》《中国民族志》等。

今有光绪三十三年（1907）铅印本，全书三百四十八页，附图一函。《中国地方志联合目录》著录。国家图书馆、北京大学图书馆等有光绪三十三年刻本。

凡三卷。着重记蒙古地方地理、人文等内容。

卷一：位置、山脉、河流、湖泽、沙漠、气候、派别；

卷二：区分、都会、人种、政体；

卷三：宗教、教育、贸易、物产、道路、电线、会计、风俗等。

光绪**《绥远旗志》**（一名《绥远志》，又名《绥远全志》）

贻谷修，高赓恩纂。

贻谷任绥远将军，延聘宁河高赓恩纂。

光绪三十四年（1908）刻本，十卷，首一卷。自光绪三十三年（1907）仲春始修，历七个月而成。《中国地方志联合目录》著录，国家图书馆、北京大学图书馆等多家图书馆有光绪三十四年刻本。

卷首为帝制纪、诏谕、宸翰、凡例。以下各卷分为疆界公所图、疆域沿革表、山水、城垣、故城郡县考、官制考、职官表、官制兵制表、世职表、俸饷表、经政略、学制、选举表、仕宦表、学堂各表、宦绩、人物、烈女、方言（蒙古语类译）等。

（四）关于西藏地志、图籍

1. 序

西藏，位于中国西南部。古为羌、戎之地，唐、宋时称吐蕃，元为宣政院所辖三路宣慰使司之地，明为乌思藏及朵甘两都指挥使司及阐化、辅教等王地。清代将西藏之地始分为四部，即康、卫、藏及阿里，“而人因其名之实繁，遂总其名而称之曰西藏”①。简称藏。西藏之名，最早见于清康熙六十年（1721）《圣祖仁皇帝御制平定西藏碑文》，其中有“一矢不发，早定西藏”一语。

有关西藏地区的方志文献，如明嘉靖《四川总志·夷情》涉及明朝与吐蕃、羌等少数民族的交往与兵事；清雍正《四川通志·西藏》记载清初平定西藏事略及进藏交通、道里等。

西藏地区综合志书，以雍正年间李凤彩撰《藏纪概》一书为最早。其次为乾隆《西藏志》[题乾隆五十七年（1792）和宁刻本]，再次为和琳纂《卫藏通志》十六卷，首一卷，资料多采自《西藏志》。

乾隆五十六年（1791），马揭、盛绳祖纂修《卫藏图识》四卷附蛮语一卷。刊于次年。其主要材料亦多来自《西藏志》。

此外，尚有康熙六十年（1721），焦应旗撰《藏程纪略》，吴廷伟撰《定藏纪程》。康熙末，杜昌丁撰《藏行纪程》等。

康熙年间，王我师所撰《藏炉总记》《藏炉述异记》《打箭炉记》等，皆为康熙末年进军西藏平定策旺阿拉布坦叛乱之见闻、交通道里等。

乾隆间，张海撰《西藏记述》、陈克绳撰《西域遗闻》及萧腾麟撰《西藏见

① 萧腾麟：《西藏见闻录·事迹篇》，吴丰培校订油印本，1978年。

闻录》等，均记藏地之事。

有关西藏的图志还有松筠撰《西招图略》和黄沛翘纂辑的《西藏图考》八卷等。考《西藏图考》《卫藏图识》《西招图略》等志书中图绘多无比例尺，亦未经实测，或以计里画方，或以山水画形式绘制，图绘水平聊无起色。

清代厅县志以道光时期李梦皋编的《拉萨厅志》二卷为代表。

2. 举要

《藏纪概》

清·李凤彩纂。

李凤彩，江西建昌人，康熙五十三年（1714）武举，隶山东总兵官李麟幕驻拉萨。

凡三卷。首为康熙帝论水源之文及行军纪程，次为路程，再次为天异、土则、附闻、种类、产作、招迹诸目。藏志流传至今者以此书为最早。

清雍正间纂旧抄本。又有民国油印本及1978年中央民族学院图书馆吴丰培校订油印本，并收入《中国民族史地资料丛刊》。《中国地方志联合目录》著录。北京师范大学图书馆存雍正间纂旧抄本。

《西藏志》

不著撰人。

题乾隆五十七年（1792）和宁刻本。成书时间约在乾隆中期。该志经吴丰培校勘收入《中国民族史地资料丛刊》，又收编入《西藏研究丛刊》。《中国地方志联合目录》著录。国家图书馆、武汉大学图书馆等多家图书馆有乾隆五十七年和宁刻本。

书不分卷。析目为事迹、疆圉、山川、寺庙、天时、物产、岁节、纪年、风俗、衣冠、饮食、婚嫁、夫妇、生育、丧葬、医药、占卜、礼仪、宴会、市肆、房舍、刑法、封爵、头目、兵制、边防、征调、赋税、朝贡、外番、碑文、唐碑、台站、粮台、附录等三十五目。缺少人物类目。唯地理、天时、物产、事迹、碑文等记载较详。因成书较早，资料简赅，向为中外研究藏史者所珍视。为清初西藏要著之一。《卫藏通志》《卫藏图识》等多取材于是志。

《西藏见闻录》

清·萧腾麟撰。

萧腾麟，字十洲，又字绣夫，江西峡江县人。康熙五十三年（1714）武举，五十七年（1718）武进士。雍正间授河南都司，晋州北镇保宁游击。乾隆二年（1737）驻镇察木多，督理西藏粮台，谙熟藏情。乾隆十一年（1746）纂成此书。乾隆二十四年（1759）赐砚堂刻。

凡二卷：书首有作者自序及其子萧锡珀以及李其昌、李天植、袁枚、卢文超、蒋士铨等人序跋。

上卷：事迹、疆域、山川、贡赋、时节、物产、居室、经营、兵戎、刑法；下卷：服制、饮食、宴会、嫁娶、医卜、丧葬、梵刹、喇嘛、方语、程途等。1978年收入《中国民族史地资料丛刊》。《中国地方志联合目录》著录。国家图书馆、北京大学图书馆有乾隆二十四年刻本。

《西招图略》

清·松筠[①]纂。

该图略为作者1794—1801年间任驻藏大臣时所作。为作者所撰《西招五种》之一。

不分卷。嘉庆三年（1798）成书。道光间刊刻，今存。

书前有作者自序。目录后分条记载，并绘图多幅。一安边，二抚藩，三戒怒，四遏欲，五抑强，六除苛，七厉俗，八慎刑，九绥远，十怀来，十一成才，十二述事，十三审隘，十四量敌，十五合操，十六行操，十七练兵，十八申律，十九制师，二十驭众，二十一坚陈，二十二出奇，二十三倡勇，二十四谨胜，二十五善始，二十六持志，二十七防微，二十八守正。

此书具有边疆地区色彩，书中精义深旨，含有安边、武备之策。该书对西藏地区以后修志颇具有影响力。

光绪**《西藏图考》**

清·黄沛翘纂。

黄沛翘，字寿菩，湖南善化人。早年从戎，官至观察使。

光绪十二年（1886）刻本。凡八卷，首一卷。《中国地方志联合目录》著录。国家图书馆、上海图书馆有光绪十二年刻本。

此书采集《皇朝一统志》《寰宇记》《西藏志》《西招图略》等书，两唐书中吐蕃传，《明史·西域·乌斯藏传》《四川通志·西域》等多种有关文献分类编辑

---

① 松筠小传见本书《西陲总统事略》。

而成。

析为宸章、图说、源流、审隘、程站、山川、城池、寺庙、艺文、处事等考。以图为主，并附说明。以开方之法制图。详于地理，略于史事。

《艺文考》收录毛振翧《西征记》、李菊园《西域述记序》、王我师《藏炉总记》等篇，极为珍贵。

此书为筹边御英之作。收入《皇朝藩属舆地丛书》及《西藏研究丛刊》等。

（五）关于台湾地志

1. 序

台湾省，简称台，位于中国东南海上，西隔台湾海峡和福建省相望，东临太平洋。台湾自古以来就是中国领土，中国古籍记载尤多，如《尚书·禹贡》中的“岛夷”，《列子》中的“岱员”，《史记》中的“瀛洲”，《后汉书》注引《临海水土物志》（吴·沈莹纂），《三国志》中的“夷州”，《隋书》中的“流求”等，都是指古代“台湾”。南宋孝宗乾道年间，福建路泉州府在澎湖群岛设军驻防。元至正年间，设澎湖巡检司。明天启四年（1624）、六年（1626），荷兰和西班牙殖民者分别侵入台湾。1662 年，郑成功率军赶走了荷兰人，收复台湾。

清康熙二十二年（1683），清朝统一台湾，1684 年建制，仅于台湾西南部设置台湾府及台湾、凤山、诸罗三县，隶属福建省。“台湾”之名，首次用于建置上。

台湾纂修方志始于清代。

（1）有关府志类

康熙二十七年（1688）刻印，蒋毓英修康熙《台湾府志》十卷。此为台湾最早纂修之地方志。

康熙三十四年（1695），高拱乾修康熙《台湾府志》十卷，首一卷。康熙三十五年（1696）刻本。

康熙五十一年（1712），周文元修康熙《台湾府志》十卷，康熙五十一年刻本。

乾隆五年（1740），刘良壁重修乾隆《台湾府志》二十卷，乾隆七年（1742）刻本。

乾隆十一年（1746），六十七主修，范咸纂乾隆《台湾府志》二十卷，首一卷。乾隆十二年（1747）刻本。

乾隆二十五年至二十九年（1760—1764），余文仪修、黄佾参辑的乾隆《台湾府志》二十六卷，首一卷。乾隆三十九年（1774）刻本，同治十一年（1872）补刻本。

此外，台湾新发现一部乾隆二十八年（1763）木活字印本的《台湾府志》，纂修者及卷数均未详，待考。康熙二十九年（1690）刊刻，林谦光纂《台湾府纪略》一卷。康熙六十一年（1722），黄叔璥撰《台海使槎录》八卷。雍正十年（1732）伊士俍修，乾隆间刻《台湾志略》三卷。乾隆十八年（1753）刊，董天工撰《台海闻见录》二卷。乾隆三十八年（1773）刊行，朱景英撰《海东札记》四卷。嘉庆间李元春辑，李来男参订《台湾志略》二卷，道光十五年（1835）刊本。清光绪十一年（1885）台湾改为行省，光绪十八年（1892）至光绪二十一年（1895），先后以蒋师辙、薛绍元为总纂的《台湾通志》相继编纂，因是年刈台，稿多散亡。道光十二年（1832）序刊本，姚莹撰《东槎纪略》三卷。同治十二年（1873）丁绍仪撰《东瀛识略》八卷。光绪十年（1884）刻，龚柴纂辑《台湾小志》一卷。光绪元年（1875）刊本，吴子光撰《台湾纪事》二卷。光绪十八年（1892）刊，康赞衮撰《台阳见闻录》一卷等，内容类似府志。

（2）有关县志、厅志类

康熙五十六年（1717）刊行，陈梦林纂《诸罗县志》十二卷，首一卷，始创于康熙二十六年（1687）。为台湾省最早、质量最优的县志。

康熙五十八年（1719），李丕煜、陈文达纂《凤山县志》十卷，康熙五十九年（1720）刻本。

康熙五十九年刻，王礼修，陈文达纂《台湾县志》十卷。

乾隆十六年（1751），鲁鼎梅、王必昌纂《台湾县志》十五卷，乾隆十七年（1752）刻本。

乾隆二十八年（1763），余文仪修，王瑛曾纂《凤山县志》十二卷，乾隆二十九年（1764）刻本。

嘉庆十一年（1806），薛志亮修，谢金銮等纂《续修台湾县志》八卷，首一卷，嘉庆十二年（1807）刻本。

道光十一年（1831），李建壁等修，周玺总纂《彰化县志》十二卷，首一卷，道光十四年（1834）刻本。

乾隆五年（1740），周于仁、胡格纂《澎湖志略》二卷，乾隆五年刻本，为澎湖第一本志书。

乾隆三十六年（1771）刊行，胡建伟纂《澎湖纪略》十二卷。

道光九年（1829）至十二年（1832），蒋镛纂《澎湖续编》二卷，道光十二年刻本。

道光十七年（1837）修，柯培元纂《噶玛兰志略》十四卷，首一卷。今存稿本、抄本。

道光间，郑用锡纂《淡水厅志初稿》二卷（抄本）。

道咸间，陈淑均纂《噶玛兰厅志续补》二卷（抄本）。

道光二十年（1840）修，陈淑均纂《台湾府噶玛兰厅志》八卷（抄本）。

道光二十年（1840）修，陈淑均纂，咸丰二年（1852）刊刻，李祺生续纂《台湾府噶玛兰厅志》八卷。

同治六年（1867），严金清修，林豪纂《淡水厅志》（稿本）。

同治八年（1869），陈培桂修，杨浚纂《淡水厅志》十六卷，谬误较多。同治十年（1871）刻本。

光绪八年（1882），林豪纂修《澎湖厅志》十五卷，首一卷（稿本）。

光绪十八年（1892），林谊纂，薛绍元删补《台湾澎湖志》十四卷，首一卷，光绪二十年（1894）刻本。

光绪十七年（1891），林茂荫纂修《苗栗县志》十六卷（民国抄本）。

光绪十九年（1893），曾逢辰纂《新竹县志初稿》六卷，1959年台湾文献丛刊本。

光绪二十年（1894），卢德嘉纂辑《凤山县采访册》（稿本）。

光绪二十年（1894），倪赞元编《云林县采访册》。

光绪二十年（1894），胡传纂《台东州采访册》。

光绪二十年（1894），陈朝龙纂《新竹县采访册》十一卷，1962年台湾文献丛刊本。

光绪二十一年（1895），陈文纬修，屠继善纂《恒春县志》二十二卷，首一卷，末一卷。（稿本）

光绪二十四年（1898），佚名纂《嘉义管内采访册》不分卷等。（民国抄本）

台湾旧志，除中文之外，尚有日文、英文等数种。

2. 举要

康熙**《台湾府志》**

清·蒋毓英修，杨芳声、季麟光同纂。

蒋毓英，字集公，汉军镶白旗人，祖籍辽宁锦州，康熙二十三年（1684）至二十八年（1689）台湾首任知府。杨芳声，奉天万全左卫人，岁贡，凤山县令。季麟光，字昭圣，号蓉州，江苏无锡人，康熙进士，康熙二十三年知诸罗县。著《蓉州文稿》《蓉州诗稿》《三国史论》等，纂《台湾郡志稿》等。

康熙二十七年（1688）刻本，海内孤本，仅上海图书馆藏。又有影印本。《中国地方志联合目录》著录。全书共121页，约五万余字，凡十卷，二十五目。记事止于康熙二十四年（1685）。

卷一：沿革、分野、气候、风信、封隅；卷二：叙山；卷三：叙川；卷四：物产；卷五：风俗；卷六：岁时、规制、学校、庙宇、市廛；卷七：户口、田土、赋税、祀典；卷八：官制、武卫；卷九：人物；卷十：古迹、灾祥、厄塞、险隘。

此志为清一统志征用而修纂，详载大陆漳州、泉州人民开发台湾的史实，资料价值颇高。此志为台湾第一部府志，记人口、田赋、人物颇详，如记郑氏政权时代和回归后总人数、少数民族及男女人数等，是研究人口地理学的重要资料。

乾隆七年**《台湾府志》**

清·刘良壁修，钱洙、范昌治纂辑。

刘良壁，字省斋，湖南衡阳人，雍正进士。乾隆二年（1737）任台湾府知府，后升任分巡台湾道，善属文。钱洙，浙江嘉兴人，荫生。乾隆五年（1740）任台湾知府，六年重修《台湾府志》，七年卒。范昌治，浙江宁波人，监生。乾隆七年（1742）继任台湾知府。

有乾隆七年（1742）刻本、1961年《台湾文献丛刊》本。《中国地方志联合目录》著录。北京大学图书馆、武汉大学图书馆等有乾隆七年刻本。

凡二十卷，首一卷。以康熙三十五年（1696）高拱乾《台湾府志》为蓝本，增以职官、田土、艺文等。舆图重新绘制。较前志内容充实，例仿福建省通志体。卷首增加“典谟”，以载谕旨。

乾隆十一年**《台湾府志》**

清·六十七、范咸纂辑。

六十七，字居鲁，满人，官户部给事中，乾隆九年（1744）钦命巡视台湾御史。

范咸，字贞吉，又字浣甫，号九池，浙江仁和人，雍正进士。乾隆十年（1745）四月抵台，任巡台御史，工诗文，著有《婆娑洋集》二卷。

此志修于乾隆十一年（1746），次年刊行，今存。另有1961年《台湾文献丛刊》本。《中国地方志联合目录》著录。国家图书馆、上海图书馆等多地图书馆有乾隆十二年刻本。凡二十五卷，首一卷，十二纲，九十二目，析为封域、规制、职官、赋役、典礼、学校、武备、人物、风俗、物产、杂记、艺文等。

因刘良壁志门目烦琐不当、内容疏漏而重修。此志不设“典谟”，凡有关台湾谕旨，散入各卷，开创新例。志中各条加“附考”，改变视郑为“外逆”而不入志的做法。艺文卷帙几占全志四分之一，保存文献颇多，志书体例类仿诸罗志，是质量较优的府志。

乾隆二十五年**《台湾府志》**

清·余文仪续修，黄佾等纂。

余文仪，字宝岗，浙江诸暨人，乾隆二年（1737）赐进士出身。乾隆二十五年（1760），任台湾知府。二十九年（1764）升台湾道，数月后，复擢福建按察使。三十一年（1766）至台，署道篆。三十六年（1771）授福建巡抚，博学能诗，长于吏治。

此志自乾隆二十五年（1760）始修，至二十九年（1764）成书。乾隆三十九（1774）刊刻，二十六卷，首一卷。有清同治十一年（1872）补刻本、光绪十四年（1888）补刻本、光绪间重印本、1962年《台湾文献丛刊》本。《中国地方志联合目录》著录。国家图书馆等多家图书馆有乾隆三十九年刻本。与范咸志相比，其增补者大抵为乾隆十二年（1747）以后事，篇目也多有增补。体例承袭范志，在清代诸府志中较为完备。

康熙**《诸罗县志》**

清·周仲瑄主修，陈梦林总纂。

周仲瑄，字宣子，贵州贵筑人，康熙举人。任知诸罗。

陈梦林，字少林，福建漳浦诸生。好学，习兵事，参蓝延珍幕府，足智多谋。

诸罗，即今台湾省之嘉义。诸罗之名盖因其设县治于群山之中（原系郑氏营址），取诸山罗列之义，当时辖区甚广，今台中、台北，北至基隆的大鸡笼山皆属之。乾隆五十二年（1787），林爽文起义，各地俱陷，唯诸罗独固，清廷易名“嘉义”，以彰其功。

康熙五十五年（1716）秋八月始修，康熙五十六年（1717）成书，并刊于同年。今存康熙五十六年刻本、1962 年《台湾文献丛刊》本、1968 年《台湾方志汇编》本及抄本。凡十二卷，首一卷。《中国地方志联合目录》著录。北京大学图书馆、北京师范大学图书馆、上海图书馆有康熙五十六年刻本。

在台湾所有县厅方志中，《诸罗县志》最老。材料来自实地采访，考订精详。全志分封域、规制、秩官、祀典、学校、赋役、兵防、风俗、人物、物产、艺文、杂记十二志，志下析目，体例详备，内容翔实。

当时诸罗县人口，番人多于汉族，故卷八风俗志中，用过半篇幅记番俗，卷首附有十幅精选的番俗图。后人言台湾番俗者，多援引该志番俗考。为乘屋、插秧、获稻、登场、赛戏、会饮、舂米、捕鹿、捕鱼与采槟榔等图，描绘出番人耕作、渔猎、居室、岁时、宴饮、歌舞等内容，可补文字之不足。该书凸显地方及时代特征，重视图绘，实用价值甚高，向为清代台湾志作之佳构，有“模范志书”之誉。

道光**《澎湖续编》**

清·蒋镛纂，蔡廷兰等辑。

蒋镛，字怿弇，湖北黄梅县廪生，嘉庆举人、进士。道光元年（1821），由福建连江县知县升任知州；同年，补澎湖通判；九年（1829），署台防同知。与诸生蔡廷兰等编辑《澎湖续编》。

道光九至十二年（1829—1832）辑，有道光十二年（1832）刻本、民国抄本、1961《台湾文献丛刊》本及抄本。凡二卷。《中国地方志联合目录》著录，南京图书馆有道光十二年刻本。

作者依胡建伟《澎湖纪略》下限为序而记，每条自乾隆三十五年（1770）以后，重点记因革损益。所记皆澎湖建置、沿革、形胜、人文、风土、政治、经济诸项，为澎湖一地重要文献。应与《澎湖纪略》合读。

第四节　方志体例类型

清代方志繁盛表现于志书体例方面呈多样化状态，且日臻完善。这也是清代方志特点之一。

我国地方志体例在其发展过程中不断吸收史体若干成分，充实着自身，以期更有利于体例和内容的完美统一。自宋代以来，方志体例趋于定型，然而对志书体例影响最大的是纪传体史书和《禹贡》之类的地理书，两者并行发展，且在清代志书体例中仍为主要发展形势。如果就志书结构区分志体，那么，清代方志体例大体可析为三书体、门目体、三宝体、编年体、纲目体及地方史体等。

一、三书体

此体将一部志书析为志、掌故和文征三书，即“仿纪传正史之体而作志，仿律令之体而作掌故，仿《文选》《文征》之体而作文征”。三书中，志为著述部分，掌故、文征是原始资料的辑录，是记注（或称比类）。志为主体，掌故和文征是两翼，“三书相辅而行，缺一不可，合而为一，尤不可也”。三书之外，立丛谈，相当于杂志、杂记、附录。此体为章学诚所创，革除了以往志书中著述与资料混杂不分之弊端。此体深受史体影响，是章学诚方志为“一方之全史”理论在志书形式上的体现，对后世影响深远。

如章学诚《湖北通志》分为志、掌故、文征及丛谈四部分，志含纪、传、图、表、考、略六体，下设细目若干；掌故含吏、户、礼、兵、刑、工六种；文征分四集，甲集载录正史列传，乙集录经济、策划，丙集录诗章辞赋，丁集录近人辞赋；丛谈含考据、轶事、琐语、异闻。此体为章学诚后期在其地方史体基础上的新发展和创新。

二、门目体

此体将一地内容划分为若干细目，平行排列，无所统摄。如河南巡抚贾汉复分别于顺治间及康熙初主修的《河南通志》及《陕西通志》即属此例，曾被康熙、雍正、乾隆间修通志者奉为程式。如《河南通志》五十卷，设有三十门，即图考、沿革、星野、疆域、山川、风俗、城池、河防、封建、户口、田赋、物产、职官、公署、学校、选举、祠祀、陵墓、古迹、帝王、名宦、人物、孝义、列女、流寓、隐逸、仙释、方技、艺文、杂辨等。此体实受地理书影响，于后世修志影响很大。有人认为，这是滥用一统志体例。其实不然，是书体例，门类颇繁，应是我国地方志长期发展过程中不断充实完善的结果。

三、三宝体

此体根据孟子“诸侯之宝三：土地、人民、政事”演绎而来。宋明以来，已有人用于志书编修之中，清代康熙间赵弘化《密云县志》分为天文、地理、人事三纲，乾隆间杜甲、周嘉露修，黄文莲、胡天游纂《河间府新志》分为舆地、宦政、人物、典文四志等均属此例。此例优点是有纲有目，纲举目张；缺点是门目简，内容反遗漏不举。用此例者不多。

四、编年体

全志以编年为主，不分门类。乾隆间汪中纂《广陵通典》即为此类。该志记事上自吴王夫差城邗，下至杨行密节度淮南，“用编年之体，作释地之篇”。立例赅当，考核精细，“各代排比……巨靡不包……细亦无漏，故谓之通……唯录有用之事，弗为无益之谈，字求其实，言归于正，故谓之典”①。今按，此书为叙述扬州地区古代历史未完成之作。此体优点似通史之巨细无遗，然以年排比诸事，于志体亦乖。

五、纲目体

全志先分大门类，下设细目若干，李兆洛《凤台县志》即属此类。志凡十二门，即舆地、食货、营建、沟洫、官师、选举、艺文、人物、列女、古迹、图说、附录等。每门之下设细目，如“舆地”门下设沿革、疆域、坊堡、山川、形胜、分野等六目，其他各门下设细目多少不等。此体例目以类归，层次分明，各事物间统属得当，便于叙写。

---

① ［清］顾广圻：《广陵通典序》，广陵书社，2004 年。

六、地方史体

此亦为章学诚所倡导的方志体例之一，即视地方志为列国史、立纪、志、表、传、略、录诸门，以帝王所言为纪，人物为传，宦绩为录，舆地、艺文为志，辅之以略，其他细碎之事以表明之。同光间李鸿章主修，黄彭年等纂的《畿辅通志》即属此例。该志凡三百卷。帝纪之属：诏谕，宸章，京师，陵寝，行宫；表之属：府、厅、州、县沿革，封建，职官，选举；略之属：舆地，河渠，海防，经政，前事，艺文，金石，古迹；录之属：宦绩；列传之属；杂传之属；识余，叙传。

上述诸种方志体例，以三书体、门目体、纲目体及地方史体影响最著。

当然，志体划分是多方面的，除按志书结构划分外，还可按志书编纂方法划分，即分为纂辑体和著述体。纂辑体一般指旧派即考据学派所使用的编纂方法。如李文藻《诸城县志》等，乃是纂辑旧文而成，资料搜集一般注明出处，显示“述而不作”的宗旨。著述体一般指新派，以章学诚为代表，在志书中，志的部分为著述体。此体特点是作者将资料消化，锤炼成文，用自己的语言写出，系统重点地反映事物发展情况，一般由一人独撰而成。至于使用何种体例，则非重要。如李文藻《诸城县志》与黄彭年《畿辅通志》皆用地方史体，然纂辑方法则不同。一重考据，一重著述，各有千秋，皆负盛名。

七、乡土志例目

光绪三十一年（1905），清政府推行“新政”，罢科举，兴办新式学堂，并令学务大臣迅速着人编写新式教科书以供新学堂之教育，京师编书局监督黄绍箕于光绪三十一年撰成《乡土志例目》，并于同年获准颁行全国各地。《例目》要求各地参照原有地方志书，就近编写乡土教材，作为学校儿童启蒙之用，《例目》主要内容及门类节录如下：

“奏定学堂章程，所列初等小学堂科，于历史则讲乡土之大端故事及本地古先名人之事实；于地理则讲乡土之道里、建置及本地先贤之祠庙遗迹等类；于格致则讲乡土之动物、植物、矿物。凡关于日用所必需者，故知其作用及名称，盖以幼稚之知识，遽求高深之理想，势必凿枘难入，惟乡土之事，为耳所习闻，目所常见，虽街谈巷论，一山一水，一木一石，平时供儿童之嬉戏者，一律指点，皆成学问，其引人入胜之法，无愈此者。故必有乡土志，然后可以授课。海内甚广，守令至多，言人人殊，虑或庞杂。用是拟撰例目，以为程式。共十五门：历史、政绩录、兵事录、耆旧录、人类、户口、民族、宗教、实业、地理、山、水、道路、物产、商务。乡土志不列凡例者，以有部颁例目。故后次弟，既有准绳，其他升降弃取，皆有一定之法。事详而文简，词雅而意明，而不可以私心为之。所谓以前人之事实，为后学之感劝者是已。苟稍有差池，即与例目龃龉，不惟不足以列教科，又何以答部命而呈宪司。”

《例目》强调“按目考查，依列编撰，不过数月，即可成书”。

《乡土志例目》颁布后，编纂乡土志之风几乎遍及全国各地，大量乡土志多在此期编成，光宣间成书的乡土志约五百种左右，其中佳作不少，如《轮台县乡土志》《巴塘盐井乡土志》《若羌县乡土志图》《广宁县乡土志》等。

第五节　域外地志、图籍

一、导语

清朝的闭关政策限制了国人了解世界的视野，与明朝不可同日而语。因此，记录域外地志无多。康熙间，图理琛撰《异域录》；雍正间，陈伦炯撰《海国见闻录》，较有特色。1840 年鸦片战争后，资本主义侵略者用军舰和大炮打开了清王朝闭关自守的大门。中国从封建社会沦为半殖民地半封建社会。“中国向何处去?”林则徐、魏源和龚自珍等早期改良主义先驱者，都凭借经义写作政论，提倡“经世致用”之学，并进而从事外国史地研究，以了解世界，并有许多成果问世。如林则徐《四洲志》、魏源《海国图志》、汪文泰《红毛英吉利考略》、杨炳南《海录》、徐继畬《瀛环志略》、王大海《海岛逸志》及黄遵宪《日本国志》等，具有时代气息。

二、举要

《异域录》

清·图理琛纂。

图理琛（1667—1740），清朝满洲正黄旗人。监生出身。历任陕西巡抚、吏部侍郎、内阁学士等官。康熙五十一年（1712）以内阁侍读奉命赴土尔扈特，往返三载，跋涉三四万里。回京后撰《异域录》。

《异域录》一卷，记其沿途所见道路、山川、城镇、居民、民情、风习、物产，以及军政机构设置等。该书以“地理为纲，日月附见”。书前有西伯利亚地图，颇为详明。书中还记载土尔扈特部首领同图理琛使团欢宴情景。该书内容充赡，真实可信，为实地考察之后撰成，是载录俄国有关地区地理状况的专书，也是我国首次介绍俄国情况的史地书籍。《四库全书总目》《清史稿·艺文志》著录。

1716 年刊行之初，引起欧洲学者重视。此后该书先后被译为法、俄、英、德等国文字。

图理琛西行，不仅对乾隆年间土尔扈特回归祖国起了重要作用，而且使人们对西伯利亚和伏尔加河下游一些地区的地理情况有了较详细的认识。

《海国闻见录》

清·陈伦炯纂。

陈伦炯，福建同安人。其父到过外洋，留心地理，伦炯得父指教，后任滨海边防要职，访问出洋商贾，查阅有关图书，于雍正八年（1730）撰成此书。

二卷。今有中州古籍出版社李长傅校注本。《四库全书总目》《清史稿·艺文志》著录。

该书上卷载有天下沿海形势录、东洋记（记日本）、东南洋记（记吕宋、文莱）、南洋记（暹罗、柔佛等地）、小西洋记（记印度）、大西洋记（记欧洲）、昆仑记、南澳气记（指东沙群岛）等八篇。下卷有地图六幅。该书注重航向、风向、罗盘导航、水文、海洋地质等方面的内容介绍，增补了明末清初东南亚各国情况，还介绍了欧洲诸国。该书还将我国南海诸岛分为四个群岛，即七洲洋（今西沙群岛）、万里长沙（今中沙群岛）、千里石塘（今南沙群岛）、南澳气（今东沙群岛），充分说明我国人民在南海一带的活动日益频繁。①

《四洲志》

清·林则徐纂。

林则徐（1785—1850），字少穆，福建侯官人，嘉庆进士。历官东河河道总督，江苏巡抚，湖广、两广总督，陕西巡抚，云贵总督等职。提倡经世之学，主张了解西方，严禁鸦片。著《林文忠公政书》《四洲志》等，主修《湖北通志》。

《四洲志》，一卷。为林则徐派人译述英人慕瑞《世界地理大全》编辑成书。记载世界五大洲中三十多国的历史地理情况。其后，魏源受林则徐嘱托，以《四洲志》及其他多种文献资料为基础，编成《海国图志》。

《海岛逸志》

清·王大海纂。

王大海，生卒未详，字碧卿，福建龙溪（今漳州）人。乾隆四十八年（1783）航海至爪哇，先后侨居近十年，几乎遍游其北岸各港。

六卷，附录一卷。有嘉庆十一年（1806）刻本，道光二十九年（1849）英译本，1992年香港出版姚楠、吴琅璇校注本等。该书内容记叙爪哇及其附近岛屿的山川、形势、物产、名胜以及华侨生活、风尚等。

《瀛环志略》

清·徐继畬纂。

徐继畬（1795—1873），字健男，号松龛，山西五台县人，道光进士。授翰林院编修，曾官广东按察使、福建布政使、广西巡抚、福建巡抚，兼署闽浙总督、京师同文馆大臣等职，与外人多往来。

此书为辑录中外有关著作而成。以中国文献为主，西方材料为辅，并钩摹地图，纂为世界五大洲志。按洲分国叙述。

凡十卷。道光二十八年（1848）刊行。以战国时驺衍所论中国之外更有大九州，有大瀛海环之，故名。各卷篇首均有地图。

本书对各国风土人情、史地沿革及社会变迁、政治制度、经济文化皆有论及，是中国资产阶级改良主义者向西方学习的启蒙读物。何秋涛《〈瀛环志略〉辨正》、薛福成《续瀛环志略初编》、佚名《瀛环志略续集》等对此书多有补正。

---

① 略本《中国古代地理学史》，中科院自然科学史研究所地学史组主编，科学出版社，1984年。

有道光三十年（1850）刊本。《清史稿·艺文志》著录。

《海国图志》

清·魏源纂。

魏源（1794—1857），字默深，湖南邵阳人，道光进士。官至高邮知州。著《圣武记》。又将林则徐主持编译的《四洲志》及历代史志、明以来“岛志”等有关外国历史记载，增补为《海国图志》。该书采用经纬度、投影等近代科学方法绘制诸图，是一部科学实用的世界地志著作。著作还有《古微堂集》《元史新编》《老子本义》《诗古微》等。

《海国图志》，道光二十二年（1842）刻本五十卷，道光二十七年（1847）扩为六十卷，咸丰二年（1852）刻本增至一百卷。1841年魏源受林则徐委托，以《四洲志》为基础，参考中外大量文献，比较全面系统地记载世界舆地及各国史地概况，对国人了解域外诸国的历史、地理和现状具有重要参考价值。作者强调“师夷长技以制夷”的理念，见解卓绝，影响至深。

前二卷“筹海篇”四篇，为总论，叙述作者对当时军备攻守、通商外交的见解；次二卷为地图，包括历代西域沿革图、亚欧非各洲沿革图、地球正背面图及欧、亚、非、美各洲地图；卷五至卷七十分叙世界各国史地概况，于英、俄、法、美尤详，《四洲志》原文三十三段，分别辑入三十七卷中作为主文；再次为南洋西洋各国宗教、《中西纪年通表》《中西历异同表》等各一卷，《国地总论》三卷，《筹海总论》四卷，《夷情备采》三卷，再以十二卷篇幅详议西洋战船、火炮、火铳、水雷、望远镜等制造技术并附以自己的货币理论；后五卷为《地球天文合论》。卷首有《叙》《后叙》。是书从研究世界历史和地理角度，探索富国强兵之路，阐发作者政治思想及社会改革理论。该书对外国的沿革地理做了整理研究。所附各国沿革图，订正了西洋传教士利玛窦、艾儒略、南怀仁等所撰各国地图之谬误。

《日本国志》

清·黄遵宪纂。

黄遵宪（1848—1905），字公度，清嘉应州（今广东梅州）人，光绪举人。光绪初任驻日大臣参赞，受明治维新影响，撰《日本国志》及《日本杂事诗》，借镜日本，宣传改良。后任美国旧金山总领事、驻英领事馆参赞、新加坡总领事等职，回国后推行新政。

《日本国志》为作者任驻日大臣参赞时撰。凡四十卷，典志体。卷首为年表，以下析为国统、邻交、天文、地理、职官、食货、兵事、刑法、学术、礼俗、物产、工艺等十二类。共五十余万言。该书广泛征引日本原始资料，采书多达二百余种。光绪十三年（1887）成书，1895年刊行，为清末研究日本情况特别是明治维新历史之重要志书。今有光绪十六年（1890）羊城富文斋刻本。

第六节　古地志辑佚与专集

一、导语

清代乾嘉时期考据学兴盛，在此影响下，方志辑佚工作已成为一种专门之业。清代王谟在辑佚工作中注意到古地志方面的价值，并展开了这方面的辑佚工作，并有《汉唐地理书钞》辑本。此外，马国翰《玉函山房辑佚书》、王仁俊《玉函山房辑佚书续编》及《补编》、陈运溶《麓山精舍丛书》，其中辑有相当数量的古地志内容。丁谦撰《蓬莱轩地理学丛书》、文瑞楼主人编《皇朝藩属舆地丛书》、王锡祺《小方壶舆地丛钞》等则是辑佚有关舆地志、边疆史地及中外交通等方面成果的代表之作。

二、举要

《汉唐地理书钞》

清·王谟辑。

王谟，字仁圃，一字汝上，清代江西金溪人，乾隆四十三年（1778）年进士。建昌府学教授，以辑录古佚书闻名，撰辑有《读书引》《江西考古录》《豫章十代文献略》《汉魏丛书》《汉唐地理书钞》《汉魏遗书钞》等，所辑佚之书大多与方志有关。

《汉唐地理书钞》有抄本及嘉庆十六年（1811）刻本传世，又有1961年中华书局影印本。本书辑录了汉唐古地志资料多种，依陆澄、任昉《书钞》体例及古代类书、选本、经解、史注中所引，钩辑亡佚古地理书片断，以期恢复原书面貌。

王氏辑此书原计划为三百八十八种，分十二门。后改为前编四册，后编八册。第一册，为天文星野及秦以前地理书二十六种；第二册为秦、汉至唐地理书二十四种；第三、四册为各省古地理书一百九十九种。四册合计二百四十九种，但实际刊刻多少，无从考定。中华书局1961年出版《汉唐地理书钞》影印本除所见的一、二册外，又增补未刻本二十种，合计七十种，并收刻陈运溶所辑湖南境内古地志六十六种，附于《汉唐地理书钞》之后，为现今较为完备之本。

《玉函山房辑佚书》

清·马国翰辑于道光间。

辑佚书达五百九十四种。辑录唐以前已散亡的古籍，分经、史、子三编。后附辑者自撰《目耕帖》一种。

《玉函山房辑佚书补编》

清·王仁俊补辑。

此为马氏辑佚书之补辑。

今按，二书辑唐代以前古地志六十种。

《麓山精舍丛书》

陈运溶辑。

陈运溶，字芸畦，清末湖南善化（今长沙市）人。毕生致力于湖南地方文献辑佚事。辑有《麓山精舍丛书》，又纂《湘城访古录》十七卷。

《麓山精舍丛书》收辑地志十二种，地记二十九种，图经二十三种，人物传记九种，诗文别集八种，历史专著一种。本丛书于光绪二十六年（1900）编成。

《小方壶舆地丛钞》

王锡祺编。

王锡祺，字寿援，清河人，专于地理之学。该书始修于光绪三年（1877），光绪二十三年（1897）成书。此书为清代地志著作汇编。全书分正编、补编及再补编各十二帙，三十八卷，收编舆地要籍一千四百余种。内容包括地球总论、各州形势、各省地理、旅行纪程、山水游记、风土物产等著述，兼及少数民族风俗生活、欧美各国见闻。其中收辑方志著作甚多，是研究历史地理及方志著作的丛书，也是我国现存最大一部关于地理、方志的著作汇钞。此书初为线装本。1985年杭州古籍书店影印，改为精装本，总计二十册。

第七节　小结

清代志书分类之广，编纂数量之多，质量之高，已为学界所公认。尤值得注意的是，《皇舆全览图》和《乾隆内府皇舆全图》都是在实测基础上绘制的，其绘制水平在当时世界范围内是第一流的。《大清一统志》的编纂，虽远不及《大元一统志》那样卷帙浩博，但其内容、门类涉及之广尤可称道。嘉庆二十五年（1820）绘制的《重修大清一统志》的清代疆域图，基本上反映了当时的中国版图。清代通志、府州县志的编纂尤为盛行。众多学者参与修志，是清代学术的一大特色。如清初贾汉复先后主修的顺治《河南通志》及康熙《陕西通志》被奉为清初修志成式；乾隆间，章学诚主修的《湖北通志》及其所修的几部州县志，体现了他的方志学思想。此外，谢启昆嘉庆《广西通志》、黄彭年等同光间《畿辅通志》、戴震乾隆《汾阳县志》等皆属名作佳构。

清代学者究心于边疆地志的纂修颇有成就，这不仅体现了清代统治者对边陲地志的重视，同时对加强边疆统治、防止分裂等具有积极意义。

清代晚期，早期改良主义先驱者从事外国史地研究，成绩斐然，具有时代气息。这显然与中国逐渐沦为半封建半殖民地社会有关。

第十章　清代方志学的建立

序

地方志成为一种专门学问——方志学，是地方志编纂实践和方志理论长期发展的必然结果。北宋学者朱长文已经率先提出“方志学”这一概念。① 清末，梁启超在其著作中也明确提出“方志学”的概念。② 然而，梁启超所论清代学者整理旧学之总成绩——方志学，确是揭示出问题的实质，即方志学的建立应该说是在清代。以往历代虽有方志理论，但毕竟没有形成系统完整的体系。只有到了清代乾嘉时期，章学诚的方志理论才形成完整系统的体系，章学诚也成为封建时代方志学的奠基人。

清代方志学的形成也不是偶然的，它是以章学诚为代表的方志学家根据自己撰修地方志的实践并总结了前人撰修方志的成败得失，以及批判吸收历代方志学家理论而形成的自己的方志理论体系。章学诚一生在方志理论上的建树是多方面的，其中包括方志概念、性质、内容、体例以及方志的社会作用、方志的编纂等诸多方面。他对此做了深入系统的研究，并得出令人信服的结论，对指导当时以及以后方志的纂修都有深远的历史意义。

章学诚的方志理论又是在学术争鸣中建立起来的。清代乾嘉时期是学术事业

---

① ［北宋］朱长文《吴郡图经续记序》：“方志之学，先儒所重。”

② 梁启超：《中国近三百年学术史》“清代学者整理旧学之总成绩——方志学”，中华书局，1936 年。

空前繁荣昌盛的历史时期，出现了一大批有真知灼见的学者。当时对方志性质说法不一，当然这是历史上遗留下来的理论问题，也是乾嘉时期方志学家们所敏感的理论问题之一。因为这直接关系到方志内容、体例、编纂等一系列具体问题。

方志性质之争集中表现在以章学诚为代表的历史派和以戴震为代表的地理派。两派所执观点不同，因而方志所承担的任务和内容侧重各异。章、戴之争是中国方志史上两派长期争论的集中体现，对后世方志事业产生了巨大影响。章学诚方志理论上的主要贡献在于他确立了方志是独立于地理学之外的专门学问，强调方志为“一方全史”①。因此，方志任务和内容在于侧重记载“一方文献”。在这一前提下，他规定了地方志的体例，强调“三家之学”理论对撰修方志的意义，主张方志必立“三书”才可以概括一方之全。并由此将方志中著述部分与记注（即资料汇编）部分区别开来，有详有略，有史有鉴，解决了以往方志著述与资料汇编不分的弊病。这确是了不起的贡献。

有清一代，方志理论家辈出，各自做出了不小的成绩。但其方志理论多数体现于有关志书的序言之中。

清代顺治、康熙间，顾炎武、徐乾学、方苞、王琰、金鋐、施润章、杨佐国、郜焕元、张九徵、张苌、孔自洙、王源、汪懋林等人对方志理论多有论述，其中以顾炎武、徐乾学、方苞、王琰影响较大，为乾嘉以来方志理论争鸣打下坚实基础。乾嘉时期，以李绂、纪昀、戴震、钱大昕、章学诚、谢启昆、洪亮吉、孙星衍等最著，章学诚最为突出。此期在方志理论方面较有成就者有王植、程廷祚、蒋士铨、李文藻、陆锡熊、周广业、康基田、姚鼐、焦循、秦瀛、李兆洛、阮元等。晚清时期，阐发方志理论者亦不乏其人，所论亦精赅博洽，如龚自珍、林则徐、鲁一同、王棻、李慈铭、吴汝纶、孙诒让、蔡元培和刘师培等。

① 《章学诚遗书》卷二十八《丁巳岁暮书怀投赠宾谷转运因以志别》，文物出版社，1985年。

第一节　顺康时期

顾炎武[①]　在《营平二州史事序》等文中阐发方志思想，指出正确修志方法，认为修志者当具相当学识，要网罗天下志书以作参考，强调要进行实地调查，必得实乃止，修志应有充裕时间，志书文字要通俗易懂。

“昔神庙之初，边陲无事，大帅得以治兵之暇，留意图籍，而福之士人郭君造卿在戚大将军幕府，网罗天下志书略备，又身自行历蓟北诸边营垒，又遣卒至塞外，穷濡源，视旧大宁遗址还报，与书不合，则再遣复按，必得实乃止。作《燕史》数百卷，盖十年而成……又以其余日，作《永平志》百三十卷，文虽晦涩，而一方之故，颇称明悉……”[②]

朱士嘉以为顾炎武此序为修志者指明了方向，为乾嘉时期方志学形成奠定了理论基础，以后方志学家黄本诚、王葆心等对这段文字颇为推崇，以为是顾氏修志旨要。[③]

清顺治十六年（1659），顾氏至永平府，当地士大夫请顾氏修志。顾氏答曰：“嗟乎，无郭君（郭造卿）之学而又不逢其时，以三千里外之人而论此邦士林之品第，又欲取成于数月之内，而不问其书之可传与否，是非仆所能。”[④] 在这里，顾氏认为修志要具备如下几点：一、要懂得方志学知识（包括前所述网罗天下志书以作参考，要进行实地调查研究等）；二、要谙熟本地情况；三、时间要充裕，不要限期于数月之内；四、要保证志书质量，可以长远流传。这段话与顾氏在《营平二州史事序》中所言相辅相成，是一致的。

徐乾学　（1631—1694），字原一，号健庵，江苏昆山人。康熙进士，官至刑部尚书。奉命编纂《大清一统志》《清会典》及《明史》。著《资治通鉴后编》《读礼通考》《檐园集》《传是楼书目》等。《大清一统志凡例》出于其手，此外，

---

① 顾炎武小传见本书《天下郡国利病书》。
② 《顾亭林诗文集》卷二《营平二州史事序》，中华书局，1959 年。
③ 朱士嘉：《顾炎武整理研究地方志之成就》，见《文献》1981 年 7 期。
④ 《顾亭林诗文集》卷二《营平二州史事序》，中华书局，1959 年。

《备陈修书事宜疏》等讨论方志理论问题。徐氏于方志起源、性质、作用、材料及编纂问题进行了讨论。他认为方志发端于《禹贡》《汉书·地理志》等。“舆地之书，昉于《禹贡》，所载山川、疆域、土壤、贡赋，盖简而尽矣……后班固有《地理志》、范蔚宗有《郡国志》，方舆之记，此为发端。”对于志书材料要立足于广，几乎包括经、史、子、集诸书，“史书地志而外，凡纪、传、表并各经注疏、诸子百家、前人奏议文集，皆宜搜集”。在志书编写方面，主张“贯穿古今”，重点记有关国计民生，如水利、江海河漕等。“郡国水利，应行详述，若江海河漕，关系国脉民命，每郡当另作一卷，以考镜其得失本末。”志人物，强调要从严、从实，“宁严无滥，宁实无虚”。志书具有资治、考稽之效，认为修一统志可以“灼知天下厄塞形势、封域户口、兵民财赋之要，以章明纲纪损益利病”。志书可以裨治理，又可“资考稽之益也”。这些看法都比较切于实际。

方苞　(1668—1749)，字灵皋，一字凤九，号望溪，清安徽桐城人，康熙四十五年(1706)进士。因戴名世《南山集》案牵连入狱，后被赦，官至内阁学士，兼礼部侍郎，文学上成就颇高，为桐城派创始人。著《方望溪先生全集》。

方氏在《畿辅名宦志序》中，阐述了史志之别，认为“史作于异代，其心平，故其事信”，所以“得其实为易”。而州郡县志为“并世有司之所为”，由于“恩怨势利请托”，“未必能辨是非之正”，所以“得其实为难”。史书其事信，志书其实难，所论大体符合旧志实际，故参用旧志资料务必慎重。

方氏于雍正十一年(1733)，曾致函一统志馆诸翰林，阐明了若干修志原则。方氏首先强调资料的可靠在于要做艰苦细致的校勘工作：“仆未受事时，旧志勿论。既立条例后，新纂一郡稿成，随命学子校勘，次山再之，仆三之，始发誊录，及观清本，而罅漏又自见矣，班覆之而更写焉，自视若无遗憾，及各府州志毕萃，而叉牙相抵者且百出矣。诸公勿谓此文事之浅者，心与目毕至焉，而后知其曲艰也。”① 其次，方氏主张志书体例要统一，他说“体例不一，犹农之无畔也”。志书成于众手，如果“各执斧斤，任其目巧，而无规矩绳墨以一之，可乎?”② 统一方志体例对于志书质量具有重要意义。其三，强调要由博返约，提倡“简明”“辞尚体要”。他说：“大率博引以为富，而不能辨其出入离合，而有所折

① 《望溪全集》卷六《与一统志馆诸翰林书》，中国书店，1991年。
② 《望溪全集》卷六《与一统志馆诸翰林书》，中国书店，1991年。

衷，是以重复讹舛抵牾之病，纷然而难理，不知辞尚体要，地志非类书之比也，所尚者简明，而杂冗则愈晦。然简明非强而能，必识之明，心之专，遍于奥赜之中，曲得其次序，而后辞可约焉。其博引而无所折衷，乃无识而畏难，苟且以自便之术耳。”①

方苞重视方志校勘，实为经验之谈，不可忽视，其论统一方志体例，不仅在当时具有历史意义，且在其后以至于今日，仍有理论价值。强调志书简约、辞尚体要、“志非类书之比”等问题，是涉及志书由表及里、取精用宏、从形式到内容的一系列重大问题，乃修志根本。

王掞 字藻儒，清代太仓人，康熙进士，官至文渊阁大学士。

他在《浙江杭州府志序》中论述方志起源于古代采风制度，并强调方志与史的异同所在。

“古者天子巡行方岳，亲适诸侯，必命太师采诗以观民风。……盖稽是以周知俗尚之美恶，政治之得失也，此后世郡邑之志所由昉乎?”这里强调了郡邑之志资料来源于采风。

“吾谓志之同于史者一，而其异于史者二。同者何?纪事而编年之义寓其中是也。异者何?史杂记美恶，参用褒贬，而志则恶恶短而讥刺无文，则其词不得不简。史于纪传之外，所载者天官、河渠、礼、乐、律、历、封禅、平准等数大事，而志则一郡一邑之内，细大无不包举，即如一星躔也，而前人分野考验之不同，一疆域也，而历代方舆建置之或异。而况风俗各有贞邪，政事各有修坠，户口之增减，贡赋之损益，人才之盛衰，物产之赢耗，以及典祀之去留可议，经费之裁复有时，或论形胜而设险之势以地殊，策兵防而守险之法以时异。至于忠孝节义本末宜详，古迹灵踪存亡宜辨，抑且职官、选举、艺文、祥祲、胥关治术，无可缺遗，则其目又不得不繁。是故修志一役，未易轻议也。”

这里论述志体不同于史体的最大特点是“细大无不包举”，所列举类目，如星躔、疆域、人才、物产、典祀、经费、形胜、兵防、忠孝节义、古迹、职官、选举、艺文、祥祲等，几乎囊括旧志所有门类，因时而异，是故其目不得不繁，所以“修志之役，未易轻议”至为确言。

---

① 《望溪全集》卷六《与一统志馆诸翰林书》，中国书店，1991年。

第二节　乾嘉时期

李绂[①]　为多种志书作序，阐发其方志理论。如《广西通志序》《河套志·序》《八旗通志》各分志序、《畿辅通志》及其各分志序、《余庆县志序》《汀州府志序》等。曾与白潢等人讨论方志编纂及方志理论问题，李绂对于方志性质、起源、功用、志家素质及时代、地方特点等方面提出己见。在志书编纂方面，主张“以诸史为宗”，按照纪传史体之法进行编纂，使之成为一地之信史、全史。并指出“今昔殊形，中外异制”，强调编写方志要有所侧重，各具特点。关于方志性质，李绂认为志为史之属，“志，固史之属也”，“邦国之志，史之属也”。关于方志起源，认为志为《周官》小史、外史所掌，“志始见于《周礼》，小史掌邦国之志，外史掌四方之志……春秋列国皆有史，后世郡县皆有志”。他提出“志才”“志志”的观点：“志才”指修志者应具备的学识才干，“志志”指修志者的思想及修志责任心，并阐发二者之关系。强调修志之志与修志之才二者必须统一，缺一不可，“有其才而无其志，有其志而无其才，故玩乎至于此欤?”这是对修志者素质提出的具体要求。李绂还把方志视为“籍征考”“资援据”之书，他说：“庶几上稽前事，下协人情，籍资兴革，实关治道。”总之，李绂的方志理论较为系统，对当时及后世修志影响较深。

王植　生卒年代不详。字槐三，河北深泽人。康熙六十年（1721）进士，官和平知县、罗定知州兼庆州知州、新会知县、郯城知县、邳州知州等。著《崇德堂集》《四书参注》等。修《罗定直隶州志》，纂《深泽县志》，主修《新会县志》，纂《郯城县志》。其为罗定、深泽、新会、郯城诸州、县志撰写序文，阐发方志见解，认为方志为史之支派，“经载道，史载事，郡国之志，又史之支派”。关于方志编写，他强调志书体例的重要性，认为志书应有纲有目，应按例言、图像、巡幸、舆地、编年、建置、食货、秩祀、秩官、选举、人物、艺文、附余的顺序排列，认真做到“文直事核，不溢美，不隐恶”，方志为国史取资，应做到

① 李绂小传见本书《汀州府志》。

义例谨严，体裁明备，门类应归属得体。王植还认为志书有二种：一为续志，一为新修。所谓续，即因已有成规，补其未备。修，即重新发凡起例，集籍编纂。所以他以为“新修之事较劳”，并主张修志以后法为宜。这些看法发人深思。

程廷祚 (1691—1767)，字启生，号绵庄，清江苏江宁人。著《易通》《尚书通议》《青溪诗说》《青溪集》等，总纂《上元县志》。其方志理论主要体现于《修一统志议》《江南通志沿革总表序》《上元县志序》《与袁明府论修志书》等。程廷祚在《修一统志议》中主张修志者应“以义为体，而例从之”，这是因为“义正名正则例可得而举矣”。程氏强调修志者宜当明“经世之义”，宜当正“文字详略之义”。何谓明“经世之义”？程氏以为有两点，“一曰形势”，“一曰风俗”。他反对“今志于形势，徒剿陈言，而图说总论，一无发明”。对于风俗，“剿说备类，取美听闻，不顾今昔之殊”，这些都“无补经世之略”。何谓正“文字详略之义”？他认为：“立言之体，详所当详则不为烦，略所当略则不为简。”所当详者，指山川、形势、财用、陂渠、防汛、城池、学校、关梁以及所建之缘由，此外兵制、户口、文武之职守、廨署及乡举与入学之多寡亦当详载。总之，凡关系“生民之利害者”，均当详。所略者，如废州县已见年表者，则只记其所在，楼台亭阁之属，又可略，流寓可略。还主张分野宜略，极度当详，认为分野之说不足信①，说明他已接受明末清初西方有关天文地理知识。

程氏之论，强调志书经世之义、详略之义，对修志都有重要指导意义。程氏关于志书义与例关系之论述同章学诚“例以义起”不谋而合。

戴震② 在乾嘉时期为方志界地理派主要代表。力主把研究古地理学方法付诸修志实践。曾与章学诚辩论过方志问题。为《应州续志》作序，撰有《与段若膺论修志》《汾州府志例言》《答曹给事书》等，阐发方志思想。

戴震在乾隆《汾州府志例言》及乾隆《应州续志序》中认为“志之首沿革也，有今必先有古”。因此强调，“古今沿革，作者首以为重”，这是因为“沿革定而上考往古，乃始无惑”。

其次记星野，这是为了“存古说以见梗概，而沿革不明，不可以道古”。

再次记疆域，认为：“疆域辨而山川乃可以为纪。”

---

① 程廷祚：《青溪集》卷五，黄山书社，2004年。

② 戴震小传见本书《汾阳县志》。

复次记城池、官置、仓厥、学校、坛壝、关隘、营汛、驿铺、户口、田赋、盐税等十一门，属于“政之大体”，“民之利病”，“故次疆域山川之后”。

又次记职官、名宦、食封、流寓等四门，这是“至斯土者之往鉴也”。其次记人物、义行、科目、仕宦、列女等五门，这是“宅斯土者之往鉴也”。

最后记古迹、冢墓、祠庙、事考四门，这是“备稽古者之检之也”。

“杂识，又其余也。……凡逸事、异闻，世俗竟传之者，皆见于杂识……风俗、物产，非逸事异闻也，然无取乎泛常琐滥，以为铺张，则为语不多，无庸别列二目，故著之杂识之首。”

“艺文系之志末，与列于前者互相参证也。”

戴震还把地图及沿革表作为志书“开卷第一事”。

由于戴震通晓地理学，沿用《水经注》以水系辨山脉之法，以山川形胜探索郡县建置及地理沿革，这就把地理学成果应用于编修地方志中来。其所纂《汾州府志》就是显著例子。在这种思想指导下，戴震主张“志以考地理”，强调“悉心于地理沿革”，“侈言文献”则非当急务。①

戴氏这一观点的出发点是“沿革苟误是通部之书皆误矣，名为此府若州之志，实非此府若州也可乎?”强调志书要重考据。

清乾嘉时期考据学兴盛，这与统治阶级大兴文字狱等不无关系。一些知识分子往往将自己在学术上的“崇古薄今”思想带进方志领域，毕沅、戴震、洪亮吉、孙星衍等就属于当时的考据学派，其修志方法与章学诚相对立。考据学派的特点是，重旧志资料，轻新材料，多以“正史”资料作为修志依据，弃现实实际资料而不用，弃可以补正史不足的遗文佚事等文献资料而不用。因此，有损于方志价值。为此王葆心按语云：“余谓此乃戴氏一家之学说。存其义，深有益于方志，但须旁采各家之说以补其疏略耳。”并强调：“作志者不可执旧日沿革之说，更不加以研究，而考沿革，据古地志，尤须证以本地流传之名，求其迁变，方有新发明也。”此言甚确。

纪昀　(1724—1805)，字晓岚，号石云。清代献县人，乾隆进士。历《四库全书》总纂官、礼部尚书等职，著有《纪文达公文集》《阅微草堂笔记》等。

纪昀在《四库全书总目》中论及我国方志体例内容演化趋势：“古之地志，

① 《章学诚遗书》卷十四《记与戴东原论修志》，文物出版社，1985年。

载方域山川风俗物产而已，其书今不可见。然《禹贡》《周礼·职方氏》其大较矣。《元和郡县志》颇涉古迹，盖用《山海经》例。《太平寰宇记》增以人物，又偶及艺文，于是为州县志书之滥觞。元明以后，体例相沿，列传侔乎家牒，艺文溢于总集，末大于本，而舆图反若附录，及间假借夸饰，以侈风土者，抑又甚焉。”

纪氏将《禹贡》《周礼》《山海经》等书看成后世方志之端绪，并论及我国州县志书的体例内容自《元和郡县志》，特别是《太平寰宇记》已基本成形，增以人物，又偶及艺文，于是为州县志书之滥觞。元明以后，体例相沿，然列传、艺文走向了偏差，“末大于本”，舆图反成了附庸，其间假借夸饰成分日甚。这乃是元明以后方志的主要缺点。

关于方志性质及史志关系，纪氏在《嘉庆安阳县志序》称：“志方域者惟《禹贡》《周礼》为可信。……志地理者，始《汉书》。今之志书，实史之支流。”强调了志书属史的观点。在此基础上，强调修地志者“以史为根柢，而不能全用史；与史相出入，而又不能离乎史”，说明史志在纂修方法上不同。

纪氏称赵希璜《安阳县志》图、表、志、传、纪诸体具备，殿以艺文，其篇目“井井有条，多合古法”。志中所附《安阳金石录》参稽异同，纠正讹误，最为擅长。此志之精确，就在于此，所谓“夸饰”“攀附”诸弊，不祛自退。

王葆心谓纪氏此序：“此纪文达主张用开新派所定修志法为通例之序言也。”

总之，纪氏方志理论对后世影响颇深，其所论方志源流、演变及方志普遍存在的弊端，亦切中要害。然纪氏每每推举宋元人所修地志体例，如谓周应合《建康志》，首为留都四卷，次为图、表、志、传四十五卷，末为拾遗一卷，援据该洽，条理鲜明，凡所考辨，俱见典核，于是周氏此志，遂为近世新派志家之宗云云。此与《四库全书总目》言地志不当用史体（如对于张铉《金陵新志》有世表、年表，谓地志事殊国史，原不必仿旁行斜上之法，转使泛滥无稽）等谈法颇为不合，已为后人指出。①

谢启昆② 于《广西通志》首著《叙例》二十三则，对方志及方志理论发展进行了概括和总结，并较为系统地阐述了他的方志观点。

---

① 参见朱士嘉编著《中国旧志名家论选》，北京燕山出版社，1988年。

② 谢启昆小传见本书嘉庆《广西通志》。

1. 关于方志源流。谢氏以为方志源于《尚书・禹贡》及《周官》。认为晋世挚虞依《禹贡》《周官》所作《畿服经》，“实后世方志之祖”。以为“职方所掌，即地志之经。九州方向（如东南曰扬州之类），则疆域也。山泽川浸，则山川水利也。州各有利（如其利金锡竹箭之类），则财赋也。男女生数，则户口也。鸟兽谷种，则风俗物产也”。又强调方志导源于图学：“周官司徒掌土地之图，职方掌天下之图。九州广轮，山川林麓，笔于书者，得其名数；著于图者，识其形象。收万里于尺幅，运天下若指掌，图之为用，视书尤切。”他总结历代志书文存图亡的原因时说：“顾文字易传，绘事难效，书存图亡者十之九，而图学相传之法，亦于是遂废。”他极称裴秀“制图六体”对于制图的重大作用，批评后世“志乘之图，往往因仍弇陋，疆域则截然正方，一幅尽满；山川则摹其形态，八景争工”的流弊。这些话颇为中肯。

2. 关于志书性质。谢氏认为“志乘之本之图经”。强调方志属于地理学范畴，“志乘为地理专书，其要尤在郡县沿革。盖秦汉迄今，分并增省。名实同异，最为纷纠”。因此，赞同戴震“地志沿革不明，则山川、人物无一不误”的看法。

3. 关于对旧志评价。谢氏对宋志颇为推崇。认为乐史《太平寰宇记》体例周备，“乃增人物、古迹、诗文，虽略伤繁冗，而例实开来。宋人作郡县志，其体遂备于昔矣”。称宋周应合（景定）《建康志》“分图、表、志、传四篇，体例最善”。称范成大《吴郡志》“以诗文分注各条之下（如诗文为山水作者，即散附山水中），其例最善”。称宋高似孙《剡录》“先贤各传，每事必注其所据之书”。称宋潜说友《临安志》“征引尤富，开地志引书之例”。

4. 关于志书材料。谢氏认为方志应“以详备为宗，而又不敢以冗滥遗讥也”。如广西，自秦汉以来事迹至多，“必采录群书乃臻详赡。其专为此邦作者，如《桂林风土》《北户录》《桂海虞衡》《峤南琐记》《桂胜》《桂故》《粤西三载》诸书，更掌故之最切者。今摭拾成编，期无疏舛，且详注书名于所引条下，则考古征信之义如此。至文载及各旧志、府县志，类多冗鄙，今皆删润过半，而仍注原书之名，著所本也”。谢氏鉴于《广西通志》与旧志间缺七十年文献，“窃以方志为国史所取材，前者屡奉部檄，征取志书，久无以上供史馆，实为守土者之愧”。于是“用敢远稽旧闻，近考档册，勒成一书”。此外，谢氏对旧志中猥滥、不实材料，概行删削。

5. 关于方志记地方特点。谢氏认为广西为少数民族杂居之地，又属边陲之地，要详加记述，“至粤西夷苗杂处，设险守边，尤官吏所宜加意矣”。这些都体现了方志实用价值。

总之，谢启昆属于清代地理学派。他对志书各门类源流逐一进行考察是值得称道的，尽管个别处有值得商榷之必要。谢氏的修志实践对后世影响很大。不愧为清代乾嘉时代重要方志学家。

钱大昕[①] 其方志义例，散见于《鄞县志局与诸同事书》《续通志列传总序》及宋元明方志题跋。他以旧派观点采辑方志资料，以新派观点进行方志编纂，折中两派之说，具有独到见解。

钱氏修志主要论点是：志书人物应以时代为次，不必分类；论及了地方志与国史之别；主张修志宜占有充足资料，通晓前代官制（《剡录》跋），辨别古今地名异同（《齐乘》跋）。其纂列传，正史之外，必取材群书，详加折中于可征信者入正文，两存者分注，舛讹者驳正，仿《通鉴考异》列本条下（《续通志列传》总序）。钱氏还认为，志书重要材料不可缺略，“缺略之患，甚于荒芜……繁者可省，缺者不能补也”（《三山志》跋）。这些观点贯穿于其所撰《鄞县志》中。钱氏提出，“古人志乘，皆寓史法，不私其亲”（《会稽志》跋），主张修志应秉笔直书。这些观点为张心镜等人效法。

钱氏在其《鄞县志局与诸同事书》阐明志书人物传不宜分类（即儒林、文苑等），应“总题之曰人物，但以时代为次，不分优劣，既遵古式，又息争端”，此话颇有见地。

钱氏指斥一般方志通病在于“有褒无贬”，与国史美恶并书不同，“盖郡县之志与国史不同，国史美恶兼书，志则有褒无贬，所以存忠厚也”[②]，论及了方志与国史区别所在。

张心镜乾隆《蒲城县志序》称，钱大昕氏“每向余言方志之难，难于史志，盖史志务在简核，方志务在详核，一事不举，将有挂漏之弊；又言之者无过，而闻之者足以考验得失，实为抚民出治之龟鉴”。王葆心按语云：“钱氏修志，盖参用纂辑、撰著两体，用纂辑家之法取材，复用撰著家之法修书，而其所主诸义例，则全为新派开宗之言也。”[③] 张、王之语，颇有参考价值。

---

① 钱大昕小传见本书乾隆《鄞县志》。

② 《钱大昕全集·潜研堂文集》玖册，卷二十九，《跋新安志》，江苏古籍出版社，1997 年。

③ 参见朱士嘉编著《中国旧志名家论述》，北京燕山出版社，1988 年。

洪亮吉[1]　其方志理论多体现于其所撰的方志论文中。他曾整理过乾隆年间编修的府、厅、州、县志，并亲自撰写如《泾县志》《澄城县志》等多种志书，对方志理论颇有研究。他是乾嘉时期方志纂修地理学派代表之一。

洪氏在《泾县志序》中首先强调“修志之法，贵因而不贵创，信载籍而不信传闻，博考旁稽，义归二是”。反映出洪氏重考证、重载籍、因袭旧志体例的观点。“贵因不贵创”具有相当保守性，缺乏创新精神。这一观点构成了清代纂辑派（即旧派，以洪亮吉、戴震、孙星衍为代表的地理派）的理论核心，与撰著派（即新派，以章学诚、蒋湘南、黄彭年、刘光谟为代表的历史派）形成长期对峙局面。如洪氏在编纂《府州厅县图志》时，主张以布政使司分隶州县，章学诚反对，主张改布政使司为总督巡抚始合体制。洪氏在《与章进士学诚书》中反驳了章氏观点，主张修志“不必别翻新例，紊乱旧法”。章氏在《文史通义·地志统部》一文中，说明了这场争论的始末：“阳湖洪编修亮吉，尝撰辑《乾隆府厅州县志》，其分部乃用《一统志》例，以布政使司分隶府、厅、州、县。余于十年前，访洪君于其家，谓此书于今制当称部院，不当泥布政使司旧文，因历言今制分部与初制异者，以明例义。洪君意未然也。近见其所刻《卷施阁文集》，内有《与章进士书》，繁称博引，痛驳分部之说，余终不敢谓然。”从中可窥出洪、章二人争论之烈，其二人代表了清代新、旧两派观点。

其次，洪氏认为“一方之志，苟简不可，滥收亦不可”。其说允当。这是因为“苟简，则舆图疆域，容有不详……滥收则或采传闻，不搜载籍，借人才于异地，移景物于一方，以致讹以传讹，误中复误”。这里反映出洪氏重载籍、不采传闻的观点。然载籍未必全真，传闻未必皆伪，皆宜考辨而用才合情理。

其三，强调“一方志乘，有唐宋以来舆地图经可依据者，类皆登载严而叙事核”[2] 的观点，显然对新资料搜集缺乏重视，这里又可窥见洪氏地理派的观点。

姚鼐[3]　在《新修宿迁县志序》中主张“郡县有志，本史体也”，强调志书应发扬“史家传信”的优良传统，“夫史之为道，莫贵传信”，使志书“必存乎信实

---

① 洪亮吉小传见本书《乾隆府厅州县图志》。

② 略本朱士嘉于洪亮吉《泾县志序》之按语。朱士嘉编著：《中国旧志名家论选》，北京燕山出版社，1988 年。

③ 姚鼐小传见本书《江宁府志》。

而已”。[1]

姚氏在《泰山道里记序》中强调修志者要进行实地考察，如果每县邑有笃学好古、能游览者各考纪其地土之实，据以参相校订，则天下地志何患不善?[2] 只有通过实地考察，才能纠志之谬，如此，才称得上质量上乘之志。

姚氏认为“方志为史家之一体，非具史才者为之，不能善也”，主张修边陲方志者一定生于其地，否则，虽具史才“犹患不能善也”。[3] 此言恰到好处。

孙星衍[4] 在其《乾隆直隶邠州志序》中，主张方志应以考据存文献为其主旨，他说“方志以考据存文献。关中甚称《朝邑志》《武功志》，皆非著述之体，徒以文笔简要为长，予不敢袭其弊也”。孙氏修志虽重视古代材料的考证，而对当时社会政治经济情况多所疏漏，是其缺憾。因此其所撰志书，稽古有余，征今不足。此外，孙氏在该志《序》中主张直隶州志应专志州治，而不及属县，因为“直隶州志之例，古无所仿，若专志州治者，实当称为直隶邠州州志。今不可一书异名也”。他还认为，“旧志荒略，所载故实，不著原书，今悉正其谬”，并一一注明出处。他认为景定《建康志》考证地理俱载出处等，这些看法，于今仍有借鉴意义。

李兆洛[5] 在其《凤台上事与绅士书》中提出当务之急事之一是“志书宜修也”。他认为“志书为一县文献所寄，犹家之有谱牒也，为子孙而不知先代谱牒世系，无不羞之，为邑中人士之望，而于一邑文献不能数述，独非耻乎?”强调志书非修不可。

李氏在《凤台县志·自序》中说：“凡居百里之地，其山川形势，人民谣俗，苟有不晰，则不可以为治，况南北之交，风会所趋哉。且旧志陋而不赅，盖始事之难也。”这里将方志与地方吏治紧密联系在一起，不是牵强附会，而是治理地方之需要，他批评旧志“陋而不赅”，对于治理当地极为不利。这就是他决心纂修《凤台县志》的原因之一。

李兆洛在《怀远县志·序》中更阐述了修志之宗旨：“夫志者，心之所志也。

---

[1] 姚鼐《惜抱轩集·文后集卷一·新修宿迁县志序》，中国书店，1991 年。
[2] 姚鼐《惜抱轩集·文后集卷一·泰山道里记序》，中国书店，1991 年。
[3] 姚鼐《惜抱轩集·文后集卷一·滇系序》，中国书店，1991 年。
[4] 孙星衍小传见本书嘉庆《庐州府志》。
[5] 李兆洛小传见本书嘉庆《凤台县志》。

志民生之休戚，志天下之命脉，志前世之盛衰，以为法鉴也。志异日之因革，以为呼吁也。”将纂修方志作为“法鉴”“呼吁”，实在是难能可贵的论断。

李兆洛主持编纂方志，亲自采访，搜集资料。他不仅详征文献，且亲自“周历县境，审地形，察水道，访遗老，稽古籍，考金石”。既有文字资料、口碑资料，又有实物资料，并加以考辨，特别注意亲自考察得来的第一手资料，这就为志书记载现状的真实性提供了可靠的依据。他对资料的搜集十分认真：“推之全史，降及唐宋诸人之撰著，凡一事一人有涉于吾地者，罔弗录也；自城隍而外，凡川泽村聚径遂有跬步可行者，罔弗图也；官寺古刹及山林辟远之地，有碑石存可稽掌故而列艺文者，罔弗访搜而援据之也。”并能做到“详稽而慎取，统贯而条分自明”，使志书真正发挥“经世致用”的作用。[①]

阮元[②]　在《至顺镇江志提要》中强调志书应反映时代特点，文中叙述了宋元《镇江志》之种种区别：“大约宋志主于征文，此志则重于考献。宋志旁稽典籍，务核异同；此则备录故事，多详兴废。镇江在宋为边防之地，故其志攻守形势，网罗古今；在元为财赋之区，故此书物产土贡，胪列名状。其用意各有所在，不得而同也。”时代各异，形势不同，志书要反映时代特征，要因时而变。这种看法是很客观的。

第三节　章学诚的方志学

一、序

我国撰修地方志的历史悠久，及至清代，臻于鼎盛。清代以前，对于总结历代地方志得失，从理论上进行系统探讨和加以深入研究者，尚无其人。唐代刘知幾的《史通》，也无非着重对于国史等进行总结，加以评论，而把地方志只列为史学杂著的一部分，因此对地方志的评价并不十分客观，同时也难期全面。直至

① 略本杨欣《李兆洛和地方志》，载黄德馨、傅登舟主编《中国方志学家研究》，武汉出版社，1989年。

② 阮元小传见本书道光《广东通志》。

一千多年以后的清代史学家章学诚根据自己撰修地方志的实践并总结了前人撰修地方志的成败和得失，把地方志提高到其应有的地位，建立了我国封建时代的方志学。其代表著作主要反映在《章学诚遗书》中的《方志立三书议》《州县请立志科议》《修志十议》《为张吉甫司马撰大名县志序》及《记与戴东原论修志》等多篇论文中，集中表达出他对撰修地方志的系统见解。其重大成就在于他从理论上阐述了地方志在史学中的重要地位，地方志的概念、性质、内容、体例及社会作用，为我国史学做出了贡献。章学诚的方志学成了乾嘉时期史学界三大突出成就之一。

二、章学诚的方志学

章学诚[①]的方志理论主要表现在以下几个方面。

（一）强调地方志属于历史学，而非地理学

章学诚认为方志是记载一个行政区域的地方性史书。因而其内容应该以记载历史文献为主，而不应该把地方志同图经等专门地理书混为一谈。但是，历代学者多把地方志视为专详地理之书。所以，自隋唐以来，各史中的《艺文志》或《经籍志》等，都把地方志归入史部地理类。《四库全书总目》也一仍旧贯，同样把地方志归入史部地理类。直至清代章学诚，才将地方志与图经详加辨析，阐明了两者性质区别所在，另立地方志为一门学问，把地方志提高到其应有的地位，确定方志为“一方全史”。这是他对我国史学的一大突出贡献。

章学诚在《为张吉甫司马撰大名县志序》一文中指出：“夫家有谱，州县有志，国有史，其义一也。”视地方志同国史一样，皆为史学。他又说：“郡县志乘，即封建列国史官之遗，而近代修志诸家，误仿唐宋州郡图经而失之者也。《周官》外史掌四方之志，注谓若晋之《乘》、楚之《梼杌》、鲁之《春秋》。是一国之史，无所不载，乃可为一朝之史所取裁……若夫图经之用，乃是地理专门；按天官司会，所掌书契版图（注：版谓户籍，图谓土地形象），田地广狭，即后世图经所由仿也。是方志之与图经其体截然不同，而后人不辨其类，盖已久矣。”[②] 在这里，他强调了地方志绝对不能与地理书混为一谈。章氏将图经视为地

---

① 章学诚小传见本书乾隆《湖北通志》。

② 《章学诚遗书》卷十四《为张吉甫司马撰大名县志序》，文物出版社，1985 年。

理书，这当然是章氏一家之言。

章学诚认为，山川地理，只是地方志所记载的一个内容，而不是地方志所记载的唯一内容，地方志则应该着重于历史文献的记载。在这个问题上，他曾与当时著名学者戴震有过辩论。戴震以为："夫志以考地理，但悉心于地理沿革，则志事已竟，侈言文献，岂所谓急务哉?"而章学诚则认为，"方志如古国史，本非地理专门，如云但重沿革，而文献非其所急，则但作沿革考一篇足矣。"明确强调地方志所记重点应该是"一方文献"。他又进一步指出："考沿革者，取资载籍，载籍具在，人人得而考之，虽我今日有失，后人犹得而更正也。若夫一方文献，及时不与搜罗，编次不得其法，去取或失其宜，则他日将有放失难稽，湮没无闻者矣。"① 再次强调了地方志作为"一方文献"的意义所在，同那些把地方志看成仅仅是沿革考的观点是绝不相同的。在《大名县志序》中又申明："知方志非地理专书，则山川、都里、坊表、名胜，皆当汇入地理而不可分占篇目，失宾主之义也。"章学诚的这个论点，不仅廓清了地方志与专门地理书的性质区别所在，而且将地方志中所包含的地理内容扼要地归纳出来，这是前无古人的，自是史学理论上的一大创见。

（二）明确规定志书体例和内容

关于撰修地方志的体例和内容问题，章学诚强调了"三家之学"的理论对于撰修地方志的重大意义。

章学诚认为，地方志为史学。因此，其"体裁当规史法"。他主张："方州虽小，其所承奉而施布者，吏、户、礼、兵、刑、工无所不备，是则所谓具体而微矣。"② 还说："邑志虽小，体例无所不备。"③ 明确地指出地方志作为一方之史的体例应一如国史，无所不备，地方志乃是国史的具体而微者。

章学诚认为："纪传正史""掌故典要""文征诸选"分别为沿用《春秋》"官礼""风诗"这"三家之学"的别体。④ 而"三家之学"仍然可以成为撰修地方志的标准，在这个基础上，强调了地方志的内容体例必须"立三书"的主张："凡欲经纪一方之文献，必立'三家之学'，而始可以通古人之遗意也。仿纪传正史

① 《章学诚遗书》卷十四《记与戴东原论修志》，文物出版社，1985年。
② 《章学诚遗书》卷十四《方志立三书议》，文物出版社，1985年。
③ 《章学诚遗书》卷十五《修志十议》，文物出版社，1985年。
④ 《章学诚遗书》卷十四《方志立三书议》，文物出版社，1985年。

之体而作志（即通志，包括编年大事记及人物）；仿律令典例之体而作掌故（即典章制度）；仿《文选》《文苑》之体而作文征（即有史料价值的诗词文赋），三书相辅而行，缺一不可，合而为一，尤不可也。”[①] 旨在说明地方志的内容体例与“国史”无异。

“三书”中，志是主体，质言之，“志”是由纪、图、表、考、传等部分组成，章学诚认为，“志”是为长远流传，即“欲其经久，而可记也”，“可诵可识，乃能传世而行远”，其“义本百国春秋”。“掌故”是为了保存典故和史料，其“义本三百官礼”。“文征”是为了辑录艺文，与志书互证，其“义本十五国风”，与文选文鉴类近似。章学诚在阐明“三书”之间关系时以为“志”是主体，为成一家之言的著述（即撰著），而“掌故”和“文征”是两翼，是为存史和证史用的，是记注（即比类），近似资料汇编。

章学诚认为，各种史学著作体裁尽管不同，而从其内容上进行划分，不外“著述”与“比类”（或称撰述与记注）两大类。著述与比类的不同点在于：“撰述欲其圆而神，记注欲其方而智也。夫智以藏往，神以知来，记注欲往事之不忘，撰述欲来者之兴起……藏往欲其赅备无遗，故体有一定，而其德为方；知来欲其抉择去取，故例不拘常，而其德为圆。”[②] 这段话的意思是说“记注”乃是记录历史上史事的，因此需要“赅备无遗”，并需要按照一定体例来写；“撰述”则是通过史事引出经验教训，以为龟鉴。因此，对资料需要有所“抉择去取”，要有作者的观点，无须拘泥于一定体例。章学诚将著述与记注详加区别，解决了以往地方志中著述与资料汇编不分或难以区分的弊病。他对这种区别和关系譬之为“盖著述譬之韩信用兵，而比类譬之萧何转饷”[③]，二者缺一不可，一是创造的运用，一是史料的转载。

章学诚在方志中设“三书”的意义就在于此。

在“三书”之外，章学诚还主张附有“丛谈”。所谓“丛谈”即章氏所论“博览所余，滥入则不伦，弃之则可惜，故附稗野说部之流，而作丛谈，犹经之

① 《章学诚遗书》卷十四《方志立三书议》，文物出版社，1985年。又，文中括号内文字为笔者所加。

② 《章学诚遗书》卷一《书教下》，文物出版社，1985年。

③ 《章学诚遗书》卷九《报黄大俞先生》，文物出版社，1985年。

别解，史之外传，子之外篇也”[1]。章学诚于志中设“丛谈”一体，旨在将编录“三书”之外剩余而有价值的材料予以收录。“丛谈”就是志书中的“附录”或“杂记”“识余”。

章学诚主张方志立“三书”体例，不仅解决了以往方志中著述和比类混淆不清的矛盾，既与“正史”有所区别，又保持方志特点，而且也有统一地方志书体例的作用。故梁启超称“纯著述体之通志，可以肃括闳深，文极简而不虞遗阙”[2]。其论甚是。

章学诚在方志理论上的主张及其修志实践是统一的。他亲自修撰的许多地方志（如《和州志》《永清县志》《湖北通志》等）纪、传、考、表无所不备，一如正史，为后人撰修方志树立了楷模，影响深远。以章学诚后期编纂的《湖北通志》为例，最富有代表性，其体例如下：

方志
- 志——纪、图、表、考（政略）、列传
- 掌故——吏、户、礼、兵、刑、工六种汇编档案资料
- 文征——奏议、论说、诗、赋等
- 丛谈——轶事、琐语、异闻等

章学诚把志视为志书主体，并运用了正史体例，且有所创新，即不完全同于“正史”，如他强调志中有图体就是显著区别。此外，志是著述，有经世目的，有裨社会风教作用。

章学诚创立“掌故”“文征”专书。“掌故”，“犹言《唐书》之有《唐会要》，《宋史》之有《宋会要》，元史之有《元典章》，《明史》之有《明会典》而已矣”。即为后世档案资料汇编，按照州县官府中的吏、户、礼、兵、刑、工等科房，分别汇编档案资料。“文征”是挑选那些足以反映本地生活民情“合乎证史”的诗文，以及那些即使“不尽合于证史”，而实属“名笔佳章，人所同好”之文，汇编成书。

章学诚重视“掌故”的作用，认为：“薄书案牍，颁于功令，守于吏典，自有一定科律……求于今日之案牍，实可因而见古人之章程制度……治方志者，转

① 《章学诚遗书》卷十四《方志立三书议》，文物出版社，1985年。
② 梁启超：《中国近三百年学术史》“清代学者整理旧学之总成绩——方志学”，中华书局，1936年。

从掌故而正方志，盖志义久亡，而掌故之守未坠，修其掌故，则志义转可明矣。”①

（三）关于省、府、州、县志书体例

关于省、府、州、县志书体例问题，章学诚认为，编修方志，必须辨体。各类志书体例和内容应划清界限，明确范围。章氏在其《方志辨体》文中，力主省与府，府与县，其志书有别，不能相通。省的通志、府志、州志、县志各有其体例，统部通志“自有统部志例，非但集诸府、州志可称通志，亦非分析统部通志之文，即可散为府州志也。诸府之志，又有府志一定义例，既非可以上分通志而成，亦不可以下合州县而成。苟通志及府州县志，可以互相分合为书，则天下亦安用此重见迭出之缀旒哉。至直隶之州，其体视府，为其辖诸县也，其志不得视府志例。以府境皆州县境，州县既各有志，府志自应于州县志外，别审详略之宜。直隶之州，除属县外，别有本州之境，义与县境无异，如以府志之例，载属县事，而以县志之法，载本州事，则详略不论；如皆用府志之例，则于州境太疏；如皆用县志之例，则于属县重复，惟于疆域沿革，备载属县，以见州境之全，其余门类，一切存州去县，以见专治之界度。古人制度，方伯国史，未必具属国之文，节制大府，未必兼属郡之载，此亦拟于相体裁衣之得当者矣。或问，今之志直隶州者，未闻如是之别也。曰：今之通志，与府、州、县志，皆可互相分合者也，既可互相分合，亦可互相有无；书苟可以互相有无，即不成其为书矣”②。章氏这段文字，把通志、府志、州志、县志的体例内容严格区别开来，各类志书，各有所份，不容混淆，“要别审详略之宜”。强调通志与府、州、县志绝不可互相分合，否则即不成其为志书。

章学诚将上述理论贯穿于《修湖北通志驳陈熷议》一文，如章氏认为，为总论以记湖北山川形势，使读者览之“如掌上观纹”，如从陈熷议，缕陈所有旧志山川及注释，则无异连床架屋，失去实用价值；又如章氏采用前人有关湖北财赋、利病的论述，“联络为篇……而读者于十一府州数百年间财赋沿革利弊，洞如观火，盖有布政使册以总大数（见《赋役表》），又有议论以明得失，故文简而事理明也”，如从陈熷议，依旧志例，“尽取各府、州、县赋役全书，挨次排

① 《章学诚遗书》卷十五《亳州志掌故例议下》，文物出版社，1985年。

② 《章学诚遗书》卷十四《方志略例》一，文物出版社，1985年。

纂……阅者连篇累卷，但见赋税钱谷之数，其十一府、州数百年来利病得失，则茫然无可求矣”。

章氏强调：“比人而后有家，比家而后有国，比国而后有天下，惟分者极其详，然后合者能择善而无憾也。谱牒散而难稽，传志私而多谀。朝廷修史，必将于方志取其裁，而方志之中，则统部取于诸府，诸府取于州县，亦自下而上之道也，然则州县志书，下为谱牒传志持平，上为部府征信，实朝史之要删也。”① 此段文字，旨在阐明如下几点：其一，朝廷修史资料必取于方志；其二，方志之中，统部取于府，府取于州县，自下而上；其三，州县志书甚为重要，下为谱牒传志持平，上为部府征信，实朝史要删。②

（四）力主各州县设志科

专门负责搜集乡邦文献，为撰修地方志创造条件。

章学诚在《修志十议》一文中着重指出：“修志有二便：地近则易核，时近则迹真。”地方志以政区为中心，范围有限，撰修者可以直接取材于当地所保存的档案信札、谱牒传志、金石等原始材料；如有阙疑不明之处，还可以直接就地采访考察。由此可见，地方上撰修方志，其史料翔实、具体，而且真实、可靠。为此，他特别主张，在各州县设立志科，专门负责搜集地方文献，为日后撰修地方志在材料上做好必要的准备。他说：“故州县之志，不可取办于一时，平日当于诸典吏中，特立志科，佥典吏之稍明于文法者，以充其选，而且立为成法，俾如法以纪载，略如案牍之有公式焉，则无妄作聪明之弊矣。积数十年之久，则访能文学而通史裁者，笔削以为成书，所谓待其人而后行也。”③ 在这一问题上，章学诚论述了所应采取的具体办法，强调将资料置藏室以防水火；置锁椟，严启闭；一切资料，必须定期分科别类，“四乡各设采访一人，遴选绅士之公正符人望者为之，俾遗文逸事，以时呈纳”。同时对于奸吏舞法、窜窃更改之弊，严加防范、堵塞。

章氏关于州县立志科的倡议，颇具创见，倍受梁启超之称誉：“实斋之意，欲将此种整理之方法，由学者悉心订定后，著为格式，颁下各州县之‘志科’，

---

① 《章学诚遗书》卷十四《州县请立志科议》，文物出版社，1985 年。

② “要删”一词始见于《史记十二诸侯年表序》，这里是说，朝史是以删约各种志书，特别是州县志书要旨而成的另一种体裁。

③ 《章学诚遗书》卷十四《州县请立志科议》，文物出版社，1985 年。

随时依式撮录，则不必高才之人亦可从事，而文献散亡之患可以免，此诚保存史料之根本方法，未经人道者也。”① 章氏倡议至今日仍有现实意义。

（五）关于方志编纂

章学诚主张志乃史体，因此编纂志书要当合“史法”，他强调，地方志书同“正史”一样，内容记述要严名分，别尊卑，要采用“详近略远”的原则，重视资料的考证，强调资料要“征信”，要求广征文献，重视调查，大量占有资料。然后，“据事直书，善否自见”，写成信史。

章学诚对于志书中人物立传问题讨论颇为详备、深透。在其《修志十议》文中，强调人物资料取舍“贵辨真伪”，“凡旧志人物列传，例应有改无削，新志人物，一凭本家子孙列状投柜，核实无虚，送馆立传……但所送行状，务有可记之实，详悉开列，以备采择，方准收录。如开送名宦，必详曾任何职，实兴何利，实除何弊，实于何事有益国计民生，乃为合例，如但云清廉勤慎，慈惠严明，全无实征……概不收受”。章氏强调“所送行状，务有可记之实”，这是搜集人物传记资料的首要问题，必须有具体事实，要有益国计民生。

章学诚强调地方志中人物传必须详备，以备国史取资。在《答甄秀才论修志第二书》称：“然国史取材邑志，人物尤为紧要……故其事由下而上，邑志不详备，则日后何由而证也?”

章氏还认为志书人物传如同史之列传，且宜详于史，“夫传（指方志人物传——笔者），即史之列传体尔……宜详于史”②。章氏认为志书人物传如史传一样，还可录人物之论著。他说：“学士论著，有可见其生平抱负则全录于本传，如班史录《天人三策》于《董仲舒传》，录《治安》诸疏于《贾谊列传》之例可也。”③ 还主张将墓志、传赞之属入于传文。人物传中引用原文如果蔓长，可以删节，用“其略云”领起即可。

至于传例，章氏强调“生不立传”原则。“邑志列传，全用史例，凡现存之人，例不入传。”④ 但他认为，如果去任之官，政绩卓然，虽未没身，亦应立传。“至去任之官，苟一时政绩，卓然可传，舆论交推，更无拟议者，虽未经没身论

① 梁启超:《中国近三百年学术史》“清代学者整理旧学之总成绩——方志学”，中华书局，1936 年。
② 《章学诚遗书》卷十五《答甄秀才论修志第二书》，文物出版社，1985 年。
③ 《章学诚遗书》卷十五《答甄秀才论修志第一书》，文物出版社，1985 年。
④ 《章学诚遗书》卷十五《修志十议》，文物出版社，1985 年。

定，于法亦得立传。盖志为此县而作，为宰有功此县，则甘棠可留。虽或缘故被劾，及乡论未详，安得没其现施事迹？且其人已去，既无谀颂之嫌，而隔越方州，亦无遥访其人存否之例。”① 章氏特别申明“惟其人现居本县，或现升本省上官，及有统辖者，仍不立传，所以远迎合之嫌，杜是非之义耳”②。

章氏主张为人物列表，善益甚多，如他认为“兹于古人见史笔者，体例苟无可登，列名人物之表，庶几密而不猥，疏而不漏”③。

关于志书大事记，章氏要求把“古今治乱”的重大事件都“粗具于编年纪”之中④，因此，这与一般正史本纪不同。“方志撰纪，只是以为一书之经”，且冠之全志之首，在于“存史法也”。“志者，史所取裁，史以纪事，非编年弗为纲也”。⑤ 强调大事记必以编年之法才能成为全志纲领。

章学诚在《修志十议》文中，提出修志者要具备“三长”，即“识足以断凡例，明足以决去取，公足以绝请托”。这里的“识”指认识和分析能力；“明”指才学；“公”指品德，即修志者要公正，拒绝请托、贿赂。只有具有“识”“明”“公”三长，才能做到义例精严，选材得要，私情祛除。修志“三长”是章氏根据修志实践，把史家“三长”，即刘知幾的才、学、识作为基础，又增补了一项“史德”，修订为对志家的要求。修志者只有具备这些条件，才算称职，这与他“文人不能修志”的论点是一致的。

章氏要求修志者，要乘二便（地近则易核，时近则迹真），知三长，去五难（清晰天度难，考衷古界难，调剂众议难，广征藏书难，予杜是非难），除八忌（忌条理混杂，忌详略失体，忌偏尚文辞，忌妆点名胜，忌擅翻旧案，忌浮记功绩，忌泥古不变，忌贪载传奇）而立四体（即设立纪、谱、考、传四种体例）以归四要（简、严、核、雅），这是从形式到内容的要求，体例谨严、简括，内容周备、真确，文字雅而不俗。⑥

章氏主张修志要有明确分工，要有专责，要掌握大量资料，“以凭详慎诠次，

---

① 《章学诚遗书》卷十五《修志十议》，文物出版社，1985 年。
② 《章学诚遗书》卷十五《修志十议》，文物出版社，1985 年。
③ 《章学诚遗书》卷十五《亳州志人物表例议下》，文物出版社，1985 年。
④ 《章学诚遗书》卷二十五《湖北通志检存稿二·序传》，文物出版社，1985 年。
⑤ 《章学诚遗书》卷十四《为毕秋帆制府撰石首县志序》，文物出版社，1985 年。
⑥ 《章学诚遗书》卷十五《修志十议》，文物出版社，1985 年。

庶能巨细无遗，永垂信史”①。

此外，章氏对“征文”“书法”“援引”“裁制”“标题”“外编”等均有重要系统论述。

总之，章氏所设计的方志体例，是纪、图、表、考、传齐备的著述体与地方掌故、文征及丛谈等汇编资料的记注体的综合体例。章氏自诩这是方志体例中的“上乘”“不祧之宗”。此方志体系与以往不同，成为具有史义“经世致用”的“一方全史”。

（六）经世致用思想在方志学中的体现

“史学所以经世”“切于人伦日用”等经世致用思想，是章学诚论史、撰史的重要指导思想，这一思想也同样渗透于撰修地方志的理论之中。他在《记与戴东原论修志》一文中说：“夫修志者，非示观美，将求其实用也。”在《答甄秀才论修志第一书》一文中强调：“史志之书，有补风教者。”扼要地阐明了撰修地方志的目的及其社会作用。他还在《州县请立志科议》一文中认为：“传状志述，一人之史也；家乘谱牒，一家之史也；部府县志，一国之史也；综纪一朝，天下之史也。比人而后有家，比家而后有国，比国而后有天下，惟分者极其详，然后合者能择善而无憾也。”把史明确地划分为四类，只有“一人之史”“一家之史”极其周密，其“一国之史”“天下之史”才能自下而上，择善而从。章学诚认为州县地方志的作用甚为关键，这是因为它“下为谱牒传志持平，上为部府征信”，“朝廷修史，必将于方志取其裁”。② 这种国史取材于地方志书的方法“方将如《春秋》之借资于百国宝书也”③。基于这个观点，他甚至规定地方志“则人物当详于史传，而不可节录大略，艺文当详载书目，而不可类选诗文也”④，这些思想都是务求实用的。

由于章学诚所处的历史时代及其本身的阶级局限，其修志理论最终还是为封建统治阶级服务的，他把为历代封建统治阶级推崇备至的“纪传正史”之体稍加改造，移入地方志中来，使地方志从形式到内容都一如“正史”，其实质与“道名分，别尊卑”思想是一脉相承的。如章氏在志例中，以“皇言”“恩泽”二纪

① 《章学诚遗书》卷十五《修志十议》，文物出版社，1985年。
② 《章学诚遗书》卷十四《州县请立志科议》，文物出版社，1985年。
③ 《章学诚遗书》卷十四《方志立三书议》，文物出版社，1985年。
④ 《章学诚遗书》卷十四《为张吉甫司马撰大名县志序》，文物出版社，1985年。

居首即其显例。这二纪在志书中既起不到纲纪作用，也与章氏一再强调志书“非示观美”观点相悖。这种做法既是泥古的又是不实际的，摆脱不了旧史家的史例成式。其次，章氏在人物列传中强调以名宦、乡贤、忠孝作为志人物重点，方伎、文苑次之，这都是他封建等级伦常观念的反映。章氏极为重视列女传的撰述，并且在编辑志书中大力征集该方面资料，以“裨风教”，反映了作者维系封建伦理道德思想。此外，章氏同其他志家学者一样，对于地方上的科技内容记载未给予足够重视，且把科技包括于方伎之中，都是应该指出的。此外，章氏将图经视为专门地理书也是值得商榷的。

总之，章学诚是生活于清代乾嘉时期的封建统治阶级史学家、方志学家。其政治思想、治学思想总出发点是为了维护清王朝统治的。但他在学术上的许多具体见解，特别是在方志学方面的系统见解是有很大进步意义的。它不仅对于清代以及中国近代地方志的纂修起到了指导和推动作用，而且对于当代地方史志的编写也具有一定的借鉴作用。正因如此，章学诚不仅是乾嘉时期史学大师，也是我国历史上杰出的史学家和方志学家。

第四节　晚清时期

林则徐①　在其所撰道光《大定府志序》中，于方志理论多有阐发。在致大定知府黄宅中②函内发表对地方志的意见。如关于撰写方志序言问题，林氏认为：“弁言之作，原为全帙提纲，如叙中于书之体例有脱漏者，应请就稿酌添，有触背者亦祈酌易，总使作者之意尽宣于叙者之言，俾读者观一叙而会全书之宗旨，乃为祈合无间。”关于对入志人物的遴选与评论问题，林在该函附笺中强调“胥视其人诚合于舆评之公，绝无以意为轩轾者”，要持论公正，不应以个人感情论

① 林则徐小传见本书《四洲志》。

② 黄宅中，字惺斋，号图南，山西河曲人，由翰林外改闽县知县，晋湖南宝庆同知，膺特荐简任贵州大定知府，道光二十五年（1845）莅任。“以大定地处偏隅……志乘残缺，乃取前守王允浩乾隆中志稿作权舆，而延湖南邹汉勋为主纂……仿闽中李元仲所纂《宁化县志》体，分土地、人民、政事六大纲，加以外篇文征共八门总二十册，约六十万余言，刊本印行……”（见民国《大定县志》卷九《宦绩志》）

定是非。林氏主张对于志书的资料应立足于翔实，“宜精而确”，批评《大定府志》对周有声生平“采访似为未周”，林氏特于附笺中补述周氏生平。林氏强调志中诸事必明其出处，“不以己意为增损”。尤重志书刊印质量，指出《大定府志》“刊本未免尚多错字，希嘱细心者重校一过，逐加修改，更可以广流传矣!”此外，林氏还认为志书损益古今，兴利除弊，具有资政作用。①

鲁一同 (1805—1863)，字兰岑，江苏山阳人。曾编咸丰《邳州志》及咸丰《清河县志》。其于咸丰《邳州志后序》中阐发方志思想，论述了州县志的基础作用。他说：“天下州县，无虑千数百所，则莫不有志；由州县而上有府，府之上有省，其志则下根于州县，于是合十有八省以汇为统志。”“州县志或讹谬羼驳，等而上之，至于天府之图籍，职方之掌载，举受其弊。”此正说明州县志书质量之重要，直接关系“天府之图籍，职方之掌载”正确与否。鲁氏所修志书取材范围极广，正如其所说：“上下十九代之史，旁及《通典》《通鉴》《通考》、山经、地志、官书、吏牍、世家谱牒、金石文字之类，反复研索，证之以旧志、府志、淮安旧志七八家，参以己意，断为一书。其自有明以前，宗诸正史，大都正误者十之三，补缺者十之四；明季以后，史所不详，则以志证志，兼考官牍，旁采舆论，增损匪多，而劬苦倍至。”这里不仅讲到了资料的来源，也阐明了修志者对于史料记载不详所采取的措施，对今日修志具有指导意义。此外，在此文中，有鲁氏“私意所裁者”凡十条，如其中旧史所指斥“岛夷索虏”等文字，“凡所援引，悉改旧文，但以彼此为辞，以明一家之作”，都具有积极意义。鲁氏修志体例仍循雍正以前奉功令修志之成式，平列门目，通体不见一图一表，在当时颇为罕见。王葆心为此案语云：“此古文家以撰著体修志之一也。”诚为笃论。王氏对鲁氏考辨资料、取舍严格颇为推崇，云：“于材料辨之也精，则其取舍也必核，观此四类取材，于志家应具之程涂，可云能践其要矣。”② 故鲁氏为后人称为方志撰著派一巨子。

王棻 (1828—1899)，字子庄，清浙江黄岩人，同治间优贡生。一生不入仕途，倾力著述，精研方志理论，并讲学多所书院。编纂《黄岩县志》《青田县志》《永嘉县志》《仙居县志》《太平县续志》《杭州府志》等。著《柔桥文钞》

① 略本来新夏《林则徐谈地方志》，载黄德馨、傅登舟主编《中国方志学家研究》，武汉出版社，1989年。

② 参见朱士嘉编著《中国旧志名家论选》，北京燕山出版社，1988年。

《经说偶存》等多种。

王棻在《光绪杭州府志序》中阐明史、志关系，认为“地志之书，虽为史之支流，而其体实与史异”，旨在说明志体与史体之不同，如将志书纂成史书，“以纪为首，而人物冒称列传，则失之僭而近于诬。……”故修志不应仿史例。又在《与戴鳌峰论修志书》中论述修志不应仿“史例”，批评章学诚修志之例虽详，但“大弊在欲仿史”，“即如帝纪一门，实斋欲以赈恤诸事仿之。夫赈恤、灾祥、兵寇，皆天道之变，人事之穷，地方之不幸，而可以为首乎？……修志之法，不必过于求异，惟在广征文献，实事求是，不至任意刊改，向壁虚造而已矣”。作者还强调修志之法在于“必因旧志而损益之”以及“今续修斯志，其义例当一循其旧”的观点，反映出王氏秉承“贵因不贵创”的因循保守思想，这也是他修志的主导思想。他还认为修志“固不可欲速，然欲速亦自有道，第一，书籍宜足；第二，采访宜详；第三，分修得人；第四，缮写得人；第五，雠校得人，则半年可以蒇事矣。五者之中，书籍、缮写尤为要，缮写之人须楷法……”

王氏强调指出，志体与史体不同还在于：“史记帝王，故首本纪；志记方隅，故首舆地。史善恶并书；志则称善而不称恶。史艺文但列书目，不载诗文；志则兼载诗文，仍列书目。史列传或专采诗文，如《汉书》贾谊、相如等传；志则诗文不宜载入传中。史体侔作者，故援据诸书不注出典；志则纪述旧闻，每事宜注出处。”可见，王氏论述的史体与志体的不同点是十分具体的，也能抓住问题要害之处。此外，王棻关于方志性质、起源、地志与图经关系、修志方法、修志人选等方面多有论及，颇可参考。

总之，王氏方志理论较为系统、深刻。他大体继承了清代旧派方志观点，也颇受章学诚等新派学术观点影响，并形成自己的见解。

李慈铭　（1829—1894），字爱伯，号莼客，晚号越缦老人，浙江会稽人，光绪进士。任户部江南司浚郎，山西道监察御史等职。著有《唐代官制杂钞》《宋代官制杂钞》《后汉书集注》《绍兴府志》校纪不分卷、《山阴县志校勘记》《越缦堂文集》，纂《会稽新志》等。李慈铭在《拟修郡县志略例八则》中，就方志疆域、郡邑、艺文、金石、海防、选举、名宦、人物等项例则发表己见，如对待先贤人物，认为方志与国史体例不同，志书记先贤人物，“旨在树先贤之典型，为后生之矜式，宜与国史详略相补，巨细无稽，非取复载也”，反对取于国史载于志中的做法。[①] 这些观点很值得后人借鉴。

李慈铭比较系统地阐述了修志原则，认为地方志应注重疆域，应以山川为记载标志，这种观点颇有见地。他说："地方以疆域为重，疆域之限，村镇城邑，古今易名，当以山川为识。"李氏以山川作为确定村镇等位置的标志较为合理。一般志书，其乡镇位置多按与县城距离记载。由于村落新增或消亡变化很大，甚至县城位置也有改易。李氏之论，有一定道理。

在人物收录标准上，李慈铭提出"勿遗勿滥"的原则。对于那些无事迹可记载者，人虽显贵也不予收录。他还主张地方志记善不记恶，"有善可纪者，略其疵"，目的是为了"恩桑梓"。关于艺文志的编纂，李氏认为应仿《崇文总目》《四库全书总目》记载书籍卷数及主要内容。

吴汝纶 （1840—1903），字挚甫，安徽桐城人，同治进士。授内阁中书，历任深州、冀州、寿州知州，后任保定莲池书院山长。1902年，任京师大学堂总教习。曾赴日考察教育。为桐城派末期代表人物。纂《深州风土记》，并拟定《采访志书条例十六则》，今有《桐城吴先生全书》行世。

吴氏《采访志书条例十六则》包括应采书目、采本境名贤著述、采传状碑志诗书、采石碑刻、采旧志、采邻境志书、考村庄道里、采河道迁徙、采民间习俗、采物产货殖、采族姓迁流所自、考核舆图、采方言、采人物、采旧事、采古迹等。他特别重视原始资料的采集，例如，他主张搜集刻石要全面："即村民琐事，土音俚语，既行刻石，亦必有事可考。今无论何项碑刻，但金石上一字，均应广为搜寻。大者摹拓，小者抄录。"他极为重视一地风土人情的调查，认为"旧志多采摭史书，略论风俗。寥寥数语，既嫌简少，且史氏所言，多一方大概，不仅为一州一县而言，此不切之陈言也"。他认为冠婚丧祭、日用饮食、土地庙祭神、赛会等"虽俚鄙不经，究系俗尚所系，皆应胪列志书"。

特别值得指出的是，吴汝纶极为重视地方志书舆图的绘制。他批评"历来志书舆图极鲜精本……而图独疏简"。强调亲自勘查，索取资料进行绘制。他说："舆图之学最重目验，足迹未经，据载籍而摹绘之，其合于旧说而背于今地者多矣。"他还力主调查河道的变迁，并将考察结果载入志书之中，实际上这是历史地理学的一个内容，很有见地。他还强调州县志书应详载村庄，对每一村庄人

① 李慈铭：《越缦堂文集》卷十二，国立北京图书馆，1930年。

口、土地、四至八到的官道、小道等皆宜详录。

吴氏强调写地方志应坚持“详独略同”原则，在调查基础上写出地方特色来。他说：“今宜择他处所无而此独有，他处不如此处之佳者，始行详载。如深州之桃、饶阳之细之类，其土产所生，应查明某物最多，某物最少。又宜记耕种、禾稼之工，以考民力之勤惰；记栽植树木之法，以考物产之兴耗。”

由于吴氏重视金石碑刻等原始资料的采录并著于志中，资料价值颇高，并为民国时期著名方志学家瞿宣颖所称道：“所录明洪武学校格式碑，足证明代地方教育制度，且补《明史·选举志》之疏阔，至为可珍。”①

蔡元培　(1868—1940)，字鹤卿，号孑民，浙江绍兴人，光绪进士。曾任翰林院编修，清末赴德留学。民国时期，曾任南京临时政府教育总长、北京大学校长、中央研究院院长等职。著作辑为《蔡元培全集》。

清末，民族危机日益加深，一些有见地的方志学家主张在方志中反映现实，革除某些旧例。蔡元培于光绪十六年（1890）撰《重修上虞县志例言》，其中表达了这种观点。他认为方志设吏、户、礼、兵、刑、工六篇。剔除章学诚志例中的“皇言”“恩泽”两纪，以地篇居首。强调在兵篇中详录帝国主义入侵及反帝事实，这是他爱国主义思想在志书中的体现，也反映了他着眼于现实重大问题入志。

刘师培　(1884—1919)，字申叔，一名光汉，江苏仪征人。曾结识章太炎、蔡元培加入同盟会，治学以传统经学入手，后来，吸收资产阶级民主思想，学术大进，以批判态度对待国学，著述极富，由南桂馨编《刘申叔先生遗书》已出版。刘氏于方志学领域见树颇多，撰写有关方志论文，如《钱培名越绝书札记书后》《方舆胜览书后》等，编辑《江宁乡土地理教科书》等，以光绪三十三年（1907）撰《编辑乡土志序例》最为突出。从近代方志学角度，较为系统地论述了新时期编志问题，体现了其方志思想。

《编辑乡土志序例》主要论述新时期方志编纂的任务、目的、原则等重大问题。刘氏认为旧志“猥滥无法，掇拾不精”，“略于近而详于远”或“所立之例互相参差，不可为典要”，或“数典忘祖”，“思古之情未发，怀旧之念未抒”，认为

① 略本吴昭谦《吴汝纶务实求真的精神》，载黄德馨、傅登舟主编《中国方志学家研究》，武汉出版社，1989年。

激发人们的“爱国之心”，创编一种与以往方志迥然不同的新方志为“当今之要务”。并认为编写新方志任务，是要确立地方自治，推进乡邦政教，表彰乡邦前贤，教育后人，故必须详载前贤学术成就，汇编前贤论事记事之文，以增强民众热爱桑梓之情。刘氏认为，在新时代，方言有碍于思想交流，要从幼童开始改革乡音以使语言统一，他说，“音操土语，则应对多乖。故国语一科，亟需教授”，“欲革乡土之音，必自总角之童始”。其思想，实开我国语言规范化之先声。刘氏还认为新方志应重实业，反对旧志重政事轻经济倾向，他认为实业即“农工商三端”，强调新地方志必须对当地物产进行调查，提供翔实情况，并要求一地自编博物志，以供小学乡土格致之用。为振兴地方实业，他强调要为地方工艺匠师立传，并对其工艺、技术详加载述。《序例》还主张方志体例分舆地志、政典志、风俗志、人物志、大事志、方言志、文学志、物产志八类，分别载述一地古今事情。从而彰显民国时期新志特点。①

第五节　小结

清代方志事业的发展，尤其在方志编纂和方志理论方面取得的成就，是以往任何一个封建王朝都无法比拟的，从清王朝建国直至清季出现了众多的方志理论家，把我国封建时代方志理论推向了高峰，其中以乾嘉时期学者为盛。章学诚以其丰富的修志实践和比较完整系统的方志理论，成为中国封建时代方志学奠基人是无可否认的。其方志理论对当时及其以后乃至今日修志均有重要借鉴价值，这就是章学诚方志学的历史意义和现实意义所在。

① 略本姚伟《刘师培与资产阶级方志学》，载黄德馨、傅登舟主编《中国方志学家研究》，武汉出版社，1989年。

第十一章　民国时期的方志编纂

序

1840 年鸦片战争以后，中国逐渐沦为半殖民地半封建社会。此期的文化属于半殖民地半封建文化性质。作为文化组成部分的地方志书，由于它具有指导时政的重大作用，历来倍受统治者重视。1911 年孙中山领导的中国资产阶级民主革命运动胜利，结束了中国 2000 多年的封建帝制，具有划时代意义。西方资产阶级民主科学思想及共和观念在中国的广泛传播，猛烈地冲击着传统文化，给民国时期的方志注入了新的内容；军阀势力在民国初期猖獗，一些方志的编纂操于其手，反映了一定的割据内容；1931 年，日本帝国主义对中国发动侵略战争，同时在文化上紧密配合，一些地方志变成了侵略者的舆论工具；国民党在大后方也积极推行志务，甚至在其崩溃阶段，也在断断续续地编纂方志。整个民国时期，志书的内容和体例虽然未能全部摆脱旧志束缚，但与旧志已有明显差别。这首先表现在编纂方志、地理“经世致用”思想更具有新意。如 1917 年，著名舆地、方志学者林传甲（1877—1922，字奎腾，福建闽侯人）看到“日本调查我国，所编中国省别地志及次第出版”，以此为国耻大辱，“益觉外人谋我之急”，发起编撰大中华各省地理志，先后出版了浙江、江苏、安徽、福建、湖北、直隶、山东、湖南、吉林等省地理志及《大中华直隶省易县志》《察哈尔乡土志》及《黑龙江最新地图》等。其次，还表现在方志编纂方法、体例和内容上的明显更新。如黎锦熙提出“续、补、创”的方法，具有新义；鉴于旧志舆图多不精确，当局规定："本届志书舆图应由专门人员以最新科学方法制绘精印，订列专册，以裨实用。"[①] 黄炎培《川沙县志》设"概述"，陈述全书内容大要，使读者进而浏览全文，或竟不及读全文而大致了了；黎锦熙《洛川县志》于每卷开端设置小序，以概括大要或阐明义例。当局明令规定"大事记"为志体之一，此体虽非民国时期首创，然由当局倡导确属首事，成为民国时期方志体裁之一。民国时期方志中增加了各种统计图表，大大提高了志书的实用价值及科学性，如四川《南溪县志》载有当地物价变动表八种，颇具匠心。特别需要指出的是，浙江大学校长蒋梦麟提出编修省志应解散方志旧体，主张省志当在现代立场，以切用为旨，其材料应注意物质方面，提出省志应由省史、年鉴及专门调查三部分组成。民国时期，许多方志反映了近代资本主义企业的兴起，如广东《南海县志》记载了学术界公认的我国最早一家民族企业——继昌隆缫丝厂的创建及发展状况。其他如江苏《兴化县续志》记同茂协蛋厂，四川《合川县志》记经纬丝厂，江苏《江阴县续志》记当地蚕行、布行、纱厂，广东《佛山忠义乡志》记南洋兄弟烟草公司等。此期的方志还保留有大量反帝反封建的斗争史料，如《松江志料》记 1919 年松江县（今上海市松江区）抵制日货的爱国运动；《法华乡志》记法华等地发生的五四爱国运动；《临江府志》《醴陵县志》《辑安县乡土记》记载了人民抗日斗争的情况；《定海县志》《芜湖县志》记教会侵吞土地罪行；《瑷珲县志》《黑龙江志稿》记沙俄侵略罪行；河北《固安县志》《涿州志》《霸县志》记义和团斗争；河南《南官县志》记农民抗税捐斗争；河南重修《信阳县志》记白朗起义；安徽《涡阳县志》记捻军等，材料颇为珍贵。

民国时期志书编纂范围之广，数量之多，特别是年均编纂数量是历代王朝所不能比拟的。据《中国地方志联合目录》统计，民国时期各类志书编纂总数达 1705 种，年均 44.8 种。其中通志类 94 种，市志类 53 种，县志类 1011 种，乡土志类 132 种，其他类 159 种，无确切编纂年代的有 256 种，涉及全国三十个省市。此外，民国时期旧志重刊成绩颇著，总数达 548 种。

中华民国志书编纂大体经历了四个时期，即北洋政府时期（1912. 1—1927. 7）、南京国民政府前期（1927. 8—1937. 6）、七七事变至抗战结束时期（1937. 7—1945. 9）、国民政府崩溃时期（1945. 10—1949. 9）。兹以上述四个历

① 1929 年国民政府内政部《修志事例概要》，赵庚奇编《修志文献选辑》，北京燕山出版社，1990 年。

史时期为分期，略述其志书编纂情况。

第一节　北洋政府时期

一、导语

辛亥革命推翻帝制，建立中华民国。1912 年 1 月 1 日，孙中山在南京建立首届中华民国临时政府。1912 年 3 月，南北议和，袁世凯窃取了政权。孙中山邀请袁到南京就任临时大总统，但袁制造兵变，并以此为借口，在北京就职。自此，以袁世凯为首的北洋军阀在北京建立了中华民国中央政权，史称北洋政府。至 1927 年 8 月南京国民政府建立为止，北洋政府统治长达 15 年之久。1914 年，北洋政府教育部为征集学校乡土教材，督促各县编写乡土志，这是清末编写乡土志的继续。1916 年、1917 年及 1918 年内政部同教育部通令各地续修县志，要求各县组织编写人员，设立机构，征求文献。民国六年（1917）山西省公署颁发《各县志书凡例》，通令各县修志，并规定县志体例应由图、略、传、志、考五体构成。各体以下分目，对县志所分门类及编纂方法做了统一规定。该凡例由郭象升①制定。民国六年，胡思敬②撰《盐乘例言》，认为志书纪、传、表、书四体创自《史记》，《汉书》改书为志，而方志为“《汉书・地理志》之体”。既以“志”称，则府、州、县志不能包括表、传。以“乘”为名，则志、表、略、传各体并用。还认为方志为“著书之体，首重简要”。方志门类顺序应以土地、人民、官守顺序排列，志书应设疆域、氏族、京师、营建、食货、礼俗、学校、刑狱、武备、艺文、灾祥、人物等门，统合古今。此外，《例言》对各门类具体编法也做了规定。

民国六年邓之诚发表了《省志今例发凡》。③ 主张省志体例应具有图、表、纪、志、传、录诸体。认为各体之功能为“图以明之，表以系之，纪以通之，志

---

① 郭象升（1881—1941），号允叔，山西晋城人。曾任山西大学文科学长等。著《清史讲义》等。

② 胡思敬（1869—1922），字漱唐，江西宜丰人，光绪进士。校勘《豫章丛书》。所著《退庐全书》凡十二种，内有《新昌县志》《盐乘》十六卷。

③ 载《地学杂志》9 卷 1—6 期。

以详之，传以记之，不尽者归于余录”。作者尤重图在方志中的作用，认为“古者图史并重，山经地志，盖皆有图，不仅记疆域表里而已，建置、人物、草木虫鱼皆借图而明”。强调“图与书并重，而有重于书者，故宜独具，而不必散见”。这些论述都极为中肯。邓氏《发凡》规定志图应有十种：沿革总图（以年代各次为图）、地势图（原隰、坡陀、滨海者列沿海图，岛澳、湾、港、风向、潮流列分图）、山川图（大山、大川湖海列分图）、气候物产图、省总图、县分图、坊市图、村镇图、交通图、胜迹图等。邓氏特别强调“舆图之作，实测与编辑并重”，指出图应以科学方法绘制。在论及表的作用时，邓氏认为“盖表以包事，事之无关宏旨者，得省之于表。……表与志传相为表里”。其所设计之表有如下八种：沿革、职官、登庸、封建、人物（名贤、列女）、学制、户口、商务等。省志“通纪”主要记古今大事，“志”应因时创新，故设有地理、河渠、经政、武备、教育、实业、交通、艺文、金石九种。“传”包罗各种人物。要之，邓氏《发凡》所列各项已见新意，但仍有沿袭旧志类目者。此例在北洋时期省志体例中颇具代表性，对各省修志具有指导意义。

1925年，余绍宋撰《龙游县志叙例》，凡二万余言。分为总例、通纪、地理考、氏族考、建置考、食货考、艺文考、都图表、职官表、选举表、人物传、列女传、丛载、掌故、文征、前志源流及修志原委。

《叙例》对于方志理论、修志方法进行详细讨论。《总例》中称修志有二法：一为改撰，一为续编。作者认为以改撰为上，体现了作者的创新精神。作者还认为志书体例“意在规仿史裁”，全志应分正志与附志两部分，“正志为志之本文，务求峻洁，以符史例”，正志拟正史，分纪、考、表、传四类；“附志为志之附录，不妨广收，以免遗漏，期于相辅而行，不使偏废。”附志包括丛载、掌故、文征等。

关于大事记，余绍宋名曰《通纪》，作者认为“兹篇意在为考、表、传之经，故专重一县之大事。汇而纪之，使二千年来情事，萃于一帙。不惟全书若网在纲，亦在为知人论世之助”。作者以编年史中纲目体叙事，只叙不议，不取《春秋》褒贬之意。

作者重视氏族在县志中之地位，强调“一地方文化之优劣，人才之盛衰，风俗之良窳，食货之荣悴，胥于氏族变迁有息息相关之理”，故立《氏族考》。故其所选载人物，不主张以世家大族为标准，而“推求其影响于文化之优劣，人才之盛衰，风俗之良窳，生计之荣悴者何如”①，“其义例为千古创体，前无所承”②。

作者重视经济资料的搜集，认为食货是“厚生之道，不可以不讲”。食货类应详载户口、田赋、水利、仓储及物产和物价，皆应实地调查和考辨，因为“有关民生者甚巨”。

作者对方腊、耿精忠、洪、杨等农民起义视为“乱”，视畲民为蛮夷等，其立场、史观一如清朝遗老。因此，出现上述问题是不足为奇的。该志有关太平天国在本县的事迹始末详尽，值得称道。

北洋时期，方志辑佚之作也在进行，但为数不多，如1912年浙江瑞安孙氏玉梅楼刊行、孙诒让编《永嘉郡记辑本》及民国四年（1915）鲁迅《会稽郡故书杂集》等。

《会稽郡故书杂集》作者辑佚了八种绍兴古地志，其一，《会稽先贤传》七卷，三国谢承撰，此书约佚于北宋，《杂集》辑入严遵、董昆、沈勋、淳于翼、茅升、陈业、阚泽、贺氏等人，作为一卷；其二，《会稽典录》二十卷，一作二十四卷，晋虞预撰，书佚于明，《杂集》辑范蠡、计倪等七十七人，作二卷；其三，《会稽后贤传记》二卷，晋钟离岫撰，约佚于宋元，《杂集》辑孔愉、孔郡、孔坦、丁谭、谢仙女五人；其四，《会稽先贤象赞》四卷，一作五卷，书佚于唐后，《杂集》仅自《北堂书钞》中辑出二条；其五，《会稽土地记》一卷，三国朱育撰，书早佚，仅自《世说新语注》中辑出两条；其六，《会稽记》一卷，晋贺循撰，南宋佚，《杂集》自《史记正义》《太平御览》《舆地纪胜》《会稽三赋注》等书中辑出数条；其七，《会稽记》，刘宋孔灵符撰，卷帙未详，南宋前佚，《杂集》自《水经注》《文选注》《初学记》等书中辑出多条；其八，《会稽地志》卷未详，夏侯曾先撰，书约佚于南宋，辑自《嘉泰会稽志》等书。

二、修志机构

北洋时期，各省编修通志机构相继成立。有的因循清末光宣年间之余绪，继而开展修志工作的，而大部分则是此间新设。

这一时期，因循清末通志局而开展工作的，如山东通志局，始设于光绪十六

---

① 梁启超：《龙游县志序》，载赵庚奇编《修志文献选辑》，北京燕山出版社，1990年。
② 梁启超：《龙游县志序》，载赵庚奇编《修志文献选辑》，北京燕山出版社，1990年。

年（1890），其编纂《山东通志》于宣统三年（1911）定稿，民国四年（1915）铅印出版，“此志是山东省集古今之大成的志书”。又如清末民初设立的江苏通志局，为江苏省修志机构，宣统二年（1910），改编译局为江苏通志局，因辛亥革命爆发而中断。民国元年（1912）9月，通志局及志稿等并入南京图书馆。民国七年（1918）志局恢复，冯煦任总纂。十六年（1927）冯氏病逝，遗稿藏南京图书馆，此为未成之作。光绪三十四年（1908）成立的甘肃省通志局，升允、长庚为监修，陈灿等为总办，丁謨翰、安维峻为总纂，已成初稿未付梓出版。1911年，辛亥革命胜利，长庚批准刻印志书十余部。

北洋政府时期，一些省成立通志局，以开展通志编纂与文献征集工作。较为著名者如下：

民国三年（1914）8月20日成立黑龙江通志局。该局前身系黑龙江舆图局，光绪二十五年（1899）改设黑龙江通志局。重新成立后的黑龙江通志局，涂风书任局长。成稿十五册，后散佚。六年（1917），连澂改任，纂修未就，八年（1919）再次停办。九年（1920），省长孙烈臣聘金梁继修通志，历经五载，作长编，近一百五十册，脱稿后称《黑龙江备志》，因卷帙浩繁，复录其纲要为二卷，于十四年（1925）付梓，即《黑龙江通志纲要》。又请张延厚补订，未成。十八年（1929）重新开局修志，张伯英任总纂，同年七月“中东路事件”发生，张伯英在北平设通志局继续编修，历三载，初稿成。“九一八”事变，通志局分纂室书牍及成稿被焚。后经张云生、惠伯汇成全稿。民国二十二年（1933）万福麟出资于北平付刻。为《黑龙江志稿》六十二卷，附地图一册，大事记四卷。全书分十二门，肇自唐虞，下迄“九一八”事变前。

民国三年（1914）北平成立中州文献征集处，后移至卫辉（今汲县）改称为经正书舍。李敏修主持，编印《中州先哲传》三十六卷、《中州艺文录》四十二卷、《中州文征》二十八卷、《中州诗钞》三十二卷、《中州诗征》三十卷，并征集大量明末及清、民国时期的中州文献，今存于新乡市图书馆。

民国三年（1914）设浙江省通志局，总纂沈曾植。议定凡例以乾隆元年（1736）至宣统三年（1911）为时限，以雍正《浙江通志》为基础，续修《浙江通志》未成，仅成志稿二百余册，民国十六年（1927）交浙江省图书馆收藏。

民国四年（1915）广东省政府成立广东通志馆，于民国五年（1916）完成《续修广东通志》未成稿十九册，今存广东省中山图书馆。

民国五年（1916），福建通志修志总局成立，沈瑜庆为总纂。民国十年（1921），全稿告成，次年刻。是志共五十一总卷，凡例一卷，六百一十一分卷，统五十门。至民国二十六年（1937），志稿已刊出者达 90%，版片移交省图，后归省教育厅管理。全志于民国二十七年（1938）告竣，上自隋唐，下至清宣统元年（1909）。

民国五年（1916），陕西省通志局筹建，民国十二年（1923）正式成立。民国十八年（1929），国民政府内政部颁发《修志事例概要》后，由省府主席宋哲元主持，正式编纂《陕西通志》。杨虎城主陕时改名为陕西通志馆。民国二十三年（1934）初，《续修陕西通志稿》基本完成后，陕西省通志局自行解散。全志凡二百二十四卷，二十八门，始于乾隆元年（1736），终于宣统三年（1911）。

民国八年（1919），山西文献征存局在北京潞郡会馆内成立。该局专门征集山西文献，两年后因政局动荡解散。1933 年元月恢复，改名山西文献委员会。编辑出版《山西献征》《山右丛书》等文献，1936 年阎锡山决定拨款十万元由该会重修《山西通志》，因体例之争未成。抗战爆发，该会自行解体。1947 年，再次恢复，至 1949 年 4 月太原解放终未成其事。

民国八年（1919）设贵州通志局，旨在重修《贵州通志》。1936 年设贵州文献征辑馆，续印《黔南丛书》和编印《贵州文献汇刊》。民国三十六年（1947）改文献征辑馆为贵州文献委员会，继续编纂省志，民国三十七年（1948）刊行。全书十九编，一百七十一卷。

民国十年（1921）河南省长张凤台设通志局于开封，又颁《通志局组织简章》八条，草拟重修《河南通志》，简目二十六门，规定以四年为纂修期。民国十二年（1923），改通志局为重修河南通志局，成书期改为五年，省志篇目缩减为十九门。

以上这些通志局虽经成立，但在北洋统治短短十几年中很少成书，一些志稿或下延续修或待以后付梓出版，有的仅存手稿，竟未刊行。

三、志书举要

北洋时期省志成书不多，较优者如白眉初撰《青海志》（抄本），缪荃孙、冯煦纂修民国《江苏省通志稿》三百五十二卷（民国十六年影印本），浙江省通志局修、沈曾植等纂《浙江续通志》（民国十三年稿本，不分卷），及朱广澜修、梁鼎芬纂民国《续修广东通志》十九册（民国五年稿本）等。

这一时期县志成书较多，凡三百三十七种，其次为乡土志六十一种。县志中有些出于清朝遗老之手，虽进入民国但内容甚至构成严重问题，编书者立场一仍旧贯，站在清王朝立场上修志。如由吴宝矩等修、刘人俊等纂的民国《大余县志》十六卷，于民国八年（1919）刻印，虽门类上有所增新，编排上也较科学，然其“职官、选举”仍为大宗，“列女”因袭旧志且又生人入传。

此时期尚有为数较多的志书颇能反映地方和时代特征，于体例、内容等方面均有新意。例如《乡宁县志》《万泉县志》《崖州志》《盐山新志》《莱芜县志》《慈利县志》《平阳县志》《龙游县志》及《佛山忠义乡志》等。又，民初绘《畿辅舆地全图》，含河北省畿辅十一府（厅）百四十六州县凡二百十四图，资料珍贵。

民国**《乡宁县志》**

赵祖抃修，吴庚等纂。

乡宁，山西省属县。

十六卷，首一卷。刊刻于民国六年（1917）。《中国地方志联合目录》著录，国家图书馆、山西图书馆有民国六年刻本。

该志遵光绪《山西通志》例，分为图、谱、考、记、录五体，下设三十四目。删汰分野、星度及八景题咏。舆图中创设《煤窑图（铁炉附）》，将全县二十八座人窑、十二座牛窑、七座井窑、九座铁炉，均分别标明其址，甚为实用。

民国**《万泉县志》**

何桑等修，冯文瑞等纂。

万泉，原山西省属县。1954年与荣河县合并，称万荣县。

民国七年（1918）付印。《中国地方志联合目录》著录。国家图书馆与山西图书馆有民国七年石印本。凡八卷。首、末各一卷，分二十门，分为舆地、政治、人物、艺文四纲。其最大特点是对本县七十余种土产的品类、特性、生产以及防治病虫害皆详载入，堪称佳构。

民国**《崖州志》**

钟元棣修，张隽、邢定纶纂。

崖州，今称崖县，今海南省黎族苗族自治州。

有民国三年（1914）铅印本。1962年郭沫若氏标点铅印本，并为之序。《中国地方志联合目录》著录。广东等多地图书馆有民国三年铅印本。国家图书馆及广东图书馆有 1962 年郭沫若标点铅印本。凡二十二卷，有舆地志、建置志、经政志、海防志、黎防志、职官志、选举志、宦绩志、人物志、艺文志、杂志。时间断限，上自汉下至清季，凡崖州地区疆土沿革、气候潮汐、风土人物、典制艺文等无不在网罗之列。此志设海防志、黎防志，突出地方色彩。志中载有唐李德裕谪居海南史料，殊为可珍。郭沫若据此作《李德裕在海南岛上》一文。

民国**《盐山新志》**

孙毓琇修，贾恩绂[①]纂。

孙毓琇，浙江人，民国三年（1914）知县事。

盐山，今河北省属县。

此志于民国五年（1916）成书并刊刻。《中国地方志联合目录》著录。国家图书馆、天津图书馆、保定图书馆有民国五年刻本。凡三十卷，卷前有王树楠序、孙毓琇序、县境全图、叙例，下为疆域略（经界、沿革、古迹）、法制略（建置、设官、赋役、新政）、文献略（职官、氏族、人物、艺文）、故实略（物产、谣俗、兵事、轶闻）、叙录。凡四略十六篇四十目。此志以同治《盐山县志》为依据，间采康熙十二年（1673）《盐山县补志》。此志创多于因，体例不为旧例所拘，颇具史裁。本志体现时代特点，特设新政、兵事诸门，于经济颇为重视，特别是对乡镇集市贸易及物产种类等记叙详尽。叙沿革明晰，无附会之词。表使用颇多，事增文省，这又是本书的优点。此志为贾氏总纂《直隶通志稿》期间纂辑，文采斐然，为民国时期志书佳构。

民国**《莱芜县志》**

张梅亭纂修。

张梅亭，字雪安，山东莱芜人，光绪末由进士任礼部主事。

莱芜，山东省属县。

今按，该志实为张梅亭于光绪三十四年（1908）所修《莱芜县志》基础上之修订之本。民国七年（1918）修，十一年（1922）铅印。《中国地方志联合目录》著录。国家图书馆及上海、山东等多地图书馆有民国七年修，十一年铅印本。凡二十二卷首一卷。析为地理、建置、官师、田赋、学校、选举、艺文、金石、人

---

① 贾恩绂小传见本书民国《南宫县志》。

物诸志及大事记等。以下设目三十五。其中艺文志仿《汉书·艺文志》例，只载书目，不录文字。此书采摭繁富，取舍严肃，修订精审，体例内容皆极精备，为民国地志中之杰构。

民国**《慈利县志》**

田兴奎修，吴恭亨纂。

吴恭亨（1857—1937），字悔晦，号岩村，慈利人，邑廪贡生。曾两修《慈利县志》（光绪、民国），撰《悔晦堂文集》《沪宁革命始末记》等。

慈利县，今属湖南省。

民国十二年（1923）铅印。《中国地方志联合目录》著录。国家图书馆及湖南图书馆等有民国十二年铅印本。凡二十卷，卷首一卷，内容分地理、户口、实业、建置、财政、教育、议会、祠祀、官职、人物、风俗、事记、艺文、序等门，各门下设目若干。此志各类图表极多，颇切实用。全志图凡二十七，表四十二，附载于各有关门目内容之中。图有标例，铜版印制，至为精审。户口、富庶二表可考见全县民力之盛衰；职官、人物分为表体，颇称明晰；志中专设实业、财政、教育、议会等门，体现了时代特色。此志颇具剪裁，编次得法，详人所略，略人所详，切于实用，在民国时期方志中颇有代表性。

民国**《平阳县志》**

王理孚修，符璋、刘绍宽纂。

平阳，今属浙江省。

民国四年（1915）创修，十三年（1924）脱稿，十五年（1926）刊行。《中国地方志联合目录》著录。国家图书馆及上海图书馆、浙江图书馆有民国四年修，十五年刻本。凡九十八卷，首一卷，舆图十二幅，测绘精详。卷首为符璋序、沈陈棨序、凡例、职务、姓名。分舆地、建置、学校、食货、兵卫、风土、职官、选举、人物、神教、经籍、古迹、金石及杂事，又有补遗、正误及考异、文征。各门下析为若干细目。卷末有刘绍宽跋。

此志体例宏大，征引繁富，稽其同异，辨其伪缺，深入实地，调查研究，资料翔实可信，为近代浙江方志中之佳构。

民国**《龙游县志》**

余绍宋撰。

余绍宋（1883—1949），字越园，龙游人。早年留日，北洋军阀政府时为司法部代理司法总长。后任北京法政大学教授、北京美术院院长等职。

龙游，今属浙江省。

此志为余氏在北京执教期间用四年时间写成，凡十六册，四十卷，首末各一卷，共四十二卷。民国十四年（1925）北京京城印书局刊行。《中国地方志联合目录》著录。国家图书馆、浙江图书馆有民国十四年铅印本。全书用章学诚“三书体”之例并有创新。有纪一，称通纪；考五，地理、氏族、建置、食货、艺文；表三，都图、职官、选举；传二，人物、列女：以上为正志。丛载、掌故、文征为附志。首有叙例，叙方志心得，为前录。卷末署前志源流及修志原委，为后录。

引书多达四五百种，皆注明出处，重经济，于食货考记载颇详，皆实地采访，重视物价记载。人物美恶并书。艺文详录其序例、解题。地理考废弃旧志中星野一门。唯志中称少数民族为“蛮夷”，在叙例中称畲民为异族不必入志，其源流及风俗，只见于氏族考、地理考附录，是为缺憾。该书历来评价不一。

民国**《佛山忠义乡志》**

汪宗准监修，冼宝干等纂。

民国十五年（1926）刊刻。十九卷，首一卷。分舆地志、水利志、建置志、赋税志、教育志、实业志、慈善志、祠祀志、氏族志、风土志、乡事志、职官志、选举志、人物志、艺文志、金石志、乡禁志、杂志等。卷首有图说十三种，内容丰富，记事准确，时代特点鲜明。实业志详载工商业历史与现状，例如手工业生产及南洋兄弟烟草公司等，史料价值较高，向称广东名志。

第二节　南京国民政府前期

一、导语

1927 年 9 月，国民政府在南京成立，自此确立了国民党在中国的统治地位。1927 年至 1937 年这十年为南京国民政府统治时期，为确保其统治，以志为鉴是当时文化建设方面的重要内容。在此期间，南京政府明令各地方修志，全国各地志书编纂形成高潮，在整个民国时期占重要地位。

1928 年 12 月，国民政府下达各省县修志命令。

民国十八年（1929）12 月，内政部呈奉行政院转奉国民政府令准，颁行《修志事例概要》，凡二十二条，各省根据第一条规定，应于各省所在地，设立通志馆。

第六条规定：“遇有用满、蒙、回、藏文字、注音字母，以及外国文字时，得附载原文。”

第七条规定：“本届志书舆图应由专门人员以最新科学方法制绘精印，订列专册，以裨实用。”

第八条规定：“编制分省分县市舆图时，对于国界、省界、县市界变更沿革，均应特加注意，清晰划分，并加附说明，以正疆界而资稽考。”

第九条规定：“各省志书，除每县市应有一行政区域分图外，并须将山脉、水道、交通、地质、物产分配、雨季分配、雨量变差、气候变差，以及繁盛街市、港湾形势、名胜地方，分别绘制专图，编入汇订。”

第十二条规定：“志书中应多列统计表，如土地、户口、物产、实业、地质、气候、交通、赋税、教育、卫生，以及人民生活、社会经济各种状况，均应分年精确调查，制成统计比较表编入。”

第十三条规定：“各省志书应特列大事记一门。”

第十六条规定：“对艺文书目应仿《四库全书提要》例，编列提要以资参考。不能仅列书名、卷数及作者姓名。”

第十八条规定：“天时人事，发现异状，确有事实可征者，应调查明确，据实编入，以供科学之研究，但不得稍涉迷信。”

第二十一条规定：“各县及各普通市兴修志书，应行规定事项，由各省通志馆参照本概要定之。”

第二十二条规定：“各特别市兴修志书，准用本概要之规定。”

《概要》分为三大部分：第一部分为一至四条，主要述及各省成立通志馆事宜、人员配备经费及职责等；第二部分为五至十九条，为《概要》的主体部分，内容为方志具体编纂之注意事项；第三部分即后三条，内容为本《概要》实行办法。《概要》重视经济，规定志书中土地、户口、物产、实业、赋税、交通等各种社会经济状况，均应分年精确调查，并制成统计比较表编入。其次是采用科学手段，如规定舆图应由专门人员以最新科学方法制绘精印，订列专册，重视对各地特殊方物的摄影等。如此重视志书舆图及各地特殊方物的科学绘制，这在中国方志史上尚属首次，实为提升志书实用价值明智之举。《概要》未涉及宸翰、烈女等内容，具有反封建意识。反对将一些自然灾异滥入，强调天时人事发现异状，确有事实可证者，应调查明确，据实编入，以供科学研究，但不得稍涉迷信。《概要》要求各地因地制宜，斟酌损益，不强求一律。《概要》的颁行，促使了各地通志馆的建立和编纂，并对市、县志以及特别市修志具有指导作用，成为此期修志的纲领性文件。

为进一步推行《修志事例概要》各项规定，督促各省尽快组建修志机构，内政部于 1930 年 1 月、6 月及 1931 年 4 月三令五申，督请各省政府成立通志馆。

在这十年中，有不少专家、学者研究讨论修志事宜，较著者如傅振伦、蒋梦麟、刘复、王重民和朱希祖等。

1929 年，傅振伦撰《新河县志新志述略》。《述略》阐发傅氏修志主张，认为志书应统合古今，故该志“起自往古，断于民国十七年”，认为“志，则出古国史，自当师法史裁”。《述略》云“本志广增图画”，以求“察图而洞具形体，文齐事明”，读史志，非图难明，表明作者非常重视图在志书中的作用。在内容方面，强调志书为“社会之写真”，详载社会诸方面内容。卷末别录中《长编凡例》具体论述了修志原则，如志书不撰《天文志》，删汰星野图，强调志书应载释道、寺院。作者仿李鸿章《畿辅通志》，于经、史、子、集之外，别立方志类，这些做法都是积极可取的。

民国十八年（1929），国立浙江大学校长蒋梦麟在省政府提议方志新体例及进行办法一案，认为省志问题宜解散方志旧体，分编年鉴、专门调查和省史“三书”。

年鉴门目：一、地理（省市县图、疆域沿革、面积、行政区域、山脉、河流、气候）；二、地质矿物及动植物概论；三、户口；四、民族（方言、风俗附）；五、党部组织；六、行政组织；七、治安（军备、警察）；八、教育；九、宗教；十、农业；十一、工业；十二、商业及金融；十三、交通；十四、财政；十五、建设；十六、民生（生活程度、职业分配、物价工资、财产之调查或估计及其与人口之比例、救济）。

专门调查：地图、地质、气象、民族、经济、教育等门。

省史：建置沿革、大事记、度支志、工程志、民生志、教育志、人物志、民俗志、志余等项。

应该说蒋氏“新三书”理论是具有积极意义的。蒋氏已洞察旧志从内容到体例上的弊端积重难返，必须革故鼎新，方能适应时代要求。其所论“省史”，是撰写一省历史，是将一省的过去总结下来，以鉴于今日；其所论“年鉴”和“专门调查”，乃侧重现状之举，这就抓住了志书的本质，即对于现状的记述。蒋氏吸收了时效性甚强的年鉴，继省史而编写，无疑是卓识之举。民国时期经济、文化、政治等较以前有了更大进展，载有大量信息的年鉴已成为人们了解各种情况的重要渠道。因此，蒋氏提议一语中的。此外，一些地质、气象、经济、教育等凡有关国计民生的事物，自民国以来尚没有一个较全面真确的调查了解，很难把一地的基本情况讲清楚，因此“专门调查”实属时代所必须，而且该时代业已具备调查这些内容的先进方法。蒋氏之论，实具卓识，既具时代性，又颇为实用。“新三书”，不仅把西方先进科学手段运用于编纂方志中，而且猛烈地冲击着传统文化，对旧志从形式到内容上进行了比较彻底的改造，表现了蒋氏大胆创新的精神。应该明确，民国方志虽未遵蒋氏之言而行，然从方志发展演变大势考察，其论具有拓荒意义。

民国二十年（1931），刘复撰《重修山东通志事例商榷》①。作者以内政部《修志事例概要》为基调，就清末《山东通志》“所当革易者”进行讨论。

作者极为重视图表在志书中的作用，认为“图表为用甚大，今悉拟多置图表，不第舆地有图，即他事物学理政艺及建筑工程等，亦应有图表，则各门具重”。又云：“地理于图外，若星缠经纬，日出入节气气候，须立专表，而诸地图并各有表相辅以行。”并批评前志旧舆图与今多不合，且省府州县图外，仅有黄河一图，而支流且弗备，今当别制省图、市县图。作者认为，图、表互相补充，不可偏废，如“黄河变迁营汛无图，虽有表而不完不合，当为订补”。又云：“沿革有表，尤宜有图，古今州域分合，因革不明，表能析其变，不能举其形也。今拟倡为沿革图，每代一表……”“图表披对，形势了如指掌。”还强调大事记可以“断代为表，年经事纬，一事居一格，约辞省文，随年分书，纵为编年，横为纪事，一纵一横，而某代有何数大事，生灭错综，如示诸掌”。

① 《山东省立图书馆季刊》第一卷第1期。

此外，作者强调志形胜“宜列表注实”，疆域可为表，古迹可为表，风俗、物产宜有总表、分表，“田赋、户口、税则、仓储、荒政、监法、关榷，可括数为表，兼可按事为表”，“驻防、海防、军实、营阵、驿铺、水道、迁徙、堵筑、开浚、漕运、海运，不但应有表，并应有图以存考”。由此可见，图表在志书中的作用既广泛又实用，这些皆不乏卓识之见。

作者还认为：“修志笔削，以时代而异，民国不同于清以前，今日又不同于民初。”认为今日与过去大不同者，如外交、交通、实业、司法“则前志所未有也”，职官、学校、兵防“则名似而实异者也”，内政、财政、区域“则事增于前者也”。应舍旧图新，审订纲领，疏具条目。刘氏这些意见，对于编纂山东省新志以及他省志书均有借鉴价值。

1922年，傅振伦草拟《河北通志例目》，主张宜分纪、考略、传三编。图表分见各类。卷首、卷末各一编。

卷首为序录、志例、引用书目。

正编为疆理考，记地文地理之自然环境及历史环境，设总图、名称及建置沿革、位置、面积、地形、山脉、河流、地质、气候、自然物产、形胜、古迹等目。

纪（大事记、通纪、杂记）。政务略，首述河北在政治、军事、外交上之地位，次述各代官制，京师及名宦政绩，行政之区分、司法之概况。自治与党务略，自治门述其制度及现况，党务以握有政权之党为主，自开始运动说起，叙至现代，党内一切小组织、党外一切党团在本省市之活动，亦宜记载。财务略，述历代民、户、丁、漕及各项课税、省款支出、盐法、货币、债券、银行、官产、公款等。选举与教育略，上编概论历代选举制度，书院、学校、义学、社学亦应叙入，并附以选举表及封爵表；下编述现代学制、学校教育及教育机关，会社、专门学校以上毕业生员，当详其姓名及职务，中学以下，只列统计表，学款、学产亦附载之。外交略，凡关外交，如条约、租界、领事馆、外人租地，均详之。军备及治安略，练军、驻军、军械、马政、海防、空防、警察、自卫等，均应详其制度沿革及现况。建设略，凡人事之建置兴修，均详其沿革及现状，并广为绘图摄影，以存实迹，其古志图像，亦宜附存。礼仪略，记历代礼教，以迄今日。氏族略，氏族之于地方文献，最为重要，斯盖文化升降之所由系，而社会一切制度之所因依也。民生略上，记社会经济，分为生产方面、交易方面、分配方面、消费方面；民生略下，记社会普通生活情形，分为党务活动，新闻事业，教育、卫生、救济事业。民俗略，首述历代风气概要，次述社会组织，又述现代风俗，再述人民心灵的态度。文物考，记本省一切史料，分艺文、传闻、古迹古物。列传，前编记本籍士女，分政略、懿行、学术、艺术，附以人物表及人物别录；后编述名宦。县市概略，记县市之疆土、党务、行政、民俗、文献等。

卷末：别录，本志于正篇之外，仿志乘、志余、杂录之体，立别录一编，凡无可附丽者，均入之。亦犹经之别解，史之外传，子之外篇之例。

1928 年，傅氏撰《河北新河县志》正编目录，亦编入此篇，旨在供修志者之商榷，其为舆地考、纪、经政考、氏族考、政实考、艺文考、风土考、列传、地方考。①

民国二十二年（1933），朱希祖在国立中山大学文史学研究所月刊第一卷第三期上发表《广东通志略例》一文。《略例》以阮元《广东通志》为蓝本，提出了适应时代变化的通志体例。他首先提出修志宜统合古今，自应将古今大事迹汇集于一书，乃足观其会通，征其繁赜。次为近代新事物层出不穷，虽极盛于当代，然亦胚胎于清季，斯皆断代之所不便述。此外，他认为修志体例必须考虑时代变化，志书内容篇目亦须增减。在人物传纂修方面，提出可有内传、外传之分，“本省人入内传，外省外国人入外传。内传又分专传、汇传。专传注重个人特性，以人名分代编次；汇传注重社会群体，以事类分派编次”。这些观点于今修志都有启迪作用。

上述诸家讨论修志工作，拟订例目，深化了方志例目的研究。各地修志者参考这些例目，结合当地实际，斟酌损益，指导和推动了当时方志事业的发展。

二、修志机构

在这十年当中，各省成立通志馆并开展工作的为数颇多，兹举其著者。

民国十七年（1928），奉天省（今辽宁）成立奉天通志馆，至 1930 年，改名辽宁通志馆，旋即恢复原名。民国二十三年（1934），《奉天通志》刊行，凡二十目，二百六十卷，上自秦汉，下迄清末。

民国十八年（1929）成立甘肃省通志局，民国二十年（1931）中辍。民国二

① 傅振伦：《中国方志学通论》章十八，北京燕山出版社，1988 年。

十一年（1932），根据内政部颁布的《修志事例概要》，将局改馆，设甘肃省通志馆，搜集资料，整理原通志局志稿。民国二十六年（1937）七七事变前，《甘肃通志稿》成，计开支 15 万银元，志稿未付梓，唯卷一《甘肃省县总分图》及卷二、三《甘肃省地理沿革图表》于民国二十三年（1934）铅印，原稿藏甘肃省图书馆。

民国十九年（1930）于开封设立河南通志馆，并通令各县设修志局。民国二十年（1931）公布《河南省通志馆组织条例》，规定二年成书，全书预计七百二十九卷，至民国二十二年（1933）编成六百二十九卷，民国二十三年（1934）移交河南大学管理。民国二十六年（1937），《河南通志》稿成，计七编，三十六卷，七百余万言，全面抗战爆发后，运往四川，未及刊行。抗战胜利后，原稿运回开封，稿已散失大部。民国三十五年（1946）成立河南省志编审委员会，拟印刷该稿未就，1948 年开封解放，该机构于 1949 年 3 月撤销。

民国十九年（1930），安徽通志馆成立。徐乃昌任总纂。原纂修计划宏大，据民国《安徽通志稿凡例目录》载，有八图、二纪、二十一考、三传、杂类。至民国二十三年（1934）止，出版《安徽通志稿》凡一百五十七卷。

1931 年 9 月成立云南通志馆，综合历代旧志赓续至宣统三年（1911），编成《新纂云南通志》二百六十六卷，又编辑民国元年至二十年（1912—1931）《续云南通志长编》，并编纂《人物志》。

民国二十年（1931）绥远通志馆成立。总纂李泰棻。1933 年完成《金石志》《艺文志》草稿。民国二十三年（1934）改组。民国二十五年（1936）修成《绥远通志》初稿一百二十卷。民国二十七年（1938）傅增湘继任总纂，裁定初稿。七七事变后，通志馆解散。

民国十九年（1930），广东省政府委托中山大学纂修《广东通志》，成立中山大学广东通志馆。邹鲁校长任馆长。人员约五十人，至民国二十四年（1935），完成《广东通志》（初稿），一百二十册，今存广东省中山图书馆。

民国二十年（1931）9 月，河北通志馆在天津成立。初由省政府秘书长刘善锜兼任馆长，曹树殷任总纂。次年三月，刘卸任，8 月，改由河北省政府秘书长瞿宣颖任馆长。瞿氏拟定了《暂定河北通志目录》及《整理方案》等，对《河北通志》的编纂具有重要指导意义。1933 年初，曹氏辞职。6 月，瞿氏辞职。7 月，省政府聘高凌霨为河北通志馆馆长，张志谭任副馆长。省政府聘王树楠等为总裁，从事通志编纂。王树楠任内初步确定了《河北通志目录》。1936 年 2 月，总裁王树楠去世，由张国淦主持《河北通志》编纂。当时寓居北平的方志学家甘鹏云，折中河北通志馆历次编纂方案、目录等，于 1937 年撰成《河北通志凡例》，主张以光绪《畿辅通志》体例为基础，变通为地理、经政、食货、民事、文献五志，以下分篇目若干，五志外，另设大事记，并据此形成《河北通志目录》。1937 年七七事变，河北通志馆人员星散，总裁张国淦携部分稿本、志料出走南方，河北通志馆就此中止。1935 年 4 月间，部分志稿曾印成单行本在《河北月刊》上连载。谢家荣撰《地质志》《矿产志》完成时，已是 1937 年 6 月。(今按：《河北通志稿》是一部未完成之作)

民国二十一年（1932），广西省修志局于广西南宁成立，民国二十五年（1936）冬迁桂林，二十七年（1938）停办。民国三十一年（1942），设广西省志编审委员会，翌年改为广西通志馆，其间纂成少部分志稿，即《广西通志稿》十九册，其中地理编已定稿十一册，并编辑《广西省通志馆馆刊》五期。至 1949 年 11 月，仅得稿本六编，十八本，约一百五十余万字。有 1949 年油印本。

民国二十一年（1932）成立湖北通志馆筹备处。民国二十三年（1934）10 月 1 日湖北通志馆正式成立，制定了编修省、县志规章及通志凡例、纲目，并搜集资料，编成若干专著及《鄂西志》稿，通志编纂未及进行。

民国二十年（1931），上海通志馆成立，民国二十一年（1932），柳亚子任馆长。原计划以一年时间编成《上海市通志稿》，后改为四年，拟定《上海市通志稿》二十五编，每编约十万字，全书至少二百五十万字。民国二十二年（1933）8 月，通志馆颁布《上海通志馆征集史料启事》。民国二十二年（1933）创办《上海通志馆期刊》，民国二十四年（1935）停办，共刊八期。民国二十五年（1936）完成《上海通志》初稿十一编，即历史、地文、政治、外交、教育、财政、金融、社会事业、学艺、公共租界、法租界等编。同时又相继编辑出版民国二十四年、二十五年、二十六年《上海市年鉴》。还发现失传已久的明弘治《上海县志》，至民国二十六年（1937）日军侵占上海，志馆关闭时，通志已完成过半，逾一千万字。上海沦陷期间，通志馆胡寄尘、徐蔚南等组织上海通社，编纂出版了《上海掌故丛书》《上海研究资料》及《续集》。民国三十四年（1945）抗战胜利后，上海通志馆重开。民国三十五年（1946），通志馆改为上海市文献委员会，至中华人民共和国成立时，《上海通志》仍未成事。

民国二十二年（1933），察哈尔省通志馆成立，馆长梁违章。一年多以后，《察哈尔省志》完成，铅印出版，凡二十八卷，首一卷。

三、志书举要

此期为志书编纂成书的高峰期，表现为数量大，范围广，质量较优。计通志43种，市（府）志22种，县志457种，乡土志46种，其他68种。此外，旧志重刊281种。较为重要者有以下数种：

通志类：《河北通志稿》《奉天通志》《黑龙江志稿》；

市（府）志类：《首都志》（南京志）、《新京备乘》；

县志类：《新河县志》《川沙县志》《阳原县志》《冀县志》《无极县志》《巴县志》《南宫县志》；

其他：《庐山志》。

民国**《黑龙江志稿》**

万福麟监修，张伯英总纂。

万福麟（1880—1951），字寿山，吉林农安人。曾任黑龙江省政府委员兼主席、二级陆军上将等多种军政要职，1949年去台湾。

张伯英（1871—1949），一名白英，字少溥，江苏徐州人，光绪举人。曾任临时执政府秘书长，黑龙江通志编纂处总纂，书法家，书法、金石鉴赏家，著《续徐州诗征》，纂《黑龙江志稿》等。

民国二十一年（1932）6月成书，民国二十二年（1933）铅印。《中国地方志联合目录》著录。北京大学图书馆有民国二十一年稿本，体例仿清代乾隆《盛京通志》及光绪《吉林通志》，酌加损益。全志凡六十二卷，首一卷，附四卷。分十二类：地理志、经政志、物产志、财赋志、学校志、武备志、交涉志、交通志、职官志、选举志、人物志、艺文志，各志下有子目若干。后附黑龙江大事四卷、地图一册。此志上起唐虞，下迄“九一八”事变前，数千年史迹，灿然具备，门类完备，体例谨严，记述翔实，值得称道。然此志间有漏略者，尤缺实业方面内容，资料上亦间有重复，然仍不失为民国时期较好的省志。

民国**《奉天通志》**

翟文选、臧式毅等修，王树楠、金毓黻等纂。

金毓黻（1887—1962），字静庵，辽宁辽阳县人。毕业于北大国文科，曾任辽宁省政府委员会教育厅长，伪奉天图书馆副馆长，奉天通志馆总纂，安徽省政府委员兼秘书长、监察委员等职，曾任南京中央大学史学系教授、北京大学历史系教授、中国科学院历史所研究员。著作甚丰，参与民国《长春县志》编纂，撰《渤海国志长编》，编辑校刊《辽海丛书》，纂《奉天通志》，校印《辽东志》《全辽志》等，于史学颇有研究，撰《中国史学史》《东北要览》等多种。

奉天，清奉天省，治所奉天府（今沈阳市）。1929 年更名辽宁省。民国时辖境相当今辽宁省（旧柳边以西除外），内蒙古呼盟、哲盟各一部分及吉林西北、西南部分地方。

此志民国二十三年（1934）铅印。《中国地方志联合目录》著录。国家图书馆及沈阳图书馆有民国二十三年铅印本。原名《辽宁通志》，民国十年（1921）始议创修，未果。至民国十六年（1927），在沈阳设馆编纂，原定为二十一目，后因“九一八”事变，全书名目底稿残缺，由金氏再行纂辑，改原目中户籍、官制分别为氏族、职官，取消原目中交涉一目，更为今名，凡二十目，二百六十卷，其目为大事、沿革、疆域、山川、建置、礼俗、氏族、田亩、物产、实业、职官、民治、财政、教育、选举、交通、军备、人物、艺文、金石等。该志资料丰富，于历史沿革、山川地貌、天文气象、风土人物、物产资源、政治经济、文化教育等记载翔实，保存了不少明代史料，可补清代诸《盛京通志》之缺。

大事志及人物志篇幅宏巨，各为五十卷，上自秦汉，下迄清末，涉猎范围广博，人物传记涉及人物多达万人；金石志搜集了历代金石名刻，史料价值很高。该书由于分别纂辑，资料重复较多，间有舛误，但仍不失为辽宁地志重要志书。

民国**《河北通志稿》**

河北通志馆修，王树楠①、张国淦等纂。

张国淦（1876—1959），字乾若，一字仲嘉，湖北蒲圻人。光绪举人，曾任内阁统计局长等职，武昌起义后，任袁世凯政府铨叙局长、国务院秘书长、教育总长，历任北洋军阀各届政府总统府和国务院秘书长，司法、教育总长等职务。中华人民共和国成立后，任中科院历史所特约研究员、全国政协委员等。著述繁富，有《中国古方志考》《永乐大典方志辑本》《黑龙江志略》等。

民国《河北通志稿》是一部未经编纂完成的志稿。自 1931 年 9 月河北通志馆

---

① 王树楠小传，见本书《冀县志》。

在天津成立至1937年七七事变解体，志馆人事几经变动，体例、目录多次变更，经过总裁、编撰者的共同努力，已经铅印了水道、关隘、沿革、古城废署、陵墓、寺观、祠庙、方言、爵谥表、艺文、旧志源流、元列传、明列传等志稿。因边撰边印行，所以各图书馆收藏的刊本自十六卷至四十七卷，多少不等。保留下了序、凡例、气候、地质、园亭宅墅、封爵、职官表、田赋、盐税、关税、厘金、印花税、烟酒税、租界、学制、津梁、堤闸、仓储表、谣俗、农工商矿渔、矿产、物产、宦绩、金石等志稿，以及警察、交通、礼俗，河北民政厅所属机关组织条例，河北各县组织条例等志料等。该志稿虽残缺不全，然对于编修和研究民国时期河北省（含京津二市）史志及地情具有无可替代的作用。有鉴于此，河北省地方志编委会办公室极其重视该志稿下落，对该志稿进行了广泛征集和研究。据《河北通志稿·整理校点叙例》称：止于1992年初已征集到铅印稿、手抄稿和手抄志料等凡一百〇一册，其中绝大多数为未经总纂之稿本。这些稿本现藏于河北、湖北、北京、天津等省、市图书馆及私人手中。然而这些稿本体例不一，编排欠当，内容及文字舛误漏缺现象严重。主持与参与该志稿整理工作的专家学者做了大量艰苦细致的工作，终于在1993年由北京燕山出版社出版，凡489.2万字，名曰《河北通志稿》，是了解和研究民国时期河北省乃至京津地区综合地情的重要文献。《中国地方志联合目录》著录。湖北省图书馆有民国间修稿本，然其所著录民国二十四年河北通志馆铅印本远不及1993年北京燕山出版社全面。

《河北通志稿》目录：《河北通志》序（张国淦）；《河北通志》凡例；第一册地理志（含河北省全图、河北省沿革图稿、县沿革表、气候、地质、水道、水道述略、关隘、古迹、封爵）；第二册经政志〔含官制（职官表）、赋税、制用（财政预算表）、恤政（仓储表）、交通、交涉、通商、警政、教育、水利〕，民事志（含风土、方言），食货志（含农工商矿渔、盐务、物产、矿产）；第三册文献志（含爵谥表、宦绩、元列传、明列传、艺文、金石、旧志源流）。附录一：志料；附录二：《河北通志》目录（河北通志馆制订），张国淦《河北通志》手抄搞目录等。

民国**《首都志》**

柳诒徵修，王焕镳纂。

柳诒徵（1880—1956），字翼谋、希非，晚号劬堂，江苏镇江人。曾在南京江楚编辑局工作，多次东渡日本，与日本汉学界多有往来。曾任多所大学教授，江苏省立第一图书馆馆长，民国时期中国史学会会长，1948 年，被选为国民政府中央研究院第一届院士。中华人民共和国成立后，任上海市文物保管委员会委员。著有《中国文化史》《国史要义》《中国版本概说》等多种。

王焕镳（1900—1982），字驾吾，江苏南通人。长期从事图书目录学及地方文献研究整理工作。历任杭州大学图书馆长、杭州大学中文系主任、浙江文史研究馆馆长等职，著有《韩非子选注》《江苏省国学图书馆总目》《明孝陵志》等。

南京为民国政府首都所在，故名。

该志成于民国二十四年（1935），并铅印。凡十六卷，二十四目，其目为：沿革、疆域、城垣、街道、山陵、水道、气候、户口、官制、警治、自治、财政、司法、教育、兵备、交通、外交、食货、礼俗、方言、宗教、人表、艺文、历代大事表。全书图五十二幅，照片七十五幅，表六十，内容详审，体例齐备，引文均注明出处，不囿于旧志门类，自立义例，如气候、警政、自治、司法、外交等占十分之四。不足之处在于近代当代人物未行载入，但仍为民国时期良志。《中国地方志联合目录》著录。国家图书馆及苏州、南京等多地图书馆有民国二十四年铅印本。

民国**《新京备乘》**

陈迺勋辑，杜福堃纂。

民国二十一年（1932）铅印本。《中国地方志联合目录》著录。国家图书馆及上海、南京等多地图书馆有民国二十一年铅印本。其时国民党定都于南京，故称新京。书仿《建康实录》《日下旧闻考》例，上自明清之际，下至民国十九年（1930）止，于上元、江宁两县之地理、政教、人文、风俗等尤详。此书分上、中、下三卷，二十四门。上卷为城治、山水、古迹、名胜、园第、祠宇、寺观、陵墓、公廨、街坊、井泉十一门；中卷为田赋、军政、建置、政闻、掌故、人物六门；下卷为艺文、金石、名人轶事、风俗、灾劫、物产、杂摭七门。此书之修，为他日修都邑志时有所取材，故云备乘。该书又有民国二十三年（1934）铅印本。

民国**《新河县志》**

傅振伦[1]修。

新河县属河北省。

民国十八年（1929）铅印本。《中国地方志联合目录》著录。中国科学院有稿本，国家图书馆、北京大学图书馆等多家图书馆有民国十八年铅印本。全书二十四卷，卷首、卷末各一卷，分订六册。该志起自往古，下限止于民国十七年（1928），对“旧志之未备，备而不详，与误谬舛伪”，“均一一增补整订”。体例采用纪、考、传、图、表、录，析为十八门七十六目。卷首有序、图、新志略说等，下为舆地考、纪、经政考、氏族考、故实考、艺文考、风土考、列传、地方考等，其中经政考分营缮、政务、自治与政党、食货、选举与教育、军警、建设、典礼。食货分为三编：上为赋役（田赋、丁徭、杂捐税、盐法），中为地方财政（财政局与地方公款收支、地方附加捐、公产、附公债），下为社会经济（户、口、丁、农村经济——生产、交易、分配、消费等方面），体现了民国时期方志重经济的特点。

此志据多方实地调查，参以旧志及其他文献整理编定，历时二年。该志略古详今，图文并茂，于地方考绘有村镇图说一百八十多帧。此外，于食货门下的户口一目，自汉至民国多种人口统计表颇为详尽，为该志鼎力之作，既可征文献，又颇切实用，朱希祖先生推为近代新型方志。然此志分类及记事等方面仍有欠妥之处，正如作者云：“科举是铨选之事，与教育本非一事，今合为一志，显然不当……旧志列女也一一转录无遗。……特别是1929年中共党人在县开始活动，但无一语述及……这都是显著的缺点。”

民国**《冀县志》**

王树楠纂。

王树楠（1852—1936），字晋卿，号陶庐，河北新城县（今高碑店市）人，光绪进士。历任四川青神等县知县，新疆布政使。民国时任清史馆总纂、国史馆总纂。光绪初，参纂《畿辅通志》。在新疆期间，主修《新疆图志》。清末著《大清畿辅先哲传》。民国期间，参纂《奉天通志》《河北通志稿》《冀县志》《新城县志》等。冀县属河北省。

---

① 傅振伦小传见本书《中国方志学通论》。

《冀县志》议修于1920年，1923年设局修志，成书于民国十八年（1929），并铅印。《中国地方志联合目录》著录。国家图书馆及保定图书馆有民国十八年铅印本。凡二十卷，记事下限为1928年。书仿《广陵通典》例，按编年叙事，通书为一篇文字。门类虽未加区分，又缺目录，观其内容大体可分为地理、山川、建置、祠祀、里社、市集、乡镇、职官、赋役、警务、学堂、自治、行政、习艺所、商会、人物、列女等大类。卷首有序、舆图等，卷末有历修序跋。突出近代社会内容，所引诸书，或夹注，或附于后，记事详于制度沿革，于地方警务、学堂、自治、行政等新政记载颇详。所用诸表甚多，颇为得体，取材丰富。傅振伦谓："较之汪中的《通典》更为谨严。"[①] 但本志县境图未经科学测绘而制；所记诸事，多未统合古今，于近世事实，叙述过简，皆为不足。

民国**《南宫县志》**

黄容惠修，贾恩绂纂。

黄容惠，北京大兴人，民国二十年（1931）任南宫县长。

贾恩绂（1865—1948），字佩卿，河北盐山人，光绪举人，曾在山东、定州、保定、盐山等地书院讲学，主纂或参纂有《直隶通志稿》《盐山新志》《定县志》《河北通志稿》《南宫县志》《清苑县志》等志书多种，此外还著有《定武学记》等。

南宫县属河北省。

《南宫县志》二十六卷，民国二十五年（1936）刊行。《中国地方志联合目录》著录。国家图书馆及天津图书馆、保定图书馆有民国二十五年刻本。例仿所纂《直隶省通志稿》例，卷首有序及图，共分四大类：疆域志、政典志、文献志、掌故志。南宫古往今来为四战之地，本志于掌故门设兵事篇，始于更始二年（24），止于民国二十三年（1934），相关战争内容翔实，史料价值颇高，堪称民国方志佳作。

民国**《川沙县志》**

黄炎培撰。

黄炎培（1879—1975），字任元，江苏川沙人，清末举人。辛亥革命后任江苏省教育司长、中华职教社理事长。民盟重要成员，1945年筹建中国民主建国

① 傅振伦：《中国方志学》，福建省地方编委会办公室印刷。

会。中华人民共和国成立后，任中央人民政府委员、政务院副总理、政协全国副主席、民建主任委员等职。

川沙，今属上海市。

自1915年起三次筹修《川沙县志》，1935年冬稿成。二十四卷，首一卷。民国二十六年（1937）刊行。《中国地方志联合目录》著录。国家图书馆及上海图书馆有民国二十六年铅印本。本志上承光绪《川沙县志》，起于光绪五年（1879），止于民国十五年（1926）。卷首图十九幅，内容分大事年表及舆地、户口、物产、实业、工程、交通、财赋、教育、卫生、慈善、祠祀、宗教、方俗、艺文、人物、职官、选举、议会、司法、警务、兵防、故实二十二志。后有叙录，各志前均有概述，综合内容大要，一事之末有赘录，酌采前志所未载。材料多采自档案、文件等，内容充实。志图表说相辅。体例内容均有创新，如设大事年表、概述、赘录等。撰者记载工人罢工、商人罢市以及太平军、小刀会起义等。黄氏认为“史之为用，明因果而已。一般方志，偏于横剖，而缺乏纵贯，则因果之效不彰”。主张志书横排纵贯，统合古今，修志应突破旧志格局，如采用大事年表和概述，以补横剖之不足，更便于读者浏览全文。黄氏还特别注意经济内容和人民生活之记载，这些内容在该志中均有体现。

民国**《阳原县志》**

刘志鸿等修，李泰棻①纂。

刘志鸿，阳原县前县长。

阳原县，今属河北省。

民国二十四年（1935）刊印。《中国地方志联合目录》著录。国家图书馆及天津图书馆、张家口图书馆有民国二十四年铅印本。

全书共十八卷，首有地图、照片、序、凡例，以下依次为地理、建置、古迹、爵职、选举、政治、党团、产业、宗教、礼俗、生活、人物、列女、艺文、金石、前事、文征、掌故等，析目九十六，可谓宏博。该志下讫民国二十三年（1934），志首有图十八幅。

该志主要记载同治《西宁新志》后六十年事，篇目较同治《西宁新志》有新增〔西宁县，清康熙三十二年（1693）置，1914年改称阳原县〕。该志重经济及

---

① 李泰棻小传见本书《方志学》。

生产关系的表述，于政治、产业等卷列表尤多，体例多有创新。作者将农民依经济地位分别划分为富农、自耕农、半佃农和佃农四类，翔实记载不同阶层人民生活状况，体现了时代特色。此外，各门均有概述居首，有叙有议，彰明因果，体现了民国新型方志特点。该志为民国时期方志佳构。

民国**《巴县志》**

朱之洪等修，向楚、龚春岩等纂。

朱之洪（1871—1950），字叔痴，巴县人。幼年应试中秀才。中国同盟会成员。四川保路运动代表，国会议员，国民党一大代表，第一届国民党参政会参议员，并连任二、三、四届。1933年，主持巴县文献委员会，1937年巴县志告竣。

向楚（1878—1961），字仙樵，巴县人。同盟会员。早年入重庆川东书院，1907年赴北京授内阁中书。一生主要从事高等教育，如任成都大学、成都师范大学中国文学系教授兼系主任，四川省政府委员兼教育厅长，四川大学文学院院长。1949年底代理四川大学校务。1952年任四川省文史研究馆副馆长。1933年任《巴县志》总纂。

巴县，今属重庆市。

民国二年（1913）议修巴县志，因讨袁失败，修志事罢。民国十一年（1922），复决定修巴县志，十三年（1924）成立筹备处，十五年（1926）开局修志。时辍时续，至民国二十二年（1933）成立文献委员会后，朱之洪聘向楚出任总纂，历五年，稿本初成，至民国二十八年（1939）刊毕印行。《中国地方志联合目录》著录。重庆图书馆有稿本。国家图书馆及上海图书馆、四川图书馆有民国二十八年刻本。凡二十三卷。载疆域、建置、古迹、赋役、礼俗、职官、学校、选举、官师列传、人物列传、农桑、工业、商业、交通、军警、交涉、自治、市政、物产、金石、事纪、文征等。该志条分缕析，记事详确，重视经济内容记载，义例谨严，为民国时期四川诸县志之佳构。此志尚有稿本及民国三十二年（1943）重印本。

民国**《无极县志》**

耿之光等修，王重民纂。

耿之光，字觐文。黑龙江巴彦县人，民国二十年（1931）任无极县长。

王重民（1903—1975），原名鉴，字有三，自号冷庐主人。河北高阳县人。近代文献学家、方志学家。早年毕业于北京师范大学。先后赴法、美国家图书馆工作。长期任职于北平图书馆，曾任研究部主任。中华人民共和国成立后，曾代理北京图书馆馆长，后任北京大学图书馆学系主任、教授。1932 年，拟《中国地方志备征目》一文，参纂《河北通志》，主纂《无极县志》《永吉县志》。著述颇繁，主要著有《中国书史》《中国善本书提要》《中国目录学史论丛》《敦煌古籍叙录》等多种。

无极县属河北省。

《无极县志》于民国二十五年（1936）铅印。《中国地方志联合目录》著录。国家图书馆及保定、石家庄等多地图书馆有民国二十五年铅印本。二十卷。卷首有县地图、县城平面图、古迹建筑照片等十七幅及序、重修县志职名、目录。正文分为疆域志、建置志、财赋志、物产志、风俗志、教育志、职官志、选举志、人物志、古迹志、艺文志、金石志、大事表、附录。各类下设目若干。此志篇目较无极县旧志增有风俗、教育、选举、古迹、金石、大事表等，删除灾祥、宦绩等志，改地理为疆域、田赋为财赋。该序称："凡前志之略者详之，缺者补之，错讹者更正之。"体例严谨，秉承史法，此志向称名志。

民国**《庐山志》**

吴宗慈纂。

吴宗慈（1878—1951），江西南丰县人，民国时期任行政院参事，中山大学师范学院历史系主任。著《中华民国宪法史》《护法纪程》。检校《清史稿》，纂修《庐山志》，后受聘为江西通志馆馆长兼总纂，主纂《江西通志》，并亲自拟定通志纲目，又撰《呈请通令各县续修县志案》，一生致力于方志理论研究，理论与实践建树颇多，见其《论今日之方志学》《修志丛论》等。

《庐山志》有前修及续修两种，均为吴宗慈纂。

民国二十年（1931），吴氏与陈三立游庐山，因无人能言牯岭租界原委，吴氏慨然以续清代毛德琦《庐山志》为己任，立志修《庐山志》。前修于 1933 年，年底告竣，并于同年刊行。分七纲，即地域、山川胜迹、山政、物产、人物、艺文、杂识。凡十二卷三十目。前有陈三立、章太炎序。抗战胜利后，吴氏续修六卷。又有地图、照片各一卷。续志按照正志例，亦分为七纲，但原大纲略有变动，卷首增以绪论、特载二项，卷末增以大事记。大事记专载庐山抗战史实，资料详尽，并增辑其他资料，1947 年 6 月脱稿，同年 8 月付梓。

吴氏二部《庐山志》具有鲜明的时代特点，如山体测绘采用等高线和图例表示，更趋于科学。庐山为名胜重地，其山川胜迹为重点载述内容，自北向南，以其在庐山之位置为纲，分别记载其沿革及现状。志书特附《庐山总图》《牯岭附近形势详图》《庐山鸟瞰图》以及山南、山北道路图等，提高实用价值。书中设有各国租界地交涉案汇考，详记庐山自近代开辟以来各国租界地交涉经过以及管理局建置、交通、经济、文教、住房、人口等基本情况，多为一手资料。亲自调查庐山物产，特别是植物种类、特征；引用李四光《地质志略》有关庐山资料及其《庐山地质图》等；采纳了许多有关专家的论述，大大提升了该志的科学价值，可补史之缺，堪称山志上乘之作。

第三节　七七事变至抗战结束时期

一、导语

抗日战争时期，方志编纂事业受到严重影响，但仍在进行。据统计，1938—1945 年，省志类成书 13 种，市志类成书 7 种，县志类成书 154 种，乡土志类成书 13 种，其他 29 种，旧志重刊 57 种。

抗日战争时期，一些大后方的省、县多有修志之举。如贵州安顺参议会长黄元操、四川大足绅士陈习删以及西康省皆重修志书。在云南，西南联大史学系曾发起纂修《呈贡新志》之举。值得注意的是，西北联大于 1938 年从西安迁至城固县。前师范大学教授黎锦熙应城固县志编委会之聘主持纂修了《城固县志》，又纂修了《洛川县志》《同官县志》，并参与校订了《黄陵县志》《宜川县志》等。同时，根据自己的修志体会及经验，撰成《方志今议》一书，为丰富和发展方志理论做出了贡献。黎氏方志理论及其所纂多种志书，是抗战时期方志工作的重要成果。所纂诸志，以洛川、同官县志为例，志目大同小异，其中地质、农矿、工商、军警、自治、保甲、谣谚、合作救济等目为黎氏新增，内容新颖、充实，体现了时代特色。然两志大事年表于县事之外，又有国外大事，如洛川志列举雅典斯巴达等事，同官志举葡人发现好望角及美国南北战争等，与志书无关，未免滥载，已为时人指出。

位于重庆市以北、嘉陵江以西，地处四川省江北、巴县、壁山、合川四县交界的北碚，有缙云山、温泉峡等名胜古迹。1919 年设峡防营，1936 年卢作孚资办实验区，辖五乡三镇，面积 200 余平方公里，人口 9 万余。七七事变后国民政府中央机关、学校、公私学术团体、事业社团约 270 余单位，集中北碚。1942 年设北碚管理局，成为一等县。1944 年，北碚管理局接受四川省政府指令而修《北碚志》。约集机关学校等合修。由顾颉刚、傅振伦主持，1945 年始修。该志目尚称完备，应有尽有，根据科学调查资料及研究成果做系统记载，惜全书未竣。

“九一八”事变后，日本帝国主义侵略中国，在东北建立伪满洲国，以纂修地方志书为务，宣传日本帝国主义所谓“王道乐土”“东亚共荣”，以加强其统治。如 1932 年修《营口县志》，1933 年修《北镇县志》《盘山县志》，1939 年修《额穆（蛟河）县志》等。日寇占领华北，也提倡修志，如 1941 年黄希文纂修《磁县志》、朱赜震修《永清县志》。

1943 年，湖北通志馆公布《湖北通志凡例》，凡十一条。此俱属编纂总例。作者认为，一省通志即一省之历史。此次纂志主旨，特详民事，即本省民族发达变迁之史；称为通志，即通史之谓也。自时间言之，社会团体之演进，不以易姓嬗化为段落，故宜合数千年来文献政书，民事土风，一炉而冶，融会贯通，以著其隆替变迁之迹。……自空间言之，省集合各县而成，省志自不能取材于县志。对于旧志往往取府、县志所载，依次排列，漫无剪裁，宜力求避免。强调今日修志，以质、实、赅三字为主旨：质则不以浮辞掩事理；实则下笔必求证据，不为向壁虚造之谈；赅则事物之有关系历史者，不以其琐屑而摈弃，宁过而存之。作者指出今日修志，应依据材料之繁简，来确定叙述之方式，相题行文。纂辑、撰著两体，不妨参用。这种观点是可行的。《凡例》强调众手修志必须划一义例，其间人名、地名、称谓应全书一致；志书资料，应对诸旧志综合参稽，穷源究委，究其得失异同所在，笔之于书；志为地方而作，故其所载，必其人其地确在本区域内者，而后可以入志；强调全国公共事项，凡地方所公有，全国所通行，其记录有国史在，非本书所宜涉及，今概从芟削，以符谨严之例；今志材取自群籍及档案，故一事难期首尾完具，撰者应将零碎庞杂资料融会贯通打成一片，使一篇之中，首尾如一，即使此篇彼篇，亦宜互相连贯，分之则各为一系统，合之则总为一整体。

由于各代地理政区名称不同，于宣统以前，以府为纲，入民国则以道及区为区划本位。今志乃用章实斋《湖北通志》例，即图、表、纪、略、传为全书统类，而图、表则宜加详。

以上为《湖北通志凡例》之大要，其中所言，多为新裁，于纂修省志颇有借鉴价值。然《凡例》认为章氏志例为“志家不祧之宗”，仍沿其例，则未免胶柱，自应有所发明。

1944 年黎锦熙撰《洛川县志凡例》，凡九条。

第二条称，本志内容，略采《方志今议》之两标（地志历史化、历史地理化）、三术（续、补、创）、四用（科学资源、地方年鉴、教学材料、旅行指导）之旨，为纂修之准的。

第三条谓本志篇目，略依《方志今议》之拟目，并参考地方情形、材料多寡，都为二十六篇，每篇为一卷，盖以卷首之序目凡例、卷末之跋，共计二十八卷。以下按志目顺序注明各篇旨例，这是本《凡例》重点。

第四条称各篇结体行文，概视内容为准；制谱列表，均随事类之宜。对于前志艺文一类所录诗文等，凡足供参征者，分别事类，纳入各篇，或为小结，或作附录。

第五条强调各篇旨要，首制小序；并将子目提到其前，使全篇轮廓一目了然。

第八条称各篇叙述，间以评议，有待兴革，略予指陈，使政府人民，知所注意。

以上为本《凡例》大旨，黎氏以其《方志今议》为指导，撰此凡例，成为《洛川县志》纂修之纲领，具有创新意义。

1944 年，抗日战争紧张关键阶段，国民政府为巩固其统治，5 月 2 日经行政院 660 次会议通过，命内政部颁布《地方志书纂修办法》，凡九条。其中第三条规定“志书纂修期限，省志 30 年纂修一次，市志及县志 15 年纂修一次”；第四条规定“各省、市、县纂修志书时，应由各省、市、县政府设立修志馆，负责办理……”；第五条规定“各省、市、县修志馆成立后，即由该馆编拟志书凡例、分类纲目及编纂期限，送请省政府转报内政部备案”；第六条规定了纂修志书具体技术规定 14 款。

20 世纪 30 年代，国民政府内政部虽已通令各地成立文献委员会，负责搜集、整理地方文献，编修方志，但文献委员会组织规程未行公布。1944 年 5 月 2 日，经行政院第660次会议，令内政部颁布《市县文献委员会组织规程》凡十二条。

第一条规定："市、县政府应依本规程设置市、县文献委员会，掌理市、县文献材料之征集保管事宜。"

第二条规定文献委员会成员的来源所自。即以"市、县政府民政科长、教育科长、区乡镇长、中心国民学校校长、图书馆长、民众教育馆馆长及市县党部代表为当然委员，并得延聘熟悉地方掌故硕学通儒为委员"。

第三条规定文献委员会征集材料之范围，凡10款，其中包括"各项地图"。

第四条规定文献委员会调查之事项，凡8款。

第五条规定文献委员会应置大事日记簿。

第六条规定文献委员会发行季刊或年刊。

第七条规定文献委员会会议制度。

第八条规定文献委员会所征集之材料于着手兴修志书时，应全部移送修志机关甄采。

第九、十条规定文献委员会设置总干事、干事等事宜。

由于抗战时局紧张，无论《地方志书纂修办法》，还是《市县文献委员会组织规程》，虽已公布，但在当时不可能很好地得到贯彻实施。

1945年2月15日刊印余绍宋撰《浙江省通志编纂大纲草案》，余氏参用史法及内政部所颁《修志事例概要》，分为五纲：一曰纪，记本省自古以来大事，拟正史本纪例也。二曰考，其类凡八，分述自然现象及历史遗迹诸端，事属既往，非稽考莫能详，故曰考。三曰略，其类凡十二，分述管教养卫诸于政治有关者，事属现在，含有方略策略之义，故曰略。此二者，拟正史志或书之例也。四曰传，其类凡三，拟正史列传之例也；宦绩不载其人之一生，仅记其宦浙时政绩，严格言之，不得称传；兹但传其政绩一端，故类列之。五曰谱，其类凡二，拟正史表之例也，不曰表而曰谱者，编中各类多用表式，以省篇幅之繁，不能提归一处，以自乱其例耳。其杂记一类所载，无关宏旨，故列为附录，以明非正志也……诗文之属，拟仿章实斋《湖北通志》例，别辑两浙文征，其条例别定之。以上为大纲总则，以下为大纲具体条文：

一、纪（大事记）。

二、考（疆域、地理、民族、社会、田地、物产、艺文、古迹。各目下分细目若干）。

三、略（党务、议会、一般行政、司法、教育、实业、交通、财务、粮政、军事、宗教、建置。各目下分细目若干）。

四、传（人物、列女、宦绩。各目下分细目若干）。

五、谱（选举、职官。各目下分细目若干）。

附杂记，并载《编纂注意事项》十三条。

余氏编纂大纲草案，具体细致，层次分明，纲目周备，是一篇新型的省志编纂纲要。

二、修志机构

此期修志机构有宁夏省通志馆、江西通志馆及浙江省通志馆，为数不多。

民国二十七年（1938），北京市修志处成立。吴廷燮任总纂，编修《北京市志》。先后撰《北京市志凡例》《商例》和《北京市志稿例言》。二十九年（1940）秋，志稿大部分完成，凡一百九十六卷。1986 年，该稿被列为北京市哲学社会科学“七五”规划研究项目。1998 年，《北京市志稿》出版，凡一百五十七卷，15 册，400 余万字，上起五代，下至民国二十八年（1939）。

民国二十九年（1940）10 月，江西通志馆筹委会成立，次年江西通志馆正式成立。吴宗慈任馆长兼总纂。馆下设编修部、编纂部及总务室。民国三十六年（1947）初，江西通志馆改组并更名为江西文献委员会。吴宗慈任主任委员，周性初任副主任委员。工作一仍旧例，负责收集资料编纂省志。至 1949 年，积稿约六千八百余万字。同年，省人民政府接管，更名江西文管会。

民国三十一年（1942），浙江省通志馆成立。于云和收集整理重修通志资料，议定《重修浙江通志体例及纲要及目录》。1949 年停办，纂成志稿一百二十五册，由浙江省图书馆收藏。

三、志书举要

民国**《洛川县志》**

余正东修，黎锦熙[1]纂。

洛川县属陕西省。

---

① 黎锦熙小传见其《方志今议》。

该志于民国三十三年（1944）刊行。《中国地方志联合目录》著录。国家图书馆及陕西图书馆有民国三十三年铅印本。凡二十八卷，四十余万字。篇目为大事年表、疆域建置志、气候志、地质志、山水志、人口志、物产志、地政农业志、工商志、交通志、吏治志、自治保甲志、社会志、财政志、军警志、司法志、党团志、卫生志、教育志、宗教祠祀志、古迹古物志、氏族志、风俗志、方言谣谚志、人物志、丛录等。门类新颖，不为旧例所拘，类目几近于现代志例。记事时间，上起周武王，下至民国三十二年（1943）8月。详今略古，注重经济。地政农业志对土地、房屋、窑洞数量及分配占有、家畜家禽及数量、流行疾病、防治方法都有统计和记录，颇为实用。所载方言谣谚志，门类精细齐备，是优秀的洛川方言文献。向称民国方志佳构。

民国**《宜川县志》**

余正东修兼总纂，黎锦熙校订。

宜川县属陕西省。

该志于民国三十三年（1944）刊印。《中国地方志联合目录》著录。国家图书馆、陕西图书馆有民国三十三年铅印本。此志体例、内容及载述方法为黎氏所定，皆有创意。

凡二十七卷。卷首有阎锡山、陈诚、余正东、黎锦熙等序及凡例、志目等。正文为疆域建置志、大事年表、气候志、地形山水志、地质志、人口志、物产志、地政农业志、工商志、交通志、社会志、吏治志、自治保甲志、财政志、军警志、司法志、党团志、卫生志、教育志、宗教祠祀志、古迹古物志、民族志、风俗志、艺文志、丛录。卷末有附记。例目新颖，不为旧例所拘，载述方法先进。此志为民国方志佳构。

民国**《北碚志》**

北碚管理局修，顾颉刚、傅振伦等主纂。

顾颉刚（1893—1980），字铭盘，江苏苏州人，著名史地学家、方志学家。早年毕业于北京大学。历任厦门、燕京、北京、复旦等大学教授，中山大学历史语言所主任，齐鲁大学国学研究所主任，“中央研究院”院士等。中华人民共和国成立后，任中国科学院历史研究所研究员。曾主持标点《资治通鉴》、二十四史。著有《古史辨》《秦汉的方士与儒生》《边疆教育与边疆文化》《中国历史地图集》等。重视地方志研究，撰写有关论文及序言。民国期间创《禹贡》半月刊。主纂《北碚志》等。

北碚，位于今重庆市区西北部。原为巴县、江北、壁山三县辖地。民国三十一年（1942）设北碚管理局，1951年设北碚市，1952年改为重庆市第六区，1955年改为重庆市北碚区。

此书为1945年当局约集迁建区机关学校邑绅合修。始修于民国三十三年（1944)，为未竣之书。《中国地方志联合目录》著录。北碚图书馆有民国三十三年稿本。凡八编，约六十万字。书前有编辑组织与人员名单、纂修始末、序言、凡例、目录；书末附文征、丛谈、丛录、机关社团名录、索引。全书分大事编、地理考、政治略、经济略、文献略、社会略、列传及聚落记等八个门类。类下设目若干，如经济略，包括农业、土地利用、森林、畜牧、蚕桑、渔业、交通、水利、工业、矿冶、电力、商业、金融、物价、民富、合作事业等。与今日志书类目接近，实开当今编修新志大编法之端绪。全书类目完备，应有尽有，且与学术机关合作，根据科学调查资料及研究成果系统记载。从内容到形式均有创新，向称近代志书佳构。索引为各志所无，为编修新志开辟新径，于今有借鉴价值。

民国**《徐沟县志》**

刘文炳纂。

刘文炳，山西徐沟县人，历任山西大学堂教务长，北平《晨报》主笔，西北师院教授。

徐沟县（清徐县)，今属山西太原市。

1939年撰成未刊，《中国地方志联合目录》著录。中国科学院有1939年修稿本，山西文史馆有抄本。该志分为地理、人口、民生、语言、民俗、教育、政治、财政、文献九门，另有总引及大事记约五十万字。

该志内容广博，方法科学，资料宏富，具有较高实用价值。如“人口志”增加了出生率、死亡率、性别比例、年龄构成等，基本符合今日人口统计要求。“地理志”中绘制了三万分之一的全县图以及五千分之一的城关地图，对子午线、磁偏角、经纬度、海拔及等高线进行实测，对全县面积调查准确。在经济方面，对几种日用品的物价指数进行统计，并记载银与铜钱的比价和各种货币流通情况，编制科学，实用价值较高。对旧志例目有所改造更新，吸取当时西方某些科学成果，使用英文。作者在“总引”中指出，修志之旨在于“明了过去，了解现在，以推测将来”。该志体现了这一观点。

民国**《易县志稿》**

寿鹏飞纂。

寿鹏飞（1873—1961），字洙邻，又字椝林。浙江绍兴人，近代方志学家。曾署奉天公署文牍。1908 年纂《奉天新志》，1914—1928 年在北平平政院任记录科主任，兼文牍办事书记。此间与鲁迅来往密切。1930—1939 年在河北易县纂修《易县志》十卷，时未刊。稿本完整，今藏河北省易县档案馆。又有复印本。1941 年撰《方志通义》刊行。1944 年《方志本义管窥》载于《国学丛刊》。寿氏自民国十九年（1930）春受聘为易县志总纂，民国二十七年（1938）定稿。其间曾六易其稿。脱稿后，因抗战而未能付梓。至 20 世纪 90 年代末由河北地方志丛刊编辑部整理编辑，胶印刊行。

志稿凡三十万言，计略七，纲三十六，目一百一十七。其略及纲为：舆地略（含地理、气象、山脉、河流、地质、沿革、幅员、建置、古迹诸纲）；边防略（含边防概论、关隘、军政诸纲）；政事略（含县政府组织、财赋、教育、建设、治安、司法、自治、交通、实业、庶政诸纲）；风土略（含民风、公共团体、方言、民间利弊诸纲）；食货略（含户籍、物产、生产消费统计、金融诸纲）；文献略（含列传、金石、艺文诸纲）；故实略（含大事记、掌故、邑志原始诸纲）。

该志为寿氏总结前人修志理论以及自己对方志理论的研究成果具体运用之结晶。该志稿附有寿氏《方志本义概述》万余言，集中体现了寿氏方志学思想。在志义、志例以及方法内容诸方面皆有独到见解。此《概述》为寿氏《方志通义》一书之原型。

寿氏《易县志稿》在体例内容方面都有特色，具有如下优点：叙事赅洽，文表并用，便于阅读；贯通古今，以今为主；资料翔实，重视实际调查采访；重点记叙地方利弊及人民疾苦等内容；有关国计民生的经济内容，如自然资源、工农业生产、商业等载述为详；实事求是，无宣传色彩。该志在民国时期足称志书佳构。

第四节　国民政府崩溃时期

一、导语

1946年6月底7月初，国民党军队向解放区发动全面进攻，中国共产党领导解放区军民以自卫战争粉碎了国民党军队的进犯。1947年7月，人民解放军由战略防御转入战略进攻，1948年9月至1949年1月，解放军连续进行了辽沈、淮海、平津三大战役，基本上歼灭了国民党军队主力。1949年4月21日，中国人民解放军横渡长江，23日解放南京，宣告了国民党统治的覆灭。10月1日，中华人民共和国成立，定都北京。

1946年6月底7月初，正当国民党军队向解放区大举进攻之时，国民政府通过了《地方志书纂修办法》，此为1946年7月16日行政院第751次会议通过，内政部于同年10月1日修正公布的。此办法是对1944年公布的《地方志纂修办法》的某些修订，内容大体相同，所不同者是关于编志机构设置问题，要求各省未成立通志馆的，设立文献委员会，负责收集地方文献，以便修志。当时，一些省成立了通志馆或文献委员会，时断时续地进行修志工作，一些未成的志书得以续修并刊行，如《湖南省志稿》《广西通志稿》《重修浙江通志初稿》《贵州通志》《江西通志》等。

1946年10月1日，南京国民政府内政部颁布《各省市县文献委员会组织规程》，此《规程》是对1944年内政部公布的《市县文献委员会组织规程》的修订和补充。此《规程》规定各省市县设文献委员会，征集、保管及编纂文献资料。文献委员会由7—15人组成，延聘专家及有关机关、学校首长充任。设主任委员一人主持会务，副主任一人整理会务。下设编纂组、采集组、整理组、总务组等。《规程》规定文献委员会征集资料范围，即与本省市县有关之府州厅县志书、地图、诗文、著述、金石、拓片，在本省市县流传之礼典乐器、民俗歌谣、古迹名胜照片、名宦遗迹、遗像、传记、行述、碑志、谱牒，并调查机关团体设施状况、物品产额、工资物价、宗教信仰、经济状况、人口出生与死亡率、忠烈事迹，并将结果分类编录，或以表明之。《规程》还规定文献委员会可酌用雇员和聘请顾问等。

民国三十七年（1948），浙江通志馆刊印余绍宋《重修浙江通志体例纲要》，作为征集、编纂志稿的标准。《纲要》分为总例、考例、略例、传例、谱例、余例六部分，五十八条。总例二十三条，为骨干部分，主张《浙江通志》体例拟分为记、考、略、传、谱五纲，并论及五纲编纂原则。如“大事记”宜采用编年体，并要求“凡与本志考、略、传、谱各门互见者，一一注明”；“考”是考辨自然现象及历史遗迹诸端，事多属既往，非考不明其真伪阙略；“略”多为关于政治及经济措施者，事多属现在，含有方略、策略之义。总例中还论及志体、文辞、取材等事宜，如主张志体于“著作之史”与“纂辑之史”二式互用，文辞“但求理明辞达……不得藻饰”，志书取材以“详独略同”为原则，叙事原则“重事实而不尚理论，叙既往而不及将来”。考例、略例、传例、谱例，具体论及各门类编纂方法。叙例论及志书艺文、丛谈、前志源流诸篇之编纂以及资料来源、采访、考订、注文等。《纲要》于省志编纂颇为系统、详备，是余氏方志理论之代表。

二、修志机构

民国三十五年（1946）8月，湖南文献委员会成立。其任务为整理湖南文献，主要负责修省志及编修县志。1949年裁撤。其间整理汇编了大事记、政务志、生计志、教育志、司法志、宗教志等三千余万字（今存湖南省图书馆），并编辑出版《湖南文献汇编》二册，八十余万字。

民国三十六年（1947），广西省文献委员会于桂林成立，拟定广西省通志体例，普查本省文献，汇编本省方志目录，征集文献资料，编成《民国三十五年广西大事记》《民国三十四年广西大事记》初稿，各二十余万字。编辑出版《广西文献通讯》。

台湾省政府于民国三十七年（1948）4月公布《台湾省通志馆组织规程》。同年6月1日正式建馆，设馆长一人，副馆长一人，编纂十一人，林献堂任馆长，还有副馆长兼总纂以及协纂、秘书、馆员、雇员等。同时省府又公布通志馆顾问委员会组织章程，设委员十七至二十五人，采访员七到十七人。通志馆分设编纂、资料、整理、总务四组。出版《台湾省通志馆馆刊》。民国三十八年（1949）

7月1日，该馆撤销，改组为台湾省文献委员会。此后，历经对通志之凡例、纲目、断代、文体等多次讨论、修订，《台湾省通志》于1973年全部出版问世，凡一百四十六册，约一千二百万字。

从1946—1949年这一时期，纂修省志类11种、市志类5种、县志类63种、乡土志类12种、其他16种，旧志重刊19种。

三、志书举要

此期方志纂修成书不少，佳构不多。其中著名志书以吴宗慈总纂的《江西通志稿》为代表。

民国**《江西通志稿》**

吴宗慈总纂①，辛际周等协纂。

辛际周（1885—1957），字祥云，江西万载县人，光绪举人。后就读京师大学堂，毕业后多以执教为业。协纂民国《江西通志稿》，撰《江西八十三县沿革考》等。

《江西通志稿》于1941年开馆编修，1949年完成未定稿数百册，未刊。仅部分志稿单册铅印行世。稿本存于江西省博物馆。《中国地方志联合目录》著录。全书分纪、图、表、考、略、录、传、征、志余等九门，门下设目若干，凡六千八百余万字。材料充实且实用。志例较旧志增加，体现时代特征。该志例目体现章学诚方志编纂原则并有发挥，于志体体现尤多。其修志思想集中体现于其所撰《修志丛论》等论著中，此志得到较好体现。对于省志之编纂，至今仍有借鉴意义。

第五节　关于蒙、藏、台方志的编纂

民国期间，我国北部边疆、西藏地区及台湾省等地的志书编纂颇为繁多，具有特色。

① 吴宗慈小传，见本书《庐山志》。

一、关于北疆地志

1. 序

民国以来，国势衰微，边事日非。东三省沦陷，内蒙古部分地区已被日寇践踏，不少学者对北部边陲尤为关注，或实地考察，或纂修志书，以为巩固国防之一助，并以期引起国人对该地形势之重视。较著名的志书有：佚名纂《蒙古通览》；吴廷燮纂《蒙古备志》；民国八年（1919），卓宏谋纂《蒙古鉴》；民国二十六年，孔祥哲纂《蒙旗概观》；民国二十年，马福祥纂《蒙藏状况》；民国二十七年，黄奋生编《蒙藏新志》；民国五年，花楞编《内蒙古纪要》；民国二十一年，何健民著《蒙古概观》；民国五年，林传甲撰《察哈尔乡土志》；民国六年，张鹏一纂《河套图志》；民国十年，金天翮等纂《河套新编》；民国十年，张鼎彝纂《绥乘》；民国二十六年，廖兆骏纂《绥远志略》；民国二十八年，边疆通讯社编《伊克昭盟志》；民国三十年，傅增湘纂《绥远通志稿》；民国二十三年，郑植昌等纂《归绥县志》；民国二十三年，包维翰纂《全蒙盟旗沿革志》；民国十二年，程廷恒等编《呼伦贝尔志略》；民国二十三年，刘汉鼎纂《和林格尔县志草》；民国二十三年，孟定恭纂《布特哈志略》等。

2. 举要

《蒙古鉴》

卓宏谋纂。

卓宏谋，字本感，福建闽侯人。民国初以工科举人供职工商部。曾奉命巡视蒙边。卓氏参以图籍，并亲历考察所得而成书。

民国八年（1919）九月刊行，至二十四年，已三版问世。《中国地方志联合目录》著录。国家图书馆及天津图书馆、吉林图书馆有民国八年铅印本。卷首为题词、序、例言、蒙古铁路计划图、蒙古特别区域图。以下析为地理、人文、实业、政治、内蒙古、外蒙古、附录七门。该书对蒙古政理、自治区域划分、俄蒙交涉情况、百灵庙会议经过、地方自治委员会设立等均有详载。作者在叙述日本的侵略政策时，特将日本田中奏折收载，以期引起国人的警惕，实为远见卓识之举。

《蒙藏新志》

黄奋生编。

黄奋生，任《蒙藏周报》《蒙藏旬刊》、“边疆通讯社”主编。

民国二十七年（1938）刊行。《中国地方志联合目录》著录。北京大学图书馆、北京师范大学图书馆及内蒙古图书馆有民国二十七年中华书局铅印本。该志上自民国十八年，下至民国二十五年四月。凡二编十六章。第一编，蒙藏地方概述，七章；第二编，国民政府时代下蒙藏施政之根据，九章。该志图表甚富，计各种统计表一百八十幅，插图六十余幅。作者亲赴内蒙古及边疆各地考察，网罗文献较富，故内容充实可靠。

《绥远通志稿》

郭象伋、阎肃、李泰棻①、荣祥编纂，傅增湘继任总纂。

郭象伋（1880—1943），字并卿，内蒙古土默特旗兵州亥村人，清末拔贡。曾任国会议员、绥远省教育厅长等职。民国二十年（1931）绥远省通志馆建立，为馆长。主编《绥远通志》初稿。

阎肃，字敬亭，托克托县人。毕业于北京中国大学。

荣祥，字耀宸，土默特旗人。蒙古族著名学者，毕业于北京中央政法专门学校。有《瑞芝堂诗钞》刊行。

傅增湘（1872—1949），字沅叔，四川江安县人，清末进士。曾任北洋政府教育总长，故宫博物院图书馆馆长。受聘为《绥远通志》总纂。对《绥远通志》初稿裁定校阅。亲自辑录“文征”十二卷。完成通志第二稿。

该志稿 1931 年始修，1936 年底完成初稿一百二十卷。李泰棻等退出，郭、荣继续编纂。后由傅增湘继任总纂，于 1941 年完成第二稿一百十六卷。凡六志，三十六门，子目七十。该稿清稿后在日本付印，但却遭遇美军飞机轰炸东京，稿本全部被毁。1946 年从傅增湘遗物中找回第二稿半数草稿。1970 年，荣祥等十二人对该残稿进行整理修订，编成第三稿一百卷。该志稿记述了内蒙古西部地区历史、地理、疆域沿革、社会、经济、文化等内容。在详细叙述疆域沿革的同时，还援引史籍加以论证。论述之后所附“绥远省各县局疆域沿革表”及“绥远省各盟旗疆域沿革表”具有特色。此外，该志在记“垦务”“水利”及商业方面都能如实反映本地特色。在“列女”卷中，荣祥对花木兰其人的籍贯、出身及民族成分进行了考证，认为历史上确有其人其事，并断定“花木兰为隋代突厥族女

① 李泰棻小传见本书《方志学》。

子，生于胜州，即今天伊克昭盟准格尔旗境内，应可汗之召助隋天子征契丹、高丽，从军甚久”。作者据《木兰辞》原文，考证隋朝用兵事迹及地理情况，具有一定说服力。稿中《大事志》编纂简洁有法，是对当地历史的纵述。《中国地方志联合目录》著录。内蒙古自治区图书馆有民国二十六年修稿本。

二、关于西藏地志

1. 序

民国期间，西藏地区志书编纂多有成书。较著者如民国二年（1913）马吉符《藏政撷要》；民国六年邵钦权《卫藏揽要》（抄本）；民国十四年陈观涛《西藏通志》；民国十九年尹扶一《西藏纪要》；民国二十五年洪涤尘《西藏史地大纲》；民国二十五年，蓝世钲及王维栋各纂《西藏》；民国二十六年，（释）法尊《现代西藏》及民国间刊行的孔庆宋《西藏概览》等。地区、市、县级志书多以“图志”称。如刘赞廷编纂了《太昭县图志》等十六县图志，皆为稿本，至 20 世纪 60 年代初油印。

2. 举要

《西藏通志》（一名《西藏志》）

陈观涛编。

民国十四年（1925）编成。有稿本及抄本。《中国地方志联合目录》著录。四川图书馆有民国十四年稿本。

民国十四年，陈氏应四川通志局之聘，汇集前此有关西藏文献，依通志体例，编纂成书。全书不分卷，凡三十门。取材得当，考订精审，记述有法，见解新颖。在“亚东关通商”门中，记述英国觊觎西藏由来已久，于清季订立《藏印条约》及《藏印续约》。但英人并不以此为满足，于 1903 年冬悍然由锡金入侵我西藏。此外，于“西藏人御敌之方法”“汉兵行军康藏应有之准备”等可补有关史志之缺略，材料极为珍贵。

《西藏史地大纲》

洪涤尘著。

民国二十五年（1936）铅印本及民国三十六年（1947）铅印本。《中国地方志联合目录》著录。国家图书馆及嘉兴图书馆有民国二十五年铅印本。

该书重点记载西藏地理、宗教、风俗、历史等内容。如西藏自辛亥革命之后，曾与当时中央政府隔绝了二十年。此段史事可补史之缺。该书对英俄窥视西藏的行径做了扼要论述。

三、关于台湾地志

1. 序

台湾自清光绪二十一年（1895）至 1945 年为日本侵占时期。此间，台湾所修志书主要分为两类：一为绅士所修的乡土志，如蔡振丰《苑里志》、林百川《树杞林志》等；二为类似地方志书籍，如日松岛刚编《台湾事情》、日村上玉吉编《台湾纪要》等日文书。1933 年，台湾各地又盛行修志，此时多为街志、庄志等。如日岸滕次郎编《桃园街志》、日野口勇《龟山庄全志》等。此次修志共计 54 种，其中中文 7 种、日文 47 种。多以事情、大观、一览等为名称，体例又多与我国地方志不合，且多为日人所修。

民国期间成书的以周荫棠《台湾郡县建置志》、胡元璋《台湾要览》、郑伯彬《台湾新志》、连横《台湾通史》、柯台山《台湾概览》及台北厅编《台北厅志》较为出色。

2. 举要

《台湾通史》

连横著。

连横（1878—1936），字武公，号雅堂，又号剑花。台湾省台南人。

1920—1921 年台湾通史社藏版。1945 年商务印书馆刊本。1983 年重刊。

本书例仿《史记》。全书有纪四：开辟、“建国”、经营及“独立”；志二十四：疆域、职官、户役、田赋、度支、典礼、教育、刑法、军备、“外交”、抚垦、城池、关征、榷卖、邮传、粮运、乡治、宗教、风俗、艺文、商务、工艺、农业、虞衡；列传六十；附表一百〇一。凡三十六卷。前有徐炳旭、徐仲可、林南强三序及自序、凡例；后有后序及作者家传。记事始于隋大业元年（605），终于清光绪二十一年（1895）日本帝国主义侵占台湾。网罗有关台湾中外文献、档册及传闻，凡有关台湾政治、经济、物产、风俗、人物等皆载述，对大陆人民开拓台湾及台湾人民抗击荷、英、法、日等帝国主义侵略战争叙之尤详。全书以志、传为主体，横列门类；条分缕析，资料宏富；名曰通史，实为通志，为研究台湾历史提供了比较翔实的资料。

第六节　民国时期的地图绘制

一、地形图的绘制

王庸以为，近代中国地图用新法测绘地形者，肇于“自清季创办而至今犹继续工作之陆军测量局所绘地图。此局于国民政府成立之后改称陆地测量局而隶属于参谋本部，各省设有分局，惜因政局不稳，经费困难，业务时作时辍”①。

截止于 1929 年，五万分之一地形图，江苏、浙江、山西三省已全部告竣，其余各省参差不齐，总计尚不足全国面积十分之一；十万分之一地形约测图，完成部分，约当全国面积十分之五；而二万五千分之一图，也有小部分绘制。

1929 年，国民政府二中全会决议案：“由参谋本部整顿测量机关，培养专门人才，筹设航空摄影测量，特别加紧国境测量，限民国二十八年以前完成全国五万分之一地图。”1930 年，参谋本部据此令测量总局于 10 月召集各省测量局长到南京会议，议决 10 年测量计划，用 10 年时间完成全国五万分之一图为标准。唯蒙藏二区拟作为第二期业务。

最有特色者，当属此一时期地质调查所绘制的《中华民国新地图》和《中国分省新图》。二图皆以等高线及分层设色法表示地形，此二图与陆地测量局之地形图以及中国固有地图不同，且与古来所谓“地形图”绘法截然不同，于地理学研究补益甚大。

《中华民国新地图》和《中国分省新图》

丁文江、翁文灏、曾世英合纂。

丁文江（1887—1936），字在君，江苏泰兴人。曾任中国地质调查所所长。1926 年任北洋军阀孙传芳统治下的淞沪商埠总办。晚年任国民政府中央研究院总干事，曾进行地质矿产调查，著《扬子江芜湖以下的地质》等报告二十余种。

翁文灏（1889—1971），字咏霓，浙江鄞县人，清末留学比利时，获理学博

① 王庸：《中国地理学史》，商务印书馆，1984 年。

士学位。1912 年回国后，参加丁文江等办的地质调查所。曾任北洋政府地质调查所所长、清华大学代理校长。1936 年后任国民党政府行政院秘书长、资源委员会主任委员，后任国民党行政院副院长、院长、总统府秘书长。1951 年从法国回国，曾任全国政协委员。首先提出燕山运动在我国的存在及其在我国地质历史上的重要意义。著有《中国矿产志略》等。

曾世英（1899—1994），江苏常州人，1919 年毕业于苏州工业专门学校，曾任华北水利委员会绘图室主任。曾赴美、英、德、瑞、苏等国考察地图制图术。1945 年 11 月任国民政府经济部地质调查所技正，从事地图编纂工作。中华人民共和国成立后，历任新华地图社社长、国家测绘总局测绘研究所副所长、中国大地图集编委会副主任委员等。绘制《中华民国新地图》《中华人民共和国地图集》等。

《中华民国新地图》由丁氏创其计划，翁氏定其体例，曾氏任其工作。据地质调查所图书馆所藏各种图籍，将零散地形详图归纳绘制，还参考中外测量机关及当时人所制地图约七八千幅，新近测定经纬度数值 1000 余点。工作始于 1930 年冬，1933 年冬全图告竣，同年由上海申报馆出版。这是一幅地势逼真、面积不变、比例差数小的全国总图。在总图基础上删繁就简，缩制而成《中国分省新图》。两图都采用等高线及分层设色法表示地形，前图采用了亚尔勃斯投影，后图采用了圆锥投影。此二图出版后，颇受海内外学界赞誉，成为此后中国各种地图的基本模式。

方志舆图　至于方志舆图，不少地方用科学方法进行实测、绘制，这与国民政府及有关学者大力倡导不无关系。1917 年，邓之诚撰《省志今例发凡》，强调志书“舆图之作，实测与编辑并重……不必诿之不能测量及无费而强以意造之图充数也”。同年，郭允叔撰《山西各县志书凡例》云：“方里图，用新测绘法，务须精审，不得以旧志县境全图充数。”1929 年，内政部呈奉行政院转奉国民政府令准通行的《修志事例概要》强调指出：“旧志舆图多不精确。本届志书，舆图应由专门人员以最新科学方法绘制精印，订列专册，以裨实用。”又云：“各省志书除每县、市应有一行政区域分图外，并须将山脉、水道、交通、地质、物产分配、雨季分配、雨量变差、气候变差，以及繁盛街市、港湾形势、名胜地方，分别绘制专图，编入汇订。”所有这些，都是对志书诸图提出的严格要求。不少志书、舆图，经过实测，绘制精美，也有相当数量志书沿用旧图或未进行测绘，其图付阙。使用科学方法绘制之图，可作为代表者，如 1939 年脱稿的《徐沟县志》，在《地理志》中绘制了三万分之一的全县图以及五千分之一的城关图，测绘了子午线、磁偏角、经纬度、海拔和等高线。其对全县面积的测量，纠正了当时山西省统计数字之讹误。此外，还调查了地质构造，绘制了地质图。

1935 年刊行的《阳原县志》，其舆图由测绘专员分别测定（系建设局承绘者，每格代表十里）。疆域、政区为一图，山川又为一图，外有县城平面一图。本志各图，开方辨位，悉用经纬。

1937 年刊印的《川沙县志》有全境实测图，于各区分图外，凡建筑物之重要者，亦测制平面图，并附摄影。

依本省全图推算者，如 1917 年《续修洪洞县志》，其全县总图、县治及附郭图、四乡分图、名胜及古迹图，所用经纬度数，悉依本省全图推算。

沿用旧图者，如 1944 年刊行的《洛川县志》，全县疆域总图，本志未及详测精绘，仍将清顺治旧志及嘉庆刘志之疆域图，摹附存参。

又如 1935 年刊行的《首都志》，由于清末即有测量之图，1930 年，陆地测量局航测，已测成五千分之一的《南京地形图》，故无须再测。

全志无地图者，如 1925 年刊行的《龙游县志》，即其一例。作者称："山川疆里两端，本须有图，相为表里。惜旧图就楮幅之大小，为图体之舒缩，不按道里，更为经度，非惟无用，舛漏实多。今以不能急中测量，宁从盖阙。他日必当用新法测定……"① 这显然是该志的缺憾。

二、历史地图绘制

民国时期，全国舆图的绘制已颇有成就。早在同治十一年（1872），马征麟绘制《历代地理沿革图》，为近代沿革舆图早期之作。清末，杨守敬撰《历代舆地沿革险要图》，制图方法科学，内容贯穿古今，为中国地理学史上皇皇巨著。

1934 年，顾颉刚、谭其骧在北平发起组织禹贡学会，并创立《禹贡》半月刊，其发刊词称："要把我们研究的结果，用最新式的绘制法绘成若干种详备精确而又合用的地理沿革图。"《本会此后三年中工作计划》亦载："古人研究地理，往往图书并行，不以偏举，其意至善。盖有图无书则失之疏略，有书无图则失之

① 余绍宋：《龙游县志叙例》，民国《龙游县志》，民国十四年（1925）铅印本。

隐晦，失之疏略则不能详其所言事实之原委，失之隐晦则不易明其所言事实之真相，必也二者互举并用，始能收详备显著之实效。本会有鉴于此，曾于以往数年之内制有地图底本甲、乙、丙三种，以便学人于室内研究或野外调查时起草之用。……现此三种地图，不久即可全部印出……拟以杨氏（杨守敬）之沿革图为底本，除重以科学方法绘制外，并就中国人研究之长分别时代而考订之，凡杨氏所遗漏或错误者均为增补改正。又吾国疆域往往于一代发生数次之重要变化，或州郡改置，领属增缩，亦当分期绘制，以便明一代演变之情势。”① 此计划不可谓不宏大，构想不可谓不完善，惜未能付诸实现。

1939 年 9 月，国民政府教育部委托国立浙江大学史地系设立史地教育研究室，以传布史地学术之最近贡献、改进史地学科教材教法、搜集专题研究之参考资料、编制史地教科之图书设备为主旨。该室由史地系主任兼史地研究所主任张其昀主持，集史地系、所教授编绘历史地图多幅，时为各级学校采用。

英文本中国历史地图，较著者为 1935 年哈佛燕京社出版的郝尔曼博士（柏林大学史地系教授）所编《中国历史及商业地图集》。这是一部质量较高的中国历史地图集。各图彩色印刷，经纬度、比例尺、图例详明，“此图集较近代中文和日文的同类出版品更方便、更可靠”②。

第七节　民国时期方志目录

方志目录的大量编制是民国时期地方志系统工程不可缺少的环节之一。种类繁多，于研究检索志书具有重大意义。历来有关地方志目录多见于公私书目，如正史艺文志（或经籍志）、《四库全书总目》《古今图书集成·理学汇编·经籍典》（分史书为六部，其中有地方志）、明焦竑《国史经籍志》、明万历年间祁承㸁撰《澹生堂藏书目》史类等。

---

① 《禹贡》半月刊第七卷第一、二、三合期《本会此后三年中工作计划》。

② 《中国历史地图集》乐顿吉斯保《序》；又，关于此期历史地图绘制部分，略据程光裕撰《七十年来之中国历史地图》，载《史学汇刊》第十一期，中华学术院、中华史学协会、“中国文化大学”史学研究所与史学系印行。

1906年，章炳麟发表《文学总论》，将地方志归于历史。

1936年的江苏省国学图书馆《图书总目》及上海生活书店《全国总书目》均将方志列入地理类。

《清学部图书馆方志目》　地方志专门目录，目前以清初徐氏传是楼藏的明钞本《天下志书目录》以及清道光间周广业编《两浙地志考》为最早，二书均不传。现今能见到的以民国二年（1913）缪荃孙[①]编《清学部图书馆方志目》为最早，此为清内阁大库移交给京师图书馆的志书集编而成，著录各省府、州、县志书一千六百七十六部。其中明代方志二百二十四部，残缺志书三百六十部。

《方志考稿》　民国十九年（1930），瞿宣颖[②]《方志考稿》（甲集）刊行，为我国近代第一部地方志提要目录。内容包括直隶、旧东三省、山东、河南、山西、江苏等省部分通志及府、郡、州、县志600多种，其中直隶省（含今河北及京津地区）方志共186种。所录方志，以现存者为限。瞿氏对上述数百种方志进行考察，对于“每书，必首严其名称，次述其纂修之年月与纂修者之姓名，次述其旧志之沿革，次述其类目，次辨其体例，最后评其得失，尤其注意于所苞之特殊史料”[③]。作者全部取材于天春园藏书。书中排列顺序“依清一统志例，一省之志，首省通志，次府若直隶州志，次县若州厅志，次乡若镇志”。瞿氏此书，为近代较有影响的方志目录提要专著。此书谬误处颇多，已为时人指出，“然逐部评述方志内容与特点，自有其独到之处”[④]。任凤苞序称其书“仰自有方志以来未有之盛举矣”，“书目中之上乘”，“为今后治方志学者的津梁”。此言至确。

《静嘉堂文库汉籍分类目录》　1930年，日本国立图书馆静嘉堂文库，将所存汉籍编纂成《静嘉堂文库汉籍分类目录》，按四部分类法，史部地理类刊有地方志。有全国性总志，也有历代方志。如“都会郡县志”类有宋元明时期等55种，“通志类”有清代通志35种，此外还有“专志类”和“外纪类”。该库还收藏了中国编印的地方志目录。

《故宫方志目》　民国二十年（1931），故宫博物院图书馆编辑《故宫方志目》成书。按行省编排。凡著录全国各地方志1400余种，所录方志多为明正德

---

① 缪荃孙小传见本书光绪《顺天府志》。

② 瞿宣颖小传见本书《志例丛话》。

③ 瞿宣颖：《方志考稿序一》（甲集），天春书社，1930年。

④ 万国鼎：《方志体例偶识》，载《金陵学报》五卷二期，1935年。

间至民初所编修者，著录栏目主要有书名、卷数、册数、纂修人、版本等。1948年又有《续编》。

《国立北平图书馆方志目录》 民国二十二年（1933），谭其骧编《国立北平图书馆方志目录》刊行。

谭其骧（1911—1992），字季龙，浙江嘉兴人。中国历史学家、历史地理学家，曾就读于暨南大学、燕京大学。与顾颉刚等创办《禹贡》杂志。后在北大、燕大、辅大、浙大执教。1950年任复旦大学教授，后为该校历史系主任、历史地理研究所所长。主持编纂《中国历史地图集》，致力于黄河水系研究。中科院学部委员（院士）。主持《中国历史大辞典》编纂工作，著有《长水集》。该《目录》按当时政区分类，一省内依照清代府、州、县次序排列，凡不属于同一种志书，则按时间先后为序。凡收5200余种。除去重复者，超过3200种。民国二十五年（1936）出版二编，含方志862部，均不包括丛书内方志。内中有来自清内阁大库移归学部图书馆再移交京师图书馆的，有自天一阁、汲古阁、稽瑞楼等处藏书，并有购进的稀见本及孤本，各志书均注明书名、卷数、撰人、刊年、册数，并附索引。缺点是未将丛书中的方志编入。

《清代学者地理论文目录》 1934年王重民编《清代学者地理论文目录》，此《目录》为作者所编《清代学术论文索引》之地理部分，为我国近代早期专门学术论文目录索引之一，属于最早方志学论文索引，学术价值甚高。析为八大类，即通论、总志、方志、河渠水利、山川、游记、古迹名胜、外纪边防。方志类（不含总志类）占篇幅最多，类上有古地理、地方沿革、民族、杂说四小类，类下包括序、跋、修志义例。按当时省级行政区划归类。①

《陇右方志录》 1934年张维编。张维（1889—1950），字维之，甘肃临洮人。清末己酉科拔贡。创办《甘肃民报》，任总编，《大河报》《政闻报》等主笔；曾任国会议员甘肃省政务厅长、省议会议长，兼兰州市督办；创甘肃银行、兰州大学、西北农专、西北医学院、西北图书馆等多所省级机构；1928年任甘肃省通志馆馆长，省立兰州中山大学史学教授。著作多种，多与志书有关，代表作如《甘肃通志》《陇右方志录》《仇池国志》等。以省志、郡志、县志、古今志种类著录甘肃、青海、宁夏地方志书凡二百五十六部，按时代先后编排。省志录旧通

① 此《目录》发表在《禹贡》半月刊第三卷八、九、十二期。

志；郡志录旧府志、直隶州志；县志录旧散州志、厅志、县志；古今志录图志、方物志、耆旧传、山川志。每志著录皆冠年号，无年代者冠朝代，无考者阙之，诸志不分纲目者录其全，分纲目者录其纲而略其目；无论存佚，同时并举。编者所加按语，附其后。又有《补录》1册，著录省志1种、郡志4种、县志22种、杂古今志9种。

《九峰旧庐方志目》　民国二十三年（1934），王绶珊编成《九峰旧庐方志目》，有顾颉刚序。该书共收地方志2500多种，其中未见于各大图书馆及藏书者，约400种，仅浙江省地方志书就收录236种，内有明刊本12种。

《民国二十二年以来所修方志篇目》　民国二十三年（1934），徐家楣编《民国二十二年以来所修方志篇目》，收录民国二十二年来所修刻方志共370种，其中江苏36种、浙江26种、安徽15种、江西2种、湖北6种、湖南6种、四川39种、河北25种、山东22种、河南16种、山西13种、陕西13种、甘肃7种、福建16种、广东9种、广西13种、云南14种、贵州7种、辽宁33种、吉林11种、黑龙江23种、新疆1种、热河2种、绥远3种、宁夏1种、青海8种、西康3种。著录项目有书名、卷数、纂修人、编纂时间等。①

《中国地方志综录》　1935年，朱士嘉编辑《中国地方志综录》。朱士嘉（1905—1989），字蓉江，江苏无锡人。早年在燕京大学及燕大国学院学习。1932年获硕士学位。1942年入哥伦比亚大学研究院学习，1946年获博士学位。曾任美国西雅图华盛顿大学远东系副教授。1950年回国，任武汉大学教授兼校图书馆馆长，湖北省文史馆馆长，省方志办顾问，国务院古籍整理出版规划小组、中华书局古籍整理小组顾问，首届中国地方志指导小组成员，第一、二届中国地方史志协会副会长，湖北省政协委员等职。于方志学和目录学研究造诣颇深。20世纪30年代发表方志论文多篇，《中国地方志综录》为其目录学代表作。还著有《方志学论丛》《中国旧志名家论选》等。参加指导了《中国地方志联合目录》的编著。

《中国地方志综录》于1935年出版，著录方志5832种，93 237卷。而后，编者继续搜集了730种，辑成《补编》。中华人民共和国成立后，作者将二书合并，重加修订，于1956年出版，著录全国41个图书馆所收藏方志7413种，109 143

① 此《篇目》发表在《禹贡》半月刊第一卷第三期。

卷，并纠正1935年版中错误1200余条，对藏书情况做了重新调整。《综录》著录方志以省为序编排。全书采用表格形式著录，前列书名，以下列卷数、纂修人、版本、藏书者、备注。书后附录有二，一为国民党劫运到台湾的稀见方志目录，一为美国国会图书馆藏我国稀见方志目录，又继有“补遗”及“参考书目”，前者补录方志近百种，后者列有国内62家图书馆收藏方志目录。殿后附两个索引，一为“书名索引”，一为纂修者“人名索引”。该书是研究现存中国地方志重要工具书之一，实开《中国地方志联合目录》编纂模式之先河。

《东洋文库地方志目录》 1935年，日本东洋文库编辑出版《东洋文库地方志目录》，著录中国地方志2550种，54 279卷。

《中国古方志考》 民国二十四年至二十五年（1935—1936），张国淦编《中国古方志考》，在《禹贡》半月刊部分发表。此书于1962年中华书局全部出版。该书对中国自秦汉至元代的方志，凡有名可考的，不论存佚，概行收录，进行考证，除摘录和归纳前人意见外，作者也间抒己见。该书首列总志，每省前为通志类，后为府县志类。历代各种书目，如各史艺文、经籍等为本书资料来源。全书著录之书约2000种，其中总志为155种。该书是研究元代以前中国古方志的重要参考资料。

《天一阁方志目》 1936年刊行冯贞群编《天一阁方志目》。冯贞群，字孟颛，浙江慈溪人，著有《晏子集说》等。

天一阁，明范钦于宁波所建藏书之所。清范懋柱编有《天一阁书目》，按，此书目为阮元手定体例，命范氏校录天一阁书目，书目刊行，世称《阮目》。后屡经修订，有刘喜孙、薛福成、杨铁夫、冯贞群、骆兆平等续编本。冯氏原重编天一阁书目，全书未成，仅成志目部分。《志目》以著录明嘉靖以来明代方志居多，约270余种，附清代10种。每志注明卷数、册数、撰人、版本。然版本仅注朝代，未著年代，是为不足。朱士嘉《跋》云：“此书目（冯贞群）与《天一阁书目》（阮元）、《天一阁见存书目》（薛福成）相对照，在数量上还能得到以下结果：甲，著录方志的种数，一阮目三百九十种，二薛目三百种，三冯目二百八十种；乙，阮目方志不见于冯目者约一百二十九种……薛目方志不见于冯目者，约三十一种……冯目方志不见于薛目者约十六种。”

《国立北平图书馆西南各省方志目录》 民国三十年（1941），万斯年编《国立北平图书馆西南各省方志目录》，凡五卷，附目录索引、凡例及书名索引，收录范围为四川、西康、广西、云南、贵州五省，著录通志及府、厅、州、县志，乡土志入别志。按名称、卷数、修纂人、版本、册数排列。凡收方志416种。

《美国国会图书馆藏中国地方志目录》　民国三十一年（1942），出版朱士嘉编《美国国会图书馆藏中国地方志目录》①，著录美国国会图书馆藏中国地方志2939种，其中宋志23种、元志9种、明志68种、清志2367种、民国志463种，有罕见珍本。后该馆编了《续编》，又著录300多种。

《天春园方志目》　1936年，任凤苞（振采）编辑《天春园方志目》刊行。天春园为天津近代私家藏书楼之一，由任振采创办，其号天春园。任氏，江苏宜兴人，特重地方志收藏。据张国淦《天春园方志目序》称，此园藏书2500余种，其中不少稀见善本，如明弘治《八闽通志》、嘉靖《南畿志》、隆庆《云南通志》等，并收藏了不同历史时期纂修的天津地方志。创办人任氏每得志书，必考其源流，记其始末，条其异同，评其得失。张国淦撰《中国古方志考》，瞿宣颖撰《方志考稿》，均借助于其藏志书，其中瞿书则全部取材于天春园。其书后转给天津市人民图书馆。

《国立北京大学图书馆方志书目》《国立武汉大学方志目》《金陵大学图书馆方志目》《国立中央研究院历史语言所图书室方志目》　民国期间一些大学图书馆及中央研究院等也编写了所存方志目录，如1933年刊行张允亮编《国立北京大学图书馆方志书目》。至1938年，北京大学图书馆共收藏方志1131部。1936年，《国立武汉大学方志目》刊行，有方志近千种。1933年，万国鼎、储瑞棠合编《金陵大学图书馆方志目》，2104部。1939年，张政烺编《国立中央研究院历史语言所图书室方志目》，1900种。

第八节　小结

作为中国传统文化组成部分的地方志书，到了民国时期，在内容和体例等方面已有明显革新和发展。志书编纂门类广，数量大，志事空前活跃，超过此前各

---

① 华盛顿美国政府印刷厂出版，1942年。

代，具体表现为：志书内容及门类设置等方面更贴近于时代，以科学方法绘制的地图，特别是方志地图更富于实用性；概述、小序、大事记等体裁在志书中的确立，使志体更趋完备；修志机构的普遍建立，对编修通志以及指导市县志的编写具有重要作用；各种方志专门目录的大量出现，反映出学术界对方志的应用和研究已提到议事日程上，《方志考稿》《中国古方志考》《中国地方志综录》等目录书的编纂，其内容、规制以及所涉及的范围皆超越前人，具有承上启下的作用。

第十二章　民国时期的方志理论

第一节　导语

辛亥革命运动，使中国的政治、经济、文化等各方面发生了比较深刻的变化。民国期间，随着各类志书的大量编纂，方志理论的探讨也在不断深入。此间，有关方志论文的发表，特别是方志理论专著的大量出版，标志着方志理论研究走向新的高峰。兹据王中明编《中国地方志论文索引》(1911—1949)，可知其数量之巨大，研究范围之广博。一、总论部分：（一）总论 13 篇；（二）考证与校勘 30 篇；（三）整理与纂修 35 篇；（四）研究与利用 29 篇。二、分论部分：北京 4 篇；上海 8 篇；天津 2 篇；河北 28 篇；山西 2 篇；内蒙古 8 篇；辽宁 3 篇；吉林 4 篇；黑龙江 1 篇；陕西 10 篇；甘肃 11 篇；宁夏 2 篇；青海 6 篇；新疆 1 篇；山东 5 篇；江苏 22 篇；浙江 60 篇；安徽 22 篇；江西 2 篇；福建 13 篇；台湾 2 篇；河南 13 篇；湖北 4 篇；湖南 2 篇；广东 15 篇；广西 7 篇；四川 10 篇；贵州 1 篇；云南 6 篇；西藏 3 篇。

民国时期，方志理论家大量出现。他们之间大多数参与过志书的修纂，在修志实践中总结经验，形成方志理论。如刘盼遂（1896—1966），曾撰《长葛县志》《太康县志》。认为旧志体例陈陈相因，应予革新，以适应时代需要。并将修志之法分为“别出新裁”与“续编”两种，主张采用前者，强调志书内容“贵在简赅”“崇实在，黜虚荣”等，这些都讲得恰到好处。柳诒徵（1880—1956）纂《首都志》，并为《鄞县通志》作序，柳氏认为方志是中国史籍宝库中一重要部分:“微论国史，即一地之志重。”方志内容应做到“求先民之伟烈，勖国族之复兴”。尤注意古方志的搜集与保存。钱基博(1887—1958)曾参与修志，撰《无锡县新志目说明书》等。主张新志应具时代性，为著旧志所无，“而于今日为当务之急者，新志则因时制宜，别为创制”，表现了钱氏的创新精神。胡适(1891—1962)，重视地方志的纂修和资料征集工作，其方志理论主要集中于《上海小志序》《记光绪三年新修鄞县志》《跋全谢山答陶稚中编修论省志稿书》等论文中。他认为修志应打破“不贤者识其小”的谬论，记载那些最有史料价值的纤细屑琐之事，只有这样，志书才能流传久长。胡适主张志书题目越小越好，方志应着重写妓院史、城隍会小史、戏园沿革史等，强调方志地图必须用新式测量方法，志书应有地质地图与地势高下图等，这些看法极为可取。

民国期间，在方志理论研究方面较有代表性者如下：一、论文方面，如梁启超《说方志》《清代学者整理旧学之总成绩——方志学》、王庸《地志与地图》、万国鼎《方志体例偶识》、蒋藩《方志浅说》、吴宗慈《修志丛论》等。二、专著方面、如李泰棻《方志学》、傅振伦《中国方志学通论》、瞿宣颖《志例丛话》、寿鹏飞《方志通义》、黎锦熙《方志今议》、王葆心《方志学发微》、甘鹏云《方志商》等。

第二节　方志论文举要

《说方志》

梁启超撰。

梁启超(1873—1929)，字卓如，号任公，又号饮冰室主人，广东新会人，近代资产阶级改良主义者。辛亥革命后，任袁世凯政府司法部长和段祺瑞内阁财政总长等职。晚年任清华学校研究院教授、北京图书馆馆长。著名史学理论家。其著述多收入《饮冰室合集》。20世纪20年代以来，梁氏重视方志理论研究，其方志理论主要集中于《说方志》[①]《清代学者整理旧学之总成绩——方志学》[②]《龙游县志序》民国十四年（1925 年）铅印本[③]等。

梁氏对中国传统旧志体例、范围及内容等方面，从进化论观点出发，对方志发展进行了较为系统的论述，对于方志的编纂、方志的地位与作用以及对旧志的评述等都有较为肯切的论述，但由于其未能直接参与方志的编纂，其论述则难期全面，或有值得商榷之处。关于方志起源，梁氏认为："最古之史，实为方志，如《孟子》所称'晋《乘》，楚《梼杌》，鲁《春秋》'；《墨子》所称'周之《春秋》，宋之《春秋》，燕之《春秋》'；《庄子》所称'百二十国宝书'。"[④] 这里梁氏不仅将方志视之为史，而且认为乃"最古之史"，即春秋时期各列国史书。

梁氏将春秋列国史书比附成今日府、州、县志，而在体例上有所不同，"惟封建与郡县组织既殊，故体例靡得而援焉"[⑤]。梁氏认为两者不同之原因在于封建与郡县组织各异。梁氏认为，方志发展过程是由单一趋向综合、由简到繁的趋势，进而认为赵宋时代是中国方志发展的一个历史转折点。他说，自汉代以后，幅员日恢而分地记载之著作亦孳乳寖多。即如《隋书·经籍志》所言图经、政纪、人物传、风土记、古迹、谱牒、文征等七类体裁。"自宋以后，荟萃以上各体成为方志。"[⑥] 还说："大抵初期作品，囿于古代图经的观念，以记山川、城邑、宫室、名胜等为最主要部分；稍进，则注重人物传记；更进，则及于古迹遗文、金石等；更进，则注重现代风俗、掌故、经制因革等，而年代愈晚，则陈迹之需考证者愈繁，故去取别择，亦成为专门技术……要之，自宋迄明六七百年间，方志观念日趋扩大，其内容日趋复杂。"[⑦] 这些看法大体符合中国方志发展的历史轨迹。梁氏揭示了清代方志事业发达的原因在于清初最高统治者如康熙、雍正、乾隆等多次下诏修志。梁氏认为，清代方志数量多至二三千种，大半成于俗吏之手，但仍不乏名作传世。这些佳构皆出学者之手，斐然可列著作之林。这些看法对于后世论方志者影响颇深。

① 作于 1924 年，收入《饮冰室合集》卷四十一，中华书局，1989 年。
② 作于 1924 年，见其所著《中国近三百年学术史》，中华书局，1936 年。
③ 作于 1925 年，载《龙游县志》，民国十四年（1925）铅印本。
④ 梁启超：《中国近三百年学术史》"清代学者整理旧学之总成绩——方志学"，中华书局，1936 年。
⑤ 梁启超：《中国近三百年学术史》"清代学者整理旧学之总成绩——方志学"，中华书局，1936 年。
⑥ 梁启超：《中国近三百年学术史》"清代学者整理旧学之总成绩——方志学"，中华书局，1936 年。
⑦ 梁启超：《说方志》，《饮冰室合集》卷四十一，中华书局，1989 年。

梁氏推崇谢启昆《广西通志》为省志楷模，特别称道谢氏“认修志为著述大业，自蕴山（即启昆）始也”①。这是由于谢氏注重方志编纂之法，“首著叙例二十三则，遍征晋、唐、宋、明诸旧志门类体例，舍短取长，说明所以因革之由”②等缘故。

梁氏对章实斋方志理论盛加称赞，认为“方志学之成立，实自实斋始也”③；进而认为，章实斋于方志学的贡献，首先在于改造方志之概念。他说：“前此言方志者，为‘图经’之概念所囿，以为仅一地理书而止。实斋谓方志乃周官小史外史之遗，其目的专以供国史取材，非深通史法不能从事。”④ 强调史法于纂修方志者的重要作用。为此梁氏特别推崇章实斋“三书”体例的确立对纂修方志的重大意义，在于章氏将以往志书中著述与资料混淆不分的矛盾得以解决。“实斋‘三书’之法，其《通志》一部分纯为‘词尚体要’‘成一家之言’之著述；掌故、文征两部分，则专以保存著述所需之资料，既别有两书以保存资料，故纯著述体之通志，可以肃括闳深，文极简而不虞遗阙。”⑤ 梁氏的论述抓住了章氏方志理论之核心，是实事求是的。

梁氏赞许章实斋倡导各州县设立志科的见解，可以“使文献得有所典守而不坠，而国史取材，亦可以有成式而免参差芜猥之患”⑥。梁氏还申明章实斋关于方志辨体的观点：“又晰言省志与府志、府志与县志地位之差别，大旨谓府县志为省志资料，省志为国史资料，各自有其任务与组织，省志非拼合府志可成，府县志非割袭省志可成。”⑦ 梁氏上述对章实斋方志理论的评价是积极的，符合情理的。

梁启超颇为重视方志资料的调查与搜集，认为方志“其最主要之工作，在调查事实，搜集资料，斯固非一手一足之烈，而且非借助于有司或其他团体，则往往不能如意”⑧。这种看法无疑是正确的，于今日修志仍具有指导意义。梁氏主张

---

① 梁启超：《中国近三百年学术史》“清代学者整理旧学之总成绩——方志学”，中华书局，1936年。
② 梁启超：《中国近三百年学术史》“清代学者整理旧学之总成绩——方志学”，中华书局，1936年。
③ 梁启超：《中国近三百年学术史》“清代学者整理旧学之总成绩——方志学”，中华书局，1936年。
④ 梁启超：《中国近三百年学术史》“清代学者整理旧学之总成绩——方志学”，中华书局，1936年。
⑤ 梁启超：《中国近三百年学术史》“清代学者整理旧学之总成绩——方志学”，中华书局，1936年。
⑥ 梁启超：《中国近三百年学术史》“清代学者整理旧学之总成绩——方志学”，中华书局，1936年。
⑦ 梁启超：《中国近三百年学术史》“清代学者整理旧学之总成绩——方志学”，中华书局，1936年。
⑧ 梁启超：《中国近三百年学术史》“清代学者整理旧学之总成绩——方志学”，中华书局，1936年。

方志内容应该详于国史，以备国史取材，此虽非梁氏发明，但亦颇有见地。他说："夫方志为国史取材，与其简漏，毋宁博滥。"① 他反对那种"削趾适履"的文人编史修志的风气，批评明代《朝邑志》《武功志》之简"无所取材"之弊。方志是资料性著述，备国史取材之用，失之过简，则有失修志之义。

梁氏还论述了官修和私撰志书的差别，认为官修者资料详，私著者义法严谨，这些看法与事实颇合。梁氏阐发方志的地位与作用称："有良方志，然后有良史，有良史，然后开物成务之业有所凭借。故方志者，非直一州一邑文献之寄而已。民之荣悴，国之污隆，于兹系焉。"② 把方志视为系于国计民生的大业，是难能可贵的。梁氏还认为由于正史之文简略，"犹幸有芜杂不整之方志……供吾侪披沙拣金之凭借，而各地方分化发展之迹及其比较，明眼人遂可以从此中窥见消息，斯则方志之所以贵也"③。强调方志资料具有补史之缺的作用。

总之，梁氏的方志理论虽不够全面，但对一些问题的论述颇为精深，给人以莫大启示，他推崇章实斋的方志理论的正确方面，但也指出了章氏方志理论的不足及错误，提出了己见，这正是他对方志学的贡献。如梁氏指出章实斋氏有三点不足：一为搜集资料用力较少；二为沿革事项率多疏略；三为自创义例未能贯彻。这些看法颇具卓见。

《地志与地图》

王庸撰。

王庸（1900—1956），字以中，江苏无锡人，著名地理学家。1927 年毕业于北京清华学校国学研究所，研究生学历。曾任北京图书馆舆图部主任，国立浙江大学、国立中央大学教授，南京图书馆特藏部主任，北京图书馆舆图组组长兼中科院地理所研究员等。著《中国地理学史》《中国地图史纲》等。该文于 1934 年刊行。关于地图的演进，王氏认为："中国舆图，自周以迄两晋为演进时期，及裴秀而造其极。东晋以降，此学渐衰，乃趋重于文字记注与绘图艺术之精美。故自晋迄隋，遂多图说并重之图经（或称图记、图志）。唐代舆图复盛，图经转衰。沿及北宋，图经中兴，至南宋而鼎盛。元明以来，方志之繁富，即肇基于此；而舆图之学，几类地理学上之支流余裔，不仅鲜人注意，亦且无甚进步。清初赖西

① 梁启超：《说方志》，《饮冰室合集》卷四十一，中华书局，1989 年。
② 作于 1925 年，《龙游县志序》，民国《龙游县志》，民国十四年（1925）铅印本。
③ 梁启超：《中国近三百年学术史》"清代学者整理旧学之总成绩——方志学"，中华书局，1936 年。

人测绘之地图，固为空前之巨制，但直至胡林翼一统舆图出，始为一般学者所利用。”①

王氏之论，阐幽发微，揭示中国后世地志与早期地图有明显渊源关系。该文发表后，自成一家之言，影响颇大。

《方志体例偶识》

万国鼎撰。

万国鼎（1897—1963），号孟周，江苏武进人。早年毕业于金陵大学农科。曾任该校教授及“国立政治大学”教授、地理系主任。中华人民共和国成立后，任河南农学院、南京农学院教授，中国农科院农业遗产研究室主任等。主持编写《中国农学史》。著有《中国田制史》《中国农制史》等多部著作。参与方志理论研究，多有建树。

该文载《金陵学报》民国二十四年（1935）第五卷第二期。文章分两大部分：第一部分，罗列修志重要参考书目。章学诚主修《和州志》《永清县志》《亳州志》《湖北通志》等志书，以及章学诚关于方志的系列论著，张树棻辑《章实斋方志论文集》等，尤其《章氏遗书》可窥全豹；以下依次列梁启超《清代学者整理旧学之总成绩——方志学》，瞿宣颖《方志考稿（甲集）》，李泰棻《方志学》，傅振伦《中国方志学通论》，散见各刊物而可为修志之参考者，论及《书目答问补正》以及选阅方志应注意之点。第二部分，是对各种不同方志观点的评述，并阐述自己的方志主张。作者认为梁园东（1901—1968）评李泰棻《方志学》谓“中国之地方志，以今日视之，实为一种不完全的地理学书……至章学诚更直视地志为史。然究其实，地方志就为地理学书而不应为史书，其理甚明，惟地学即不发达，作者以记史之法记地方，作史之本作地志，遂只好把地理书作史书看了……”立论殊为奇特。认为方志原属史体，其所记主要是人事，“若必限于地理，不特失方志之本旨，抑亦狭矣”。称蒋梦麟解散方志旧体，分为年鉴、各种专门调查及省史三书之建议“极有见地，虽门目犹欠完备，而体属新革”。万氏主张省史即为省志，不如兼及自然环境，仍称通志。年鉴及各种专门调查，似宜各自为书，并行不悖，不必认为省志之一部分。对柳翼谋关于方志应以著文为纲，史料小字夹注，详于一省一县之所特有，而略于各地皆然之事等看法表示

① 此文刊于1934年9月16日出版《禹贡》半月刊第二卷第二期。

赞同。指陈旧志之弊端在于往往仅“为片断之簿录，有似不完全类书”，如志物产，则但载物名，不详其分布重轻；或但引录前志等而不载现状；或偏于考据，辨证名物，而无一字涉及其在本地之生产情形。“为详所不宜详，略所不应略，不相干者连篇累牍，而真有关系者则恒失载……”其次强调今日修志，于各项专门问题分别详订调查计划，调查整理后撰为有系统之论述，新志特别注重旧志所缺略之物质、产业、民生方面。各志内容及门类设置要因地因时制宜。

《方志浅说》

蒋藩撰。

蒋藩（1871—1944），字恢吾，河南杞人。光绪举人，清末民国期间著名学者。《杞县志》总纂，并纂《河阴县志》，参纂《河南通志》，撰《河南通志局修校日程》二十余万字。1932 年撰《方志浅说》，为修志经验总结，该文收入蒋藩《梧荫楼诗文钞》中。

全文分为十一部分：一、方志之原始与其变迁；二、方志与国史之异同；三、通志与通史之异同；四、省志与一统志、郡县志之异同；五、修志三要；六、修志三长；七、修志二纲；八、采访四术；九、编纂四则；十、成书三期；十一、结论。兹录其三要、三长、二纲、四术、四则、三期，以明其修志旨要。

1. 修志三要

昔人谓：文章经国之大业，不朽之盛事。吾谓惟志乘之文或可当此。虽然，兹事体大，非仓卒可以集事，非拮据可以奏功。综其要点，约有三端：一曰“才”，无专门之人才，则不能胜任；二曰“财”，无宽裕之经济，则不能进行；三曰“材”，无丰富之材料，则不能征实而充其分量。三者有密切之关系，相互之因果，如鼎之足，缺一不可。

2. 修志三长

三长者，即其人之才、学、识也。妙运用之谓才，闳记览之谓学，精鉴别裁之谓识。有此，则书成为名著；否则，经济虽充，徒为靡费；著料虽富，适滋芜杂。

3. 修志二纲

修志有两大纲：曰“采访”，曰“编纂”。采访要正确，编纂要精严。故必有淹通之学识，而后可以任采访；必有冠时之才笔，而后可以任编纂。……然人往往偏重编纂之人选，而忽视采访之人选，则所见亦殊谬误。盖采访失人，不惟敷衍塞责者不足以资臂助，即广搜博取，而衡以义例，考诸事实，皆无可采摭，则岁月、精力皆虚耗矣。此事愚尝经验，贻误最巨，不可不谨。

4. 采访四术

采访即贵正确，必如何而后能达正确之目的？其中有四术焉：一曰“躬亲”。凡事假手于人，其延误什九，不延误者什一。采访一事尤不可以任人者逸为借口。故书必亲阅，卷必亲检，金石、碑版、图书、文学必亲自拓录，山川、城郭、村镇、古迹必亲至其地。虽一名一物之微，一话一言之细，非亲见闻不可臆决。一经采取，必注原本，此之谓躬亲。二曰“专治”。方志门类虽多，必次第分治方合程序，行从一门入手，其他门附见者，亦随笔摘录。……各以类附，如是，则既无顾此失彼之讥，亦无乱次而济之弊，循途而往，不数月而各门竣事矣。三曰“择要”。采访既博，闻见必多，不加别择，则鱼目可以混珠，碔砆可以比玉。……四曰“耐劳”。凡作一事，必感有非常之兴味，始能渐入胜境而乐此不疲，必具有非常之决心，始能排除困难而到底不懈。……采访之事繁难甚矣；自非耐烦劳，贞毅力，鲜有能始终一致，不负委托者。惟坚其责任心，济以研究性，则由苦得甘，胜任愉快，其于游刃乃恢恢乎有余地矣。

5. 编纂四则

一曰采访得人，则编纂者得所藉手。……故编纂之始，体例宜精。……后代修志，必先定义例，而后从事编纂。……不明体例，则不能著作；体例不精，亦难称名著。

二曰材料丰。……采访只能任材料之一部，编纂则当汇材料之全体。所取资者，如旧志，如档案，如金石，如访稿，固属材料之大宗，而群书参考，尤无尽藏。上之则经训雅故、古今方言，次之则正史、杂史、别史、传记、政书；他如子部百家之记言、记事，历代名人之别集、总集，探骊披沙，勤则有获。古人谓读天下书未遍不可妄下雌黄；愚谓读古今书未遍，万不可轻言著述。

三曰去取审。材料丰矣，而无衡鉴之明，则去取不当，此才学之外，所以尤贵有识也。故凡事出附会，迹近传疑，或涉迷信之嫌，或有琐屑之失，或义属两可而立待折中，或论等道谋而要归独断，不有识解，其何以胜？……

四曰文字洁。夫文至于洁，则正所谓润色之事矣。孔子曰：“言之不文，其行也不远。”又曰“辞达而已矣”。洁也者，兼文达二义。……且志乘之文，不以钩章棘句为工，亦不以雕镂铺陈为美，义主质而言主雅，要其归洁而已矣。

6. 成书三期

第一期曰：校理旧志。取总志、省志及各府、厅、州、县新旧志荟萃胪列，以本志为主，各取担任门目，与有关系各门目依次研阅。阅时用红蓝笔勾乙：红笔勾起止者存，蓝笔勾起止者删。……

第二期曰：开纂长编。昔司马温公作《通鉴》，先为长编，后成定本。……作志之有长编，义亦如此。

第三期曰：刊成定本。长编既就，已草创成书矣，然非融会贯通，删繁辑要以归于至当，则不足以信今而传后，即如范醇夫之于唐代，其长编都六百卷，而温公刊定仅成八十卷，所汰者已过十之八。……盖修志一事，搜罗贵富，而成书不贵多。……简而能赅，正意此也。能如是，则笔削精严，事理昭晰，可以垂世而无憾矣。

上述蒋氏所论，实为修志经验所得，内中虽多有因袭前人之论，但亦有所发明，尤其所论“二纲”“四术”多有新意，紧扣修志关键环节，令人耳目一新。

《修志丛论》

吴宗慈①撰。

此作是在作者主修民国《江西通志》时，在研求章学诚方志理论之同时，与江西各县修志局讨论体例问题，随笔记录，间修改增补，于 1947 年撰成。凡三十九篇，近四万字。文虽长短不一，然颇切实用，是民国时期重要方志理论著论之一。兹举几例，可知其价值。

在《论体例》中，吴氏认为：“今作志者，必先撰体例，几为一般通则。夫古人著书，未尝先有例，要皆随文起例，所谓例由义起者也。”“体例非不可先作，但挈其大纲，留一随时增补义例余地。”这是因为“若书未作而例先成，书中之义，发生变化，已成之例，不能驭之，其流弊，必致屈就既成之例，而增删事实以追改之。一改再改，矛盾牴牾，由此生焉”。强调随文起例、例由义起的道理。义是修志的根本和主旨所在。

在《方志中之实学问题》中，强调方志重在实学，“乃为一切民族社会经济

---

① 吴宗慈小传见本书《庐山志》。

学与科学问题。中国旧史书，最为人疵议，即对当时民族、社会、经济等事，均摈之不谈，即有所记述，亦东鳞西爪，无系统可寻……然则今之为中国方志者，若能有系统地记述各时代民族、社会、经济等问题，宁非大有价值之事。故所谓实学一名词，乃因时代变迁，其内容迥有不同”，颇有创新价值。他还在《修志以实用为归》中认为所谓“实用”即“自以新时代为对象。分析言之，则属于精神方面者，如金石、考古、氏族、语言与各种有价值的文献是；属于物质方面者，如水利、物产、地质等类是。具斯二者，其庶几乎?”吴氏这些观点对现实修志价值颇大，修志应与时俱进，符合时代要求，这当然是修志者存乎于心并诉诸实践的根本问题。

在《论沿革考及图》中，吴氏引章实斋之说：“古人图书并重，则具沿革考者，必兼沿革之图。古界今名，披文而得其原委，观书而洞其形势，二者缺一不可。”为此，吴氏按语云：“实斋之说，今若会通其义，关于地理沿革建置应为（一）沿革表，（二）沿革考，（三）沿革图。表，取其一目了然，词简而意赅也。考，明表列记载之所以然也。图，明夫历代形势之所由演变也……拙编《江西文献丛书》，其中全省古今政治地理沿革总略，八十三县沿革考略，古今政治沿革图，当不负章氏之所期也。”为此，朱士嘉在为吴氏《修志丛论》所撰编者按语中指出：“特别是沿革建置，有两点值得我们认真参考：（一）‘凡一方之志，首宜载一全省现制之舆地图，次之以历代沿革图，然后益之以沿革表，表不能详者，图不能见者，益之以说。说者，考也，即著明图表之所以然也。’（二）‘历代疆域沿革，如不辨明，则所记大事，将逾越范围，以致把他省之事，误入本省。’其说与戴震吻合。（参考章学诚《与戴东原论修志书》）”① 所言甚是。

在《江西省志馆采访简则》中，强调“凡所采访事项应注意明、确、详、速四字。所谓明，须纪一事项之如何始，如何终，及由始至终，逐渐变迁之状态，不重词华与空谈理论，但求明白畅达，条理井然。所谓确，或书籍档案所载，或乡邑父老所言（注：应求其据）……所谓详，有书籍档案可查者，须抄录全文；据父老口述者，须详纪其所言，并须记所言之人学历与声望，用验其人之言，是否有可信价值……所谓速，采访之事必须有闻则录，有录必详，十日为期，必有报告”。吴氏阐明了采访者要注意所采访的事物应明其发生、发展、演变和结局

① 朱士嘉编著：《中国旧志名家论选》，北京燕山出版社，1988 年。

等全过程，叙事简明有条理；搜集第一手档案文献资料，包括核实后的口碑资料；有闻必录之详备，十天一报告。其所规定至纤至细，颇称完备，吴氏还强调采访员应具备四勤观念，即手勤、口勤、足勤、心勤。采访员之素质，决定志书质量。

吴氏在《论今日之方志学》（1941 年刊本）中对方志概念做了论述："汇记一地方古今纵横之史迹曰方志。"此言揭示出方志的特点和本质。虽承继章学诚"方志乃一方全史"之说，但颇具创新价值，更接近方志之本义。吴氏在批判正史缺点之同时，特别强调地方志价值更在正史之上："吾国正史所留之缺憾，为现代新史学家所疵议者，每谓正史两千年来之记载，只有国家而无社会。然则方志之所重者，诚有超乎正史之上者。"这是因为正史主要记载国家层面内容，缺乏地方情况之内容，而方志则是记载各地综合情况最为完整、系统的资料库。总之，全国各地自然地理、政治、经济、文化、社会民情等资料"惟方志是赖"。方志为"吾国一切所有之总底册"，"国家无量之宝库"，"有系于全国大计"等，其观点确实超乎前人，这是吴氏方志思想最为闪光之处。

第三节　方志理论专著举要

《方志学》

李泰棻撰。

李泰棻（1896—1972），字革痴，河北阳原县人。方志学家，史学家。1917 年毕业于北京国立高等师范学校，历任北京大学、北京师范大学历史系教授，北平、天津二市教育局长，1925 年任绥远特别教育厅厅长，通俗讲习所所长，1929 年后，任绥远省志总纂。后调任天津、吉林等地从事历史研究。著有《方志学》《西洋近百年史》《中国史纲》《西周文征》《国民军革命史稿》《阳原县志》《痴庵所藏历代金石图考》《痴庵藏印拓片》，编纂《绥远通志》初稿等。《方志学》是民国期间我国首部以进化论观点研究方志理论的完整之作。

《方志学》1935 年由商务印书馆出版。全书析为十四章，六十三节。分为两大部分。

前七章为总论部分。重点论述方志之性质，方志之责任，往日方志有何缺点，今日方志如何改修。此部分为方志学通论。后七章为专论部分。作者以绥远省志及其所属诸县志为例，论述修志之先决问题，方志资料内容，资料之选取方法、鉴定方法及管理方法等问题，旨在裨益实际，参用有余，实为国史研究之法。

李氏自认为，该书内容“十之二系阐发章实斋之长，十之八则著者依时代及史学潮流之要求发为新议者。是以方志学之发凡，创于章氏；方志学之独立，始于著者”①。

第一章，通论。析为五节，即方志之定义、方志之定名、方志之沿革、方志之编体及旧志之用途。作者首先阐发了方志属性为史的观点，“方志者，即地方之志，以区别国史也。依诸向例，在中央者，谓之史；在地方者，谓之志，故志即史。如某省志即某省史，而某县志，亦即某县史也”。这些观点一承前人。

作者首先运用进化论观点研究方志，认为：“方志者，乃记载及研究一方人类进化现象。”这在当时方志界尚不多见。

作者认为，方志以志为名较之以史为名更为准确，国史可名之“书”，如《汉书》，国史还可名之“志”，如《三国志》，“则地方之史，亦以名志，似无疑义，故方志定名，固甚为当也”。

作者又继论方志最早以志名书者为《华阳国志》。按，这些前人已论之。作者按记述范围将志书析为总志类、方志类及属方志一部或一门者等三个类别，此论较符合实际。

关于方志之编体，作者认为，史之编体，不外纪传、编年与纪事本末三种。作者列举《史记》《汉书》两目、二十二史简目，与同治《畿辅通志》、光绪《顺天府志》及民国《献县志》相比较，进一步得出“方志编体，既悉本于史汉，即历代志书，亦皆同乎正史”的结论。作者又认为：“将来纂志，内容资料，固需政治、社会双方并重，以期对于人类进化事实，叙述无遗。若其编体，则当宗纪传，自无疑矣。”阐明了旧志与《史记》《汉书》例目的渊源关系，所言甚为成理。

关于方志用途，作者认为：“夫史多矣，有通史以会其通，有断代以析其代，

① 民国《阳原县志》卷十四，民国二十四年（1935）铅印本。

更有方志以别其方，然后上下纵横，始能靡考无遗。”作者准章学诚氏所论“方志为国史要删”之论，并列举七端以明确方志之作用，如各地社会制度之隐微、递嬗，不见于正史及各书者，往往于方志见之；历朝人物，应登正史而未列，或在当时无入正史之资格，而以今日眼光视之，其人靡重者，亦往往见于方志；遗文轶事，赖方志以存者甚多；地方经济状况，如工商各业、物价、物产等，其变迁多见于方志之中；建置兴废，可以窥见文化升降之迹；古迹、金石，可以补正史及文字之遗缺；氏族之分合，门第之隆衰，可与他史互证。这些观点都是积极可取的。

第二章为旧志之择评。本章析为九节，即七志目录、武功志评、朝邑志评、吴郡志评、姑苏志评、滦志评、灵寿志评、姑孰备考评及结论。

作者认为：“宋元明志见于各家著录以及其书现存者，百数十种，然皆大义阙如，史法乖远……其较有义法且为一般所称道者，大抵不外武功志等七种，是七志者，夙负盛名，修志家辄奉为矩矱者也。”清章学诚对上述七作已有专评，李氏援引，论其得失，间抒己见。

第三章，叙述章学诚方志义例，较为明晰条理。第四章叙述章学诚之志例驳议，析为九节：书籍部次之泥古；前代诏诰列入文征之不当；艺文不志生人著作之不当；生人不得立传之商榷；门目不得过多之不当；帝后不应入志之不当；列传断自元明之不当；政略以人为主之不当及志分多体之不必等。其中有些观点可取，如艺文不志生人著作之不当等；有些观点应该扬弃，如为生人立传等问题。

第五章叙述修志之辅助学识，析为十四节，即总说、地理学、人类学、社会学、年代学、考古学、古文学、古泉学、言语学、系谱学、心理学、经济学、政法学及其他科学。此等见解颇为新颖。作者以为修志者“非一切科学知识俱备者，不能为功，即不能作志”很符合时代精神。作者还指出：“农工商矿各业，为社会生产消费之总观，所谓社会经济之源流，并在于此，自须分记合述。故商学、农学、动物学、植物学、矿物学，以及工厂组织管理等法，银行簿记统计等学，必须完备，始能以科学名词解释产物，更以科学方法分析载明，俾阅者一览而知某省某县之社会经济、生活状况等，始不失为科学的方志。”以上观点，多具创新意义。

第六章，叙述作者对方志内容之三增，按三节论述，即应增记录以前之史实，应增社会经济之资料，应增贪劣官绅之事实。作者以进化论观点，主张志书叙事当从史前写起，强调志书要增加对社会经济内容之记述，以矫旧志重文献、重人物而轻经济之记述，还强调志书要增加对贪劣官绅之记载，一改旧志书善不书恶的传统弊端等，这些观点皆具有进步意义。

第七章叙述作者对方志内容之拟目及序例的看法。按两节分述，即拟目和序例。其所拟方志例目，颇有参考价值。在“序例”节中分释设目之由。特别是对旧志有所改革，或应时代要求而新增诸门，分别加以解释。颇具参考价值。

以下七章为专论部分。

第八章，叙述修志之先决问题，析为三节，即疆域沿革志必先考定之理由；例上，绥远全省疆域沿革志；例下，绥远各县疆域沿革志。作者强调修志者应先考定一地之历代疆域沿革。否则，由于历史上疆界不明，采访搜集资料等一切问题均无着落。此与戴震修志观点颇合。

从第九章至十四章重点论述方志资料之收集、鉴定、整理等方法，这些方法乃是历史研究法在方志领域里的移植，故有人认为，此为历史研究法，而于方志本身之论述相形见绌，轻重失当。① 此种评论，不无道理。

李氏此书以章学诚方志理论为本，并结合修志实践，指出章氏志例不妥之处，在方志体例、体裁、方法和内容等方面，都有自己新的见解，在当时具有进步意义。然此书既以“方志学”命名，理应全面论述方志起源、演变以及不同历史时期方志理论之大势，但却未及此。个别篇章论述亦尚有欠当之处。此外，作者以大量章节论述志书资料的收集、鉴定、整理等问题，都值得商榷。

《中国方志学通论》

傅振伦撰。

傅振伦（1906—1999），字维本，河北新河县人，著名方志学家，史学家。早年毕业于北京大学，曾任中国历史博物馆研究员。傅氏于史学、文物、考古学、博物馆学、科技史等造诣颇深。著有《英汉双解世界语基本字典》《刘知幾之史学》《中国史学概要》《博物馆学概论》等几十种，精于方志学研究，著《中国方志学通论》《河北、江苏方志提要》等专著。在北京大学主讲《方志学》。1927 年主编《新河县志》二十六卷。1944 年与顾颉刚共同主编《北碚志》，出版有关方志论文多篇。

---

① 万国鼎：《方志体例偶识》，《金陵学报》5 卷 2 期，1935 年。

《中国方志学通论》于1935年出版，1979年修订，又名《中国方志学》，1988年复名为《中国方志学通论》。此书为民国期间较全面、系统论述中国方志学理论及方志史的专著。傅氏论述了方志名称、性质、功用、源流、发展、派别、弊端，以及对章学诚方志理论与实践之评价，对方志的整理与编撰等问题的建议和方法等，共十万余字。

全书内容析为八篇十九章，分四大部分。

第一部分（含第壹、贰篇）

篇壹：方志的定义及其范围，包括方志名称、种类、性质及作用；

篇贰：方志在学术上之位置，包括方志之价值及方志之地位。

第二部分（含第叁、肆、伍三篇）

篇叁：过去之方志界（上），包括方志起源、发展（上）及发展（下）；

篇肆：过去之方志界（中），包括方志之派别及方志之通病；

篇伍：过去之方志界（下），包括《越绝书》与《华阳国志》及章学诚之方志学。

第三部分（含第陆、柒二篇）

篇陆：方志之收藏与整理（上），包括方志之收藏，方志之总计；

篇柒：方志之收藏与整理（下），包括方志之整理。

第四部分（含第捌篇）

篇捌：方志之撰述，包括方志之撰述一、二、三。

篇首有自序，论述方志名称、起源、演变、今存种数、卷数及以往志书之得失。

傅氏认为，方志之名始见于《周礼》："《周官》外史掌四方之志，诵训掌道方志，小史掌邦国之志，职方掌天下之图，司会于郊野县都掌其书契版图之贰。四方之志也，方志也，皆列国之志，亦即地方之史也。邦国之志，亦国别之书。书契版图，记户籍、土地、形象，即地志图经之类，皆方志之流。推其本原，所由来远矣！孟子所称《晋乘》《楚梼杌》《鲁春秋》，墨子所称燕宋齐周等春秋及百国春秋，孔子所见百二十国宝书，皆周外史所掌四方之志也。……《九丘》，杜氏亦指为九州之书。他如：系以地，则有《周志》《郑书》；系以人，则有仲虺之志与史佚之志，皆一国之典也。”①

傅氏论及秦、汉、两晋、南北朝、隋唐及元、明、清志乘梗概，认为方志本为地方志、四方之志之简称，“实国别体之史书”，而其书“虽兼记史地，而究与纪传舆地之书有别”。

第一部分，作者论述古代方志名称颇多，曰志，曰乘，曰梼杌，曰春秋，曰宝书。后世纪传之史，其书志曰书，曰志，曰意，曰典，曰录，曰说，曰略，曰考。

作者又称普通方志以志命名为多，也有别称者，如图志、图经、图考、图说、乘、书、考、略、记、传、纪、录、系、集等，不一而足。

关于方志种类，作者认为古今方志有通纪，有断代，而以通纪最多。就其记事之范围言，又可别为下列诸类：

一、一统志（此为全国范围的志书，如《大清一统志》《四库全书·史部·地理类》概称总志）；

二、总志（二省或二省以上之志，曰总志，如《湖广总志》）；

三、通志（一省之志曰通志，明万历《四川总志》为例外）；

四、郡县志；

五、合志（综二县或数县之事于一书者，为合志，如安徽之《泗虹合志》）；

六、乡土志（始于元之镇志，如嘉庆《黎里志》）；

七、都邑志；

八、杂志（若边镇志、卫志、所志、关志、场志、盐井志）。

关于方志性质、功用、得失，作者认为：“方志为一域地理及史事之书；方志志在垂训，多有褒无贬；方志记事周备，为国史约取之资；方志记事，古今并载，尤侧重现在，切乎实用。为地方行政之借镜，地方官吏之资鉴。”

关于方志之价值，作者总结有四点：

其一，载事周悉完备。即人事而外，天文、地理、方物兼载。故社会科学家、自然科学家，于兹取材，必有所获。顾炎武撰《天下郡国利病书》，朱彝尊撰《日下旧闻》，钱辛楣撰《辽史拾遗》，陆心源撰《宋史翼》，多取资于方志。

其二，记事亲切可信。方志取材，除官府文移而外，有私家著述、金石遗

---

① 傅振伦：《中国方志学通论·自序》，北京燕山出版社，1988 年。

文、图像谱系、方言风谣，具有“地近易核，时近迹真”的特点。

其三，志材多平民化。方志所着重之点，全在民众。诸如社会制度、礼俗习尚、民生利病之详于正史者，其委曲隐微，莫不具载，足补史书之所不及。

其四，志材甚为珍贵。如政治典制、外交军事材料，颇多补正史之缺略。社会、学术、经济等资料之见诸方志，而绝不见诸正史者，弥足珍异。如赋役、户口、物产、物价等类记载，最为可贵。尤其是赋役，考究国计民生递变，此实唯一无二之良好资料。其杂志文征诸类，亦为社会史料之渊薮。

关于方志在学术上的地位，须明其在史部之类次。作者认为，地志著录，始于王俭《七志》，其《图谱志》即专记地域图书著述。阮孝绪《七录》分载籍为七，二曰纪传录，其中析为十二门，其十为土地部，以记地理之书；方志之书，殆亦在焉。《史通·杂述篇》以郡书和都邑簿并列史家杂著之内。此后，《越绝书》《华阳国志》等方志之书，或列杂史，或入载记。

唐宋著录，方志无专门，其书率入地理，明焦竑《国史·经籍志》始有方志之目，其中史类十五门，地理居十三，地理、都城、宫苑、郡邑、图经、方志居多。朱睦㮮《万卷堂艺文记》始立专门，其史分十三，十一为方州之志。为此，作者认为：“考吾国地方志书，自宋始见重于世，体例渐备，逭明而体益宏，书益多，至清遂独树一格，蔚为大观。验于史部分类，亦足以证之矣!”此结论是符合实际的。

第二部分，关于方志起源，作者在其序中已经有所论述，认为方志起源于春秋列国史官所掌以及各列国史。在本章，作者进一步把《周官》各有关史官所掌与《禹贡》《山海经》相比列对举，表达了方志起源多元论的观点。值得注意的是，作者始终将记载地理的舆图同记载地理的文字结合起来看待，颇能符合我国方志发生演变实际情况。

作者又认为，以往列国之书率皆湮没，而《越绝书》独传于今，“后世方志实昉于此”。汉得秦图籍，备知天下厄塞，户口虚实，汉武帝时计书犹上太史，郡国之志，殆亦在焉。朱赣作《风俗记》，班固作《地理志》，晋挚虞作《畿服经》……皆舆地方志之作，殆数十家，今唯《华阳国志》存世。笔者按，此论非是，除《华阳国志》外，尚存《汉书·地理志》。

关于方志之发展，分为上下两篇。

上篇作者自隋唐开始论列，直至清季。先考评列朝总志，再及州郡县志。作者认为："州郡志书，五代以前无闻，北宋以来，未有古于《长安志》及《吴郡图经续记》二书者。"

作者还将边防志书及有关域外志书进行考论，足证作者对志书研究范围之广博。

作者批评《禹贡》记物产而不记风俗，《周官·职方》载地理而不及人才。盛赞"唯方志记事，范围甚广……大抵汇录名贤诸绪言，旁及学术大要"，甚为周悉。对后世作者通少远识，所载内容狭窄，提出批评。如批评清戴震时说："修志犹重地理沿革及古迹，总未脱图经观念。"批评周应合《建康志》记事"详古略今"。而对章学诚所修志书评价甚高："其所修志，皆高人一等。"颇有道理。

其下篇作者认为各种学术发展趋势大率由简单趋复杂，更由复杂而趋分析。以方志论，"有方志包含诸成分之各体，然后始有由诸体综合以成之方志，是由简单而趋复杂也"。又由于方志内容日宏，非一二撰者才力所能及，于是有人就志书所含一二体，更分撰一书，以见所学，"是综合而趋分析也"。二者相互为功，不可偏废。是以其书时有并行者。

作者在这一前提之下，论列古之方志名目虽多，各有所自，以明方志由简趋繁之势。

关于府县志体例，作者认为："对于某些书，原皆各自为书，分门著录，而作地志者，合诸体例而成一书，又必分诸书以还各体，方为体备而用宏。"

作者更认为，方志由简而繁由分而合，更有趋分析专门之势，另有专详一方史迹者，或专详一方人物者，或专详一方诗文书目者，或专详一方风俗轶闻者等，皆方志由综合而趋分析之证。

在"过去之方志界（中）"一篇中，关于方志之派别，作者仅就其笔法、体裁、内容、旨趣等分别论述其派别。

甲，就笔法言。作者认为有尚简、尚繁、拟经、拟史诸派。宋代《剡录》等以详赡胜；而《长安志》《三山志》《新安志》等则太略；《太平寰宇记》太烦而寡持择；《元丰》卷帙寥寥，难资镜古。由此可知，志家有尚简、尚繁二体。明世武功、朝邑二志，力求简古，而评者不一。作者持志书当详观点，志书"博通乎史，而详史所略"，"宜繁不宜简"，才不失作志之义。

此外，作者批评拟古派及拟经派既庸且妄，实无所取。

乙，就体裁言。有多立名目、不分纲目和分三四纲目之分。

1. 多立名目者，有仿纪传体而分图、纪、表、略、传之体者，景定《建康志》即是。作者认为："志冒史体，大为不可。"

2. 不分纲目者，宋、明方志，多分纲目，清初贾汉复撰《河南通志》，析为三十门，骈列名目，无所统摄，当时诸府县志，多奉为法式。作者认为，"体近薄书，非著作之体"。清中叶后，此体渐被淘汰。

3. 全书独为一篇文字者，以清代汪中《广陵通典》为例。该书欲求明贯易览，故不分门类，通书为一篇，"实一有断制之扬州编年史也"。作者以为此作"在方志界中，尚为创体"。又说，"然逐类以及，因果难究，施诸蕞尔小邑，及边远郡县事迹阙略等地，容或可取，用于年代悠久、幅员辽阔之名都大邑，最不相宜也"。真是一语中的。

4. 分天地人物等门者。明《广平县志》《湖州府志》、康熙《密云县志》《怀柔县志》等，大体按《孟子》所云"诸侯之宝三：曰土地、曰人民，曰政事"而分为三门，或三门之外，复有益以文献者。又，明乔中和修《内丘志》为八纪，亦属上列诸志之变体。

丙，以内容言。有重地理、人物、文献之别，傅氏以为：古方志，载事本甚详备，而后之作者，识鲜能及远。"通图经者博取地记，好人物者广抄史传，爱文献者多聚政典诗文，而派别生焉。"

戴东原主张"志以考地理，但悉心于地理沿革，则志事已竟"。其所修诸志之体，特重沿革古迹，而无视文献。作者批评那些"腐儒陋士，竟有取以为法者"。

祝穆《方舆胜览》，宁略建置沿革，而人物琐事必登载无遗。作者批评说："推波助澜，盖亦失矣。"

作者认为："志既偏重图经、人物、文献之类，流于偏倚，殊非一邑社会体象之全……地方之志，无异正史之片段，档案之副贰。信今传后，安可得乎？"

丁，以旨趣言。资观主义居多。作者以乾隆《三河志》《博野志》《乐亭志》、崇祯《蠡县志》、光绪《稷山续志》等为例，其凡例"意在表扬，惟善是与"，"取阐幽以昭褒劝"。列女专载节列，甚至以列女为烈女等，作者批评说："虽得善善欲长之义，讵免失体之讥？"

陆陇其撰《灵寿县志》，不载释道寺观，作者认为"自以为义正词严，有裨风教，其全书立义，在于昌明理学"。故言："吾国史书，多重资观主义……而方志之书，亦多如斯。”其言不诬。

关于方志通病，前人之述略备。作者分为十个方面，进行评述：

一曰取材无当，旨趣乖僻；二曰因习模拟，书多雷同；三曰剿窃拼凑，无异类书；四曰割裂诸志，无所断制；五曰片断记载，几不成书；六曰门类琐碎，意义浮泛；七曰载文纪事，猥烦不典；八曰叙述无谓，立论可厌；九曰逐于景物，不求实际；十曰官家修志，失之简陋。

关于《越绝书》和《华阳国志》，傅氏认为此二书“皆为方志之类，率述一地偏霸历史沿革及其掌故、风土、人物。自古志逸，而此遂为地方志之所自昉”。

关于章学诚之方志学，傅氏指出，注重方志编制之方法，“实自清乾隆中叶始……至若认识方志之真正价值，说明正确意义，而建立新方志之学者，则莫如章学诚”。其评价甚为中肯。为此，作者析为三节，分别论述章氏方志学理论及其实践所取得的成就。

节一讨论章氏修志之意见。是作者对其所撰《章实斋之史学》一文的摘要。其中析为方志之重要、方志之特质、方州修志、志材之纪注与撰述、方志之资料、叙事之原则及记事之方法等七目。此节讨论章氏方志理论大旨。

节二讨论章氏诸志及其特点。傅氏参考《章氏遗书》，分别略述章氏所撰《和州志》《永清县志》《亳州志》《湖北通志》等志内容及其体例特点。

节三讨论章氏预修诸志之概略。即《麻城县志》《常德府志》《荆州府志》等诸志，上述志书，或由章氏定例，志稿或经其裁正，故体例多与章氏之说合契。

第三部分，方志之收藏与整理。

分为上、下二篇。

其上篇讨论方志之收藏及方志之总计。

关于方志之收藏，作者揭示了旧志散佚、毁坏的种种原因，又载录了当时国内外公私庋藏方志之处所，这是作者在朱士嘉统计基础上之再研究。

关于方志之总计，书中附有燕京大学《史学年报》第四期所载《历代地方志统计表》《历代各省地方志统计表》《历代各省地方志分类统计表》《地方志卷帙未详种数统计表》四种。概括宋、元、明、清、民国五代之方志，总四千九百一十二种，八万二千四百一十四卷。根据上列填表，傅氏得出“以种部言：清代最多，民国、明、宋次之，元代最少。以卷帙言，清朝最多，明、民国、宋次之，元最少……”之结论。在此基础上，傅氏讨论了历代修志多寡的缘由，与“当时政治之隆替，地方之治乱，文化之盛衰，经济之荣瘁”等因素有关。

其下篇讨论方志之整理。傅氏认为，最主要者，莫过于编辑方志汇目、统计表、篇目索引、提要表及别录等书，这乃是初步整理方志的基本方法。总之，方志收藏与整理工作，是图书馆工作的一个组成部分。在一般方志著作中，大多没有涉及这诸多问题。作者所论，仍有参考价值。

本篇后附录有傅氏于民国二十三年（1934）撰《故宫方志考》四卷，先定凡例九条，并载方志考中《苏州府志考》二篇。

第四部分，关于方志之撰述。论列历代修志之所由。续志之法，特别是志馆之成立及其组织、经费、图籍搜集、人员延聘、义例订立、工作分配、志材之董理等述之甚明。此篇内容丰富、系统、全面。作者在论述方志义例时称：“修志之道，先严体例，义不先立，例无由起，故志家必以凡例冠之。”这是撰志方法的首要问题。作者于民国十八年（1929）以其所撰《北平志类目》为例，强调志例要有如下几点：

一宜略古详今，侧重现代；二宜博采详志，注重实用；三宜特详悉于社会方面；四宜偏重于物质方面；五宜广辟类目，注重科学；六宜广增图表；七为文人不可与修志；八为叙事方法，具体如下：1. 断限宜明；2. 编次时类并重；3. 须据实直书；4. 史文雅正，遵四要，戒八忌；5. 文尚简而事务尽；6. 应有自注及叙源之例；7. 存缺疑之例以杜十弊；8. 有互见详略之例；9. 称谓从主，官地从时。

上述义例，是作者对前人修志主张的概括和总结，对编写新志有一定借鉴意义。

作者还列举了德国史家及英国史家对史料的分类，说明作者对于借鉴西方先进的科学研究方法来促进中国方志的编纂，具有强烈的愿望和要求。

总之，《中国方志学通论》内容比较全面、系统，在当时方志界产生了极大影响，是研究中国方志学的鼎力之作。但该书也有不足，万国鼎评此书较为中肯，兹援引其说：“书中条引各名家言论及批评各志优劣之处甚多，足证阅览之富与札记之勤。所论亦大部为方志学本身，故篇幅虽不及李氏《方志学》之半，而内容之结实则远过之。惟往往随引随论，囿于陈言，而不以己意条贯为先，闻有缺乏融会独立之感。虽病旧志以雕伤文字为务，而是书亦好堆砌，间至意义转晦。篇章之分，似欠甚酌。……方志体例及各门之应如何编纂，似为方志学之中心，而是书论列太简，尤为遗憾。……”①

《方志通义》

寿鹏飞撰②。

1941年刊印的《方志通义》，是寿鹏飞方志理论的代表作。是一本有系统、有见解的方志理论专著。该书阐明了志义与志例的重大关系，并对志例的原则进行了翔实具体的论述。观点明确，论证有据，颇具说服力。寿氏持论虽在一定程度上受到章学诚方志理论的影响，但不墨守成规，而是在考察前人修志得失的基础上阐述了自己的看法，对章氏的方志理论，有批判，有继承，也有发挥，从而使旧方志理论更加臻于完善，这是该书的特点。

（一）能否正确认识和处理方志的义与例之关系，是衡量一部方志的编纂是否得要的重要标志。

方志的义例，质言之，即撰修方志的主旨与条例。两者相比较，应该是义重于例。寿氏《方志通义》认为："善言志例，不如揭橥志义。"这是因为"例宜随时随地为转移"，"义则亘古今而不易"，义为撰志的根本。因此，寿氏强调，方志宜如《左传》《史记》《通鉴》等史学著作那样，寓义理于其中。他盛称顾亭林《天下郡国利病书》等当于治道之书，著作之体，亦即方志本义。

何谓方志本义？寿氏谓，即"正人心、敦风尚、明正谊、垂治规，究兴衰之由，陈利弊之要，补救时政之阙失，研求民生之荣枯，察理必归诸真，指事必求其是，勿惊时尚，弗谬是非，举其大要，略其琐细，足以治理之龟鉴者以此"。这乃是贯穿于方志中的义理，也是主修者的首要任务。寿氏谓光绪《畿辅通志》，其书虽精详审慎，超越前规，号称巨著，然颇受时人菲薄，由于它"详于事实，而义理虚枵"。这种指责，不无道理。编纂方志，必须体现上述义理，去分析材料，选择材料，使之成为具有思想性、科学性和资料性相统一的有机整体，这样的方志就不再是一般的资料汇编，而是一部经过认真选择，有组织、有系统的著述。寿氏誉康海《武功县志》和陆陇其《灵寿县志》蕴有正大之主义，堪称名志，义胜于理，就是这个道理。

清代乾嘉时期，撰修方志盛行。然虽多且滥，关键在于讳言时政得失，而歌

① 万国鼎：《方志体例偶识》，《金陵学报》5卷2期，1935年。

② 寿鹏飞小传见本书民国《易县志稿》。

咏升平，堆砌辞章。为此，章学诚曾斥之为“摘比似类书，注记如簿册，质言似胥吏，文语若尺牍”。为矫正时弊，章学诚特发明修志条例，以力救其谬。然章学诚之见，未为精当，正如寿氏所指摘的那样：“然其所见，仅墨守家法，斤斤于一字一句之出入，而不为本义之阐明，不脱当时汉学门户训诂之习。”故其所见犹浅。寿氏此论，触及了问题实质，撰修志书，如不明其主旨，纵使条例规定得再具体，亦未能奏效。

如何方可称作明审修志的主旨呢？首先宜明方志的社会作用。寿氏指出：“志者史也，史以明治乱兴衰之故，志以补郡国利病之书。”撰史“但详已往之陈迹”，而修志者“必兼条兴革之所宜，其指导政治之责，盖倍蓰于史也”，并强调方志“于记载正确之余，宜参以陈得失之论”，乃是史与志的重要区别所在，甚至认为：“无是非之心，褒贬之笔者，不足与论史；无爱民之心，利病之论者，不足与论志。”明确了修志者之职责应是指陈兴革之得失，补救郡国之利病。志书重在反映现状，注重“经世致用”，这些观点符合修志主旨。

撰修方志的出发点是一个原则问题。寿氏《方志通义》立论明确，认为“方志立言，当从平民立场，乃得痛陈疾苦，盖志为地方人民而作”，这种进步的历史观点是难能可贵的。这不仅反映了作者对旧方志已沦为封建地主、官僚、绅士的家谱的指控，也反映了作者对撰修志书必须从立场、观点上进行改造的正当诉求。这乃是寿氏《方志通义》一书最具价值之所在。寿氏进一步阐发了方志的社会作用，就是应“有裨地方风俗民生”，“读良方志，可以觇国俗，知理乱，识兴衰”，从而可知方志作用之巨大。为此，寿氏援引《武功县志》何景明序加以申述：“康子之书，其地亩则由狭而广，户口则由寡而众，赋役则由省而兴，财费则由约而靡，产业则由富而贫，地利则由饶而减，民性则由强而弱，风俗则由厚而漓，吏治则由良而奸，人才则由实而虚，文教则由振而委，网弗降本流末，废正趋敝，嗟乎，岂独一邑然哉，由此可以例诸四方矣。”此等统计，翔实、具体、生动地反映了明代武功县的沧桑变化，从某种意义上讲，一县的变化乃是一省乃至一国的缩影，是“具体而微者”。这就深刻地揭示出有明一代国运由盛转衰的必然趋势，方志的确能起到“资治、教育、存史”的作用。

在涉及关于义与例的关系时，寿氏强调“义以经世，例以救时，义则精神，例则形式”的看法，绝不能“拘于例而失其义”，志例因时而变迁，尤不能拘于一格。他赞扬民国钱淦《宝山县志》以时会之变迁，政治之改辙，知旧例不可适用，乃推翻实斋志例的破例自创精神。诚然，志书体例，自古无定型者。古代事简，体例所定，门类所分，未必准确，时代变迁，社会交替，世事蕃变，日新月异，抱残守缺，循规蹈矩，旧例何可檃括？必须破例自创，以适应新形势之需要，志例才能发展。否则，就失掉了修志之意义。寿氏的观点，值得重视。寿氏还指出章学诚“谨严之余，似已过于拘于例”的缺点，批评他就连自撰的永清、和州二志“亦未能悉符所言”，真是一语中的。

寿氏认为，志例的确立，应是志义在先，志例在后，起例发凡一定在调查大备之后。这符合认识论的观点。志例的确定，时刻不能脱离修志的主旨；志例的确定，也只有在全面掌握该地的基本情况之后才能符合实情。这些看法，于今皆有借鉴意义。

（二）能否确定与遵循志例的原则，是关乎志书质量的重大问题。

寿氏《方志通义》在总结前人修志得失成败的基础上，翔实、具体地提出了志例的撰述原则，表达了作者在方志体例方面的系统见解。寿氏首先概要地提出志例的一般原则，认为：“志山川，宜详脉络源流；志地理，宜详厄塞夷险；志政教，宜详得失利弊；志民生，宜详疾苦创夷；志风俗，宜别邪正淳漓；志掌故，宜别旧志善否；志财赋，宜详民力负担；志食货，宜详生计荣枯；志人物，宜善不掩恶，忽详个人琐事；志金石，宜略记大凡，勿为文字考据；志名胜，宜纯任自然，勿作诗人点缀；志艺文，宜著录典籍，勿羼文字篇章；志实业，宜确登实况，勿为凿空之谈；志故事，宜剪裁取舍，勿骛多多之善。”寿氏犹恐撰志者仍不明上述所言要领，又从反面加以申述：“方志所忌，志政治，类报告书；志艺文，类文选楼；志名胜，类诗文汇编，类卧游清福编；志金石，类考据家，类藏书家；志人物，类家传，类谀墓文，类履历书；志山川，类点卯簿，但存其名；志食货，类万金帐，不计赢亏；志风俗，类行乐图，不别善否；志建设，类工程师，不顾民力；志故实，类琐闻录，以多为贵；志财赋，类收税员，孳孳为利；志实业，如入万宝山，目不暇给；志教育，如外国奴，五体投地。凡耳食之言，乐观之论，俱所不取，一以志义为归。”得失之论，博洽精到，很值得参照。

寿氏对如下几个具体问题阐述得尤为精当：

关于志地理的论述。寿氏赞成宜以山为纲的观点，言山水当志主山，而水隶之，不赞成地理以水为主的观点，理由是“水道有时变迁，惟山岳则方位固定”。这显然是在总结了如《水经注》那样以水道为纲的地理著作的得失之后而做出的结论。此外，特别应予以指出的是，寿氏关于“志地理宜详厄塞夷险”之论，颇为切中时政。小而言之，实为郡国形胜之要务；大而言之，尤系国家政权之安危。寿氏此论，深受《元和郡县图志》《天下郡国利病书》《读史方舆纪要》之影响，卓有见地。

关于志名胜的论述。寿氏首先明确了名胜的概念：“所谓名胜者，非风景宜人，足供吟眺之谓也。必也隩区形势，于昔有名，在今为胜，一郡一邑之所瞻仰者，始足当之。”作者称引顾亭林之意说，有体国经野之心，而后可以登山临水，有济世安民之略，而后可以考证古今，故方志所记名胜，考订名物，必具此襟怀，合此原则，方可秉笔，若区区凭吊游观，用资谈助，何关地方要义？寿氏认为，司马迁上会稽，探禹穴，“非为游览名胜也，乃欲访求古代宛委之秘书（古称禹穴藏书，盖皆有关史事者——原注）”；其游湘沅，过河洛，“非为游历山川地，乃以参观舜禹巡行之故迹……岂泛游山水所能发其奇文哉?”可见名胜于史事之关系是何等重要。寿氏进而认为：“张江陵之游九塞，为策边防，顾亭林之驰征车，为访利病。”可见名胜于政治之关系是何等密切！名胜出于天然，但经文人点缀，矫揉造作，即失掉志名胜之本义。昔人志名胜，每每将一郡一邑标为若干景，并缀以题目，如“燕京八景”有所谓“居庸叠翠”“卢沟晓月”等，下系诗文。其他郡邑名胜，亦限以八景，内容仿此。此实“强作解人，适形陋态，既失自然”，早已为章学诚所讥。此举盛自清乾隆皇帝，其点缀名胜之语甚多，如“易水秋风”即其一例，寿氏讥之为：“夫易水一歌，特以示悲壮侠烈之气，岂为点染风景设乎？尤失古人意义。”为此，他特别指出：“此非通人之所取。”寿氏这些观点，于今仍有启示之效。

关于志方言的论述。寿氏认为历来撰志者，未明其目的，亦即未知方言入志的真义所在。因此，其所志方言篇皆为皮毛之作，不切实用，寿氏对光绪《畿辅通志》《镇海俞志》《新城王志》诸方言篇讥之为：“虽考古证今，皆肤而未当矣。”寿氏极称定海陈志所志方言篇最为得要，适于实用，他援引其方言篇之序文以作说明，其略为：“他邑志乘，虽间列方言，然或度搜僻字，以衒博该，略采歌谣，以备门类，绝无系统可言。比年以来，感国内方言歧出，有窒文化，统一国语之研究，颇为之风行。顾欲统一国语，当先整饬方言，此本篇之所以述也。”旨在说明研究和整饬方言之目的，在于统一国语以促进文化交流。寿氏《方志通义》在评论定海陈志方言篇时，以为此篇“分列三表一考，首列注音字母表以正音；次，转音表；次，音变表；次，俗字考。有此而一邑语言之源流，乃有条而不紊，即他邑语言之差递，亦可触类而相通，推而广之，不难沟合全国、旁及异邦，举昔日有音无字、有字无解之困难扫而除之。似此始能扶语学之精理，而符方言入志之真义”。为此，寿氏进而主张：“定海陈志此篇，差有意义，若引伸推广，颇有融贯之可能，研究语学，当以此为正轨。”其论可嘉！这种志方言务切实用的思想，很值得注意。我国幅员辽阔，人口众多，仅以汉语而论，各地方言的存在，严重地阻碍着普通话的推广，直接影响着文化的传播与交流。因此，认真考察各地方言的源流及在语言、语法、词汇等方面的特点，使语文逐渐趋于规范化，乃是志方言者的重要任务。

关于志氏族的论述。寿氏称举余绍宋《龙游县志·氏族篇》及《黑龙江省志·氏族门》，认为：“余氏为志，乃视吴氏人谱而加详焉，于全邑谱牒，各溯其得姓受氏之由，而兼及其聚散兴衰之故，不问其为士、为农、为工与商而统及之，借以见一邑氏族兴衰，地方治乱之迹，于义顾不重哉!”研究中国社会、氏族流衍甚为重要。余绍宋志氏族，是在广为搜集谱牒、家传以及笔记、诗文的基础上详加考订并经实地调查采访之后而撰述的，不为门第所限，故其质量甚佳。寿氏称其“陈义甚高，亦深合志义之作”。寿氏在评论《黑龙江省志·氏族门》时说：“江省故多种族之分，又有清代开国从龙之裔，为之一一分析，先详种族源流，次述门阀世宗，而各著其消长，厥义乃见大备矣。”因称其“例乃益精”。同时，寿氏《方志通义》对章学诚所撰永清、和州等志所作氏族表提出了批评，认为其表“仅志搢绅，不及平民，而于《永清志》，又改氏族为士族，非青一衿以上，不得与焉，义益浅矣。不知古者世禄，而士之子亦恒为士。故言氏族者，取其得姓受氏之所由，止及士大夫以上，而在平民，国无姓氏可记，非有姓氏而摈之不纪也。厥后一族之中，宗支繁衍，岂能人尽为官？即在平民，亦本皆士族，未宜显分取弃。且宋元以降，世禄之制，久已废除，英杰辈出，类多崛起田间，不必尽由士族，而昔时旧望，日益陵替，或下次编氓，或降为舆隶，要皆源出名裔。今仅次一衿以上，则所著录，既偏隘不完，更无以考世族升降之迹，人才消长之由。而布衣硕学，不仕高贤，农工商贾之雄，异途奋迹之士，皆将摈诸氏族以外乎？且自国土日广，回、苗、蒙、满诸族，或改土归流，或杂居内地，与中国同化。仅此汉族氏姓，尤不足以概之，实斋此说，殊失作志用意”。寿氏从历史发展的观点看待氏族和民族的变化，并由汉族推广到我国其他各民族，触及了问题的实质，切中了章学诚所论氏族之弊，发人深省，表现了寿氏的远见卓识。

关于志人物的论述。寿氏认为：“志人之篇，非为个人之表彰，以贻后来之模范。故其所载，但取事实，谀词溢美，既难逃秽史之讥，冗滥求详，尤足减昔贤之色。”还认为，以“无美不臻，堆砌满纸，滋取后人疑厌耳！于此亦可见秉笔者用意之公私”。寿氏反对志人物时只将“治绩可称”的地方官“例得列传”，而无述那些“不职贪庸”者，认为这种“隐恶扬善之义”不足以“示劝惩彰瘅之方”，为此，寿氏尤称康海《武功县志·官师篇》“义法最善”。其篇“凭所闻见，贤否并彰，据事直书，褒贬自著”，反映了寿氏善恶并书、实事求是的进步史观。这一点，亦应是我们今天撰写方志人物的准则。

关于志食货的论述。寿氏《方志通义》认为志食货乃是“全书之要旨”。他认为：“言地之书，首宜注重民生，故于食货尤宜加详。”作者从多方面阐述了志食货的重大意义，认为：“志物产，所以求富源也。志户口，所以计生产力也。既志生产，复志消耗，为谋生众食寡，量入而为出也。统计生产消耗之比较，乃得深究今昔民力、物力赢绌盛衰之故，而研求其利弊，此方志之所由作。”寿氏强调：“有关民生实用，疾苦利弊，虽小必志，既志又必详且尽焉。”这当是撰修方志的一个重要原则。为此寿氏称龙游余志“详哉言之”，并强调指出：“人民生计，非出一途，往往因地而异，为政者亦必因利而利，为之指导。”还称举定海陈志：“特详渔盐，志物产也。志渔盐并详渔具，适实用也。而盐政杂志，更于各省产盐区域，制盐诸器，并图其形，加以说明，此皆有关养民要政，所不宜略也。”寿氏指摘光绪《畿辅通志·河渠略》“独不及治河工具，是为缺点”。寿氏这些观点抓住了志书的特点和要求。志书要反映一地之特点，在物质生产方面尤宜写出一地之特产，才能有别于其他志书；生产工具属于生产力范畴，翔实具体地反映一地当时的生产力水平，乃是志书的重点；对生产工具图其形并加说明的观点，是寿氏对章学诚关于“史不立图，而形状名象必不可旁求于文字”[①] 之论的继承和发展，章学诚批评方志虽有图而不可为典则之弊有二，“一则逐于景物……一则厕于序目凡例而视同弁髦”[②]，起不到图像的作用。寿氏主张志书宜绘

① 《章学诚遗书》外编卷八《永清县志·舆地图序例》，文物出版社，1985 年。
② 《章学诚遗书》外编卷八《永清县志·舆地图序例》，文物出版社，1985 年。

制生产工具图，且加以说明，矫正了以往志书所立图像无当之弊。这些看法，于我们编写新志不无裨益。

寿氏《方志通义》在论述地方保安对于国家的重要关系时，称举俞曲园《镇海县志》特举历代兵制是以“以安不忘危”，认为：“夫国防非下邑所可专，在拘守志例者，或以为出位之言矣，不知国为地方所积，地方之防守既固，即全国匕鬯无惊，筹边之策在当地官民平日之注意也。”此论深得撰志义法，很值得参考。地方兵种武备，包括民兵等组织，乃是国家军备建设的重要环节，不可忽视。因此，志兵制，应该是撰修方志必不可少的一个门目。

由于时代局限，寿氏《方志通义》也有其缺憾之处。如篇末附《读实斋书质疑篇》，对戴震与章实斋论修志性质等问题采取了折中主义；此外，在阐述义与例的关系时，极称朝邑、武功以事简为志，标其义理详明，未免过于偏激。两书所载，文字过于简略，而竟失于史实，使人难以提挈要领，亦无助于国史及研究者取资，且与其所谓“简而能赅”有所抵牾，这些都是欠当之处。

《志例丛话》

瞿宣颖撰。

瞿宣颖（1892—1968），字兑之，湖南长沙人。民国时期曾任河北省政府秘书长、河北通志馆馆长等职。瞿氏系就天津任凤苞天春园所藏方志进行研究，撰成《方志考稿》（甲集）。又撰《志例丛话》[1] 一书。尚有《中国骈文概论》《汪辉祖传述》《北京史表长编》等。

此书分为引言及通诠、方法、地理、建置、古迹、经济、社会、风俗、人物、氏族、通纪、丛录、讥贬、杂例等十四门，综述方志源流、性质、内容、体例，指陈旧志之缺点，评述前人修志理论与方法并分析其得失。文中一遵章学诚“三书”之例以及《州县请立志科议》，认为这是保存地方文献的良法。关于方志性质，认为“方志者，地方之史而已”。强调为方志者，对资料宜认真搜集，记载一地方生育长养之序程，“作一活泼而详尽之史而已”。

撰修志书方法论方面。瞿氏主张应采取《通鉴》长编之法。瞿氏认为：“为长编之法，最要者注明出处，则来源之虚实，传说之异同不难覆按。……此为著书不易之规，而修志多忽视之……不独为长编如此，即定稿时亦应如此。尤须注

① 载《东方杂志》第31卷1号，上海商务印书馆，1934年。

明卷数。至新出之书，并须注明页数。罕见之书，并须注明所藏之地。复见之文则须注其初见之处。凡学术上之著作，通例如此，不可违也。”在这里，瞿氏强调采取《通鉴》长编之法，必须恪守学术规范，最合体要，必须引起修志者之重视。

“众手修书，自古难之。古人官修之书所以能佳者，全在一学识超卓、精力弥满之人一手鉴裁，尤必其分修之人皆学有专长，能举其职，又必假以优闲之岁月。温公以两汉属刘攽，南北朝属刘恕，隋唐属范祖禹，其成之也以十九年。”作者认为，编修史志人选最为首要，主修者必为学识超卓、精力弥满之通才，分编者必为学有专长者，且须假以岁月，才能修成良史。

瞿氏关于“建置”的论述，颇有精到之处。如论及建置图的重要性时说：“旧志中建置之图多粗疏模糊，久为读者所厌。然此亦绝好资料，试以明代旧志中之州县廨署图较近代诸图，可知其规模制度已大不相同，更试检景定《严州图经》，则知南宋之城郭、衙署、街衢又复不同，宋州城内有子城而今无之，宋州衙即在城之中央而今不然，宋城街衢颇正直而今亦不然。由此参验群书，则知唐宋之城市建置规制大非后所可及（《日知录》曾有是说）。”

又列举《南海志》新旧图并举之法可取，“往时每新修一志而将前志之图削而去之，遂失因革损益之迹。惟《南海志》独将明志之图并列，大可取法也”。

叙摄影之不全面，力主图与影片并存，“今日摄影之术至精，径以照片入志，可祛漫漶不正确之弊。然照片仅能示建筑之片面，全部位置尤关重要，则非绘平面图不可。近《北平志》为庙宇志长编，即以与平面图并列”。

“不独公共建筑也，即民居亦应以图片存其实状。吾昔游于宣化大同，见居民门窗屋脊多饰兽物，颇以为异而不得其解。嗣读乾隆《宣化县志》乃知此为明代边军官房之遗。凡如此类，其关于史事何其重要耶？”

关于记庙产内容，瞿氏认为：“庙宇亦为人民活动力所表现之一端。修志时不当独详其建置时代与位置而已。其属于何宗派也，有僧众道侣若干人也，产业值若干也，有何法器古物也，皆所当记。……《南浔镇志》，即有宋时寺院檀施数目。《上方山志》（属北京市房山区）亦载寺产田亩，纤悉不遗。”又说：“余考中国当业之由来，即起于唐宋僧寺之长生库。故寺院关系社会经济最巨，不得忽视之也。”

瞿氏认为，建置图除衙署、书院、学宫外，应列地方名迹图。“旧志建置图多仅及衙署、书院、学宫三项，而地方名迹则不以图传，惟乾隆《鄞县志》出于钱大昕之手，有天一阁及天童寺阿育王塔图。”

关于人物籍贯问题，瞿氏也有独到见解：“旧志于一县之人物见于前史者，往往不举其籍贯。意谓既入某县之志，自系某县之人，无须复举也。殊不知以古时为一县之地，在后代或已分为数县，若不确指，则甲、乙、丙三志同录一人，读者何由辨其孰是耶？举其籍贯矣，倘有可疑，尤应剖析其真伪……不可不有确切之论证。如其不能，则惟有姑存其名而缺疑以俟。……夫县邑之分合无常，要当确举其所居之地为妥也。”

此外，作者对志书主修者之择取甚为审慎，认为修志者若无杰出人才为总裁，或无一时通人为分修之人，则志事无成。作者对于经济、风俗、丛录等篇编纂方法，其中亦不乏创见，如“丛录”取代章氏“掌故”“文征”之体等即是。作者还介绍了前人或当代修志名家的修志经验以启迪今人，强调志书资料的重要性。在“杂例”中，批评旧志体例支离破碎，久为有识者所诟病，强调志书要按照一地具体情况，科学地设计门目，才能纂成优秀志书。他说：“凡志之佳恶，不待烦言，但阅其门目，便知其有无鉴裁之力……故欲精志例，先求分目之允。”这些看法具有卓识。“杂例”中，作者还认为：“县邑档案中最足窥见社会情态者，莫如狱讼。”如盗案、奸案、争产业、索债案等，述其性质、经过、判决之影响，甚至特殊案件为地方所传说久而不衰者，尤宜详载。

此外，瞿氏还撰有《读方志琐记》① 一文。该文选取全国十省二十二种府州县志中有关资料，如有关赋役、宗教、经济、人口、农民起义、中西交通等，具有重要参考价值。文中建议有计划“分类摘抄”方志资料，亦具有现实意义。

《方志今议》

黎锦熙撰。

黎锦熙（1889—1978），字劭西，湖南湘潭人，语言学家。早年参加孙中山领导的同盟会，1946 年参加发起九三学社。历任长沙报馆总编，湖南省立第一师范教员，北京女子师范大学、北京大学、西北联合大学、西北师范学院等国文系教授、主任，北平师范大学文学院院长等职。中华人民共和国成立后，任北京师范大学中文系主任、中国科学院哲学社会科学部委员、中国文字改革委员会委

---

① 载于《食货》半月刊，第一卷第五期，1935 年。

员、九三学社中央常务委员会委员等职。为全国人民代表大会第一、二、三届代表，全国政协第一、二、五届委员。著有《新著国语文法》《比较文法》等，主编《汉语辞典》等。在方志学方面亦有创见，著有《方志今议》。主编县志多种，如城固、洛川、黄陵、宜川、同官等县志。

《方志今议》是1938年黎锦熙在城固续修县志委员会领导下主编《城固县志续修工作方案》基础上进行修订而成，是在总结前人修志经验基础上，理论与实践相结合阐明修志的各种问题。1940年商务印书馆刊行。全书分十门：一、建议因缘；二、先明三术（续、补、创）；三、次立两标（地志之历史化、历史之地志化）；四、次广四用（科学资源、地方年鉴、教学材料、旅行指导）；五、终破四障（类不关文、文不拘体、叙事不立断限、出版不必全书）；六、结前原则；七、县志拟目；八、纂修总例；九、材料来源；十、总结全文。其中第七门县志拟目，下又分五个子目：1. 全志之总纲；2. 关于自然方面者；3. 关于经济方面者；4. 关于政治方面者；5. 关于文化方面者。每个子目又分若干篇，共计三十篇。此书虽专门为纂修《城固县志》而作，然于当时修志具有普遍参考意义。

该书是一部理论联系实际，着重探讨有关修志方针、目标、原则、方志性质、地位、作用及其编纂方法的方志学专著。

《方志今议》篇幅不多，内容较丰，兹择其要点论述之。

在方志编纂方法方面，黎氏虽深受章学诚思想之影响，但他认为彼时章氏理论，今时未必合宜，因此，提出先“明三术”之说。认为：“今修方志，先明三术，即续、补、创是也。”续，即“如职官、贡举、封爵、祀典等门，或其制讫清末而未革除，但存掌故；或其事入民国虽赓续，只须表列者是……采访尚丰，整理排比，是之谓续”。补，即“如人物、艺文、金石、古迹等门，新获者固当续入；旧有者类多阙遗，须为拾补；或涉舛误，应与纠绳……凡兹订改补充，统谓之补”。创，即“事类新增者，例如地质、气候、公路、卫生等，固可云创；即旧方志曾有者……或宜更易故称，用符实际，或者悉换新质，仍循旧名，皆属之创”。“明三术”是修志者宜采用的三种方法，诚然也是对前人修志理论的继承和发展。

关于方志性质，黎氏主张“方志为物，史地两性，兼而有之”的观点。在此基础上，提出“立两标”之观点，即“地志之历史化，历史之地志化”。所谓“地志之历史化”，黎氏认为“须将境内事事物物，究原竟委，非但考其迹象之沿革而已，必使读者能就演变之实况，推知驱引之总因”，是为“地志之历史化”。所谓“历史之地志化”，黎氏认为“全国民族之荣瘁隆污”，史家记载抽象笼统，须待方志而征实，即“本乎史而定施政设教之方针，亦待此而后能备纤悉周到之方案，而后能谋部分具体之实践”，犹如“史家活剥生吞，方志乃引之使浅斟细嚼”，是为“历史之地志化”。

关于方志功能，黎氏称之“广四用”，即科学资源、地方年鉴、教学材料及旅行指导。此四用皆具前瞻性。如论科学资源，强调为方志者应调查一地之地质、土壤、山势、水文、气候、生物等详记入志书，可谓具体而微，自然方面如此，人文社会皆然。他特别指出“今修方志，此为首务，若仅视为文献之寄，则何怪人之贬为不急之图乎?”旨在强调调查一地科学资源当为修志之首务，批评章学诚等重文献之偏激。黎氏对地方年鉴见解独到，认为年鉴之体“功用绝大，今之一切学术研究与施政设教乃至经商企业皆资之”；并认为一县之年鉴为一地区、一省、全中国乃至全世界年鉴之凭借；又说，“年鉴之用，仍须存在于方志之中，规制既陈，续修亦易，且可逐年填附，无烦重举也”；还认为，年鉴尚可作为县志的长编之用。这些观点，对后世修志编写年鉴具有重要指导意义。此外，关于教学材料，他认为，一地所修的志书，是学校文理各科绝好的教学材料，最大用途，是在本邑之小学。如学国语，字读国音，词有标准，教学之际，须举土俗，比较异同。黎氏批评章氏方志为史之说过重文献，而忽视现情。认为方志作为旅行指导正是体现其价值所在，古往今来如此，视“方志而能导游，则《水经》郦《注》《东京梦华》之流也，又何害焉?”

黎氏提出“破四障”观点。“四障”之一，即“类不关文”。认为类者，指方志之事类；文者，文章之体裁。类与文“两不相干”，他说，如按章氏“三书”中第一书之“志”(含纪、谱、考、传)之区分，造成“种种不便”。提倡“首破此障，文无伤质。以后方志，决不当再以文章体裁分类……某类用何文体，一遵其事之宜”。此论突破前人成规，打破体裁界限，具有开拓性。其“文不拘体”，为四障之二，这是在“类不关文”前提下进一步阐发“某类中的文体，即一随其事而宜”之道理。即“图可也，表可也，谱或考以及其他皆可也；且一类之中，有时众体皆备亦无不可，且属必要也”。其批评“叙事不立断限”之说，尤为重要，这当与搜集材料于何年为限有关。黎氏认为，断限有二，一为断自何时起，一为限至何时止，不能自乱其例。他还认为：“若前志不废，诚为续修，则断自前志所止之年起可也；创修之志，则所叙应断自最初建县之年起；至于地质一门，则断自‘无始’之时起可也。”他批评某些修志者“叙事不立断限”，“宜限至‘搁笔’之时止”之说“盖等于无断限也”。他反对一部志书立一总断限，认为某类材料采访至何年，该类编次则以采访止于何年为限，每类断限各自不同，“总之，不可立一总断限”。立一总断限，弊端很多。此论颇为实际，一部综合志书，每类条目下限不可能完全一致，分别在凡例中讲明，实有利于用志者之便。黎氏有鉴于编纂一部综合志书，由于多种原因，志中各门类竣事时间不一，如果统一付印，“则已了者又成‘黄花’”。为此，他提出：“无论何类，一俟定稿，即为印行，不列卷次，但标其名曰某县某志……待单行分志，先后出齐，依目排定，汇为一书，总序、例目弁诸卷端，便成全志。”今按，此法民国时期多有此例。

黎氏在其纂修总例中，强调于志书各篇之首，应按民国《川沙县志》概述之例，宜冠小序；全志之首，要有总序、凡例、总目之类；纂修方志，属辞比事，有一通则，定须遵循；一切材料，皆有来源，撷入篇中，即非原文，必注出处，旧籍新材，凡所根据，逐段注明。所有这些，都是修志者必须遵从的学术规范。在材料来源方面，强调材料为修志者首务，修志材料务必充实。材料来源有三：一曰实际调查，二曰档案整理，三曰群书采录。又云，今修方志，毋急分工，且先合作等。这都是经验之谈。

上述观点，黎氏还贯穿于其所修同官、宜川、洛川、中部（后改为黄陵县）诸县志之中。

《方志学发微》

王葆心撰。

王葆心（1868—1944），字季芗，号晦堂，另号“青垞老人”，湖北罗田人。1903年癸卯科举人。曾任清学部主事。民国期间，历任湖北革命实录馆总纂，湖南官书报局总纂，旋调北京图书馆总纂，武昌师大、武汉大学教授，湖北通志馆总纂。曾创办《安雅月刊》，有《古文辞通义》《历朝经学变迁史》《方志学发微》等著作多部以及论文多篇。

《方志学发微》始撰于1922年，成书于1936年，全书五十万字，二十四卷，凡七篇。部分内容在《安雅月刊》上陆续发表。1981年，湖北省地方志编办室出版的《湖北地方史志研究资源丛刊》将王氏之书前二篇收入，1984年出版前三篇注析本。据该书“出版说明”可知其中的七篇内容。一为取材篇，二为纂校篇，前主后附，此二篇合为卷一。该卷遴选清代名家有关志书取材与编纂等修志章程、议论，依次分为专论、兼论，并将自己的观点附之于后，强调志书资料必须充赡，应如卷帙浩繁的《通鉴》和《通鉴纲目》一样，才能真正体现志书之价值。三为导源篇，作者从地理、史学、经学、文学、杂家各方面考察方志的远近渊源及流变，进而说明方志体例是经过长期发展、演变，才形成今日方志之巨观。四为派别篇，依据宋、元、明、清志书发展历史，逐次阐明明清以来旧派修志体例，清代雍乾以来新派修志体例，新旧两派之外自成一家派别的修志体例，特别指出新旧两派的修志主旨、历史渊源以及志书体例上的不同（可参王葆心撰《清代方志学撰著派与纂辑派争持论评》）。五为反变篇，作者列举实例，分析比较新旧两派改变前志的不同做法。六为赓续篇，列举修志主赓续不主更张的前说与陈规，对旧派、新派在续修方法上之不同分别举例说明。七为义例篇，主要选取时代较近的新派中有所创新的义例及有关议论，兼采旧派和别派中可取的体裁，进行系统评述。

该书“各篇均荟萃前人名论，收采宏博……所据宋、元、明、清四朝有名之志书可数十家，参考所及百数十家，盖自来文史家经四五百年未曾整理、贯通发明者，至此始钩稽排比出之……”①

《方志商》

甘鹏云著。

甘鹏云（1862—1940），字药樵，号翼父，湖北潜江人，光绪进士，后毕业于日本法政大学。曾任归绥垦务总办、众议院议员等。1932 年任湖北省通志馆筹备处副主任。1934 年湖北通志馆成立，指导修志事宜。著有《修志答问》（《修志刍言》）、《湖北通志义例商榷书》《河北通志凡例》等文。1938 年将以上三文与复其甥李晓垣关于修志的一封信合编为《方志商》。同年，由崇雅堂聚珍版刊行。此外，甘氏还著有《经学源流考》《国学笔谈》《潜江贞石记》《楚师儒传》等。

《方志商》分上下两卷。上卷含《湖北通志义例商榷书》《复李甥晓垣书》，下卷含《修志答问》及《河北通志凡例》。该书主要系作者纂修湖北通志的经验，

① 转引自谈瀛《王季芗先生事略》，载黄德馨、傅登舟主编《中国方志学家研究》，武汉出版社，1989 年。

对修志宗旨、义例、取材、篇目拟订及修志方法等进行了详细讨论。1936 年春，张国淦主持《河北通志》编纂，时旅居北平的甘鹏云折中河北通志馆以往篇目成案，于 1937 年撰成《河北通志凡例》，主张《河北通志》应由地理、经政、食货、民事、文献等五部分构成，并另设大事记一门。通志馆据此重新制定了《河北通志目录》。

甘氏认为："纂修通志，以规定义例为最要。"义例包括宗旨和体例。志书内容应以"专详民事"为主旨，而民事最为重要者，为户口、田亩、族姓、风俗、宗教、礼教、农业、工业、商业、林业、矿业等情况，强调对社会经济方面的考察和研究，对"社会之变迁、经济之状况、人民之生活、政治之设施，皆所宜详"。这些都是正确的。甘氏又析纂修通志分为五步。第一步，省、县志同时纂修，互相为用。县志为省志取材，通志馆指导县志编纂，由省府规定志书体例及成书期限，颁发调整表式。第二步，规定通志凡例，"意在合社会、政治、文献为一书"。第三步，定标目。标目可分为图、表、考、传四类，每类可再分细目。第四步，依一定条例、格式派员采访，以各机关公牍为主，兼及民间舆论。第五步，征求资料，旧府、州、厅、县志，新修县志以及可考遗闻旧事之书，皆在网罗之中。甘氏强调"据事直书，方为信史"，凡"舆地沿革、社会情况、政治措施以及一方之文献，必须考据详明，乃称实录"。作者认为方志是"一方之史"，要具有地方特点。此外，甘氏在志书体例、资料搜集以及修志方法等方面多有建树。

甘氏之论，颇具卓识，很有参考价值。由于该书是集合诸篇之作，内容难免重复。某些提法，也有值得商榷之处。

第四节　小结

民国时期，方志理论研究成绩巨大，与同期志书编纂相比更胜一筹。这表现为论文数量大，质量优，特别是大量质量较高的方志理论专著的相继问世，成为此期方志事业的显著特点。它是在研究前人包括清代章学诚方志理论的基础上，结合民国时期的时代特点而对方志事业的一系列问题进行广泛深入的讨论，从而获得的丰硕成果。

民国时期，有对方志学系列问题进行探讨者，也有就其中某些问题进行探讨者；有踵章学诚方志理论之迹进一步发挥者，也间有批评否定并阐发己意者；有主张对旧志进行续作或革新者，也有主张解散旧体代之以新体者；有用进化论观点探讨方志问题者，也有用激进民主主义观点讨论方志者；有从修志实践经验所得阐发修志问题者，也有从检阅文献角度来论述方志诸多问题者，不一而足。其所涉及方志领域问题，如关于方志名称、概念、起源、发展演变的探讨；关于后世方志与早期地图渊源关系的探讨；关于方志属性、作用、编纂目的及方法的探讨；关于志书内容、体例以及义与例关系的探讨；关于志书资料范围、来源所自及采访方法的探讨；关于对方志整理、收藏及应用等问题的探讨以及关于修志组织、人员素质等方面问题的探讨，既广泛又深入。总的看，此期方志理论研究成果可观，超越前代，值得肯定。然在方法论方面持论仍较陈旧，用唯物史观探讨方志问题者鲜有。此外，关于省志、市志、县志各自所载的内容范围、体例方法等问题，虽有讨论，却多承章氏旧说而未见新意，有待进一步提高。